企業数理のすべて

プランニングからリスクマネジメントへの応用

青沼 君明 [著]

株式会社 きんざい

きんざいプロフェッショナルとは、㈱きんざい出版センター刊行の出版物で金融実務において専門性が高く、かつ実務・体系的に解説されている書籍に対して付与される。

はしがき

　企業を取り巻く環境はますます厳しさを増しているなか、経営を考えるにはリターンとコストだけでなく、リスクとのバランスをいかに確保するのか（リスク・マネジメント）ということが重要な役割を占めるようになってきている。企業活動には不確実性（リスク）が伴うが、リターン、コスト、リスクといったもののバランスを経営判断するためには、なんらかのかたちでそれらを計量化する必要がある。モデルというのは一種の物差しであり、たとえば、ある国のプールに特定の物差しをあてると、リターン、コスト、リスクなどを数値化して示すという役割をもっている。モデルとは、経営的な視点、経済的な意味、法制面でのルールなどを含めた広い概念であって、単に数学的な数式を意味するものではない。また、目的によって物差しの目盛は異なったものとなる。したがって、それをつくるためには、幅広い知識と経験が求められる。

　時価会計への移行や、企業価値を将来キャッシュフローによって考えるコーポレート・ファイナンスの進展などをみても、将来の不確実性を評価するということがより強く求められるようになってきた。こうした業務に対応していくためには、どうしてもある程度の数学的な知識を保有する必要がある。非常にむずかしい数学を駆使したモデル構築などは、クオンツと呼ばれるプロ職に任せてもよいが、通常業務の高度化に対応するためには、個々人の数学的スキルのボトム・アップが不可欠となる。幸いなことに、実務での数学は、数式の証明よりも、数式で表すことの経営学的、経済学的な意味がわかればよいという局面が多い。

　本書は、数学そのものというよりも、リターン、コスト、リスクといったものの評価を必要とする実務家を想定し、身につけておきたい道具としての企業数理を取り上げる。そして、それらが実際に使われている局面を想定

し、例題として数学的なとらえ方、意味などを解説する。また、数学的な応用ということも想定し、実務でよく用いられる計算については演習のなかで説明することにした。構成としては、専門的な理論、厳密な数学的証明などについては専門書に委ねることを前提とし、実務で必要となるものだけにフォーカスしている。そのため、数学的なあいまいさを残した部分も多くある。

本書の執筆にあたり、多くの方々のお世話になった。特に、本書の出版にご協力をいただいた㈱きんざいの西野氏に、この場を借りて感謝したい。もちろん、ありうるべき誤りはすべて著者の責任に帰する。

なお、本書は著者の個人的な見解であり、所属する企業の見解ではない。また、本書は、実務で用いられる理論を例示したものであり、普遍的、合理的なモデルを紹介したものではない。したがって、利用される場合には、自己責任のもと、十分な検討のうえでご利用いただきたい。

平成26年2月

著　者

目　次

第1章　指数と対数
1. 累乗（べき乗） 2
2. 累乗根 11
3. 指数関数 16
4. 対　数 21
5. 対数関数 25
6. 自然対数と常用対数 29
7. まとめ 33

第2章　数列と関数
1. 数列とは 36
2. 数列の和 37
3. 数列の極限 42
4. 級　数 45
5. 関数とは 54
6. 関数の極限 66
7. まとめ 70

第3章　行　列
1. 行列の定義 72
2. ベクトルと一次独立 78
3. ガウスの消去法と階数 86
4. 行列の演算 93
5. 格付推移確率と吸収マルコフ連鎖 112
6. 行列式 121
7. 余因子展開 136
8. 逆行列 138
9. 固有値と固有ベクトル 147
10. まとめ 153

第4章　関数の微分と積分

1. 関数の微分と数値微分 …… 156
2. テイラー展開とマクローリン展開 …… 176
3. 多変数関数と偏微分 …… 187
4. 2変数関数のテイラー展開 …… 197
5. 全微分 …… 199
6. その他の微分に関する公式 …… 201
7. 積　分 …… 202
8. まとめ …… 215

第5章　確率と確率分布

1. 確率とは …… 218
2. 確　率 …… 224
3. 条件付確率 …… 229
4. 順列と組合せ …… 235
5. 確率変数 …… 238
6. 確率分布 …… 241
7. まとめ …… 277

第6章　期待値と積率母関数

1. 期待値 …… 280
2. 分散と標準偏差 …… 287
3. モーメント …… 308
4. 積率母関数 …… 311
5. まとめ …… 320

第7章　周辺分布と中心極限定理

1. 同時分布と周辺分布 …… 322
2. 条件付分布と条件付期待値 …… 331
3. 2変量正規分布 …… 337
4. 確率変数の独立性 …… 339

- 5 独立な確率変数の和の分布……344
- 6 確率変数の四則演算後の確率分布……347
- 7 期待値と分散の近似計算……350
- 8 不偏推定と不偏分散……352
- 9 n次元の確率分布……356
- 10 大数の法則と中心極限定理……359
- 11 確率の不等式……365
- 12 尤度と最尤法（maximum likelihood method）とは……371
- 13 最小二乗法と最尤推定法……377
- 14 まとめ……380

第8章 確率過程の基礎

- 1 ランダムウォーク……383
- 2 二項モデル……384
- 3 ブラウン運動……385
- 4 確率微分方程式……388
- 5 マルコフ過程……392
- 6 まとめ……397

第9章 モンテカルロ・シミュレーション

- 1 乱数の生成……401
- 2 オプションの評価……416
- 3 サンプル・パスの必要数……423
- 4 ヒストリカル・シミュレーション……425
- 5 まとめ……426

第10章 倒産確率と存続確率

- 1 信用リスクと市場リスクの違い……428
- 2 信用リスクモデルを構築するには……429
- 3 デフォルト確率と存続（生存）確率……431
- 4 ハザード率とハザード関数……433
- 5 債券価格と信用リスク……438
- 6 イールド・スプレッド……457

| ⑦ 金融商品の価格付け······458
| ⑧ 構造モデルとオプション・アプローチ······463
| ⑨ 回収率とデフォルト時損失率······470
| ⑩ 誘導モデル······472
| ⑪ ハザード・プロセス······478
| ⑫ 同時デフォルト確率とデフォルト相関······480
| ⑬ One-Factor Gaussian Copulaモデルによる同時デフォルト確率の推定······489
| ⑭ まとめ······490

あとがき······492

著者紹介······494

参考文献······495

事項索引······497

第1章
指数と対数

この章では、金融実務によく出てくる指数と対数の概念について検討する。

第1章 指数と対数

1 累乗（べき乗）

たとえば、1年間の金利 r が、n 年間にわたって適用可能としたときの1年**複利計算**は、

$$(1+r) \times (1+r) \times \cdots \times (1+r) = (1+r)^n$$

で計算される。また、現時点で H を預金した場合、n 年間後に受け取ることのできる金額は、$H(1+r)^n$ で求められる。これは、毎年同じ数値である $(1+r)$ を n 年間、繰り返し適用したものである。

累乗（べき乗）とは、ある同一の数 x を繰り返し n 回掛け合わせたものであり、x の n 乗と呼ばれ、x^n と表記される。式で書くと、

$$\underbrace{x \times x \times \cdots \times x}_{n\text{ 回}} = x^n \quad\quad\quad (1.1)$$

となる。このような x^n のかたちをした数、または式を x の累乗（べき乗）といい、x を**底（基数）**、n を**指数（べき数）**という。n は掛けた回数であるので、正の**整数**[1]、もしくは0を加えた**自然数**[2]であり、x^n のことを「x を底とする累乗」、もしくは単に「x のべき」と呼んでいる。また、自然数とは限らない添字 n を基準となる文字 x の右肩に乗せたものについては、**指数表記**などと呼んで区別される場合がある。

x の累乗には、以下に示す**指数法則**が成り立つ。

定理1－1　指数法則

m, n は正の整数とするとき
(1) $x^m \cdot x^n = x^{m+n}$ ……………………………………………… (1.2)
(2) $(x^m)^n = x^{mn}$ …………………………………………………… (1.3)
(3) $(xy)^m = x^m y^m$ ………………………………………………… (1.4)

1　0,1,2…というように0に1を順に加えることでできる数値。
2　個数もしくは順序を表す数。0を入れるかどうかについては流儀がある。

(4) $\left(\dfrac{x}{y}\right)^n = \dfrac{x^n}{y^n}$, $(y \neq 0)$ ·· (1.5)

(5) $x^0 = 1$ ·· (1.6)

(6) $x^1 = x$ ··· (1.7)

(7) $\dfrac{1}{x^n} = x^{-n}$, $(x \neq 0)$ ·· (1.8)

(8) $\dfrac{x^m}{x^n} = x^{m-n}$, $(x \neq 0)$ ·· (1.9)

(9) $x^{m/n} = \sqrt[n]{x^m}$, $(x > 0)$ ·· (1.10)

が成立する。

なお、定理1-1の指数法則は、m, n が**有理数**[3]の場合であっても、$x > 0$, $y > 0$ である場合には成立する。

演習1.1 $x = 5, y = 4, m = 2, n = 3$ であるとき、定理1-1が成立していることを確認せよ。

解

(1) $5^2 \cdot 5^3 = (5 \times 5) \times (5 \times 5 \times 5) = 5^{2+3} = 5^5$

(2) $(5^2)^3 = (5 \times 5)^3 = (5 \times 5) \times (5 \times 5) \times (5 \times 5) = 5^{2 \times 3} = 5^6$

(3) $(5 \cdot 4)^2 = (5 \cdot 4) \times (5 \cdot 4) = (5 \times 5) \times (4 \times 4) = 5^2 \cdot 4^2$

(4) $\left(\dfrac{5}{4}\right)^2 = \dfrac{5}{4} \times \dfrac{5}{4} = \dfrac{5 \times 5}{4 \times 4} = \dfrac{5^2}{4^2}$

---

[3] 整数の比で表される数。
　素数　：1と自分自身以外に約数をもたない数。
　約数　：1以上の自然数に対して、割り切ることができる1以上の自然数。
　実数　：有理数と無理数を合わせた数。
　無理数：分数のかたちで表せない数。円周率(π)、自然対数の底 e など。

第1章 指数と対数

(5) $n=0$ として、(1.2) 式を適用すると、$5^2 5^0 = 5^{2+0} = 5^2$ となる。したがって、$5^0 = 1$ でなければならない。

(6) $5^1 = 5$

(7) $\dfrac{1}{5^2} = \dfrac{1}{5 \times 5} = \dfrac{1}{5} \times \dfrac{1}{5} = 5^{-1} \cdot 5^{-1} = 5^{-2}$

ある値 x に対し $(x \neq 0)$、$\dfrac{1}{x}$ もしくは x^{-1} のことを**逆数**と呼んでいる。ある値 x と逆数 $\dfrac{1}{x}$ とには、

$$x \times \dfrac{1}{x} = x \times x^{-1} = 1$$

という関係がある。

(8) $\dfrac{5^2}{5^3} = \dfrac{5 \times 5}{5 \times 5 \times 5} = 5^{2-3} = 5^{-1}$

(9) $\sqrt[3]{5^2} = \sqrt[3]{5 \times 5} = (5 \times 5)^{1/3} = (5^2)^{1/3} = 5^{2/3}$

例題1.1 無リスクな割引債価格

割引債(ゼロクーポン債)とは、満期 T までの間にクーポンなどのキャッシュフローの受取りがない債券のことである(図表1−1)。これは、割引債の購入サイドからみた場合の表現であり、割引債の売却サイドからみた場合には支払となって、キャッシュフローの向きが反対となる。満期 T において確実に額面1円の支払を受ける割引債の、時点 t $(t \leq T)$ における価格を $Z_0(t,T)$ とする。満期 T で確実に額面1円の支払を受けることができるので、この割引債のことを**無リスク割引債**と表現する。しかし、この割引債は時点が経過すると価格も変化する。この理由は、満期 T までの残存期間が変化すると、この残存期間に適用される金利が変化するためである。また、無リスクとは、ここではキャッシュフローが確定

しているととらえることとする。無リスク割引債の満期での価格は額面１円に一致しなければならないので、$Z_0(T,T)=1$ となる。

なお、$Z_0(t,T)$ という表記は、割引債の価格は時点 t と、満期 T という変数によって決まる**関数**であることを意味している（もちろん、割引債の価格は**スポット金利** $r(t,T)$ の水準にも依存する）。

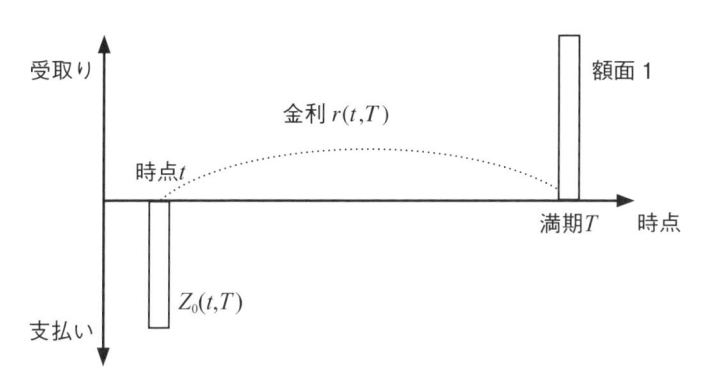

図表１−１　割引債のキャッシュフロー

受取り
金利 $r(t,T)$
時点 t
額面 1
満期 T　時点
$Z_0(t,T)$
支払い

この割引債の意味するところは、将来時点 T で得られるキャッシュフロー１円を時点 t での価値として評価したものと、時点 t でのキャッシュフロー $Z_0(t,T)$ の評価価値が等しい（**等価**）ということである。時点 t において、この割引債を $Z_0(t,T)$ 単位円で１単位購入したとすると、満期 T には確実に額面１単位円が償還される。このことは、満期 T での１円の価値を、無リスクを前提に時点 t での価値に換算した場合には $Z_0(t,T)$ になることを意味しており、将来価値を**現在価値**に割り引く（換算する）ための**割引関数**として、無リスク割引債の時点 t での価格 $Z_0(t,T)$ が利用できることを意味している。

この割引債を時点 t で H 単位購入すると、時点 t での価値は $Z_0(t,T)H$、満期 T での価値は H である。$Z_0(t,T)H$ を変形すると、

第1章 指数と対数

$$Z_0(t,T)H = \frac{H}{\frac{1}{Z_0(t,T)}} \quad (1.11)$$

となるが、右辺は満期 T での価値 H を割引関数 $1/Z_0(t,T)$ で割り引いていることを意味する。金融工学ではこの式の割引関数に相当する $1/Z_0(t,T)$ を**ニューメレール（基準材）**とすることが多い。

　満期 T で確実にキャッシュフロー $C(T)$ を得ることができる無リスク割引債が、**完備市場**において取引されており、現時点 t における市場価格が $B_0(t,T)$ であるものとする。完備市場とは、多くの市場参加者のもとで合理的に価格が形成されている市場のことである。完備市場では、資金が無い投資家には、確実に収益をあげることのできる機会がない、すなわち**裁定機会**が存在しない市場のことである。また、現時点 t で観測される、現時点 t から満期 T までの期間に対応した金利であるスポット金利（年率）を $r(t,T)$ で表すと、この無リスク割引債の時点 t での価格 $B_0(t,T)$ は、

$$\begin{aligned} B_0(t,T) &= \frac{C(T)}{(1+r(t,T))^{T-t}} \\ &= \frac{H}{(1+r(t,T))^{T-t}} \end{aligned} \quad (1.12)$$

で表すことができる。ただし、$C(T)=H$ とし、H はこの割引債の元本とした。また、将来時点 T で1円のキャッシュフローが得られる割引債 $Z_0(t,T)$ は、

$$Z_0(t,T) = \frac{1}{(1+r(t,T))^{T-t}} \quad (1.13)$$

となり、

$$B_0(t,T) = HZ_0(t,T) \quad (1.14)$$

という関係が得られる。

例題1.2　スポット金利とフォワード金利

時点tで観測される、時点tから時点Tまでの期間に対応した金利のことを、スポット金利と定義する。また、フォワード金利とは、時点tで観測される時点T^*から時点Tまでの間に適用される金利である。本書では、「金利」と記述した場合には、$\{1+r(t,T)\}^{T-t}$のように単純複利で計算される金利を意味し、後述する「イールド」、「フォワード」とは区別している。

ここで、フォワード金利$f(t,T^*,T)$を導入する。フォワード金利とは、時点tで観測される時点T^*から時点Tまでの間に適用される金利であり、スポット金利とは、現時点tから時点Tまでの間に適用される金利であった。この二つの金利には、図表1－2の関係があり、

$$\{1+r(t,T)\}^{T-t} = \{1+r(t,T^*)\}^{T^*-t}\{1+f(t,T^*,T)\}^{T-T^*} \quad \cdots\cdots(1.15)$$

が成立する。

図表1－2　スポット金利とフォワード金利

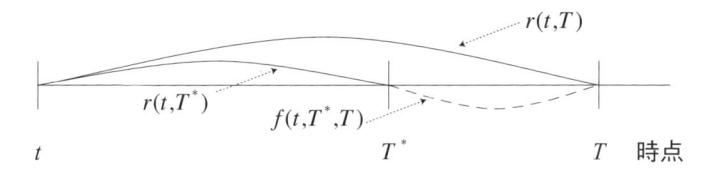

（1.15）式は、無リスクな完備市場では、以下の二つの投資運用の結果は等しくなると考えることを示している。

① 時点tで、資金Hを時点Tまでの無リスクなスポット金利$r(t,T)$で運用する。時点Tでは、キャッシュフロー$H\cdot\{1+r(t,T)\}^{T-t}$を受け取ることができる。

② 時点tで、資金Hを時点T^*までの無リスクなスポット金利$r(t,T^*)$で運用し、時点T^*で得られる想定キャッシュフロー$H\cdot\{1+r(t,T^*)\}^{T^*-t}$

を、時点 T^* から時点 T までのフォワード金利 $f(t,T^*,T)$ で再運用する。その結果、時点 T では $H \cdot \{1+r(t,T^*)\}^{T^*-t} \cdot \{1+f(t,T^*,T)\}^{T-T^*}$ のキャッシュフローを受け取ることができる。

①と②の関係から、

$$H \cdot \{1+r(t,T)\}^{T-t} = H \cdot \{1+r(t,T^*)\}^{T^*-t} \cdot \{1+f(t,T^*,T)\}^{T-T^*}$$

$$\{1+f(t,T^*,T)\}^{T-T^*} = \frac{\{1+r(t,T)\}^{T-t}}{\{1+r(t,T^*)\}^{T^*-t}}$$

$$\{1+f(t,T^*,T)\}^{\frac{T-T^*}{T-T^*}} = \left(\frac{\{1+r(t,T)\}^{T-t}}{\{1+r(t,T^*)\}^{T^*-t}} \right)^{\frac{1}{T-T^*}}$$

$$f(t,T^*,T) = \left(\frac{\{1+r(t,T)\}^{T-t}}{\{1+r(t,T^*)\}^{T^*-t}} \right)^{\frac{1}{T-T^*}} - 1 \cdots\cdots\cdots\cdots\cdots(1.15)$$

$$= \left(\frac{Z_0(t,T^*)}{Z_0(t,T)} \right)^{\frac{1}{T-T^*}} - 1 \cdots\cdots\cdots\cdots\cdots(1.16)$$

となり、期間の異なるスポット金利、もしくは無リスクな割引債価格から、フォワード金利を計算することができる。

たとえば、現時点を $t=0$ とし、市場で満期が異なる無リスクな割引債の価格 $Z_0(0,T)$ が観測されているものとする（$T=1, 2, \cdots, 5$ 年）。(1.13) 式から、無リスクな割引債価格 $Z_0(0,T)$ が与えられたときのスポット金利は、

$$(1+r(0,T))^T = \frac{1}{Z_0(0,T)}$$

$$r(0,T) = \left(\frac{1}{Z_0(0,T)} \right)^{\frac{1}{T}} - 1 \cdots\cdots\cdots\cdots\cdots(1.17)$$

で計算できるので、5 期間のスポット金利は、

$$r(0,1) = \left(\frac{1}{Z_0(0,1)} \right)^{1} - 1, \ r(0,2) = \left(\frac{1}{Z_0(0,2)} \right)^{\frac{1}{2}} - 1, \ r(0,3) = \left(\frac{1}{Z_0(0,3)} \right)^{\frac{1}{3}} - 1,$$

$$r(0,4) = \left(\frac{1}{Z_0(0,4)} \right)^{\frac{1}{4}} - 1, \ r(0,5) = \left(\frac{1}{Z_0(0,5)} \right)^{\frac{1}{5}} - 1$$

となる。次に、無リスクな割引債価格 $Z_0(0,T)$ を (1.16) 式に代入して、現時点 0 でのフォワード金利を計算することができる。なお、ここでは金利の対象区間を $T - T^* = 1$ とし、各年における期間 1 年のフォワード金利を計算している。

$$f(0,1,2) = \left(\frac{Z_0(0,1)}{Z_0(0,2)}\right) - 1, f(0,2,3) = \left(\frac{Z_0(0,2)}{Z_0(0,3)}\right) - 1,$$

$$f(0,3,4) = \left(\frac{Z_0(0,3)}{Z_0(0,4)}\right) - 1, f(0,4,5) = \left(\frac{Z_0(0,4)}{Z_0(0,5)}\right) - 1$$

なお、フォワード金利 $f(0,0,1)$ は、

$$f(0,0,1) = \left(\frac{Z_0(0,0)}{Z_0(0,1)}\right) - 1 = \left(\frac{1}{Z_0(0,1)}\right) - 1 = r(0,1)$$

となって、スポット金利と等しい。それでは、フォワード金利は何を意味しているのであろうか。この例の場合には、フォワード金利は、時点 0 で市場が想定している各時点（年）での期間 1 年の（変動）金利を意味している。

例題1.3　DCF法（Discounted Cash Flow法）

DCF法（割引キャッシュフロー法）とは、将来のキャッシュフローを現在価値に割り引くことによって、統一されたスケールで評価しようというものである。つまり、時点 t_1 と時点 t_2 で得られるそれぞれのキャッシュフロー $C(t_1)$, $C(t_2)$ を単純に比較することはむずかしいので、それらの将来キャッシュフローの割引現在価値をもって理論価値とするという考え方である。たとえば、1年後（$t_1=1$）に100万円（$C(t_1)=100$）が得られる取引と、2年後（$t_2=2$）に102万円（$C(t_2)=102$）が得られる取引を比較することにする。将来キャッシュフローを単純に比較すると、$C(t_1) < C(t_2)$ である。一方、期間 1 年と 2 年のスポット金利を $r(0,1)=3\%$, $r(0,2)=3\%$ とす

第1章　指数と対数

ると、(1.12) 式よりキャッシュフロー $C(t_1)$ と $C(t_2)$ の現在価値は、

$$B_0(0,1) = \frac{C(1)}{(1+r(0,1))^{1-0}} = \frac{100}{(1+0.03)} = 97.087$$

$$B_0(0,2) = \frac{C(2)}{(1+r(0,2))^{2-0}} = \frac{102}{(1+0.03)^2} = 96.145$$

となり、$B_0(0,1) > B_0(0,2)$ となる。また、期間 1 年と 2 年のスポット金利をそれぞれ $r(0,1)=1\%$, $r(0,2)=1\%$ とすると、

$$B_0(0,1) = \frac{C(1)}{(1+r(0,1))^{1-0}} = \frac{100}{(1+0.01)} = 99.010$$

$$B_0(0,2) = \frac{C(2)}{(1+r(0,2))^{2-0}} = \frac{102}{(1+0.01)^2} = 99.990$$

となり、$B_0(0,1) < B_0(0,2)$ となる。ただし、現時点を $t=0$ とした。この例で示されているように、将来キャッシュフローを現在価値に換算すると、割引率に用いられるスポット金利の水準によって大小関係が変化することがわかる。

(1.12) 式に $t=0$ を代入して展開すると、

$$(1+r(0,T))^T = \frac{H}{B_0(0,T)}$$

$$r(0,T) = \left(\frac{H}{B_0(0,T)}\right)^{\frac{1}{T}} - 1 \quad \cdots\cdots (1.18)$$

が得られる。(1.18) 式は、現時点 $t=0$ において市場で観測される割引債の価格 $B_0(0,T)$ から、期間 $T-t=T$ のスポット金利 $r(t,T)=r(0,T)$ が計算できることを意味している。

2 累乗根

n を正の整数とするとき、x を n 乗した x^n が、

$$y = x^n \quad \cdots\cdots\cdots\cdots\cdots\cdots\cdots\cdots\cdots\cdots\cdots\cdots\cdots\cdots\cdots (1.19)$$

となる数 x のことを、y の **n乗根** と呼ぶ。例として、$x = 2$, $x = -2$ のとき、y の値がどのようになるかについて検討する。

(1) n が奇数のとき

たとえば、$n = 3$ と奇数であるとき、

① $x = 2$ のとき
$y = 2^3 = 8$

② $x = -2$ のとき
$y = (-2)^3 = -8$

となる。すなわち、n が奇数のときには x の符号と y の符号が等しくなる。したがって、(1.19) 式から y の n 乗根は、

$$\pm y^{1/n} = x^{n/n} = x$$
$$x = \pm \sqrt[n]{y}$$

となり、一つの解となる。

(2) n が偶数のとき

たとえば、$n = 2$ と偶数であるとき、

$y = 2^2 = 4$
$y = (-2)^2 = 4$

となる。すなわち、n が偶数のときには x の符号によらず、y の解は一致する。したがって、y の n 乗根は、

$$\pm y^{1/n} = x^{n/n} = x$$
$$x = \pm \sqrt[n]{y}$$

第1章 指数と対数

と二つの解が得られる。

なお、y の n 乗根 $\sqrt[n]{y}$ において、$n=2$ のときの $\sqrt[2]{y}$ を平方根と呼び、一般には2が省略されて $\sqrt{y}$ と表記される。また、（1.10）式と（1.3）式より、

$$\left(\sqrt[n]{y}\right)^n = \left(y^{1/n}\right)^n = y^{1/n \times n} = y$$

である。

$y = x^n$ という関係を、$n=2$ と $n=3$ の場合に分けて、$x = -5.0, -4.5, \cdots, 0, \cdots, 4.5, 5.0$ の範囲でグラフ化したものが、図表1－3である。

図表1－3　$y=x^n$ の形状

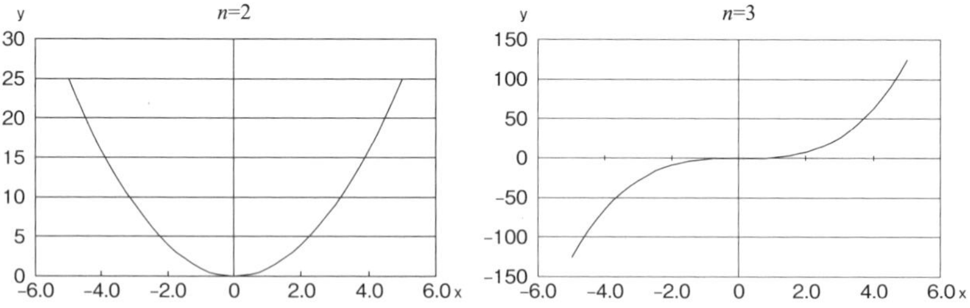

累乗根には、以下の公式が成り立つ。

公式1.2　累乗根の公式

l, m, n は正の整数とし、$a > 0, b > 0$ とする。

(1) $\sqrt[n]{a}\sqrt[n]{b} = \sqrt[n]{ab}$ …………………………………………………(1.20)

(2) $\dfrac{\sqrt[n]{a}}{\sqrt[n]{b}} = \sqrt[n]{\dfrac{a}{b}}$ …………………………………………………(1.21)

(3) $\left(\sqrt[n]{a}\right)^m = \sqrt[n]{a^m}$ …………………………………………………(1.22)

(4) $\sqrt[n]{\sqrt[m]{a}} = \sqrt[mn]{a}$ …………………………………………………(1.23)

(5) $\sqrt[n]{a^m} = \sqrt[ln]{a^{lm}}$ …………………………………………………(1.24)

演習1.2 公式1.2を証明せよ。

解

(1) $x = \sqrt[n]{a}\sqrt[n]{b}$ とおき、両辺を n 乗すると、
$$x^n = \left(\sqrt[n]{a}\sqrt[n]{b}\right)^n$$
が得られる。(1.4) 式より、
$$x^n = \left(\sqrt[n]{a}\right)^n\left(\sqrt[n]{b}\right)^n = ab$$
となり、$a > 0, b > 0$ であるので、
$$x = \sqrt[n]{a}\sqrt[n]{b} = \sqrt[n]{ab}$$
が得られる。

(2) $\dfrac{\sqrt[n]{a}}{\sqrt[n]{b}} = x$ とおき、両辺を n 乗すると、
$$\left(\dfrac{\sqrt[n]{a}}{\sqrt[n]{b}}\right)^n = x^n$$
が得られる。(1.5) 式より、
$$\left(\dfrac{\sqrt[n]{a}}{\sqrt[n]{b}}\right)^n = \dfrac{a}{b} = x^n$$
となり、$a > 0, b > 0$ であるので $\dfrac{a}{b} > 0$, $x > 0$ から
$$x = \dfrac{\sqrt[n]{a}}{\sqrt[n]{b}} = \sqrt[n]{\dfrac{a}{b}}$$
が得られる。

(3) $\left(\sqrt[n]{a}\right)^m = x$ とおき、両辺を n 乗すると、
$$\left\{\left(\sqrt[n]{a}\right)^m\right\}^n = x^n$$
が得られる。(1.3) 式より、

第1章　指数と対数

$$\left\{\left(\sqrt[n]{a}\right)^m\right\}^n = \left(\sqrt[n]{a}\right)^{mn} = \left(\sqrt[n]{a}\right)^{nm} = a^m = x^n$$

となり、$a>0$ であるので $a^m>0, x>0$ から、

$$x = \left(\sqrt[n]{a}\right)^m = \sqrt[n]{a^m}$$

が得られる。

(4) $\sqrt[n]{\sqrt[m]{a}} = x$ とおき、両辺を n 乗すると、

$$\left(\sqrt[n]{\sqrt[m]{a}}\right)^n = \sqrt[m]{a} = x^n$$

が得られる。さらに、両辺を m 乗すると、

$$\left(\sqrt[m]{a}\right)^m = \left(x^n\right)^m$$
$$a = x^{mn}$$

となり、$a>0, x>0$ から、

$$x = \sqrt[n]{\sqrt[m]{a}} = \sqrt[mn]{a}$$

が得られる。

(5) $\sqrt[n]{a^m} = x$ とおき、両辺を n 乗すると、

$$\left(\sqrt[n]{a^m}\right)^n = x^n$$
$$a^m = x^n$$

が得られる。さらに、両辺を l 乗すると、

$$\left(a^m\right)^l = \left(x^n\right)^l$$
$$a^{lm} = x^{ln}$$

となり、$a^{lm}>0, x>0$ から

$$x = \sqrt[n]{a^m} = \sqrt[ln]{a^{lm}}$$

が得られる。

例題1.4　生存確率とデフォルト確率

ある企業の、1年間のデフォルト確率が $p=0.01$ であると見込まれている。この企業のデフォルト確率は、今後も継続的に同じ水準が維持され

るものと仮定する（**斉時性**[4]を仮定する）。このとき、この企業の1年後から5年後までの年単位の累積デフォルト確率を計算せよ。

> **解** 単純に、1年間のデフォルト確率は $p=0.01$ であるから、5年間のデフォルト確率は $p(5)=p\times 5=0.05$ であるとするのは誤りである。ここでデフォルト確率 $p(t)$ の定義について考える（$t=0,1,2,\cdots$）。時点 $t-1$ で、この企業が属するプールのサンプル数を $N(t-1)$ とし、時点 t でデフォルトした企業数を $d(t)$ で表すと、時点 t でのデフォルト確率 $p(t)$ は、
>
> $$p(t) = \frac{d(t)}{N(t-1)} \quad \cdots\cdots (1.25)$$
>
> となる。ここで注意が必要なのは、プールのサンプル数 $N(t-1)$ は、時間の経過とともに減少していくということである。したがって、デフォルト確率 $p(t)$ が一定ということは、デフォルト企業数 $d(t)$ も時間の経過とともに減少する必要がある。ここで、この企業が時点 t で生存（存続）している確率（生存確率）を数 $S(t)$、累積デフォルト確率を $Q(t)$ で表すと、以下の関係が成り立つ。
>
> $$S(t) = S(0)\times S(1)\times \cdots \times S(t-1)\times S(t)$$
> $$= 1\times \{1-p(1)\}\times \{1-p(2)\}\times \cdots \times \{1-p(t-1)\}\times \{1-p(t)\} \quad \cdots\cdots (1.26)$$
> $$Q(t) = 1 - S(t) \quad \cdots\cdots (1.27)$$
>
> ここで、全期間にわたってデフォルト確率が一定であり、その水準を p で表すと、
>
> $$S(t) = (1-p)^t \quad \cdots\cdots (1.28)$$
>
> となる。$p=0.01$ としたときの、生存確率 $S(t)$ と累積デフォルト確率 $Q(t)$ の関係を示したものが、図表1－4である。

---

4 時点によって確率の構造が変化しないという仮定。

第1章　指数と対数

図表1－4　生存確率$S(t)$と累積デフォルト確率$Q(t)$の関係

経過期間	生存確率	累積デフォルト確率
0	1.000000	0.000000
1	0.990000	0.010000
2	0.980100	0.019900
3	0.970299	0.029701
4	0.960596	0.039404
5	0.950990	0.049010

また、5年後の累積デフォルト確率が$Q(5)=0.096$で与えられているときには、全期間共通のデフォルト確率pは、

$$Q(5) = 1 - S(5) = 1 - (1-p)^5 = 0.096$$
$$(1-p)^5 = 1 - 0.096$$
$$1 - p = (1 - 0.096)^{\frac{1}{5}}$$
$$p = 1 - (1 - 0.096)^{\frac{1}{5}} = 0.02$$

で計算できる。

3　指数関数

$a > 0, a \neq 0$であるとき、xの**関数**[5] $f(x)$が、

$$f(x) = a^x \quad \cdots\cdots\cdots (1.29)$$

のかたちで表されるとき、関数$f(x)$を、aを底とする変数xの**指数関数**と呼ぶ。この関数はaの水準によって、性質が異なる。

---

[5]　2章3で解説。

(1)　**$0 < a < 1$ のとき**

　x の値が増加すると、$f(x)$ の値は単調に減少する（**単調減少関数**）。
　　$x_1 < x_2 \Leftrightarrow a^{x_1} > a^{x_2}$

(2)　**$1 < a$ のとき**

　x の値が増加すると、$f(x)$ の値は単調に増加する（**単調増加関数**）。
　　$x_1 < x_2 \Leftrightarrow a^{x_1} < a^{x_2}$

なお、$f(0) = a^0 = 1$ であるので、$y = f(x)$ で表す関数は、点 $(0,1)$ を通り、$y = a^x$ と $y = a^{-x}$ は、y 軸に対して左右対称となる。なお、「$\Leftrightarrow$」という記号は**同値**を表しており、左右の真偽が必ず一致するということを意味している。

　$y = a^x$ と $y = a^{-x}$ の関係を、a の値として $a = 1/1.3, 1/1.2, 1/1.1, 1.1, 1.2, 1.3$ の6通り、x の値を $x = -5.0, -4.5, \cdots, 5.0$ の0.5刻みで表したグラフを図表1-5に示す。

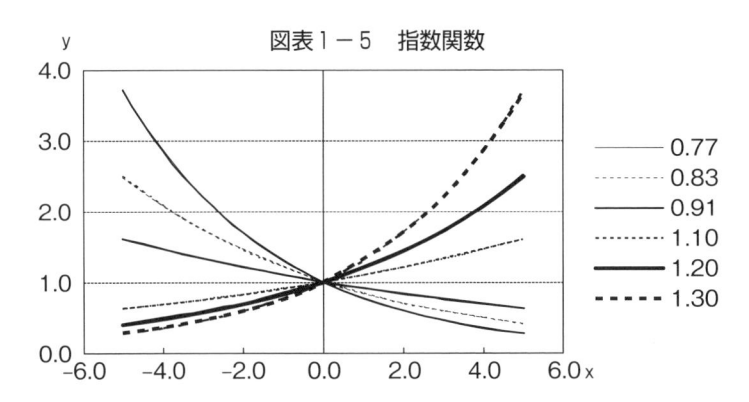

図表1-5　指数関数

第1章　指数と対数

演習1.3 以下の式を指数関数の積のかたちで表せ。

(1) $2^2 \div 3^3$

(2) $\sqrt[3]{4} \div \sqrt[4]{9}$

(3) 1.44×1.08

(4) $(6 \times 3)^{1/3} \div 2\sqrt{9}$

(5) $\sqrt{72} - \sqrt{108} + \sqrt{3}$

(6) $\left(2^{3/2} - 3^{1/2}\right)^2 \left(2^{3/2} + 3^{1/2}\right)^2$

(7) $\left(\sqrt{5} - \sqrt{3}\right)^{-1} + \left(\sqrt{5} + \sqrt{3}\right)^{-1}$

解

(1) $2^2 \div 3^3 = 2^2 \times \dfrac{1}{3^3} = 2^2 \times 3^{-3}$

(2) $\sqrt[3]{4} \div \sqrt[4]{9} = \sqrt[3]{2^2} \times \dfrac{1}{\sqrt[4]{3^2}} = 2^{2/3} \times \dfrac{1}{3^{2/4}} = 2^{2/3} \times 3^{-1/2}$

(3) $1.44 \times 1.08 = \dfrac{144}{100} \times \dfrac{108}{100} = \dfrac{2^4 \times 3^2}{2^2 \times 5^2} \times \dfrac{3^3 \times 2^2}{2^2 \times 5^2}$
$= (2^4 \times 3^2 \times 2^{-2} \times 5^{-2}) \times (3^3 \times 2^2 \times 2^{-2} \times 5^{-2}) = 2^{4-2+2-2} \times 3^{2+3} \times 5^{-2-2}$
$= 2^2 \times 3^5 \times 5^{-4}$

(4) $(6 \times 3)^{1/3} \div 2\sqrt{9} = (2 \times 3^2)^{1/3} \times \dfrac{1}{2\sqrt{3^2}} = 2^{1/3} \times 3^{2/3} \times \dfrac{1}{3 \times 2}$
$= 2^{1/3} \times 3^{2/3} \times 3^{-1} \times 2^{-1} = 2^{-2/3} \times 3^{-1/3}$

(5) $\sqrt{72} - \sqrt{108} + \sqrt{3}$ の各項を素数[6]で分解すると
$\sqrt{2^3 \cdot 3^2} - \sqrt{2^2 \cdot 3^3} + \sqrt{3} = (2^3 \cdot 3^2)^{1/2} - (2^2 \cdot 3^3)^{1/2} + 3^{1/2}$
$= 2^{3/2} \cdot 3 - 2 \cdot 3^{3/2} + 3^{1/2} = 3^{1/2} \{2^{3/2} \cdot 3^{1/2} - 2 \cdot 3 + 1\} = 3^{1/2} \{2^{3/2} \cdot 3^{1/2} - 5\}$

(6) $\left(2^{3/2} - 3^{1/2}\right)^2 \left(2^{3/2} + 3^{1/2}\right)^2 = \left\{\left(2^{3/2} - 3^{1/2}\right)\left(2^{3/2} + 3^{1/2}\right)\right\}^2$
$= \left\{(2^{3/2})^2 - (3^{1/2})^2\right\}^2 = \left\{2^3 - 3^1\right\}^2 = \{8 - 3\}^2 = 25$

(7) $\left(\sqrt{5} - \sqrt{3}\right)^{-1} + \left(\sqrt{5} + \sqrt{3}\right)^{-1} = \dfrac{1}{\sqrt{5} - \sqrt{3}} + \dfrac{1}{\sqrt{5} + \sqrt{3}}$

---

[6] 1と自分自身以外に正の約数をもたない、1でない正の整数。整数 n の約数（因数、因子）とは、n を割り切ることのできる整数の総称。

$$= \frac{\left(\sqrt{5}+\sqrt{3}\right)+\left(\sqrt{5}-\sqrt{3}\right)}{\left(\sqrt{5}-\sqrt{3}\right)\left(\sqrt{5}+\sqrt{3}\right)} = \frac{2\sqrt{5}}{\left(\sqrt{5}\right)^2-\left(\sqrt{3}\right)^2} = \frac{2\sqrt{5}}{5-3} = \sqrt{5}$$

演習1.4 以下の指数方程式(指数関数によって表された方程式)を解け。

(1) $3^{-x} = \dfrac{1}{27}$

(2) $4^x + 2^x + 20 = 0$

(3) $8^x - 3 \cdot 4^x - 34 \cdot 2^x - 48 = 0$

解

(1) $3^{-x} = \dfrac{1}{27} = (27)^{-1} = (3^3)^{-1} = 3^{-3}$ となるので、$x = 3$ が得られる。

(2) $4^x + 2^x + 20 = (2^2)^x + 2^x + 20 = 0$

ここで、$2^x = a$ とおくと、$2^x > 0$ より $a > 0$ であり、

$$a^2 + a + 20 = (a+5)(a-4) = 0$$

となるので、$a = 4$ が得られる($a = -5$ は条件を満たさない)。したがって、

$$a = 2^x = 4 = 2^2$$

であり、$x = 2$ となる。

(3) $8^x - 3 \cdot 4^x - 34 \cdot 2^x - 48 = (2^3)^x - 3 \cdot (2^2)^x - 34 \cdot 2^x - 48$

$$= (2^x)^3 - 3 \cdot (2^x)^2 - 34 \cdot 2^x - 48 = 0$$

ここで、$2^x = a$ とおくと、$2^x > 0$ より $a > 0$ であり、

$$a^3 - 3a^2 - 34a - 48 = a^3 + 5a^2 + 6a - 8a^2 - 40a - 48$$

$$= (a-8)(a^2 + 5a + 6) = (a-8)(a+2)(a+3) = 0$$

となるので、$a = 8$ が得られる($a = -2, -3$ は条件を満たさない)。したがって、

第1章　指数と対数

$$a = 2^x = 8 = 2^3$$
であり、$x = 3$ となる。

演習1.5 以下の指数不等式（指数関数によって表された不等式）を解け。

(1) $3^x \geq 9$ (3) $9^x - 5^2 \cdot 3^x > 54$
(2) $0.4^x > 0.16$ (4) $1 \leq 27^x \leq 9$

解

(1) $3^x \geq 9$ は $3^x \geq 3^2$ であるので、$x \geq 2$ となる。

(2) $0.4^x > 0.16$ は $0.4^x > 0.4^2$ であるので、$x < 2$ となる。

（注意）底 a の大きさによって不等号の向きが変わる。

① $0 < a < 1$ のとき
　$a^x > a^y$ であれば $x < y$

② $a > 1$ のとき
　$a^x > a^y$ であれば $x > y$

(3) $9^x - 5^2 \cdot 3^x > 54$ は $(3^2)^x - 25 \cdot 3^x - 54 > 0$ である。ここで、$3^x = a$ とおくと、$3^x > 0$ より $a > 0$ であり、

$$a^2 - 25a - 54 > 0$$
$$(a-27)(a+2) > 0$$

となるので、$a > 27$ が得られる（$a > -2$ は条件を満たさない）。したがって、

$$3^x > 27 = 3^3$$

であり、$x > 3$ となる。

(4) $1 \le 27^x \le 9$ は $3^0 \le (3^3)^x \le 3^2$ である。底は $3\,(>1)$ であるので、
$$0 \le 3x \le 2$$
$$0 \le x \le \frac{2}{3}$$
が得られる。

4 対 数

$a > 0, a \neq 0$ であるとき、任意の正の数 $R\,(>0)$ に対し、
$$a^r = R \qquad (1.30)$$
を満たす唯一の実数 r が定まる。この実数 r の値のことを、a を底とする R の**対数**と呼び、
$$r = \log_a R \qquad (1.31)$$
で表す。また、正の数 R のことを、対数 r の**真数**と呼んでいる。(1.30) 式の指数と、(1.31) 式の対数は、**同値**であり、
$$a^r = R \quad \Leftrightarrow \quad r = \log_a R$$
という関係が成立する。

対数には、以下のような性質がある。

＜対数の公式＞

$a > 0, a \neq 1, R > 0, Q > 0$ であり、r は $a^r = R$ を満たす実数、q は $a^q = Q$ を満たす実数であるものとする。

(1) $\log_a RQ = \log_a R + \log_a Q$ 　　　　　　　　　　　　　(1.32)

(2) $\log_a \dfrac{R}{Q} = \log_a R - \log_a Q$ 　　　　　　　　　　　　(1.33)

(3) $\log_a R^b = b \log_a R$ 　　　　　　　　　　　　　　　(1.34)

第1章　指数と対数

(4) $\log_a R = \dfrac{\log_c R}{\log_c a}$,$(c>0,\ c\neq 1)$ 底の交換公式 ………………(1.35)

(5) $\log_a 1 = 0$

(6) $\log_a a = 1$

演習1.6 上記の対数の公式を証明せよ。

解　$\log_a R = r$, $\log_a Q = q$ とおくと、対数の定義より、$R = a^r$, $Q = a^q$ となる。

(1) (1.2) 式より、

$RQ = a^r a^q = a^{r+q}$

となるので、これを対数で表すと、

$\log_a RQ = r+q = \log_a R + \log_a Q$

が得られる。

(2) (1.5) 式より、

$\dfrac{R}{Q} = \dfrac{a^r}{a^q} = a^{r-q}$

となるので、これを対数で表すと、

$\log_a \dfrac{R}{Q} = r-q = \log_a R - \log_a Q$

が得られる。

(3) $R = a^r$ の両辺を b 乗すると、

$R^b = (a^r)^b = a^{rb}$

となるので、これを対数で表すと、

$\log_a R^b = \log_a a^{rb} = rb \log_a a = rb = b \log_a R$

が得られる。

(4) $\log_a R = r$ を指数で表すと、

$$R = a^r \quad (1.36)$$

となる。ここで $a = b^d$ とおくと、

$$R = a^r = (b^d)^r = b^{dr} \quad (1.37)$$

となるので、これを b を底とする対数をとると、

$$\log_b R = dr \quad (1.38)$$

となる。また、$a = b^d$ に対し、b を底とする対数をとると、

$$\log_b a = d \quad (1.39)$$

であるので、$\log_a R = r$ に (1.38) 式を代入すると、

$$\log_a R = r = \frac{\log_b R}{d} \quad (1.40)$$

となる。さらに (1.39) 式を代入すると、

$$\log_a R = \frac{\log_b R}{\log_b a} \quad (1.41)$$

が得られる。

(5) $a^0 = 1$ であるので、対数の定義より $\log_a 1 = 0$

(6) $a^1 = a$ であるので、対数の定義より $\log_a a = 1$

演習1.7 以下の対数の計算をせよ。

(1) $\log_4 12 + \log_2 6$

(2) $\log_2 (20 \times 12)$

(3) $\log_2 6 + \log_3 12 + \log_4 16$

(4) $\log_2 12 + \log_3 18 - \log_4 \left(\dfrac{1}{\sqrt{10}} \right)$

(5) $\log_2 27 \times \log_3 4$

第1章　指数と対数

解

(1) $\log_4 12 + \log_2 6 = \dfrac{\log_2 12}{\log_2 4} + \log_2(2\cdot 3) = \dfrac{\log_2 2^2\cdot 3}{\log_2 2^2} + \log_2 2 + \log_2 3$

$= \dfrac{2\log_2 2 + \log_2 3}{2\log_2 2} + \log_2 2 + \log_2 3 = \dfrac{2 + \log_2 3}{2} + 1 + \log_2 3 = 2 + \dfrac{3}{2}\log_2 3$

(2) $\log_2(20\times 12) = \log_2(2^2\cdot 5 \times 2^2\cdot 3) = \log_2(2^4\cdot 3\cdot 5)$

$= \log_2 2^4 + \log_2 3 + \log_2 5 = 4 + \log_2 3 + \log_2 5$

(3) $\log_2 6 + \log_3 12 + \log_4 16 = \dfrac{\log_2 6}{\log_2 2} + \dfrac{\log_2 12}{\log_2 3} + \dfrac{\log_2 16}{\log_2 4}$

$= \dfrac{\log_2 2\cdot 3}{\log_2 2} + \dfrac{\log_2 2^2\cdot 3}{\log_2 3} + \dfrac{\log_2 2^4}{\log_2 2^2}$

$= \dfrac{\log_2 2 + \log_2 3}{\log_2 2} + \dfrac{2\log_2 2 + \log_2 3}{\log_2 3} + \dfrac{4\log_2 2}{2\log_2 2}$

$= 1 + \dfrac{\log_2 3}{\log_2 2} + \dfrac{2\log_2 2}{\log_2 3} + 1 + 2 = 4 + \log_2 3 + \dfrac{2}{\log_2 3}$

(4) $\log_2 12 + \log_3 18 - \log_4\left(\dfrac{1}{\sqrt{10}}\right) = \dfrac{\log_2 12}{\log_2 2} + \dfrac{\log_2 18}{\log_2 3} - \log_4 10^{-1/2}$

$= \log_2 2^2\cdot 3 + \dfrac{\log_2 2\cdot 3^2}{\log_2 3} + \dfrac{1}{2}\log_4 10 = \log_2 2^2\cdot 3 + \dfrac{\log_2 2\cdot 3^2}{\log_2 3} + \dfrac{1}{2}\cdot\dfrac{\log_2 10}{\log_2 4}$

$= \log_2 2^2 + \log_2 3 + \dfrac{\log_2 2 + \log_2 3^2}{\log_2 3} + \dfrac{1}{2}\cdot\dfrac{\log_2 2 + \log_2 5}{\log_2 2^2}$

$= 2 + \log_2 3 + \dfrac{1 + 2\log_2 3}{\log_2 3} + \dfrac{1}{2}\cdot\dfrac{1 + \log_2 5}{2}$

$= 2 + \log_2 3 + \dfrac{1}{\log_2 3} + 2 + \dfrac{1}{4} + \dfrac{\log_2 5}{4} = 4\dfrac{1}{4} + \log_2 3 + \dfrac{1}{\log_2 3} + \dfrac{\log_2 5}{4}$

(5) $\log_2 27 \times \log_3 4 = \log_2 27 \times \dfrac{\log_2 4}{\log_2 3} = \log_2 3^3 \times \dfrac{\log_2 2^2}{\log_2 3}$

$= 3\log_2 3 \times \dfrac{2\log_2 2}{\log_2 3} = 3\times 2 = 6$

5 対数関数

$a > 0, a \neq 1$ であるとき、底を a とする対数を関数として表した

$$y = f(x) = \log_a x \quad \cdots\cdots\cdots (1.42)$$

を、a を底とする**対数関数**と呼ぶ。

底を a とする対数関数 $y = \log_a x$ と、指数関数 $y = a^x$ には、**逆関数**の関係がある。逆関数については、2.5 節で解説する。

対数関数 $y = \log_a x$ と指数関数 $y = a^x$ の関係をグラフ化すると、図表1-6のようになる。ただし、a の値は $a = 2$ とし、x の値は $x = -2.0, -1.9, \cdots, 3.0$ の 0.1 刻みで表した。なお、対数関数については、x の値は $x = 0.1, 0.2, \cdots, 3.0$ の範囲とした。

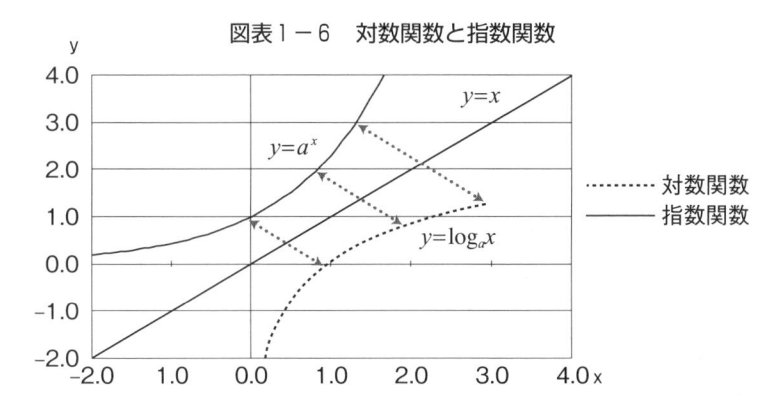

図表1-6 対数関数と指数関数

対数関数は、指数関数と同様に、a の水準によって、性質が異なる。

(1) **0 < a < 1 のとき**

x の値が増加すると、$f(x)$ の値は単調に減少する（単調減少関数）。

$$x_1 < x_2 \quad \Leftrightarrow \quad \log_a x_1 > \log_a x_2$$

第1章 指数と対数

(2) $1 < a$ **のとき**

x の値が増加すると、$f(x)$ の値は単調に増加する（単調増加関数）。

$$x_1 < x_2 \iff \log_a x_1 < \log_a x_2$$

なお、$f(1) = \log_a 1 = 0$ であるので、$y = f(x)$ で表す関数は、点 $(1,0)$ を通り、$y = \log_a x$ と $y = \log_{1/a} x$ は x 軸に対して上下対称となる。

$y = \log_a x$ と $y = \log_{1/a} x$ の関係をグラフ化すると、図表1－7のようになる。ただし、a の値は $a = 1/1.3, 1/1.2, 1/1.1, 1.1, 1.2, 1.3$ の6通りとし、x の値は $x = 0.1, 0.2, \cdots, 3.0$ の0.1刻みで表した。

図表1－7　対数関数

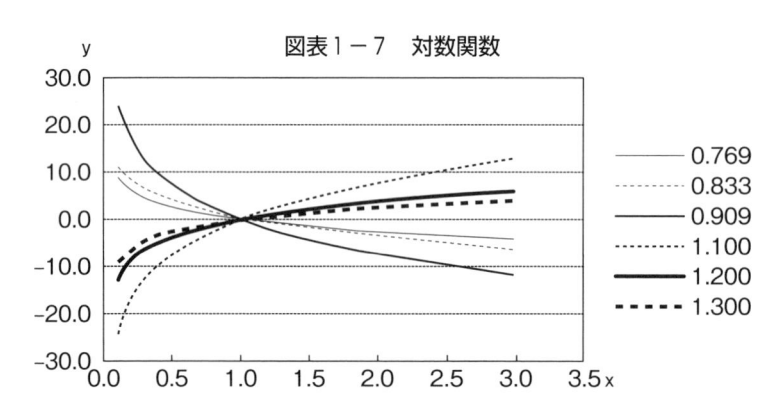

線種	値
細実線	0.769
細破線	0.833
実線	0.909
破線	1.100
太実線	1.200
太破線	1.300

演習1.8 以下の対数方程式（対数関数によって表された方程式）を解け。

(1) $\log_3 4x = -1$

(2) $\log_2(x+3) + \log_2(x-4) = 3$

(3) $\log_2(x-1) = \log_4(x+1)$

解

(1) $\log_3 4x = -1 = -\log_3 3 = \log_3 3^{-1}$ となるので、$4x = 3^{-1}$ が得られる。したがって、
$$x = \frac{1}{4 \times 3} = \frac{1}{12}$$
となる。このとき、$4x > 0$ より $x > 0$ という**真数条件**[7]も満たしている。

(2) $\log_2(x+3) + \log_2(x-4) = 3$ より、
$$\log_2(x+3)(x-4) = 3$$
$$\log_2(x+3)(x-4) = \log_2 2^3$$
となる。したがって、
$$(x+3)(x-4) = 2^3$$
$$x^2 - x - 12 = 8$$
$$x^2 - x - 20 = 0$$
$$(x+4)(x-5) = 0$$
となる。真数条件より $x > 4$ であるので、$x = 5$ が得られる。

(3) $\log_2(x-1) = \log_4(x+1)$ より、
$$\log_2(x-1) = \frac{\log_2(x+1)}{\log_2 4}$$
$$\log_2(x-1) = \frac{\log_2(x+1)}{2\log_2 2}$$
$$2\log_2(x-1) = \log_2(x+1)$$

---

[7] (1.31) 式に示した正の数 R のことを、対数 r の真数と呼んだ。真数条件とは、$R > 0$ のことである。

第1章 指数と対数

$$\log_2(x-1)^2 = \log_2(x+1)$$
$$(x-1)^2 = (x+1)$$
$$x^2 - 2x + 1 - x - 1 = 0$$
$$x^2 - 3x = 0$$
$$x(x-3) = 0$$

となる。真数条件より $x > 1$ であるので、$x = 3$ が得られる。

演習1.9 以下の対数不等式（対数関数によって表された不等式）を解け。

(1) $\log_2 x + \log_2(x+2) < 3$ 　　(2) $\log_4 2 + \log_2(x-2) < 0$

解

(1) 対数の底は $2 > 1$ であるので、
$$\log_2 x + \log_2(x+2) < 3$$
$$\log_2 x(x+2) < 3\log_2 2$$
$$x(x+2) < 2^3$$
$$x^2 + 2x - 8 < 0$$
$$(x+4)(x-2) < 0$$
となる。よって、$-4 < x < 2$ が得られるが、真数条件が $x > 0$ であるので、$0 < x < 2$ となる。

(2) 対数の底は $2 > 1$ であるので、
$$\log_4 2 + \log_2(x-2) < 0$$
$$\frac{\log_2 2}{\log_2 4} + \log_2(x-2) < 0$$
$$\frac{\log_2 2}{2\log_2 2} + \log_2(x-2) < 0$$
$$\log_2(x-2) < -\frac{1}{2}$$

$$\log_2(x-2) < -\frac{1}{2}\log_2 2$$
$$\log_2(x-2) < \log_2 2^{-1/2}$$
$$x-2 < 2^{-1/2}$$
$$x < 2^{-1/2} + 2$$
$$x < \frac{1}{\sqrt{2}} + 2$$

となる。真数条件は $x-2>0$ より $x>2$ であり、

$$2 < x < \frac{1}{\sqrt{2}} + 2$$

が得られる。

6 自然対数と常用対数

ネイピア数 e (=2.71828182845904…)を底とする対数のことを、**自然対数**と呼び、$\log_e R$、もしくは $\log R$ や $\ln R$ と記述される。実務の世界で対数といった場合には、この自然対数を指すことが多い。また、このネイピア数のことを**自然対数の底**とも呼ぶ。

(1.31) 式の a にネイピア数を適用すると、任意の正の数 $R(>0)$ に対し、

$$e^r = R \quad \cdots\cdots (1.43)$$

を満たす唯一の実数 r が定まる。この実数 r が、e を底とする R の**自然対数**であり、

$$r = \log_e R \quad \cdots\cdots (1.44)$$

で表す。なお、e^r を $\exp(r)$ と記述することも多い。$\exp(\cdot)$ とは指数関数 (exponential function) の略であるが、この表記の場合には底がネイピア数である指数関数を意味している。

第1章　指数と対数

$$\exp(r) = R \qquad (1.45)$$

これに対し、10を底とする対数のことを**常用対数**と呼ぶ。常用対数は、$\log_{10} 100 = 2$，$\log_{10} 10000 = 4$ などとなるが、10進数で表した数の桁数を表している。また、$0 < x < 1$ であるとき、たとえば $\log_{10} 0.001 = \log_{10} 10^{-3} = -3$ では、0以外の数字が初めて現れる小数点の位置が負の符号の後の数値となる。

例題1.5　対数収益率

ある株式を想定し、現時点0における株価を $S(0)$、将来時点 t における株価を $S(t)$ とする（$t=0,1,2,\cdots$）。時点 t は将来時点なので、将来の株価 $S(t)$ は**確率変数**[8]である。配当のない株式の時点 t における収益率 $R(t)$ を、

$$R(t) = \frac{S(t) - S(t-1)}{S(t-1)} = \frac{S(t)}{S(t-1)} - 1 \qquad (1.46)$$

で定義する。また、以下の対数収益率 $R_L(t)$ もよく利用される。

$$R_L(t) = \log_e \frac{S(t)}{S(t-1)} = \log \frac{S(t)}{S(t-1)} = \ln \frac{S(t)}{S(t-1)} \qquad (1.47)$$

実務では、株価 $S(t)$ などの原数値ではなく、収益率 $R(t)$ を使って評価されることが多い。これは、(1.46) 式を用いれば、

$$S(t) = S(t-1) \times \{1 + R(t)\} \qquad (1.48)$$

で、(1.47) 式を用いれば、

$$S(t) = S(t-1) \times e^{R_L(t)} \qquad (1.49)$$

で、収益率 $R(t)$ の系列から、株価 $S(t)$ の系列が順次計算できるためである。
また、収益率を投資期間 t で割り、単位時間当りの率に換算したものを

---

[8] 原時点では、将来の値が確定していない変数。

（投資）**利回り**と呼んでいるが、一般的には単位時間を1年とすることが多い。

株価 $S(t)$ のような場合には、株価 $S(t)$ は0円以下とはならない。このことを、(1.46) 式に適用すると、

$$\frac{S(t)}{S(t-1)} > 0$$

であるので、

$$R(t) = \frac{S(t)}{S(t-1)} - 1 > -1 \quad \cdots\cdots (1.50)$$

となる。実務では、収益率 $R(t)$ が後述する正規分布に従うと仮定して議論されることが多いが、正規分布はすべての実数値（$-\infty < R(t) < \infty$）をとる分布である。したがって、収益率 $R(t)$ が正規分布に従うという仮定は、厳密には成立しない。

これに対し、(1.47) 式の対数収益率はどのような実数値でもとることができ、これが対数収益率を利用する一つの利点となっている。

なお、時点 t で配当 $d(t)$ がある場合には、(1.46) 式の収益率は、

$$R(t) = \frac{S(t) - S(0) + d(t)}{S(0)} \quad \cdots\cdots (1.51)$$

で定義される。ただし、$d(t)$ は期間 $(t-1, t)$ に受け取る配当であり、$S(t)$ は配当落ち後の価格である。同様に、(1.47) 式の対数収益率は、

$$R_L(t) = \log_e \frac{S(t) + d(t)}{S(t-1)} \quad \cdots\cdots (1.52)$$

となる。

第1章 指数と対数

例題1.6 期間収益率

時点 t から時点 $t+s$ までの期間の収益率 $\tilde{R}(t,t+s)$ について検討する（$s=1,2,\cdots$）。(1.43) 式を適用した場合には、

$$\tilde{R}(t,t+s) = \frac{S(t+s)-S(t)}{S(t)} = \frac{S(t+s)}{S(t)} - 1 \quad\cdots\cdots (1.53)$$

となる。ここで、収益率を $\tilde{R}(t,t+s)$ と表記したのは、時点 t から時点 $t+s$ までの期間を意識するためである。(1.46) 式の $R(t)$ と区別するために、ここでは $\tilde{R}$（R チルダーと呼ぶ）と表記した。

同様に、(1.47) 式の対数収益率 $\tilde{R}_L(t,t+s)$ を利用すると、

$$\begin{aligned}
\tilde{R}_L(t,t+s) &= \log_e \frac{S(t+s)}{S(t)} \\
&= \log_e \left(\frac{S(t+1)}{S(t)} \times \frac{S(t+2)}{S(t+1)} \times \frac{S(t+3)}{S(t+2)} \times \cdots \times \frac{S(t+s-1)}{S(t+s-2)} \times \frac{S(t+s)}{S(t+s-1)} \right) \\
&= \log_e \frac{S(t+1)}{S(t)} + \log_e \frac{S(t+2)}{S(t+1)} + \cdots + \log_e \frac{S(t+s-1)}{S(t+s-2)} + \log_e \frac{S(t+s)}{S(t+s-1)} \\
&= R_L(t) + R_L(t+1) + R_L(t+2) + \cdots + R_L(t+s-1) + R_L(t+s) \\
&= \sum_{k}^{t+s} R_L(k) \quad\cdots\cdots (1.54)
\end{aligned}$$

が得られる。(1.54) 式は、時点 t から時点 $t+s$ までの期間の収益率 $\tilde{R}(t,t+s)$ は、その間の単位期間ごとの対数収益率の和として求められることを意味する。これが、対数収益率を利用する二つ目の利点である。(1.51) 式は、後述するリスク評価の局面でよく利用される、$\sqrt{t}$ ルールにも適用される。

7 まとめ

　この章では、累乗、累乗根、指数関数、対数関数などについて検討した。これらの理論は金利計算や連続時間モデルの基本となっている。特にネイピア数 e を底とする指数、自然対数は実務でよく用いられるので、後述する極限と微分の議論も含めてしっかりとマスターしておきたい。

第2章
数列と関数

　金利の計算や株価の計算などでは、数列の計算が利用されることがよくある。また、オプションなどの金融商品の価格やリスクは、なんらかの独立変数によって値が決まる関数として表現される。この章では、これらの概念と極限について解説する

第2章 数列と関数

１ 数列とは

n 個の変数が、a_i で与えられているものとする（$i=1,2,\cdots n$）。**数列**とは、この変数を i の順に並べたものであり、$a_1, a_2, \cdots, a_n$ もしくは $\{a_n\}$ で表す。数列には、なんらかのルールによって値が決まっているものもあり、その代表的なものに等差数列と等比数列がある。

(1) 等差数列

変数 a_n と、その隣の変数 a_{n+1} の差が一定である数列のことを**等差数列**、この差 b のことを公差（ある実数）と呼ぶ。式で書くと、

$$a_{n+1} - a_n = b,\ a_n - a_{n-1} = b, \cdots, a_2 - a_1 = b \quad \cdots\cdots (2.1)$$

となり、初項が a_1、公差が b である等差数列の n 番目の項 a_n は、

$$a_n = a_{n-1} + b = (a_{n-2} + b) + b = (a_{n-3} + b) + 2\cdot b = \cdots = a_1 + (n-1)\cdot b \quad \cdots (2.2)$$

で表すことができる。

例題2.1 　単利運用

元本 V_0 を、n 期間、利率(年率) r で単利運用した場合、n 年後の元利合計 V_n はいくらになるか。

解　n 年後（$i=0,1,\cdots,n$）の元利合計からなる数列 $\{V_n\}$ は、初項 V_0、公差 rV_0 の等差数列となる。

$$V_1 = V_0 + rV_0 = (1+r)V_0$$
$$V_2 = V_0 + 2rV_0 = (1+2r)V_0$$
$$\vdots$$
$$V_n = V_0 + nrV_0 = (1+nr)V_0$$

(2) 等比数列

初項 a_1 に一定値 c を次々に掛けて得られる数列を等比数列と呼び、その一定値 c を公比という。初項 a、公比 c の等比数列 $\{a_n\}$ は、式で書くと、

$$a_{n+1}=ca_n,\ a_n=ca_{n-1},\ a_{n-1}=ca_{n-2},\ \cdots,\ a_2=ca_1 \quad \cdots\cdots(2.3)$$

となり、

$$a_2=ca_1,\ a_3=ca_2=c(ca_1)=c^2 a_1,\ \cdots,\ a_n=c^{n-1}a_1 \quad \cdots\cdots(2.4)$$

で表すことができる。

例題2.2 複利運用

元本 V_0 を、n 期間、利率(年率) r で複利運用した場合、n 年後の元利合計 V_n はいくらになるか。

解

n 年後 ($i=0,1,\cdots,n$) の元利合計からなる数列 $\{V_n\}$ は、初項 V_0、公比 $(1+r)$ の等比数列となる。

$$V_1 = (1+r)V_0$$
$$V_2 = (1+r)V_1 = (1+r)^2 V_0$$
$$\vdots$$
$$V_n = (1+r)V_{n-1} = (1+r)^n V_0$$

2 数列の和

ある数列 $\{a_n\}$ が与えられたとき ($i=1,2,\cdots,n$)、初項 a_1 から a_n までの変数の合計

第2章 数列と関数

$$\sum_{i=1}^{n} a_i = a_1 + a_2 + \cdots + a_n \quad \cdots\cdots (2.5)$$

を第 n 項までの**数列の和**と呼ぶ。また、$\sum$ は**総和**を表し**シグマ**と呼ばれる。$\sum_{i=1}^{n} a_i$ の下に表記されている $i=1$ は、i が 1 から順に 1 ずつ増大し、上に表記されている n になるまで a_i が加算されることを意味している。

(2.2) 式より、初項が a_1、公差が b である等差数列の第 n 項までの和 W は、

$$W = \sum_{i=1}^{n} a_i = \sum_{i=1}^{n} \{a_1 + (i-1)b\} = a_1 + (a_1 + b) + (a_1 + 2b) + \cdots + \{a_1 + (n-1)b\} \quad \cdots\cdots (2.6)$$

となる。ここで、(2.6) 式の第 1 項と第 n 項、第 2 項と第 $n-1$ というように、外側から順に二つの項を足し合わせると、図表 2 − 1 のようになる。

図表 2 − 1　等差数列の組合せ

$$W = a_1 + (a_1 + b) + (a_1 + 2b) + \cdots + \{a_1 + (n-3)b\} + \{a_1 + (n-2)b\} + \{a_1 + (n-1)b\}$$

① $a_1 + \{a_1 + (n-1)b\} = 2a_1 + (n-1)b$
② $(a_1 + b) + \{a_1 + (n-2)b\} = 2a_1 + (n-1)b$
③ $(a_1 + 2b) + \{a_1 + (n-3)b\} = 2a_1 + (n-1)b$
⋮

各組合せとも値は $2a_1+(n-1)b$ であり、等差数列の n が偶数個である場合には、これらの組合せは全体で $n/2$ 個となるため、等差数列の和 W は、

$$W = \frac{n}{2}\{2a_1 + (n-1)b\} \quad \cdots\cdots (2.7)$$

となる。一方、等差数列の n が奇数個の場合には、これらの組合せは全体で $(n-1)/2$ 個存在し、中心位置にある

$$a_{(n+1)/2} = a_1 + \left(\frac{n+1}{2} - 1\right)b \quad \cdots\cdots (2.8)$$

が組み合わされずに残る。したがって、等差数列の和Wは、

$$\begin{aligned}W &= \frac{n-1}{2}\{2a_1 + (n-1)b\} + a_1 + \left(\frac{n+1}{2} - 1\right)b \\ &= \frac{n-1}{2}\{2a_1 + (n-1)b\} + \frac{1}{2}\{2a_1 + (n-1)b\} \\ &= \frac{n}{2}\{2a_1 + (n-1)b\} \quad \cdots\cdots (2.9)\end{aligned}$$

となり、等差数列のnが奇数であっても偶数であっても、等差数列の和Wは同じ式で計算できる。

演習1.1 1からnまでの自然数の和はいくつになるか？

解　(2.6) 式に、$a_1=1, b=1$を代入すると、
$$W = \sum_{i=1}^{n} i = 1 + 2 + \cdots + n = \frac{n}{2}\{2 \cdot 1 + (n-1) \cdot 1\} = \frac{n}{2}\{2 + (n-1)\} = \frac{n(n+1)}{2} \quad \cdots\cdots (2.10)$$
となる。

次に、等比数列の和について検討する。初項がa_1、公比がcである等比数列の第n項までの和Wは、
$$W = \sum_{i=1}^{n} a_i = \sum_{i=1}^{n} c^{i-1} a_1 = a_1 + ca_1 + c^2 a_1 + \cdots + c^{n-1} a_1 \quad \cdots\cdots (2.11)$$
となる。(2.11) 式から、(2.11) 式の両辺にcを掛けたものを引くと、

$$\begin{aligned}W &= a_1 + \cancel{ca_1} + \cancel{c^2 a_1} + \cdots + \cancel{c^{n-1} a_1} \\ -)cW &= \cancel{ca_1} + \cancel{c^2 a_1} + \cancel{c^3 a_1} + \cdots + \cancel{c^{n-1} a_1} + c^n a_1 \\ \hline (1-c)W &= a_1 \phantom{+ ca_1 + c^2 a_1 + \cdots + c^{n-1} a_1} - c^n a_1\end{aligned}$$

となるので、$c \neq 1$のとき、

第2章　数列と関数

$$W = \frac{a_1 - c^n a_1}{1-c} = a_1 \frac{1-c^n}{1-c} \quad \cdots\cdots (2.12)$$

となる。また、$c=1$ のときには（2.11）式より、

$$W = \sum_{i=1}^{n} a_i = a_1 + 1 \cdot a_1 + 1^2 \cdot a_1 + \cdots + 1^{n-1} \cdot a_1 = na_1 \quad \cdots\cdots (2.13)$$

である。これらの結果をまとめて表記すると、

$$W = \sum_{i=1}^{n} c^{i-1} a_i = \begin{cases} a_1 \dfrac{1-c^n}{1-c} & (c \neq 1) \\ na_1 & (c = 1) \end{cases} \quad \cdots\cdots (2.14)$$

が得られる。

例題2.3　金融資産の価値

n 年間にわたって、毎年 C のキャッシュフローを生む金融資産があるものとする。無リスク金利を r とし、C と r を一定としたときの、その資産の現在価値 V を以下の式で求めると、公比 $(1+r)$ の等比数列の和となる。この式を簡易化せよ。

$$V = \frac{C}{1+r} + \frac{C}{(1+r)^2} + \frac{C}{(1+r)^3} + \cdots + \frac{C}{(1+r)^{n-1}} + \frac{C}{(1+r)^n} \quad \cdots\cdots (2.15)$$

解　この式は、公比 $1/(1+r)$ の等比級数の和であるので、（2.14）式に

$$a_1 = \frac{C}{1+r} \quad (初項), \quad c = \frac{1}{1+r} \quad (公比)$$

を代入すればよい。一般に $r > 0$ であるので、$c \neq 0$ である。したがって、

$$V = a_1 \frac{1-c^n}{1-c} = \frac{C}{1+r} \cdot \frac{1 - \left(\dfrac{1}{1+r}\right)^n}{1 - \dfrac{1}{1+r}}$$

$$= \frac{C}{1+r} \cdot \frac{1 - \dfrac{1}{(1+r)^n}}{\dfrac{r}{1+r}}$$

$$= \frac{C}{r} \cdot \left(1 - \frac{1}{(1+r)^n}\right) \quad \cdots\cdots (2.16)$$

となる。

別解 (2.16) 式の導出と同じように、(2.15) 式から、(2.15) 式に $1/(1+r)$ を掛けた

$$\frac{1}{1+r}V = \frac{C}{(1+r)^2} + \frac{C}{(1+r)^3} + \frac{C}{(1+r)^4} + \cdots + \frac{C}{(1+r)^n} + \frac{C}{(1+r)^{n+1}} \quad \cdots\cdots (2.17)$$

を引くと、

$$V = \frac{C}{1+r} + \frac{\cancel{C}}{\cancel{(1+r)^2}} + \frac{\cancel{C}}{\cancel{(1+r)^3}} + \cdots + \frac{\cancel{C}}{\cancel{(1+r)^{n-1}}} + \frac{\cancel{C}}{\cancel{(1+r)^n}}$$

$$-) \quad \frac{1}{1+r}V = \quad\quad \frac{\cancel{C}}{\cancel{(1+r)^2}} + \frac{\cancel{C}}{\cancel{(1+r)^3}} + \frac{\cancel{C}}{\cancel{(1+r)^4}} + \cdots + \frac{\cancel{C}}{\cancel{(1+r)^n}} + \frac{C}{(1+r)^{n+1}}$$

$$\left(1 - \frac{1}{1+r}\right)V = \frac{C}{1+r} \quad\quad\quad\quad\quad\quad\quad - \frac{C}{(1+r)^{n+1}}$$

$$\left(\frac{r}{1+r}\right)V = \frac{C}{1+r}\left(1 - \frac{1}{(1+r)^n}\right)$$

$$V = \frac{C}{r}\left(1 - \frac{1}{(1+r)^n}\right)$$

が得られる。

以下に、証明なしに級数の和の公式を記載する。

(1) $1^2 + 2^2 + 3^2 + \cdots + n^2 = \dfrac{n(n+1)(2n+1)}{6}$ $\quad\cdots\cdots (2.18)$

(2) $1^2 + 2^2 + 3 + \cdots + n\ = \left\{\dfrac{n(n+1)}{2}\right\}^2$ $\quad\cdots\cdots (2.19)$

(3) $1+x+x^2+\cdots+x^{n-1} = \begin{cases} \dfrac{1-x^n}{1-x} & (x \neq 1) \\ n & (x=1) \end{cases}$ ……………(2.20)

(4) $1+2x+3x^2+\cdots+nx^{n-1} = \dfrac{1-(n+1)x^n+nx^{n+1}}{(1-x)^2}$ $(x \neq 1)$ ……………(2.21)

3 数列の極限

数列 $\{a_n\}$ において n を限りなく大きくすると（$n\to\infty$）、a_n の値がある一定の値 a に近づく状態のことを、数列 $\{a_n\}$ は**極限値** a に**収束**するという。これを、

$$\lim_{n \to \infty} a_n = a \quad \text{または} \quad a_n \to a \ (n \to \infty)$$

と記述する。lim は**極限**、$n\to\infty$ は n を**無限大**にするということを意味している。

数列が一定の値に収束しないときは**発散**するというが、発散には三つの種類がある。

(1) 正の無限大に発散。

n が限りなく大きくなると、a_n の値も限りなく大きくなる。

$$\lim_{n \to \infty} a_n = +\infty \quad （例：a_n = n^2）$$

(2) 負の無限大に発散。

n が限りなく大きくなると、a_n は負の値のまま絶対値が限りなく大きくなる。

$$\lim_{n \to \infty} a_n = -\infty \quad （例：a_n = -n）$$

(3) **振動**する。

一定の値に近づかず、正の無限大、負の無限大にもならない（例：$a_n = (-1)^n$）。

数列の極限を考えるは、以下の極限を用いることで多くの問題を解くことができる。

(1) n^k の極限

$$\lim_{n\to\infty} n^k = \begin{cases} +\infty & k>0 \text{ のとき} \\ 1 & k=0 \text{ のとき} \\ 0 & k<0 \text{ のとき} \end{cases} \quad\cdots\cdots(2.22)$$

(2) a^n の極限

$$\lim_{n\to\infty} a^n = \begin{cases} +\infty & a>0 \text{ のとき} \\ 1 & a=0 \text{ のとき} \\ 0 & -1<a<0 \text{ のとき} \\ 振動 & a\leq -1 \text{ のとき} \end{cases} \quad\cdots\cdots(2.23)$$

(3) $\left(1+\dfrac{1}{n}\right)^n$ の極限

$$\lim_{n\to\infty}\left(1+\frac{1}{n}\right)^n = e \quad\cdots\cdots(2.24)$$

$$\lim_{n\to\infty}\left(1+\frac{x}{n}\right)^n = e^x \quad\cdots\cdots(2.25)$$

定理2-1 数列$\{a_n\},\{b_n\}$は収束し、その極限値がそれぞれa,bであるとき、次の性質が成り立つ。

(1) $\lim\limits_{n\to\infty} ca_n = ca$ （c は実数）

(2) $\lim\limits_{n\to\infty}(a_n + b_n) = a + b$

(3) $\lim\limits_{n\to\infty} a_n b_n = ab$

(4) $\lim\limits_{n\to\infty} \dfrac{a_n}{b_n} = \dfrac{a}{b}$ （ただし、$b_n \neq 0, b \neq 0$ は実数）

第2章　数列と関数

演習2.2 次の数列の極限を計算せよ。

(1) $\displaystyle\lim_{n\to\infty}\frac{2n^2+5n+3}{n^2-2n+2}$

(2) $\displaystyle\lim_{n\to\infty}\frac{1+2^n}{3^n}$

(3) $\displaystyle\lim_{n\to\infty}\left(\sqrt{2n+3}-\sqrt{2n}\right)$

(4) $\displaystyle\lim_{n\to\infty}\frac{\sqrt{3n+2}}{\sqrt{5n+3}}$

(5) $\displaystyle\lim_{n\to\infty}\left(\sqrt{4n^2+n}-2n\right)$

解　$\dfrac{1}{n}$ の極限は $\displaystyle\lim_{n\to\infty}\frac{1}{n}=0$ というように、分母を無限大にする。あるいは、1より小さい値を n 乗したものの極限は0になるという性質などを利用すればよい。

(1) $\displaystyle\lim_{n\to\infty}\frac{2n^2+5n+3}{n^2-2n+2}=\lim_{n\to\infty}\frac{2+\dfrac{5}{n}+\dfrac{3}{n^2}}{1-\dfrac{2}{n}+\dfrac{2}{n^2}}=2$

(2) $\displaystyle\lim_{n\to\infty}\frac{1+2^n}{3^n}=\lim_{n\to\infty}\left\{\frac{1}{3^n}+\left(\frac{2}{3}\right)^n\right\}=0$

(3) $\displaystyle\lim_{n\to\infty}\left(\sqrt{2n+3}-\sqrt{2n}\right)=\lim_{n\to\infty}\frac{(\sqrt{2n+3}-\sqrt{2n})(\sqrt{2n+3}+\sqrt{2n})}{\sqrt{2n+3}+\sqrt{2n}}$

$\displaystyle=\lim_{n\to\infty}\frac{2n+3-2n}{\sqrt{2n+3}+\sqrt{2n}}=\lim_{n\to\infty}\frac{3}{\sqrt{2n+3}+\sqrt{2n}}=0$

(4) $\displaystyle\lim_{n\to\infty}\frac{\sqrt{3n+2}}{\sqrt{5n+3}}=\lim_{n\to\infty}\left(\frac{3n+2}{5n+3}\right)^{\frac{1}{2}}=\lim_{n\to\infty}\left(\frac{3+\dfrac{2}{n}}{5+\dfrac{3}{n}}\right)^{\frac{1}{2}}=\left(\frac{3}{5}\right)^{\frac{1}{2}}$

(5) $\displaystyle\lim_{n\to\infty}\left(\sqrt{4n^2+n}-2n\right)=\lim_{n\to\infty}\frac{\left(\sqrt{4n^2+n}-2n\right)\left(\sqrt{4n^2+n}+2n\right)}{\sqrt{4n^2+n}+2n}$

$\displaystyle=\lim_{n\to\infty}\frac{4n^2+n-4n^2}{\sqrt{4n^2+n}+2n}=\lim_{n\to\infty}\frac{1}{\sqrt{4+\dfrac{1}{n}}+2}=\frac{1}{\sqrt{4}+2}=\frac{1}{4}$

例題2.4 ▶ 元利合計

元本V_0を、1期間、利率（年率）rで複利運用した場合、T年後の元利合計V_Tは、いくらになるか。ただし、年n回の複利で利息がつくものとする。また、$n \to \infty$の時、すなわち連続的に利息がつくとした場合には（連続複利）、T年後の元利合計はいくらになるか。

解 年n回複利で運用した場合のT年後の元利V_Tは、

$$V_T = V_0 \left(\left(1 + \frac{r}{n}\right)^n\right)^T = V_0 \left(1 + \frac{r}{n}\right)^{Tn}$$

で計算できる。連続的複利の場合には、(2.25) 式より

$$V_T = \lim_{n \to \infty} V_0 \left(1 + \frac{r}{n}\right)^{Tn} = V_0 \left(\lim_{n \to \infty}\left(1 + \frac{r}{n}\right)^n\right)^T = V_0 (e^r)^T = V_0 e^{Tr} \quad \cdots\cdots (2.26)$$

となる。

4 級　数

(2.5) 式で与えられた数列$\{a_n\}$の和の式において、$n \to \infty$とした極限$\lim_{n \to \infty} W_n$のことを**級数**と呼ぶ。

$$W_\infty = \lim_{n \to \infty} W_n = \sum_{i=1}^{\infty} a_i = a_1 + a_2 + \cdots + a_n + \cdots \quad \cdots\cdots (2.27)$$

特に、無限項の和であることを強調する場合には、**無限級数**ともいい、(2.5) 式の数列$\{a_n\}$の和Wは級数W_∞の**部分和**とも呼ばれる。$\lim_{n \to \infty} W_n = W$となるとき、(2.27) 式の級数は**収束**するといい、W_∞を**級数の和**と呼ぶ。

この級数の和は、収束せずに発散、もしくは振動する場合もある。(2.14) 式に、初項a_1、公比cの等比数列の第n項までの和を示した。この等比数列の

和 $\lim_{n\to\infty} W_n$ が存在するか否かは、c の値に依存する。

(1) $c>1$ の場合、$\lim_{n\to\infty} c^n = \infty$ であるので、等比級数の和は発散する。
(2) $c=1$ の場合、部分和が $W_n = an$ であるので、等比級数の和は発散する。
(3) $-1 \leq c < 1$ の場合、$\lim_{n\to\infty} c^n = 0$ であるので、等比級数の和は $\dfrac{a_1}{1-c}$ となる。
(4) $c \leq -1$ の場合、c^n が振動するので、等比級数の和も振動する。

例題2.5　連続複利とイールド

例題2.3では、n 年間にわたって毎年 C のキャッシュフローを確実に生む金融資産の現在価値 V を、等比数列の和によって求めた。(2.15) 式を確認すると、右側の項ほど $(1+r)$ の次数が大きい。$r>0$ であるので $(1+r)>1$ であり、$(1+r)^{n-1} < (1+r)^n$ となる。したがって、n の値が大きくなるにつれ、$\dfrac{C}{(1+r)^n}$ の値は小さくなる。それでは、n をどのように定めればよいのかということになるが、どうしても恣意的にならざるをえない。そこで、n を無限大にしてみることにする。$n \to \infty$ としたときの等比級数のことを**無限等比数列**と呼んでいる。

(2.16) 式を無限等比数列で表現すると、

$$V = \lim_{n\to\infty} \frac{C}{r}\left(1 - \frac{1}{(1+r)^n}\right) = \frac{C}{r} \quad\cdots\cdots(2.28)$$

が得られ、ごく簡略化された式となる。

(2.28) 式について、もう少し詳細に検討する。実務の世界では金利を**連続複利**で表す場合が多いが、これは**連続時点**モデルのほうが数学的な記述が一般的に容易になるためである。連続時点とは、金利などの値がきわめて短い間隔で観測されていることを意味し、時間の範囲を現在時点 0 から無限先までを範囲とする。このとき、時間の集合を $[0,\infty)$ で表す。

離散時点のモデルでは、1日、1カ月というような時間間隔 Δt をもって事象を観測し（Δt は時間 t の差分を意味している）、こうした離散的な時間の

集合$\{0, \Delta t, 2\Delta t, \cdots\}$を想定する。一方、連続時点モデルでは、この時間間隔$\Delta t > 0$を**無限小**とした場合を想定する。

リスクのない、満期T、額面１円の割引債の価格が、時点tで$Z_0(t,T)$であるとする。この割引債に、時点tで１円分だけ投資するものとすると、この割引債は、$1/Z_0(t,T)$枚購入可能である。この割引債の満期Tにおける価値は１枚当り１円であるので、投資によって得られる満期Tでのキャッシュフローは$1/Z_0(t,T)$円となる。したがって、時点tから満期Tにおける単利ベースでの**投資利回り**（単位時間当りの平均利子率）$r(t,T)$は、

$$r(t,T) = \frac{\frac{1}{Z_0(t,T)} - 1}{1} \bigg/ T-t = \frac{\frac{1}{Z_0(t,T)} - 1}{T-t} \quad \cdots\cdots (2.29)$$

で与えられる。

次に、時点tから満期Tまでの期間を２分割し、中間時点$t_1 = t + (T-t)/2$において再投資できると仮定する。この場合の時点t_1での元利合計（元本に利息を加えた金額）Q_1は、単位時間当りの平均利子率（年率）を$r_2(t,T)$とすると、

$$Q_1 = 1 + \frac{(T-t)r_2(t,T)}{2}$$

であり、これらをすべて残りの期間に再投資すると、満期Tでの元利合計Q_2は、

$$Q_2 = Q_1 + Q_1 \frac{(T-t)r_2(t,T)}{2} = Q_1 \left\{ 1 + \frac{(T-t)r_2(t,T)}{2} \right\}$$
$$= \left\{ 1 + \frac{(T-t)r_2(t,T)}{2} \right\}^2 \quad \cdots\cdots (2.30)$$

となる。これが、満期Tでのキャッシュフローは$1/Z_0(t,T)$円になるので、

$$Q_2 = \left\{ 1 + \frac{(T-t)r_2(t,T)}{2} \right\}^2 = \frac{1}{Z_0(t,T)} \quad \cdots\cdots (2.31)$$

となるはずである。

ここで、分割期間をさらに細分化し、時点tから満期Tまでの期間をn等

分し、それぞれの時点で再投資可能とする。このとき、割引債価格$Z_0(t,T)$とn等分した利回り$r_n(t,T)$の間には、

$$\left\{1+\frac{(T-t)r_n(t,T)}{n}\right\}^n = \frac{1}{Z_0(t,T)} \qquad (2.32)$$

という関係が成り立つ。このように計算された利子率を**単純複利**と呼び、あくまでも時間間隔$(T-t)/n$という離散的な時間間隔で利息が観測される。

期間$[t,T]$における**連続複利**とは、(2.32) 式に示した単純複利の計算において分割数nを限りなく大きくした場合の複利計算を想定したものである。nを限りなく大きくすることを**極大**と呼び、これを$n\to\infty$と記述する。指数関数は (2.25) 式から

$$e^{-x} = \lim_{n\to\infty}\left(1+\frac{x}{n}\right)^{-n} \qquad (2.33)$$

で定義される。$\lim_{n\to\infty}$とは$n\to\infty$、すなわちnを限りなく大きくした場合の極限を意味し、(2.33) 式は、nを限りなく大きくすると$\left(1+\frac{x}{n}\right)^{-n}$の値は$e^{-x}$に収束する（近づく）ということを意味している。

(2.32) 式の左辺のべき乗部分の符号を負にするために、逆数を計算すると、

$$\left\{1+\frac{(T-t)r_n(t,T)}{n}\right\}^{-n} = Z_0(t,T)$$

となる。(2.33) 式のxを$(T-t)r_n(t,T)$と置くと、

$$e^{-(T-t)r_n(t,T)} = \lim_{n\to\infty}\left(1+\frac{(T-t)r_n(t,T)}{n}\right)^{-n} = Z_0(t,T) \qquad (2.34)$$

が得られる。ただし、このときの$r_n(t,T)$はnを限りなく大きくしたときの利子率であるので、これを明記して、

$$Y_0(t,T) \equiv \lim_{n\to\infty} r_n(t,T) \qquad (2.35)$$

とすると、

$$Z_0(t,T) = e^{-(T-t)Y_0(t,T)},\ 0 \le t < T \qquad (2.36)$$

が得られる。なお、≡は「定義する」という意味である。(2.36) 式の両

辺を対数変換すると、

$$\ln Z_0(t,T) = \ln(e^{-(T-t)Y_0(t,T)})$$
$$\ln Z_0(t,T) = -(T-t)Y_0(t,T) \quad \cdots\cdots\cdots\cdots\cdots\cdots\cdots\cdots (2.37)$$
$$Y_0(t,T) = -\frac{\ln Z_0(t,T)}{T-t},\ 0 \leq t < T$$

となる。(2.35) 式で定義される利子率$Y_0(t,T)$のことを、**イールド**と呼んでいるが、このイールドとは時間間隔を極限まで短くした場合の連続複利の金利として定義されている。金利の期間構造を説明するのに、**イールド・カーブ**という言葉がよく用いられているが、これは現時点 0 で観測される、将来時点t_iまでの**スポット・イールド**$Y_0(0,t_i)$を時点別にプロットして期間構造としたものである。

例題2.6　DCF法

例題1.3で、DCF法の単純な例を示した。たとえば、あるプロジェクトでは、時点t_iで$C(t_i)$のキャッシュフローを確実に生むものとし（$i=1,2,\cdots,n$）、デフォルト・リスクなどはないものとする。現時点を 0 とし、現時点 0 から 1 年間隔の将来時点t_iまでの期間の無リスクなスポット金利$r(0,t_i)$が、市場で観測されているものとする。このプロジェクトの評価価値VをDCF法で評価すると、

$$V = \frac{C(t_1)}{\{1+r(0,t_1)\}^{t_1}} + \frac{C(t_2)}{\{1+r(0,t_2)\}^{t_2}} + \frac{C(t_3)}{\{1+r(0,t_3)\}^{t_3}} + \cdots + \frac{C(t_n)}{\{1+r(0,t_n)\}^{t_n}}$$
$$= \sum_{i=1}^{n} \frac{C(t_i)}{\{1+r(0,t_i)\}^{t_i}} \quad \cdots\cdots\cdots\cdots\cdots\cdots\cdots\cdots (2.38)$$

となる。これがDCF法の基本式である。なお、プロジェクトなどの評価では、満期時点のキャッシュフロー$C(t_n)$のなかに、残余財産分配や、清算キャッシュフローなどが含まれ、(2.38) 式に初期コストのキャッシュフロー$C(0)$を加えて評価する場合もある。

第2章 数列と関数

ここでは、時点 t_i でのキャッシュフロー $C(t_i)$ に不確実性はないものとしているが、実際には企業のデフォルト（倒産）、経営環境の変化、国の影響などといったさまざまなリスクにさらされている。こうしたリスクを考慮するためには、時点 t_i でのキャッシュフロー $C(t_i)$ に不確実性を表現する方法と、(2.38) 式の分母の割引率に対し**リスク考慮後割引率**を適用する方法がある。**資本還元率**は調達金利に危険度を加味したものと定義されるので、このリスク考慮後割引率に相当するものと考えることができる。また、企業が資金を調達する際には、無リスク金利で調達することはできない。実際の調達金利を**資本コスト**と呼び、

資本コスト＝無リスク金利＋リスク・プレミアム

で計算する。**リスク・プレミアム**は、企業のデフォルト（倒産）、経営環境の変化、国の影響などといったリスクを、金利の上乗せ分として表現したものである。

また、(2.38) 式を (1.12) 式で示した割引債の評価式で記述すると、

$$V = B_0(0,t_1) + B_0(0,t_2) + \cdots + B_0(0,t_n)$$
$$= \sum_{i=1}^{n} B_0(0,t_i)$$

となる。ただし、満期 t_i の割引債の額面を $C(t_i)$ とした。このことは、複数の時点でキャッシュフローが発生するようなものも、それぞれのキャッシュフローを元本とする割引債に分割して評価できることを意味している。

例題2.7　収益還元法

収益還元法は、企業の事業価値 V を、会計上の予想利益 R を資本還元率 A で割ったものとして求めるものである。また、資本還元率 A を、**調達金利** $\hat{r}$ から予想利益 R の成長率 g を引いたものとすると、

$$V = \frac{R}{A} = \frac{R}{\hat{r} - g} \quad \text{..} (2.39)$$

となる。(2.38) 式において、時点 t_i でのキャッシュフロー $C(t_i)$ が予想利益 R とその成長率 g で表現できるものとし、

$$C(t_i) = R \cdot (1+g)^{i-1}$$

で表す。さらに、無リスクのスポット金利に調達金利 $\hat{r}$ を適用すると、

$$\begin{aligned}
V &= \frac{R}{(1+\hat{r})} + \frac{R \cdot (1+g)}{(1+\hat{r})^2} + \frac{R \cdot (1+g)^2}{(1+\hat{r})^3} + \cdots + \frac{R \cdot (1+g)^{n-1}}{(1+\hat{r})^n} \\
&= \frac{R}{(1+\hat{r})} \left(1 + \frac{(1+g)}{(1+\hat{r})} + \frac{(1+g)^2}{(1+\hat{r})^2} + \cdots + \frac{(1+g)^{n-1}}{(1+\hat{r})^{n-1}} \right) \quad \text{........} (2.40)
\end{aligned}$$

となる。ただし、$t_i = 1, 2, \cdots, n$ とした。この式は、初項 $a_1 = R/(1+\hat{r})$、公比 $c = (1+g)/(1+\hat{r})$ とする等比級数の和である。したがって、(2.14) 式にこれらの値を代入して $n \to \infty$ としたときの極限をとると、$c < 1$ のときには、

$$\lim_{n \to \infty} c^{n-1} = \lim_{n \to \infty} \left(\frac{1+g}{1+\hat{r}} \right)^{n-1} = 0$$

となる。したがって、以下の式が得られる。

(1) $c < 1$ のとき

$$\begin{aligned}
V &= \lim_{n \to \infty} a_1 \frac{1 - c^n}{1 - c} = \lim_{n \to \infty} \frac{R}{1+\hat{r}} \times \frac{1 - \left(\frac{1+g}{1+\hat{r}} \right)^{n-1}}{1 - \frac{1+g}{1+\hat{r}}} \\
&= \lim_{n \to \infty} \frac{R}{1+\hat{r}} \times \frac{1 - \left(\frac{1+g}{1+\hat{r}} \right)^n}{\frac{1+\hat{r} - 1 - g}{1+\hat{r}}} \\
&= \lim_{n \to \infty} \frac{R}{\hat{r} - g} \times \left\{ 1 - \left(\frac{1+g}{1+\hat{r}} \right)^n \right\} \\
&= \frac{R}{\hat{r} - g} \quad \text{..} (2.41)
\end{aligned}$$

(2) $c=1$ のとき

$$V = \lim_{n\to\infty} na_1 = \infty$$

(3) $c>1$ のとき

$$V = \infty$$

したがって、公比 $c=(1+g)/(1+\hat{r})<1$ であるとき、(2.38) 式が成立することが確認できる。

例題2.8　配当割引モデル

配当割引モデル（DDM：Dividend Discount Model）とは、普通株式の理論株価は、株式を保有することによって得られる将来キャッシュフローの現在価値の合計であるととらえる考え方である。時点 0 で、ある企業の株式を S_0 で購入したものとする。1年後の株価の予想値が S_1 であり、その時点で配当 D_1 が得られるものとする。時点 0 から時点 1 までの間の投資家の**期待収益率**[1] $\tilde{r}(0,1)$ は、

$$\tilde{r}(0,1) = \frac{S_1 - S_0 + D_1}{S_0} \quad \cdots\cdots(2.42)$$

で計算できる。したがって、時点 0 での株価 S_0 は、

$$S_0 = \frac{S_1 + D_1}{1+\tilde{r}(0,1)} \quad \cdots\cdots(2.43)$$

で計算できる。同様に、時点 n での株価 S_n は、

$$S_{n-1} = \frac{S_n + D_n}{1+\tilde{r}(n-1,n)} \quad \cdots\cdots(2.44)$$

となる。(2.44) 式を (2.43) 式に逐次代入すると、

---

[1] 特定の資産（ここでは株式）によって、将来的に得ることができる平均的な収益率。リスクがある資産の期待収益率は、無リスクなものよりも一般的に高くなる。

$$S_0 = \frac{S_1 + D_1}{1+\tilde{r}(0,1)} = \frac{S_1}{1+\tilde{r}(0,1)} + \frac{D_1}{1+\tilde{r}(0,1)}$$
$$= \frac{1}{1+\tilde{r}_1(0,1)} \times \frac{S_2 + D_2}{1+\tilde{r}(1,2)} + \frac{D_1}{1+\tilde{r}(0,1)} \quad \cdots\cdots (2.45)$$

となる。ここで、各時点の配当金はすべて同額であり、投資家の期待収益率$\tilde{r}$も全期間一定であると仮定すると、

$$S_0 = \frac{S_1 + D}{(1+\tilde{r})} = \frac{S_1}{(1+\tilde{r})} + \frac{D_1}{(1+\tilde{r})} = \frac{1}{(1+\tilde{r})} \times \frac{S_2 + D}{(1+\tilde{r})} + \frac{D}{(1+\tilde{r})}$$
$$= \frac{1}{(1+\tilde{r})^2} \times \frac{S_3 + D}{(1+\tilde{r})} + \frac{D}{(1+\tilde{r})} + \frac{D}{(1+\tilde{r})^2}$$
$$= \frac{S_n}{(1+\tilde{r})^n} + \frac{D}{(1+\tilde{r})} + \frac{D}{(1+\tilde{r})^2} + \cdots + \frac{D}{(1+\tilde{r})^n} \quad \cdots\cdots (2.46)$$

となる。実際の企業が永遠に存続するとは考えにくいが、(2.46) 式において、$n \to \infty$ とした極限を想定すると、

$$S_0 = \lim_{n \to \infty} \left(\frac{D}{(1+\tilde{r})^1} + \frac{D}{(1+\tilde{r})^2} + \cdots + \frac{D}{(1+\tilde{r})^n} \right) + \lim_{n \to \infty} \frac{S_n}{(1+\tilde{r})^n}$$
$$= \lim_{n \to \infty} \frac{D}{\tilde{r}} \left(1 - \frac{1}{(1+\tilde{r})^n} \right) + \lim_{n \to \infty} \frac{S_n}{(1+\tilde{r})^n} \quad \cdots\cdots (2.47)$$
$$= \frac{D}{\tilde{r}} \quad \cdots\cdots (2.48)$$

が得られる。現在の株価S_0は、配当金Dを期待収益$\tilde{r}$で割引いて計算できるというのが「配当割引モデル」といわれるゆえんである。一方、(2.48) 式が成立するのは、$\lim_{n \to \infty} \frac{S_n}{(1+\tilde{r})^n} = 0$ ということが前提となる。$n \to \infty$ となると $(1+r)^n$ も無限大になるというのが背景にあるが、$S(n) > (1+r)^n$ となるような場合には、この関係は成立しない。

また、例題2.7と同様に、配当金Dが成長率gで成長していくものと仮定すると、(2.46) 式は、

第2章 数列と関数

$$S_0 = \lim_{n \to \infty}\left(\frac{D}{(1+\tilde{r})^1} + \frac{D\cdot(1+g)}{(1+\tilde{r})^2} + \cdots + \frac{D\cdot(1+g)^{n-1}}{(1+\tilde{r})^n}\right) + \lim_{n \to \infty}\frac{S_n}{(1+\tilde{r})^n}$$

$$= \lim_{n \to \infty}\frac{D}{\tilde{r}-g}\left\{1-\left(\frac{1+g}{1+\tilde{r}}\right)^{n-1}\right\} + \lim_{n \to \infty}\frac{S_n}{(1+\tilde{r})^n}$$

$$= \frac{D}{\tilde{r}-g} \quad\cdots\cdots (2.49)$$

となる。これが配当成長率を考慮した場合の配当割引モデルである。内部留保された利益が将来利益を生み、その結果として配当金が一定割合で増額すると考えると、

　　配当成長率 g ＝投資収益率×内部留保率

で表すことができる。この投資収益率×内部留保率を(2.49)式の g に与えたものが、**ゴードン・モデル**である。

　投資収益率（**ROI**：Return on Interest）とは、投資によって１年間に生み出す利益（税引後純利益）が投資金額に占める割合である。また、**内部留保率**とは、当期税引後純利益のなかで利益剰余金として社内留保する割合である。また、この配当成長率 g を、たとえば、

$$S_0 = \frac{D}{(1+\tilde{r})^1} + \frac{D\cdot(1+g_1)}{(1+\tilde{r})^2} + \frac{D\cdot(1+g_1)^2}{(1+\tilde{r})^3} + \frac{D\cdot(1+g_2)^3}{(1+\tilde{r})^4}\cdots$$

$$+ \frac{D\cdot(1+g_2)^{n-1}}{(1+\tilde{r})^n} + \frac{S_n}{(1+\tilde{r})^n} \quad\cdots\cdots (2.50)$$

のように、時点によって段階的に設定する、**多段階成長モデル**もある。

5　関数とは

　たとえば、企業のデフォルト（倒産）率は失業率と密接な関係があり、失業率 x が推定できれば企業のデフォルト率 y がある程度予測できると仮定する。ここで、

$$y = ax + b \quad (2.51)$$

という単回帰モデルを想定する。デフォルト率 y は、失業率 x によって決まる値であるので、(2.51) 式を、

$$y = f(x) = ax + b \quad (2.52)$$

のかたちで示す。$f(x)$ は、失業率 x を (2.51) 式のルールによって別の変数に対応させるという意味であり、この規則のことを**写像**（mapping）、特に実数から実数への写像を**関数**（function）と呼ぶ。関数とは、一つの実数 x に一つの実数 y を対応させる規則であり、関数 f が対応の規則であることを明示するために、(2.52) 式のように $y = f(x)$ と書く。x は独立に動ける変数なので**独立変数**、y は x の動きに従属して変化する変数なので**従属変数**と呼ばれる。また、変数 x と y は**関数関係**にあるといい、独立変数 x が動く範囲を**定義域**、従属変数が動く範囲を**値域**と呼ぶ。

　関数を定義するためには、独立変数が何で従属変数が何であるかを明示することが重要である。また、独立変数と従属変数以外の変数は**パラメータ**として扱われる。(2.52) 式の場合には、a, b がパラメータとなる。また、関数 $y = f(x)$ における (x, y) の値を平面上にプロットして得られた 1 本の軌跡のことを**グラフ**と呼んでいる。

　デフォルト率 y を、失業率 x で説明する (2.52) 式について、過去データからパラメータを推定した結果、

$$y = f(x) = 2x - 0.04 \quad (2.53)$$

という推定値が得られたとしよう。これは、失業率 x が 0.01 単位変化した場合、デフォルト率 y は $2x = 2 \times 0.01 = 0.02$ だけ変化するということである。また、パラメータ $a=2$ は、デフォルト率 y に対する失業率 x の感応度を意味する。失業率 x は割合であるので、独立変数 x が動く定義域は $0 \leq x \leq 1$ であり、この値を基にデフォルト率 y の値域を (2.53) 式によって求めると、$-0.04 \leq y \leq 1.96$ となる。デフォルト率 y は割合であるので、本来の値域は $0 \leq y \leq 1$ でなければならないので、(2.53) 式は理論的には値域を満たしてい

第2章 数列と関数

ない。

　一方、現実として失業率 x は、$0.02 \leq x \leq 0.10$ の範囲しか動かないと仮定できる場合には、デフォルト率 y の値域は $0 \leq y \leq 0.16$ となる。実務で関数を適用する場合には、こうした定義域と値域の範囲を意識する必要がある。どのような失業率 x が与えられても、デフォルト率の値域を $0 \leq y \leq 1$ に収まるようにするには、たとえば後述するロジット関数などを使って推計する必要がある。ロジット関数は、

$$y_i = f(x) = \frac{1}{1 + \exp(-ax - b)} \quad\quad\quad (2.54)$$

などと表すが、失業率 x にどのような値が入っても、デフォルト率の値域は $0 \leq y \leq 1$ となる。

例題2.9　利付債

　利付債（**クーポン債**）とは、満期までの期間中においてクーポン（利息）支払のある債券のことであり（図表2-2）、国債や社債、ローンなどがこれに該当する。満期 T までの間に n 回のクーポン c_i ($i=1,2,\cdots,n$) の支払が時点 $t_i(T=t_n)$ でなされ、満期 T で額面 H が支払われるものとする。**クーポン・レート**（**表面金利**）とは、額面に対するクーポンの割合であり、たとえばクーポンが5円で、額面が100上であれば、クーポン・レートは5％となる。

　一方、この債権を102円で購入した場合、利回りは5/102=4.9％となる。このように利回りと表現する場合には、投資金額に対する金利の割合を意味している。

図表2-2　利付債のキャッシュフロー

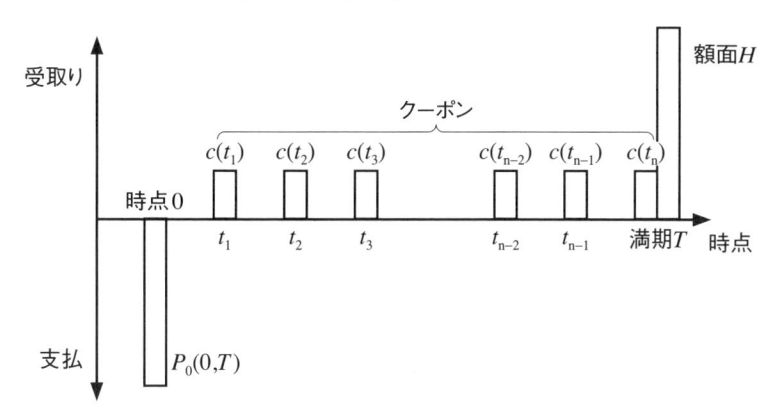

利付債は、それぞれの時点t_iを満期とし、時点t_iで発生するキャッシュフローを元本とする割引債の集まりと考えることができる。したがって、図表2－2で示した無リスクの利付債の現在価値は$P_0(0,T)$は、

$$P_0(0,T) = \sum_{i=1}^{n} c(t_i) Z_0(0,t_i) + H \cdot Z_0(0,T) \quad \cdots \cdots (2.55)$$

で計算される。

債券価値の比較をしようとするとき、満期の違いやクーポンの違いにより、単純に現在の債券価格を評価するということはできない。そこで、統一的な評価基準として、国内では以下の式で定義される最終利回りを用いることが多い。

定義2.1　最終利回り

満期$T(=t_n)$までの時点t_iにおいて、合計n回のクーポン$C(t_i)$（$i=1,2,\cdots,n$）の支払があるものとする（ここでは簡易化のためにt_iは年単位であるとする）。額面がHである無リスクな利付債の現時点0にお

ける価格が$P_0(0,T)$であるとき、以下の式を満たす投資利回り$\hat{r}$をこの債券の（年率）**最終利回り**（**要求利回り**）と呼ぶ。

$$P_0(0,T) = \frac{c(t_1)}{(1+\hat{r})^1} + \frac{c(t_2)}{(1+\hat{r})^2} + \cdots + \frac{c(t_n)}{(1+\hat{r})^{t_n}} + \frac{H}{(1+\hat{r})^T}$$

$$= \sum_{i=1}^{n} \frac{c(t_i)}{(1+\hat{r})^{t_i}} + \frac{H}{(1+\hat{r})^T} \quad\cdots\cdots (2.56)$$

債券は、満期と将来受け取るキャッシュフロー$C(t_i)$が事前に決まっているので、投資家がこの債券にどれだけの利回り$\hat{r}$を要求するかによって、市場価格$P_0(0,T)$が決まるものと考えられる。逆に、市場価格$P_0(0,T)$がわかれば、投資家の最終利回り$\hat{r}$を逆算することができる。投資家の要求する利回りという点をとらえると、満期やクーポンが異なる場合でも共通の評価尺度となるため、この最終利回りは債券評価の一つの尺度として広く用いられている。また、(2.56) 式のクーポン$C(t_i)$を0として評価すれば、額面Hの無リスクな割引債の最終利回りも計算可能である。利付債が無リスクであるとは、将来のキャッシュフロー（$C(t_i)$とH）を確実に受け取ることができることを意味する。

一方、社債の場合には、発行企業が倒産すると、将来キャッシュフロー（$C(t_i)$とH）を確実に受け取ることはできない。これが信用リスクである。このリスクのある利付債の現時点0での価格$P(0,T)$は、(2.56) 式を利用して、

$$P(0,T) = \frac{c(t_1)}{(1+\hat{r}+s)^1} + \frac{c(t_2)}{(1+\hat{r}+s)^2} + \cdots + \frac{c(t_n)}{(1+\hat{r}+s)^{t_n}} + \frac{H}{(1+\hat{r}+s)^T}$$

$$= \sum_{i=1}^{n} \frac{c(t_i)}{(1+\hat{r}+s)^{t_i}} + \frac{H}{(1+\hat{r}+s)^T}$$

$$= \sum_{i=1}^{n} \frac{c(t_i)}{(1+\tilde{r})^{t_i}} + \frac{H}{(1+\tilde{r})^T} \quad\cdots\cdots (2.57)$$

で求めることができる。ここで、$\tilde{r} = \hat{r} + s$であり、sのことを（対顧）スプレッ

ドと呼んでいる。(2.57)式を利用すると、リスクのある利付債の現時点0での価格$P(0,T)$から、リスクを考慮した最終利回り$\hat{r}$、あるいはリスク分のスプレッドsを逆算することができる。これらには、$P_0(0,T)>P(0,T),\hat{r}<\tilde{r},s>0$という関係がある。

(2.56)式の無リスクな利付債の現時点0における価格$P_0(0,T)$は、クーポン$C(t_i)$, 元本H, 満期T, 最終利回り$\hat{r}$の四つの変数によって決まることを意味している。一方、クーポン$C(t_i)$, 元本H, 満期Tの3変数については、この利付債固有の事前に決まっている固定値であり変化しない。そうなると、無リスクな利付債の価格$P_0(0,T)$が変化するのは、最終利回り$\hat{r}$の影響のみということなる。そこで、クーポン$C(t_i)$, 元本H, 満期Tの3変数をパラメータ、最終利回り$\hat{r}$を独立変数、無リスクな利付債価格$P_0(0,T)$を従属変数とすると、$P_0(0,T)$は最終利回り$\hat{r}$の**1変数関数**として考えられることになる。

$$P_0(0,T)=f(r)=\sum_{i=1}^{n}\frac{c(t_i)}{(1+\hat{r})^{t_i}}+\frac{H}{(1+\hat{r})^T} \quad\quad (2.58)$$

そして、この関数$f(r)$のかたちが右辺を意味することになる。

一方、(2.57)式のリスクのある利付債価格$P(0,T)$は、リスクを考慮した最終利回り$\tilde{r}$を独立変数とする1変数関数

$$P(0,T)=f(\tilde{r})=\sum_{i=1}^{n}\frac{c(t_i)}{(1+\tilde{r})^{t_i}}+\frac{H}{(1+\tilde{r})^T} \quad\quad (2.59)$$

もしくは、無リスクな最終利回り$\tilde{r}$とスプレッドsの二つを独立変数する、**2変数関数**

$$P_0(0,T)=f(\hat{r},s)=\sum_{i=1}^{n}\frac{c(t_i)}{(1+\hat{r}+s)^{t_i}}+\frac{H}{(1+\hat{r}+s)^T} \quad\quad (2.60)$$

として表されることを意味する。

第2章 数列と関数

演習2.3 利付債に関して以下の設問に答えよ。

(1) 5年後に満期となる額面100円、5円のクーポンが年1回支払われる無リスクな利付債の最終利回りが2％である。このとき、無リスクな利付債の現時点での価格$P_0(0,5)$を求めよ。

(2) この利付債の最終利回りが3％である場合には、現時点での価格$P_0(0,5)$はいくらになるか。

(3) 5年後に満期となる額面100円、5円のクーポンが年1回支払われるリスクがある利付債のスプレッドsが1％である。無リスクな利付債の最終利回りが3％であるとき、リスクのある利付債の現時点での価格$P(0,5)$を求めよ。

解

(1) $P_0(0,5) = f(\hat{r})$
$$= \frac{5}{(1+0.02)^1} + \frac{5}{(1+0.02)^2} + \frac{5}{(1+0.02)^3} + \frac{5}{(1+0.02)^4} + \frac{5+100}{(1+0.02)^5}$$
$$= \frac{5}{1.02} + \frac{5}{1.0404} + \frac{5}{1.0612} + \frac{5}{1.0824} + \frac{5+100}{1.1041} = 114.1404$$

(2) $P_0(0,5) = f(\hat{r})$
$$= \frac{5}{(1+0.03)^1} + \frac{5}{(1+0.03)^2} + \frac{5}{(1+0.03)^3} + \frac{5}{(1+0.03)^4} + \frac{5+100}{(1+0.03)^5}$$
$$= \frac{5}{1.03} + \frac{5}{1.0609} + \frac{5}{1.0927} + \frac{5}{1.1255} + \frac{5+100}{1.11592} = 109.1594$$

(3) $P(0,5) = f(\hat{r},s)$
$$= \frac{5}{(1+0.03+0.01)^1} + \frac{5}{(1+0.03+0.01)^2} + \frac{5}{(1+0.03+0.01)^3}$$
$$+ \frac{5}{(1+0.03+0.01)^4} + \frac{5+100}{(1+0.03+0.01)^5}$$
$$= \frac{5}{1.04} + \frac{5}{1.0816} + \frac{5}{1.1249} + \frac{5}{1.1699} + \frac{5+100}{1.2167} = 104.4518$$

例題2.10　ブラック・ショールズ（Black-Scholes）・モデル

（2.52）式で示された関数 $f(x)$ は、独立変数が x のみの1変数関数であった。これに対し、配当のない株式の**ヨーロピアン・オプション**の評価モデルとして知られているブラック・ショールズ・モデルでは、オプション・プレミアムが、以下の計算式で算出される。

$$C = S \cdot N(d_1) - K \cdot e^{-rT} N(d_2) \quad \cdots\cdots (2.61)$$

$$P = -S \cdot N(-d_1) + K \cdot e^{-rT} \cdot N(-d_2) \quad \cdots\cdots (2.62)$$

　　C：コール・プレミアム　　r：無リスクなスポット金利
　　P：プット・プレミアム　　T：満期までの期間(年数)
　　S：現在の株価　　　　　　$N(x)$：標準正規分布関数
　　K：行使価格

$$N(x) = \frac{1}{\sqrt{2\pi}} \int_{-\infty}^{x} e^{-u^2/2} \, du \quad \cdots\cdots (2.63)$$

$$d_1 = \frac{\log(S/K) + (r + 0.5\sigma^2)T}{\sigma\sqrt{T}} \quad \cdots\cdots (2.64)$$

$$d_2 = \frac{\log(S/K) + (r - 0.5\sigma^2)T}{\sigma\sqrt{T}} \quad \cdots\cdots (2.65)$$

$$= d_1 - \sigma\sqrt{T}$$

　　σ：ボラティリティ

すなわち、オプションの価格は、現時点での株価 S，行使価格 K，無リスク金利 r，満期までの期間 T，ボラティリティ σ の5変数関数となっている。このような複数の変数によって表される関数のことを、**多変数関数**と呼ぶ。

一方、現時点での株価 S，行使価格 K，無リスク金利 r，満期までの期間 T は市場から与えられるパラメータとし、独立変数がボラティリティ σ だけと仮定すると、ブラック・ショールズ・モデルのオプション・プレミアムは、

第2章　数列と関数

$$C = f(\sigma) = S \cdot N(d_1) - K \cdot e^{-rT} N(d_2) \quad \cdots\cdots (2.66)$$
$$P = f(\sigma) = -S \cdot N(-d_1) + K \cdot e^{-rT} \cdot N(-d_2) \quad \cdots\cdots (2.67)$$

という1変数関数で表されることになる。

ここで、関数のタイプをいくつかに分類して解説する。

(1) 多項式

独立変数が x のみの1変数関数であるが、x の次数が異なる項の線形和で表現される関数

$$f(x) = a_0 + a_1 x + a_2 x^2 + \cdots + a_n x^n \quad (a^0, a^1, \cdots, a^n \text{は実数}) \quad \cdots\cdots (2.68)$$

を n 次**多項式**と呼ぶ。

(2) 指数関数

$a > 0$ のとき、**底** a のべき乗係数として独立変数 x が表現される関数

$$f(x) = a^x \quad \cdots\cdots (2.69)$$

を**指数関数**と呼ぶ。なお、$a = e$ である場合、すなわち、

$$f(x) = e^x \quad \cdots\cdots (2.70)$$

を特に指数関数とする場合もある。なお、指数関数は (2.25) 式で示したように、

$$e^x = \lim_{n \to \infty} \left(1 + \frac{x}{n}\right)^n \quad \cdots\cdots (2.71)$$

で定義される。

(3) 対数関数

$a > 0$ のとき

$$f(x) = \log_a x \quad \cdots\cdots (2.72)$$

を**対数関数**、a を底と呼ぶ。また、$a = e$ である場合、すなわち、

$$f(x) = \log_e x$$

を特に対数関数とする場合もある。そのときにはeを省略し、
$$f(x) = \log x,\ f(x) = \ln x$$
などと記述することもある。

(注意) $f(x) = \log x$ と表記されている場合には、一般には**自然対数**関数を意味しており、**常用対数**関数の場合には $f(x) = \log_{10} x$ と表記される。たとえば、書籍や論文で $\log 20$ と表記されていた場合、これは一般に自然対数 $\log_e 20$ を意味しており、常用対数 $\log_{10} 20$ を指していない。Excelで書籍などの表記に従って、=log(20)と入力すると、その値は1.30103となり常用対数の値が表示される。自然対数の値とするには、=ln(20)と入力する必要がある（ln 20の値は2.995732）。

(4) **単調関数**

実数の集合を**R**とし、変数x_1, x_2は実数集合**R**に属する（含まれる）ものとする。この関係を数学記号で表すと、$x_1, x_2 \in \mathbf{R}$と表記される。**定義域**（値域）内の任意の二つの実数x_1, x_2に対して、$x_1 < x_2$ならば$f(x_1) \leq f(x_2)$となる関数を**単調増加関数**と呼び、特に$f(x_1) < f(x_2)$となる関数を**狭義単調増加関数**と呼ぶ。

図表2－3 単調関数

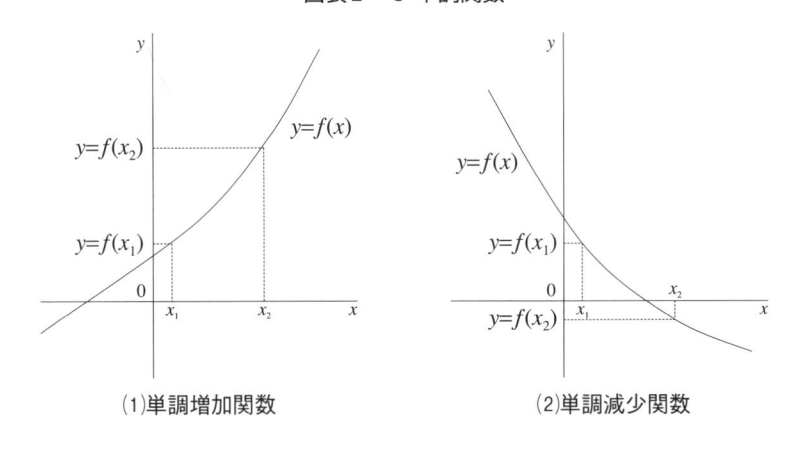

(1)単調増加関数　　　(2)単調減少関数

第2章 数列と関数

逆に、$x_1 < x_2$ ならば $f(x_1) \geq f(x_2)$ となる関数を**単調減少関数**と呼び、特に $f(x_1) > f(x_2)$ となる関数を**狭義単調減少関数**と呼ぶ。**単調関数**とは、定義域内の任意の二つの実数 x_1, x_2 の水準によって関数 $f(x_1), f(x_2)$ の大小関係が変わらない関数のことをいう。

演習2.4 以下の関数は、指定された定義域ではどのような形状をしているかについて検討せよ。

(1) $f(x) = \sqrt{x}$ （定義域 $x \geq 0$）　(3) $f(x) = x^2$ （定義域 $-\infty \leq x \leq \infty$）

(2) $f(x) = \dfrac{1}{\sqrt{x}}$ （定義域 $x > 0$）　(4) $f(x) = x^2$ （定義域 $x > 0$）

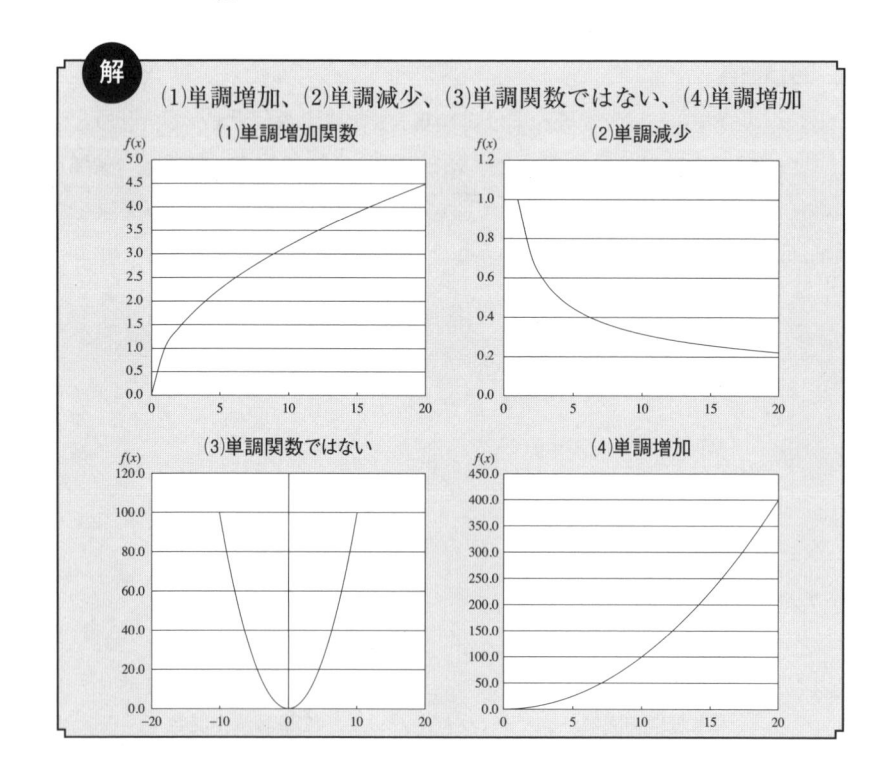

解 (1)単調増加、(2)単調減少、(3)単調関数ではない、(4)単調増加

(5) **逆関数**

関数 $y=f(x)$ とは、ある独立変数の値 x が与えられると、規則 f によって対応する従属変数 y が一つ決まるというものであった。ここで、独立変数 x と従属変数 y の入れ替えについて検討する。すなわち、関数 $y=f(x)$ の値が与えられたときに、独立変数 x の値が決められるような規則が存在するものとし、その規則を**逆関数** f^{-1} と呼ぶ。

この関係を式で書くと

$$x = f^{-1}(y) \tag{2.73}$$

となる。一般には、独立変数は x、従属変数は y と表現されることが多いため、x と y を入れ替えた、

$$y = f^{-1}(x) \tag{2.74}$$

を逆関数と呼んでいる。なお、$y=f(x)$ と $y=f^{-1}(x)$ は、$y=x$ に関して対称となる。

演習2.5 次の関数の逆関数を求めよ。

(1) $y=a^x$
(2) $y=e^x$
(3) $y=x^2$
(4) $y=-e^{-ax}$, (a は定数)
(5) $y=\dfrac{1}{b}\sqrt{x}$, ($b \neq 0$ は定数)

解

(1) $y=a^x$ を x について解くため、両辺を底 a とする対数をとると、

$\log_a y = \log_a (a^x) = x$

となる。x と y を入れ換えると、逆関数 $y = \log_a x$ が得られる。

(2) $y=e^x$ を x について解くため、両辺の（自然）対数をとると、

$\log y = \log(e^x) = x$ ($\log_e y = \log_e(e^x) = x$)

第2章 数列と関数

となる。xとyを入れ替えると、逆関数$y=\log x$ が得られる。

(3) 2次関数$y=x^2$の逆関数は存在しない。なぜなら、yの値に対応するxの値が必ずしも**一意に**（一つに）定まるとは限らないためである。たとえば、$y=4$のとき$4=x^2$を解くと、$x=\pm 2$となり解が二つ存在する。ただし、xの動く範囲(定義域)を$x\geq 0$に限定すれば、逆関数は存在する。$y=x^2$であるので、$y\geq 0$となる。xについて解くと、

$$x=\sqrt{y}, x\geq 0$$

となる。xとyを入れ替えると、逆関数$y=\sqrt{x}$ が得られる。

(4) $y=e^{-ax}$をxについて解く

$$\log y = ax, x = \frac{1}{a}\log y$$

xとyを入れ替えると、$y=\frac{1}{a}\log x$ が得られる。

(5) $y=\frac{1}{b}\sqrt{x}$ をxについて解く。

$$by=\sqrt{x}, x=b^2 y^2$$

xとyを入れ替えると、$y=b^2 x^2$が得られる。

6 関数の極限

独立変数xの値をa（無限大を含む）に限りなく近づけていったとき、関数$f(x)$の値がAに限りなく近づくとき、関数$f(x)$はAに**収束**するといい、

$$\lim_{x\to a} f(x) = A \text{ または } f(x)\to A \ (x\to a) \quad\quad (2.75)$$

などと表記する。独立変数xがaに近づくには、aの右側から近づく場合と、左側から近づく場合とでは、関数の極限が異なることがある。xを左側からaに近づけることを$x\to a-$、もしくは$x\uparrow a$と書き、そのときの関数の極限を$\lim_{x\to a-} f(x), \lim_{x\uparrow a} f(x)$と書く（**左極限**）。また、右側から近づける場合を、$x\to a+$、

もしくは $x \downarrow a$ と書き、そのときの関数の極限を $\lim_{x \to a+} f(x)$, $\lim_{x \downarrow a} f(x)$ と書く（**右極限**）。左極限と右極限とは一般には一致せず、これらの二つの値が一致するとき関数は a で収束し、(2.75) 式で示される。図表 2 − 4 は、関数 $f(x)$ の極限を示したものである。左の関数は、$\lim_{x \to a-} f(x) = A$ かつ $\lim_{x \to a+} f(x) = A$ であるので、関数 $f(x)$ は A に収束している。一方、左の関数は、$\lim_{x \to a-} f(x) = A$ であるが $\lim_{x \to a+} f(x) = A'$ であり、収束していない。左図の関数のように、点 $x=a$ と関数 $f(x)$ が、

$$\lim_{x \to a} f(x) = f(a) = A$$

を満たすとき、関数 (x) は $x=a$ で連続であるという。関数が $x=a$ で連続であるということは、その関数のグラフが $x=a$ でつながっていることを意味する。関数 $f(x)$ がその定義域ですべて連続であるとき、その関数を連続関数と呼ぶ。

図表 2 − 4　関数 $f(x)$ の極限

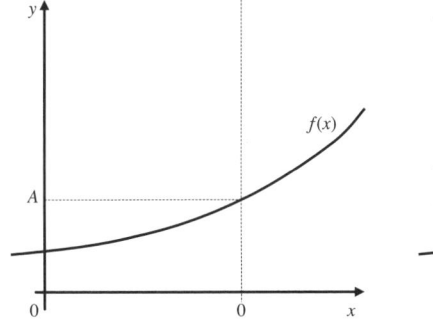

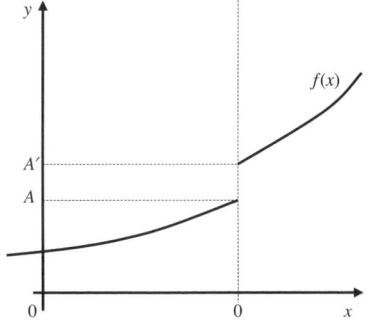

第 2 章　数列と関数

演習2.6 関数 $f(x) = \dfrac{|x|}{x}$ $(x \neq 0)$ は $x \to 0$ で収束するかについて検討せよ。

解

(1) $x > 0$ のとき、
$$|x| = x$$
であるので、
$$\lim_{x \to 0+} \frac{|x|}{x} = 1$$

(2) $0 < x$ のとき、
$$|x| = -x$$
であるから、
$$\lim_{x \to 0-} \frac{|x|}{x} = -1 \text{ となる。}$$

よって、(1)の右極限と(2)の左極限とは一致しないので、極限 $\lim\limits_{x \to 0} \dfrac{|x|}{x}$ は存在せず、収束しない。

定理2-2 関数 $f(x), g(x)$ について

$$\lim_{x \to a} f(x) = A, \ \lim_{x \to a} g(x) = B$$

であるとする。このとき、以下の性質が成り立つ。

(1) $\lim\limits_{x \to a} c f(x) = cA$ ，(c は定数)
(2) $\lim\limits_{x \to a} \bigl(f(x) + g(x)\bigr) = A + B$
(3) $\lim\limits_{x \to a} f(x) g(x) = AB$
(4) $\lim\limits_{x \to a} \dfrac{f(x)}{g(x)} = \dfrac{A}{B}$ （ただし $B \neq 0$）

演習2.7 次の極限を求めよ

(1) $\lim_{x \to \infty} \dfrac{x+2}{x-5}$

(2) $\lim_{x \to 2} \dfrac{x-2}{2x^2-6x+4}$

(3) $\lim_{x \to 1} \dfrac{3x}{\sqrt{1+x}-\sqrt{1-x}}$

(4) $\lim_{x \to \infty} \left\{ 5\left(\sqrt{x+1}-\sqrt{x-1}\right) \right\}$

(5) $\lim_{x \to 5} \dfrac{x^2-4}{x+2}$

(6) $\lim_{x \to 5} \dfrac{\sqrt{4+x}+2}{2x}$

(7) $\lim_{x \to \infty} \left\{ \sqrt{4x^2+1}-2x \right\}$

解

(1) $\lim_{x \to \infty} \dfrac{x+2}{x-5} = \lim_{x \to \infty} \dfrac{1+\dfrac{2}{x}}{1-\dfrac{5}{x}} = 1$

(2) $\lim_{x \to 2} \dfrac{x-2}{2x^2-6x+4} = \lim_{x \to 2} \dfrac{x-2}{2(x-1)(x-2)} = \lim_{x \to 2} \dfrac{1}{2(x-1)} = \dfrac{1}{2}$

(3) $\lim_{x \to 1} \dfrac{3x}{\sqrt{1+x}-\sqrt{1-x}} = \lim_{x \to 1} \dfrac{3x\left(\sqrt{1+x}+\sqrt{1-x}\right)}{\left(\sqrt{1+x}-\sqrt{1-x}\right)\left(\sqrt{1+x}+\sqrt{1-x}\right)}$

$= \lim_{x \to 1} \dfrac{3x\left(\sqrt{1+x}+\sqrt{1-x}\right)}{2x} = \lim_{x \to 1} \dfrac{3\left(\sqrt{1+x}+\sqrt{1-x}\right)}{2} = \dfrac{3\sqrt{2}}{2}$

(4) $\lim_{x \to \infty} \left\{ 5\left(\sqrt{x+1}-\sqrt{x-1}\right) \right\} = \lim_{x \to \infty} \dfrac{5\left(\sqrt{x+1}-\sqrt{x-1}\right)\left(\sqrt{x+1}+\sqrt{x-1}\right)}{\sqrt{x+1}+\sqrt{x-1}}$

$= \lim_{x \to \infty} \dfrac{5 \times 2}{\sqrt{x+1}+\sqrt{x-1}} = 0$

(5) $\lim_{x \to 5} \dfrac{x^2-4}{x+2} = \lim_{x \to 5} \dfrac{(x-2)(x+2)}{x+2} = \lim_{x \to 5}(x-2) = 3$

(6) $\lim_{x \to 5} \dfrac{\sqrt{4+x}+2}{2x} = \lim_{x \to 5} \dfrac{\left(\sqrt{4+x}+2\right)\left(\sqrt{4+x}-2\right)}{2x\left(\sqrt{4+x}-2\right)}$

$= \lim_{x \to 5} \dfrac{(4+x)-4}{2x\left(\sqrt{4+x}-2\right)} = \lim_{x \to 5} \dfrac{1}{2\left(\sqrt{4+x}-2\right)} = \dfrac{1}{2}$

第2章　数列と関数

(7) $\lim_{x \to \infty} \left\{ \sqrt{4x^2+1} - 2x \right\} = \lim_{x \to \infty} \frac{\left(\sqrt{4x^2+1} - 2x\right)\left(\sqrt{4x^2+1} + 2x\right)}{\sqrt{4x^2+1} + 2x}$

$= \lim_{x \to \infty} \frac{(4x^2+1) - 4x^2}{\sqrt{4x^2+1} + 2x} = \lim_{x \to \infty} \frac{1}{\sqrt{4x^2+1} + 2x} = 0$

定理2−3　関数 $f(x)$ が連続ならば、関数 $g(x)$ に対して

$$\lim_{x \to a} f(g(x)) = f\left(\lim_{x \to a} g(x)\right)$$

が成り立つ。

7　まとめ

　この章では、DCF法や配当還元モデルなどの計算に用いられる数列と、関数の概念について解説した。金融商品の価格やリスクは、なんらかの独立変数による関数として説明されることが多く、この独立変数に対する感応度の分析などに、第4章で解説する関数の微分などが必要となる。

第3章
行　列

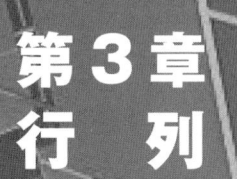

実務に使われるリスク評価やポートフォリオ理論では、リスク量などの計測に行列計算（線形代数）がよく用いられる。この章では、行列計算の基本とその具体的な計算方法について解説する。

第3章 行列

1 行列の定義

実務では、表で表現することのできるデータが数多く存在している。図表3－1はあるポートフォリオに組み入れられている株式数を示したものであり、図表3－2はそのポートフォリオに組み入れられている株式の株価月末終値の推移を表したものである。

図表3－1　ポートフォリオに組み入れられている株式数

	株式A	株式B	株式C	株式D	株式E	株式F
ポートフォリオ1	120	600	230	490	70	250
ポートフォリオ2	540	220	370	310	140	290
ポートフォリオ3	80	90	70	160	130	200
ポートフォリオ4	30	60	120	170	20	210

図表3－2　株価月末終値の月別推移

	4月	5月	6月	7月	8月
株式A	235	298	346	319	352
株式B	462	432	396	408	432
株式C	781	803	792	763	721
株式D	1,695	1,982	2,001	1,832	1,755
株式E	1,437	1,295	1,004	986	1,203
株式F	796	865	653	637	702

また、Moody'sやS&Pなどでは、過去データに基づく1年間の格付推移（遷移）確率を公表している。図表3－3はその例であるが、左端の列に表記されているのが基準となる時点での格付、最上段に表記されているのが基準時点より1年後の格付である（実際の格付推移確率は目的によって期間が選定される）。

図表3－3　年間の格付推移確率の例

	Aaa	Aa	A	Baa	Ba	B	Caa	Default
Aaa	0.9340	0.0594	0.0064	0.0000	0.0002	0.0000	0.0000	0.0000
Aa	0.0161	0.9055	0.0746	0.0026	0.0009	0.0001	0.0000	0.0002
A	0.0007	0.0228	0.9244	0.0463	0.0045	0.0012	0.0000	0.0001
Baa	0.0005	0.0026	0.0551	0.8848	0.0476	0.0071	0.0008	0.0015
Ba	0.0002	0.0005	0.0042	0.0516	0.8691	0.0591	0.0024	0.0129
B	0.0000	0.0004	0.0013	0.0054	0.0635	0.8422	0.0191	0.0681
Caa	0.0000	0.0000	0.0000	0.0062	0.0205	0.0408	0.6919	0.2406
Default	0.0000	0.0000	0.0000	0.0000	0.0000	0.0000	0.0000	1.0000

　このようなデータを、表のなかのデータ単位で表記することももちろん可能であるが、表としてまとめて扱ったほうが、簡便な表記となる。そこで、たとえば、図表3－1のデータを、そのまま**行列A**として定義し、

$$\mathbf{A} = \begin{pmatrix} a_{11} & a_{12} & \cdots & a_{1n} \\ a_{21} & a_{22} & \cdots & a_{2n} \\ \vdots & \vdots & \ddots & \vdots \\ a_{m1} & a_{m2} & \cdots & a_{mn} \end{pmatrix} \qquad (3.1)$$

（2行目、2列目）

というかたちで表すものとする。なお、行列を表記する場合には、本書では**A**のような太文字で表記するが、$\mathbf{A}=(a_{ij})$などと書く場合もある（図表3－1のデータの場合には$m=4, n=6$である）。

第3章 行列

例題3.1 ポートフォリオに組み入れられている株式数の行列表現（図表3－1）

$$B = \begin{pmatrix} 120 & 600 & 230 & 490 & 70 & 250 \\ 540 & 220 & 370 & 310 & 140 & 290 \\ 80 & 90 & 70 & 160 & 130 & 200 \\ 30 & 60 & 120 & 170 & 20 & 210 \end{pmatrix} \quad \cdots (3.2)$$

例題3.2 株価月末終値・月別推移の行列表現（図表3－2）

$$C = \begin{pmatrix} 235 & 298 & 346 & 319 & 352 \\ 462 & 432 & 396 & 408 & 432 \\ 781 & 803 & 792 & 763 & 721 \\ 1,695 & 1,982 & 2,001 & 1,832 & 1,755 \\ 1,473 & 1,295 & 1,004 & 986 & 1,203 \\ 796 & 865 & 653 & 637 & 702 \end{pmatrix} \quad \cdots (3.3)$$

(3.1) 式の a_{ij} を A の (i,j) **要素**、もしくは**成分**と呼ぶ。(3.2) 式の場合には、

$a_{2,3}=370, a_{4,5}=20$

などとなる。なお、a_{ij} は本来は $a_{i,j}$ と表記すべきものであり、i と j が明確に区分できるものに対してのみ a_{ij} と記述する。

A の上から i 番目の横方向の要素 $a_{i1}, a_{i2}, \cdots, a_{im}$ を i 行、j 番目の縦方向の要素である

a_{1j}

a_{2j}

$\vdots$

a_{1j}

を j **列**と呼ぶ。

図表3-3では、上から3番目の行は当初の格付がAであった企業が、1年後にどの格付に変化したかという実績を確率（割合）によって表現したものである。この例では、Aaaの格付になる確率が0.0007、Aaの格付になる確率が0.0228、Aの格付になる確率が0.9244、…となっている。また、5番目の列は、1年後に格付Baとなった企業の、その1年前の格付の状況を確率によって表現したものととらえることができる。格付推移確率行列の特性として、左上から右下に向かっての対角線上にある要素の値が相対的に大きな水準となっている。これは同一格付に収まる確率が一般には高く、格付が大きく変化する確率は小さいという状況を示したものである。

　(3.1) 式の**A**は、m個の行とn個の列からなる行列であることから、これを**$m \times n$行列**と呼び、$m \times n$のことを**行列のサイズ**と呼んでいる。行の数と列の数が等しい（$m=n$）場合には、この行列のことをn次（m次）の**正方行列**、そして左上から右下にかけての対角線上の要素a_{ii}のことを**対角要素（対角成分）**、それ以外の要素を**非対角要素**と呼ぶ。

　また、非対角要素の値がすべて0の行列のことを**対角行列**、そのなかでさらに対角要素の値がすべて1の対角行列のことを**単位行列**と呼んでいる。単位行列は通常**I**、もしくは**E**で表現されることが多い。

$$\mathbf{B} = \begin{pmatrix} b_{11} & 0 & \cdots & 0 \\ 0 & b_{22} & \cdots & 0 \\ \vdots & \vdots & \ddots & \vdots \\ 0 & 0 & \cdots & b_{mm} \end{pmatrix} \text{（対角行列）}, \quad \mathbf{I} = \begin{pmatrix} 1 & 0 & \cdots & 0 \\ 0 & 1 & \cdots & 0 \\ \vdots & \vdots & \ddots & \vdots \\ 0 & 0 & \cdots & 1 \end{pmatrix} \text{（単位行列）}$$

　また、すべての要素が0の行列を**零行列**、正方行列の対角要素a_{ii}の和

$$\mathrm{tr}(\mathbf{A}) = \sum_{i=1}^{m} a_{ii}$$

を**対角和（トレース）**という（対角線上にあるので、添え字がiiとなっていることに注意）。

　列数が1の行列を**列ベクトル**と呼び、それがm個の要素で構成されている

第3章 行列

場合をm次の列ベクトル、mのことを**次元**と呼ぶ。

$$\mathbf{a} = \begin{pmatrix} a_1 \\ a_2 \\ \vdots \\ a_m \end{pmatrix}$$

また、行数が1の行列を**行ベクトル**と呼び、それがn個の要素で構成されている場合をn次の行ベクトルと呼ぶ。

$$\mathbf{b} = \begin{pmatrix} a_1 & a_2 & \cdots & a_n \end{pmatrix}$$

なお、紙面の都合上（縦長ではなく横長で記述できる）、書籍では列ベクトル$\mathbf{a}$を転置した$\mathbf{a}^\mathrm{T} = \begin{pmatrix} a_1 & a_2 & \cdots & a_m \end{pmatrix}$で記載することが多い。

行列$\mathbf{A}$の行と列を入れ替えた行列を**転置行列**と呼び、$\mathbf{A}^\mathrm{T}$もしくは$\mathbf{A}'$や${}^t\mathbf{A}$で表記される。(3.1) 式で表された行列$\mathbf{A}$の転置行列は、

$$\mathbf{A}^\mathrm{T} = \begin{pmatrix} a_{11} & a_{21} & \cdots & a_{m1} \\ a_{12} & a_{22} & \cdots & a_{m2} \\ \vdots & \vdots & \ddots & \vdots \\ a_{1n} & a_{2n} & \cdots & a_{mn} \end{pmatrix}$$

$$\mathbf{A} = \begin{pmatrix} a_{11} & a_{12} & \cdots & a_{1n} \\ a_{21} & a_{22} & \cdots & a_{2n} \\ \vdots & \vdots & \ddots & \vdots \\ a_{m1} & a_{m2} & \cdots & a_{mn} \end{pmatrix}, \quad \mathbf{A}^\mathrm{T} = \begin{pmatrix} a_{11} & a_{21} & \cdots & a_{m1} \\ a_{12} & a_{22} & \cdots & a_{m2} \\ \vdots & \vdots & \ddots & \vdots \\ a_{1n} & a_{2n} & \cdots & a_{mn} \end{pmatrix}$$

で表され（添え字の順番反対になっていることに注意）、転置を2回繰り返すと元の行列に戻る。

$$\left(\mathbf{A}^\mathrm{T} \right)^\mathrm{T} = \mathbf{A}$$

また、行ベクトルを転置すると列ベクトル、列ベクトルを転置すると行ベクトルになる。転置行列は、表の縦横を逆にするということに相当するが、

後述する行列の積などを計算する際に重要となる。

行列 $\mathbf{A}$ は、n 個の列ベクトルを並べたものであると考えることができるので、行列 $\mathbf{A}$ の j 列の列ベクトルを $\mathbf{a}_j$ とすると、

$$\mathbf{A} = \begin{pmatrix} a_{11} & a_{12} & \cdots & a_{1n} \\ a_{21} & a_{22} & \cdots & a_{2n} \\ \vdots & \vdots & \ddots & \vdots \\ a_{m1} & a_{m2} & \cdots & a_{mn} \end{pmatrix} = \begin{pmatrix} \mathbf{a}_1 & \mathbf{a}_2 & \cdots & \mathbf{a}_n \end{pmatrix}$$

で表すことができる。同様に、行ベクトル $\mathbf{b}_i$ を用いると、

$$\mathbf{A} = \begin{pmatrix} a_{11} & a_{12} & \cdots & a_{1n} \\ a_{21} & a_{22} & \cdots & a_{2n} \\ \vdots & \vdots & \ddots & \vdots \\ a_{m1} & a_{m2} & \cdots & a_{mn} \end{pmatrix} = \begin{pmatrix} \mathbf{b}_1 \\ \mathbf{b}_2 \\ \vdots \\ \mathbf{b}_m \end{pmatrix}$$

となる。

演習3.1 以下のような行列 B, C, D がある。

$$\mathbf{B} = \begin{pmatrix} 3 & 2 \\ 6 & 5 \\ 4 & 7 \end{pmatrix}, \quad \mathbf{C} = \begin{pmatrix} -4 & 7 \\ 2 & -9 \\ 5 & 3 \end{pmatrix}, \quad \mathbf{D} = \begin{pmatrix} 3 & 8 \\ -4 & 2 \end{pmatrix}$$

行列 B, C, D の転置行列を求めよ。

解

$$\mathbf{B}^T = \begin{pmatrix} 3 & 6 & 4 \\ 2 & 5 & 7 \end{pmatrix}$$

$$\mathbf{C}^T = \begin{pmatrix} -4 & 2 & 5 \\ 7 & -9 & 3 \end{pmatrix}$$

$$\mathbf{D}^T = \begin{pmatrix} 3 & -4 \\ 8 & 2 \end{pmatrix}$$

第3章 行 列

備考：Excelで行列の計算をすることができる。ただ、通常の計算式の指定方法と二つの違いがあるので注意が必要である。
① 行列の計算結果が格納されるセル（行列の範囲）を事前に指定し、アクティブにする必要がある。
② 式を入力した後、[Enter]キーを押すのではなく、[Shift]キーと[Ctrl]キーを押しながら[Enter]キーを押す。

転置行列では、行と列の次元数が元の行列と逆になるので、アクティブにする範囲に気をつける必要がある。$\mathbf{A}^T$は、=TRANSPOSE（行列の範囲）と入力し、[Shift]キーと[Ctrl]キーを押しながら[Enter]キーを押す。

2 ベクトルと一次独立

二つのベクトル $\mathbf{a}$ と $\mathbf{b}$ のサイズが等しいとき（$=m$）、ベクトルの和と差を定義することができる。

$$\mathbf{a} = \begin{pmatrix} a_1 & a_2 & \cdots & a_m \end{pmatrix}^T, \mathbf{b} = \begin{pmatrix} b_1 & b_2 & \cdots & b_m \end{pmatrix}^T$$

とおくと、

$$\mathbf{a}+\mathbf{b} = \begin{pmatrix} a_1 & a_2 & \cdots & a_m \end{pmatrix}^T + \begin{pmatrix} b_1 & b_2 & \cdots & b_m \end{pmatrix}^T$$
$$= \begin{pmatrix} a_1+b_1 & a_2+b_2 & \cdots & a_m+b_m \end{pmatrix}^T \quad \cdots\cdots (3.4)$$

$$\mathbf{a}-\mathbf{b} = \begin{pmatrix} a_1 & a_2 & \cdots & a_m \end{pmatrix}^T - \begin{pmatrix} b_1 & b_2 & \cdots & b_m \end{pmatrix}^T$$
$$= \begin{pmatrix} a_1-b_1 & a_2-b_2 & \cdots & a_m-b_m \end{pmatrix}^T \quad \cdots\cdots (3.5)$$

となる。これを転置行列を使わずに表現すると、

$$\mathbf{a}+\mathbf{b} = \begin{pmatrix} a_1 \\ a_2 \\ \vdots \\ a_m \end{pmatrix} + \begin{pmatrix} b_1 \\ b_2 \\ \vdots \\ b_m \end{pmatrix} = \begin{pmatrix} a_1+b_1 \\ a_2+b_2 \\ \vdots \\ a_m+b_m \end{pmatrix} \quad \cdots\cdots (3.6)$$

$$\mathbf{a}-\mathbf{b} = \begin{pmatrix} a_1 \\ a_2 \\ \vdots \\ a_m \end{pmatrix} - \begin{pmatrix} b_1 \\ b_2 \\ \vdots \\ b_m \end{pmatrix} = \begin{pmatrix} a_1-b_1 \\ a_2-b_2 \\ \vdots \\ a_m-b_m \end{pmatrix} \quad \cdots\cdots (3.7)$$

となる。当然ではあるが、(3.4) 式と (3.6) 式、(3.5) 式と (3.7) 式は同じものである。

また、s を**実数（スカラー）**とし、ベクトル $\mathbf{a}$ を s で実数倍すると、

$$s \cdot \mathbf{a} = s \begin{pmatrix} a_1 & a_2 & \cdots & a_m \end{pmatrix}^{\mathrm{T}} = \begin{pmatrix} sa_1 & sa_2 & \cdots & sa_m \end{pmatrix}^{\mathrm{T}} \quad \cdots\cdots (3.8)$$

となる。

例題3.3　二つのベクトルの和・差・実数倍

以下のような列ベクトル $\mathbf{a}, \mathbf{b}$ と実数 s が与えられているとき、$\mathbf{a}+\mathbf{b}$, $\mathbf{a}-\mathbf{b}$, $s\cdot\mathbf{a}$ の値を求めよ。また、これらの関係を2次元の図で表せ。

$\mathbf{a}=(1\ 2),\ \mathbf{b}=(3\ 1),\ s=2$

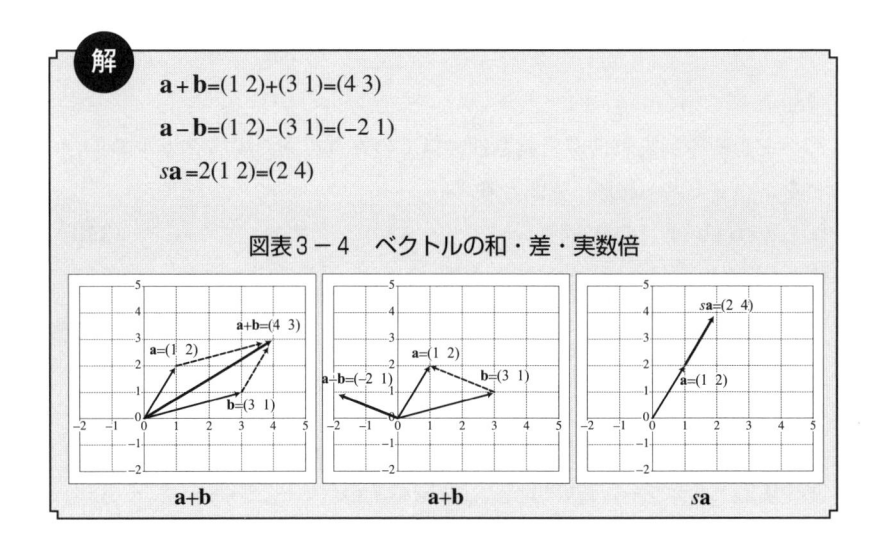

解

$\mathbf{a}+\mathbf{b}=(1\ 2)+(3\ 1)=(4\ 3)$

$\mathbf{a}-\mathbf{b}=(1\ 2)-(3\ 1)=(-2\ 1)$

$s\mathbf{a}=2(1\ 2)=(2\ 4)$

図表3－4　ベクトルの和・差・実数倍

| a+b | a+b | sa |

第3章 行　列

　この2次元の図は、2次元のユークリッド空間に書かれたものである。n次元ユークリッド空間の各点は、n個の成分の座標で決定され、たとえば、3次元ユークリッド空間上の点と座標の関係は、図表3－5のようになる。一般的な線や点などの基礎的な概念（**ユークリッド幾何学**）上のn次元の**ユークリッド空間R^n**を想定するとユークリッド空間上の点はn個の実数の組で表現され、二つの点$A(a_1,a_2,\cdots,a_n)$と$B(b_1,b_2,\cdots,b_n)$の間の距離は、

$$\sqrt{(a_1-b_1)^2+(a_2-b_2)^2+\cdots+(a_n-b_n)^2} \quad\cdots\cdots(3.9)$$

で定義される。この距離のことを**ユークリッド距離**と呼んでいる。

図表3－5　次元ユークリッド空間上の点と座標の関係

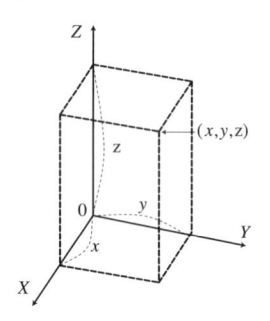

　ベクトルの和と実数倍が定義され、以下の性質を満たすベクトルの集合のことを、**ベクトル（線形）空間**と呼ぶ。

(1)　$\mathbf{a}+\mathbf{b}=\mathbf{b}+\mathbf{a}$　（交換法則）$\cdots\cdots(3.10)$

(2)　$(\mathbf{a}+\mathbf{b})+\mathbf{c}=\mathbf{a}+(\mathbf{b}+\mathbf{c})$　（結合法則）$\cdots\cdots(3.11)$

(3)　$\mathbf{a}+\mathbf{x}=\mathbf{b}$を満たす唯一のベクトル$\mathbf{x}$が存在し、このベクトル$\mathbf{x}$を$\mathbf{x}=\mathbf{b}-\mathbf{a}$と記述する。

(4)　実数（スカラー）hに対し、$h(\mathbf{a}+\mathbf{b})=h\mathbf{a}+h\mathbf{b}$ $\cdots\cdots(3.12)$

(5)　実数（スカラー）k,hに対し、$(k+h)\mathbf{a}=k\mathbf{a}+h\mathbf{a}$ $\cdots\cdots(3.13)$

(6)　実数（スカラー）k,hに対し、$(kh)\mathbf{a}=k(h\mathbf{a})$ $\cdots\cdots(3.14)$

ベクトル空間V上のn個のベクトル$\mathbf{a}_i$（$i=1,2,\cdots,n$）に対し、それぞれ実数（スカラー）h_iを掛け合わせた値の**線形和**（単純に足し合わせたもの）

$$h_1\mathbf{a}_1+h_2\mathbf{a}_2+\cdots+h_n\mathbf{a}_n \quad\cdots\cdots(3.15)$$

のことを、n個のベクトル$\mathbf{a}_i$の**一次（線形）結合**という。

n個のベクトル$\mathbf{a}_i$（$i=1,2,\cdots,n$）の線形結合において、

$$h_1\mathbf{a}_1+h_2\mathbf{a}_2+\cdots+h_n\mathbf{a}_n=\mathbf{0} \quad\cdots\cdots(3.16)$$

が成り立つのが、$h_1=h_2\cdots=h_n=0$のときに限られるとき、n個のベクトル$\mathbf{a}_i$は**一次独立（線形独立）**であるといい、それ以外のときは**一次従属（線形従属）**であるという。なお、$\mathbf{0}$はゼロ・ベクトル、すなわち$\mathbf{0}=(0\ 0\cdots0)$である。

線形結合は、連立方程式を意識するとわかりやすい。三つの列ベクトル$\mathbf{a},\mathbf{b},\mathbf{c}$を以下のように与える。

$$\mathbf{a}=(1\ 2\ 0)^T,\ \mathbf{b}=(2\ 3\ 0)^T,\ \mathbf{c}=(4\ 1\ 0)^T$$

これらの各ベクトルでは、第3番目の成分がどれも0である。このことは、これらのベクトルは2次元の平面状で示すことができるということを意味している。

ここで、ゼロ・ベクトル

$$\mathbf{0}=(0\ 0\ 0)^T$$

を用意する。これらのベクトルにh_1,h_2,h_3を掛け合わせた線形結合を考える。

$$h_1\mathbf{a}+h_2\mathbf{b}+h_3\mathbf{c} \quad\cdots\cdots(3.17)$$

ここで、例として$h_1=10, h_2=-7, h_3=1$の状態を想定する。このとき、

$$10\begin{pmatrix}1\\2\\0\end{pmatrix}-7\begin{pmatrix}2\\3\\0\end{pmatrix}+\begin{pmatrix}4\\1\\0\end{pmatrix}=\begin{pmatrix}10\\20\\0\end{pmatrix}-\begin{pmatrix}14\\21\\0\end{pmatrix}+\begin{pmatrix}4\\1\\0\end{pmatrix}=\begin{pmatrix}0\\0\\0\end{pmatrix}=\mathbf{0}$$

となり、ゼロ・ベクトルとなる。つまり、

$$10\mathbf{a}-7\mathbf{b}+\mathbf{c}=\mathbf{0} \quad\cdots\cdots(3.18)$$

となり、たとえば、ベクトル$\mathbf{c}$は、

$$\mathbf{c}=-10\mathbf{a}+7\mathbf{b}$$

と表され、他のベクトル**a**,**b**の線形和によって求められる。このことは、一つのベクトルが他のベクトルに**依存**（**従属**）していることを示している。このことが、線形従属もしくは一次従属と呼ばれるものであり、一次従属の場合には**線形和**が存在する。

ここで、(3.18) 式を検討する。この式で重要なのは、右辺がゼロ・ベクトルとなっているという点である。もし、ゼロ・ベクトルでない場合には、(3.18) 式は、

$$10\mathbf{a} - 7\mathbf{b} + \mathbf{c} = \mathbf{d}$$

となり、なんらかの常数項が必要となる。したがって、**a**,**b**,**c**というベクトルのみによる線形結合はできないことになる。

これに対し、ベクトル**c**が、

$$\mathbf{c} = (4 \quad 1 \quad 3)^T$$

のような場合について検討する。このベクトルを (3.17) 式に代入した場合、右辺がゼロ・ベクトルとなるようなh_1, h_2, h_3について考える。

$$h_1 \begin{pmatrix} 1 \\ 2 \\ 0 \end{pmatrix} + h_2 \begin{pmatrix} 2 \\ 3 \\ 0 \end{pmatrix} + h_3 \begin{pmatrix} 4 \\ 1 \\ 3 \end{pmatrix} = \begin{pmatrix} 0 \\ 0 \\ 0 \end{pmatrix}$$

であるので、以下の連立方程式を解く。

$$\begin{cases} h_1 + 2h_2 + 4h_3 = 0 & \cdots (3.19) \\ 2h_1 + 3h_2 + h_3 = 0 & \cdots (3.20) \\ 0h_1 + 0h_2 + 3h_3 = 0 & \cdots (3.21) \end{cases}$$

(3.21) 式より、$h_3 = 0$となるので、これを (3.19) 式と (3.20) 式に代入すると、

$$h_1 + 2h_2 = 0 \quad \cdots (3.22)$$

$$2h_2 + 3h_3 = 0 \quad \cdots (3.23)$$

が得られる。(3.22) 式×2 − (3.23) 式より、

(3.22) 式 ×2 　　　 $2h_1 + 4h_2 = 0$
(3.23) 式 　　 －）$2h_1 + 3h_2 = 0$
　　　　　　　　　　―――――――
　　　　　　　　　　　$h_2 = 0$

となり、これを (3.22) 式に代入すると $h_1 = 0$ となる。

　つまり、(3.18) 式は、$h_1 = h_2 = h_3 = 0$ のときにしか成立しない。これらの値が0、たとえば $h_1 = 0$ ということは、ベクトル **a** の影響は0、すなわち他のベクトルに対して無関係であることを意味し、**独立** となる。このようなことから、すべての係数の値が0、すなわち $h_1 = h_2 = h_3 = 0$ であるき、**線形独立**、もしくは **一次独立** と呼ぶ。

演習3.2 (1) 列ベクトル **a** = (1 2)^T と **b** = (2 4)^T は、一次従属であることを示せ。
(2) 列ベクトル **a** = (1 2)^T と **b** = (2 −1)^T は、一次独立であることを示せ。
(3) 列ベクトル **a** = (1 2 2)^T, **b** = (2 4 1)^T, **c** = (0 0 5)^T は、一次従属であることを示せ。
(4) 列ベクトル **a** = (1 3 0)^T, **b** = (3 −2 2)^T, **c** = (0 1 0)^T は、一次独立であることを示せ。

解

(1) $h_1 \begin{pmatrix} 1 \\ 2 \end{pmatrix} + h_2 \begin{pmatrix} 2 \\ 4 \end{pmatrix} = \begin{pmatrix} h_1 + 2h_2 \\ 2h_1 + 4h_2 \end{pmatrix} = \begin{pmatrix} 0 \\ 0 \end{pmatrix}$

を解く。連立方程式

$\begin{cases} h_1 + 2h_2 = 0 & \cdots\cdots (3.24) \\ 2h_1 + 4h_2 = 0 & \cdots\cdots (3.25) \end{cases}$

の解について検討する。2×(3.24)式−(3.25)式を求めると、$0 \times h_1 + 0 \times h_2 = 0$ となり、h_1 と h_2 の値は **一意に定まらない**（確定しない）。したがって、ベクトル **a** と **b** は一次従属（線形従属）である。

(2) $h_1\begin{pmatrix}1\\2\end{pmatrix}+h_2\begin{pmatrix}2\\-1\end{pmatrix}=\begin{pmatrix}h_1+2h_2\\2h_1-h_2\end{pmatrix}=\begin{pmatrix}0\\0\end{pmatrix}$

を解く。連立方程式

$$\begin{cases}h_1+2h_2=0 & \cdots\cdots(3.26)\\ 2h_1+h_2=0 & \cdots\cdots(3.27)\end{cases}$$

の解について検討する。2×(3.26)式−(3.27)式を求めると、$0\times h_1+3\times h_2=0$ となり、上記の連立方程式が成り立つのは、$h_1=h_2=0$ のときのみである。したがって、ベクトル**a**と**b**は一次独立（線形独立）である。

(3) $h_1\begin{pmatrix}1\\2\\2\end{pmatrix}+h_2\begin{pmatrix}2\\4\\1\end{pmatrix}+h_3\begin{pmatrix}0\\0\\5\end{pmatrix}=\begin{pmatrix}h_1+2h_2\\2h_1+4h_2\\2h_1+h_2+5h_3\end{pmatrix}=\begin{pmatrix}0\\0\\0\end{pmatrix}$

を解く。連立方程式

$$\begin{cases}h_1+2h_2=0 & \cdots\cdots(3.28)\\ 2h_1+4h_2=0 & \cdots\cdots(3.29)\\ 2h_1+h_2+5h_3=0\end{cases}$$

の解について検討する。2×(3.28)式−(3.29)式を求めると、$0\times h_1+0\times h_2=0$ となり、h_1とh_2の値は一意に定まらない。したがって、ベクトル**a**,**b**,**c**は一次従属（線形従属）である。

(4) $h_1\begin{pmatrix}1\\3\\0\end{pmatrix}+h_2\begin{pmatrix}3\\-2\\2\end{pmatrix}+h_3\begin{pmatrix}0\\1\\0\end{pmatrix}=\begin{pmatrix}h_1+3h_2\\3h_1-2h_2+h_3\\2h_2\end{pmatrix}=\begin{pmatrix}0\\0\\0\end{pmatrix}$

を解く。連立方程式

$$\begin{cases}h_1+3h_2=0 & \cdots\cdots(3.30)\\ 3h_1-2h_2+h_3=0 & \cdots\cdots(3.31)\\ 2h_2=0 & \cdots\cdots(3.32)\end{cases}$$

> の解について検討する。(3.32) 式より$h_2=0$であるから、これを (3.30) に代入すると$h_1=0$が得られる。したがって (3.31) 式は、
>
> $3×0-2×0+h_3=0$
>
> となるので、$h_3=0$となる。したがって、上記の連立方程式が成り立つのは、$h_1=h_2=h_3=0$のときのみであり、ベクトル**a**,**b**,**c**は一次独立（線形独立）である。

n個のベクトル$\mathbf{a}_i$($i=1,2,\cdots,n$)が、n次のユークリッド空間$\mathbf{R}^n$上で定義されているものとする($\mathbf{a}_1,\mathbf{a}_2,\cdots,\mathbf{a}_n \in R^n$)。このとき、ベクトル$\mathbf{a}_i$の線形結合に関し、一般に以下の定理が成り立つ。

定理3-1　次の命題は同値である。

(1)　ベクトル$\mathbf{a}_1,\mathbf{a}_1,\cdots,\mathbf{a}_n$は一次独立である。
(2)　n次元ユークリッド空間R^n上の任意のベクトル$\mathbf{a}$は、$\mathbf{a}_1,\mathbf{a}_1,\cdots,\mathbf{a}_n$の線形結合で一意に表現できる。すなわち、
　　$\mathbf{a}=h_1\mathbf{a}_1+h_2\mathbf{a}_2+\cdots+h_n\mathbf{a}_n$
を満たす実数$h_1,h_2,\cdots,h_n$が一意に決まる。

定理3-2　次の命題は同値である。

(1)　ベクトル$\mathbf{a}_1,\mathbf{a}_2,\cdots,\mathbf{a}_n$は一次従属である。
(2)　n次元ユークリッド空間R^n上のあるベクトル$\mathbf{a}_i$は、他のベクトルの線形結合で表現できる。

定理3-3　次の命題は同値である。

(1)　ベクトル$\mathbf{a}_1,\mathbf{a}_1,\cdots,\mathbf{a}_n$は一次従属である。
(2)　n次元ユークリッド空間$\mathbf{R}^n$上の$n+1$個以上のベクトルは一次従属となる。

第3章 行列

列ベクトルの要素のなかで、1個の要素のみが値が1、他の要素の値がすべて0のベクトル**i**を**単位ベクトル**と呼ぶ。

$\mathbf{i}_1 = (1 \ \ 0 \cdots 0), \mathbf{i}_2 = (0 \ \ 1 \cdots 0), \mathbf{i}_n = (0 \ \ 0 \cdots n)$

これらの単位ベクトルはn次元ユークリッド空間$\mathbf{R}^n$上で一次独立であるが、これらのベクトルの線形結合で$\mathbf{R}^n$上の任意のベクトルが表現できる。

n次元ユークリッド空間$\mathbf{R}^n$に属するベクトル$\mathbf{a}_1, \mathbf{a}_2, \cdots, \mathbf{a}_m (m \leq n)$の線形結合として表現できるベクトル全体

$$V = \{h_1 \mathbf{a}_1 + h_2 \mathbf{a}_2 + \cdots + h_m \mathbf{a}_m\}$$

のことを、ベクトル$\mathbf{a}_1, \mathbf{a}_2, \cdots, \mathbf{a}_m$が**張る空間**と呼ぶ。$\mathbf{a}_1, \mathbf{a}_2, \cdots, \mathbf{a}_m$が一次独立であるとき、$m=n$ならば$V = \mathbf{R}^n$であり、$m<n$のときには$V$は$\mathbf{R}^n$に含まれる。

3 ガウスの消去法と階数

線形独立、**階数**(ランク)などを求めるには、**ガウスの消去法**という手法を使うと簡単に計算できる。

連立方程式を解くときは、ある式を何倍かして他の式と足したり引いたりした。この結果、まず、ある変数が決まり、それをもとにもう一つの値が決まるというように順番に決めていくことができた。連立方程式を行列で書くことができたが、実は行列でこの解を求めることができる。たとえば、以下の行列を想定する。

$$\mathbf{A} = \begin{pmatrix} 2 & 1 & 1 & 15 \\ 4 & 6 & 3 & 41 \\ 8 & 8 & 9 & 83 \end{pmatrix} \quad \cdots\cdots (3.33)$$

ガウスの消去法とは、この行列の左下の三角形部分を0にするという作業のことである。

先に述べたように、連立方程式は、ある式を何倍かして他の式と足したり引いたりして計算した。ガウスの消去法は、この手順を合理的に示したもの

である。

手順1：行を単位に考える。

これは、行が連立方程式の一つ一つを意味していることからもわかる。

だから、列を単位に処理はしない。

手順2：行列の1行目を基準とする。

手順3：手順2の基準となる行を使って、2行目、3行目の一番左側の数字を0にすることを考える。

2行目：2行目−1行目×2

3行目：3行目−1行目×4

この処理によって、

$$\begin{pmatrix} 2 & 1 & 1 & 15 \\ 4 & 6 & 3 & 41 \\ 8 & 8 & 9 & 83 \end{pmatrix} = \begin{pmatrix} 2 & 1 & 1 & 15 \\ 4-4 & 6-2 & 3-2 & 41-30 \\ 8-8 & 8-4 & 9-4 & 83-60 \end{pmatrix} = \begin{pmatrix} 2 & 1 & 1 & 15 \\ 0 & 4 & 1 & 11 \\ 0 & 4 & 5 & 23 \end{pmatrix}$$

と変形でき、2行目、3行目の一番左側の数字を0にすることができた。

2行目は左側が1個だけ0であればいいので、これで満足。3行目は左側が2個だけ0でなければならないので、まだ足りない。

手順4：2行目を基準とする。

手順5：手順4の基準となる行を使って、3行目の左から2番目の数字を0にすることを考える。

3行目：3行目−2行目

この処理によって、

$$\begin{pmatrix} 2 & 1 & 1 & 15 \\ 0 & 4 & 1 & 11 \\ 0 & 4-4 & 5-1 & 23-11 \end{pmatrix} = \begin{pmatrix} 2 & 1 & 1 & 15 \\ 0 & 4 & 1 & 11 \\ 0 & 0 & 4 & 12 \end{pmatrix} \quad \cdots\cdots(3.34)$$

が得られる。

第3章 行 列

このような展開で、左下の三角形部分を0にするという作業のことを**行基本変形**と呼び、左下から0の部分が1段ずつ階段状になっている行列のことを**階段行列**と定義する。

演習3.3 ガウスの消去法によってランクを計算せよ。

$$\begin{pmatrix} 1 & -2 & 5 \\ 2 & 1 & 0 \\ 3 & 2 & -1 \end{pmatrix}$$

解 2行目と3行目の左端を0にしたいので、2行目 − 1行目 × 2 と、3行目 − 1行目 × 3 を計算する。

$$= \begin{pmatrix} 1 & -2 & 5 \\ 2-2 & 1+4 & 0-10 \\ 3-3 & 2+6 & -1-15 \end{pmatrix}$$

$$= \begin{pmatrix} 1 & -2 & 5 \\ 0 & 5 & -10 \\ 0 & 8 & -16 \end{pmatrix}$$

3行目の左端から2番目を0にしたい。そこで、3行目 × 5 − 2行目 × 8 を計算する。

$$= \begin{pmatrix} 1 & -2 & 5 \\ 0 & 5 & -10 \\ 0 & 40-40 & -80+80 \end{pmatrix}$$

$$= \begin{pmatrix} 1 & -2 & 5 \\ 0 & 5 & -10 \\ 0 & 0 & 0 \end{pmatrix}$$

この式の一番下の式をみてみると、すべての成分が0となっている。このことは、最終的に変形を通して3行目の式は、まったく意味をもたない方程式になったということである（他の行で表される）。最初は三つ

の方程式からなっていた連立方程式は、実は二つの連立方程式で説明される。この「二つの連立方程式」という連立方程式の数が**階数**[1]（ランク）である。

$$\text{rank} \begin{pmatrix} 1 & -2 & 5 \\ 2 & 1 & 0 \\ 3 & 2 & -1 \end{pmatrix} = 2$$

したがって、階数を計算するには、ガウスの消去法によって行列の左下の成分を三角形型に0としていき、すべての成分が0である行を除いた行数を求めればよい。この考え方に従えば、(3.34)式の結果は、階数が2ということになる。

演習3.4 ガウスの消去法によってランクを計算せよ。

$$\begin{pmatrix} 0 & 1 & -5 \\ 2 & 3 & 1 \\ 1 & 2 & 3 \end{pmatrix}$$

解 一行目の左端が0なので、1行目と2行目を入れ替える。

$$= \begin{pmatrix} 2 & 3 & 1 \\ 0 & 1 & -5 \\ 1 & 2 & 3 \end{pmatrix}$$

---

1 階数（ランク）の定義にはさまざまなかたちがあるが、以下に二つの代表的なものを示す。
 (1) 行列 **A** に基本変形を施し階段行列 **B** が得られたとする。この **B** のなかでゼロ・ベクトルではない行（または、列）の個数（階段の段数とも呼ばれる）。
 (2) 行列 **A** の行（列）ベクトルの線形独立なものの最大個数。

第3章 行列

> 3行目の左端を0にしたい。そこで、3行目×2−1行目を計算する。
>
> $$= \begin{pmatrix} 2 & 3 & 1 \\ 0 & 1 & -5 \\ 2-2 & 4-3 & 6-1 \end{pmatrix}$$
>
> $$= \begin{pmatrix} 2 & 3 & 1 \\ 0 & 1 & -5 \\ 0 & 1 & 5 \end{pmatrix}$$
>
> 3行目の左端から2番目を0にしたい。そこで、3行目−2行目
>
> $$= \begin{pmatrix} 2 & 3 & 1 \\ 0 & 1 & -5 \\ 0 & 0 & 10 \end{pmatrix}$$
>
> すべての成分が0である行はないので、階数は3となる。

ランクは、線形独立性と深くかかわっている。(3.33)式の行列$\mathbf{A}$を四つのベクトルで表し、これらが線形独立であるかどうかについて検討する。

$$\mathbf{A} = \begin{pmatrix} 2 & 1 & 1 & 15 \\ 4 & 6 & 3 & 41 \\ 8 & 8 & 9 & 83 \end{pmatrix}$$

$$\mathbf{x}_1 = \begin{pmatrix} 2 \\ 4 \\ 8 \end{pmatrix}, \quad \mathbf{x}_2 = \begin{pmatrix} 1 \\ 6 \\ 8 \end{pmatrix}, \quad \mathbf{x}_3 = \begin{pmatrix} 1 \\ 3 \\ 9 \end{pmatrix}, \quad \mathbf{x}_4 = \begin{pmatrix} 15 \\ 41 \\ 83 \end{pmatrix}$$

ここで、線形独立性を調べるために、

$$h_1 \mathbf{a}_1 + h_2 \mathbf{a}_2 + h_3 \mathbf{a}_3 + h_4 \mathbf{a}_4 = \mathbf{0} \quad \cdots\cdots (3.35)$$

に、これらのベクトルを代入すると、

$$\begin{cases} 2h_1 + h_2 + h_3 + 15h_4 = 0 \\ 4h_1 + 6h_2 + 3h_3 + 41h_4 = 0 \\ 8h_1 + 8h_2 + 9h_3 + 83h_4 = 0 \end{cases} \quad \cdots\cdots (3.36)$$

が得られる。この連立方程式の各係数を行列で表現した

$$\begin{pmatrix} 2 & 1 & 1 & 15 \\ 4 & 6 & 3 & 41 \\ 8 & 8 & 9 & 83 \end{pmatrix}$$

のことを**係数行列**、係数と定数項からつくられる行列

$$\begin{pmatrix} 2 & 1 & 1 & 15 & 0 \\ 4 & 6 & 3 & 41 & 0 \\ 8 & 8 & 9 & 83 & 0 \end{pmatrix}$$

を**拡大係数行列**と呼ぶ。この拡大係数行列に対しガウスの消去法を行うと、次のようになる。2行目と3行目の左端の項を0とするために、2行目－1行目×2と3行目－1行目×4を計算する。

$$= \begin{pmatrix} 2 & 1 & 1 & 15 & 0 \\ 4-4 & 6-2 & 3-2 & 41-30 & 0 \\ 8-8 & 8-4 & 9-4 & 83-60 & 0 \end{pmatrix}$$

$$= \begin{pmatrix} 2 & 1 & 1 & 15 & 0 \\ 0 & 4 & 1 & 11 & 0 \\ 0 & 4 & 5 & 23 & 0 \end{pmatrix}$$

3行目の左から2番目の項を0とするために、3行目－2行目を計算する。

$$= \begin{pmatrix} 2 & 1 & 1 & 15 & 0 \\ 0 & 4 & 1 & 11 & 0 \\ 0 & 4-4 & 5-1 & 23-11 & 0 \end{pmatrix}$$

$$= \begin{pmatrix} 2 & 1 & 1 & 15 & 0 \\ 0 & 4 & 1 & 11 & 0 \\ 0 & 0 & 4 & 12 & 0 \end{pmatrix}$$

したがって、h_1, h_2, h_3, h_4 は、

$$\begin{cases} 2h_1 + h_2 + h_3 + 15h_4 = 0 & \cdots (3.37) \\ 4h_2 + h_3 + 11h_4 = 0 & \cdots (3.38) \\ 4h_3 + 12h_4 = 0 & \cdots (3.39) \end{cases}$$

を満たす。この方程式は四つの変数に対し、三つの連立方程式であるので解

第3章 行　列

を明示的に求めることはできない。そこで、$h_4=s$を任意の数として、$h_4=s$とおいて連立方程式を解く。

(3.39) 式より、

$4h_3=-12s, \therefore h_3=-3s$

(3.38) 式より、

$4h_2-3s+11s=0, \therefore h_2=-2s$

(3.37) 式より、

$2h_1-2s-3s+15s=0, \therefore h_1=-5s$

となる。すなわち、ベクトル$\mathbf{a}_1, \mathbf{a}_2, \mathbf{a}_3, \mathbf{a}_4$は必ず

$$-5s \cdot \mathbf{a}_1 - 2s \cdot \mathbf{a}_2 - 3s \cdot \mathbf{a}_3 + s \cdot \mathbf{a}_4 = \mathbf{0} \quad (3.40)$$

を満たしている。ここで$s=1$とすると、

$$-5\mathbf{a}_1 - 2\mathbf{a}_2 - 3\mathbf{a}_3 + \mathbf{a}_4 = \mathbf{0}$$

となるが、この場合にはベクトル$\mathbf{a}_1, \mathbf{a}_2, \mathbf{a}_3, \mathbf{a}_4$は**線形独立**ではない。

線形独立な列ベクトルの最大個数を求めるために、(3.36) 式で$h_4=0$とおいた

$$h_1\mathbf{a}_1 + h_2\mathbf{a}_2 + h_3\mathbf{a}_3 = 0 \quad (3.41)$$

について考える。次に、$h_4=0$であるから$s=0$であり、この結果$h_1=h_2=h_3=h_4=0$となる。すなわち、(3.41) 式を満たすh_1, h_2, h_3は0しかない。したがって、$\mathbf{a}_1, \mathbf{a}_2, \mathbf{a}_3$は線形独立であり、線形独立な列ベクトルの**最大個数**は3となる。

このことは、**階数**とは行列を列ベクトルの並びとみなしたとき、線形独立である列ベクトルの**最大個数**であることを示している。

4 行列の演算

行列の計算に不可欠な、用語の定義を行う。二つの行列 $\mathbf{A}=(a_{ij})$ と $\mathbf{B}=(b_{kl})$ が等しいとは、以下の条件を満たすことであり、$\mathbf{A}=\mathbf{B}$ と表記する。

① 二つの行列の大きさが等しい（二つの行列とも $m \times n$ 行列である）。
② 二つの行列のなかで、同一の位置にある要素が等しい。

$a_{ij}=b_{ij}$

以下に、行列の基本的な演算について述べる。

(1) 行列の和と差

二つの行列のサイズが等しいとき、行列の和と差を定義することができる。(3.1) 式で表した行列 $\mathbf{A}$ と同じ大きさの行列 $\mathbf{B}$ を、以下のように表す。

$$\mathbf{B} = \begin{pmatrix} b_{11} & b_{12} & \cdots & b_{1n} \\ b_{21} & b_{22} & \cdots & b_{2n} \\ \vdots & \vdots & \ddots & \vdots \\ b_{m1} & b_{m2} & \cdots & b_{mn} \end{pmatrix}$$

このとき、行列の和 $\mathbf{A}+\mathbf{B}$ は、以下のように定義される。

$$\mathbf{A}+\mathbf{B} = \begin{pmatrix} a_{11}+b_{11} & a_{12}+b_{12} & \cdots & a_{1n}+b_{1n} \\ a_{21}+b_{21} & a_{22}+b_{22} & \cdots & a_{2n}+b_{2n} \\ \vdots & \vdots & \ddots & \vdots \\ a_{m1}+b_{m1} & a_{m2}+b_{m2} & \cdots & a_{mn}+b_{mn} \end{pmatrix}$$

また、行列の差 $\mathbf{A}-\mathbf{B}$ についても同様に、

$$\mathbf{A}-\mathbf{B} = \begin{pmatrix} a_{11}-b_{11} & a_{12}-b_{12} & \cdots & a_{1n}-b_{1n} \\ a_{21}-b_{21} & a_{22}-b_{22} & \cdots & a_{2n}-b_{2n} \\ \vdots & \vdots & \ddots & \vdots \\ a_{m1}-b_{m1} & a_{m2}-b_{m2} & \cdots & a_{mn}-b_{mn} \end{pmatrix}$$

で定義される。なお、行列の和には、足す順番を変えても計算結果は変わら

ないという**交換法則**と**結合法則**が成立する。

$\mathbf{A}+\mathbf{B}=\mathbf{B}+\mathbf{A}$ （交換法則）

$(\mathbf{A}+\mathbf{B})+\mathbf{C}=\mathbf{A}+(\mathbf{B}+\mathbf{C})$（結合法則）

また、

$(\mathbf{A}+\mathbf{B})^T=\mathbf{A}^T+\mathbf{B}^T$

$(\mathbf{A}-\mathbf{B})^T=\mathbf{A}^T-\mathbf{B}^T$

という関係もある。

(2) **行列の実数倍**

行列をcで**実数**（スカラー）倍するとは、行列の各要素a_{ij}にcを掛け合わせたものである。

$$c\mathbf{A} = \begin{pmatrix} ca_{11} & ca_{12} & \cdots & ca_{1n} \\ ca_{21} & ca_{22} & \cdots & ca_{2n} \\ \vdots & \vdots & \ddots & \vdots \\ ca_{m1} & ca_{m2} & \cdots & ca_{mn} \end{pmatrix}$$

演習3.5 演習3.1の行列$\mathbf{B}, \mathbf{C}$に対し、
(1) $5\mathbf{B}+3\mathbf{C}$
(2) $6\mathbf{B}-2\mathbf{C}$
を求めよ。

解

$$5\mathbf{B}+3\mathbf{C} = 5 \times \begin{pmatrix} 3 & 2 \\ 6 & 5 \\ 4 & 7 \end{pmatrix} + 3 \times \begin{pmatrix} -4 & 7 \\ 2 & -9 \\ 5 & 3 \end{pmatrix}$$

$$= \begin{pmatrix} 5\times 3 & 5\times 2 \\ 5\times 6 & 5\times 5 \\ 5\times 4 & 5\times 7 \end{pmatrix} + \begin{pmatrix} 3\times(-4) & 3\times 7 \\ 3\times 2 & 3\times(-9) \\ 3\times 5 & 3\times 3 \end{pmatrix}$$

$$= \begin{pmatrix} 15-12 & 10+21 \\ 30+6 & 25-27 \\ 20+15 & 35+9 \end{pmatrix}$$

$$= \begin{pmatrix} 3 & 31 \\ 36 & -2 \\ 35 & 44 \end{pmatrix}$$

$$6\mathbf{B} - 2\mathbf{C} = 6\times \begin{pmatrix} 3 & 2 \\ 6 & 5 \\ 4 & 7 \end{pmatrix} - 2\times \begin{pmatrix} -4 & 7 \\ 2 & -9 \\ 5 & 3 \end{pmatrix}$$

$$= \begin{pmatrix} 6\times 3 & 6\times 2 \\ 6\times 6 & 6\times 5 \\ 6\times 4 & 6\times 7 \end{pmatrix} - \begin{pmatrix} 2\times(-4) & 2\times 7 \\ 2\times 2 & 2\times(-9) \\ 2\times 5 & 2\times 3 \end{pmatrix}$$

$$= \begin{pmatrix} 18+8 & 12-14 \\ 36-4 & 30+18 \\ 24-10 & 42-6 \end{pmatrix} = \begin{pmatrix} 26 & -2 \\ 32 & 48 \\ 14 & 36 \end{pmatrix}$$

なお、行列 **D** については、行列 **B**, **C** とサイズが異なるため、行列の和 (**B**+**D**) と差 (**B**−**D**) は計算できない。

(3) **行列の積**

　行列の和と差では、行列の各要素について和と差をすればよかった。しかし、行列の積は、各要素の積として求めることはできない。行列 $\mathbf{A} = (a_{ij})$ の列数と、行列 $\mathbf{D} = (d_{kl})$ の行数が等しいとき、**行列の積 A D** は以下の式で定義される。なお、行列 **A** の列数と、行列 **D** の行数が等しくない場合には、行列の積は計算できない。

第3章 行列

$$\mathbf{AD} = \begin{pmatrix} a_{11} & a_{12} & \cdots & a_{1n} \\ a_{21} & a_{22} & \cdots & a_{2n} \\ \vdots & \vdots & \ddots & \vdots \\ a_{m1} & a_{m2} & \cdots & a_{mn} \end{pmatrix} \times \begin{pmatrix} d_{11} & d_{12} & \cdots & d_{1h} \\ d_{21} & d_{22} & \cdots & d_{2h} \\ \vdots & \vdots & \ddots & \vdots \\ d_{n1} & d_{n2} & \cdots & d_{nh} \end{pmatrix}$$

$$= \begin{pmatrix} \sum_{l=1}^{n} a_{1l}d_{l1} & \sum_{l=1}^{n} a_{1l}d_{l2} & \cdots & \sum_{l=1}^{n} a_{1l}d_{lh} \\ \sum_{l=1}^{n} a_{2l}d_{l1} & \sum_{l=1}^{n} a_{2l}d_{l2} & \cdots & \sum_{l=1}^{n} a_{2l}d_{lh} \\ \cdots & \cdots & \ddots & \vdots \\ \sum_{l=1}^{n} a_{ml}d_{l1} & \sum_{l=1}^{n} a_{ml}d_{l2} & \cdots & \sum_{l=1}^{n} a_{ml}d_{lh} \end{pmatrix} \quad \cdots\cdots(3.42)$$

　この行列の積を$\mathbf{AD=E}$で表すと、これらの行列の大きさには図表3－6のような関係がある。

図表3－6　行列の積の演算における行列の大きさ

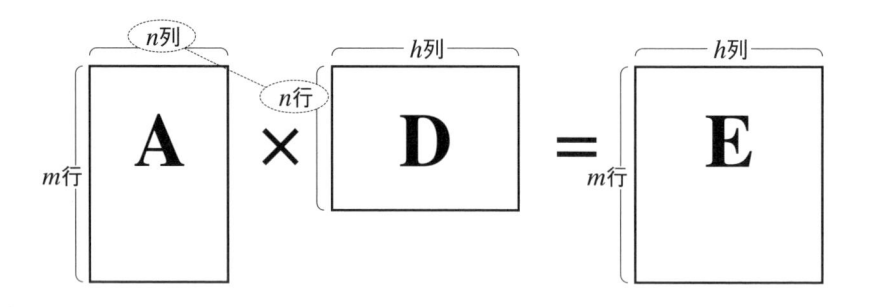

　ここで、図表3－6をみながら、(3.42) 式の右辺$\mathbf{E}$について考える。たとえば、行列$\mathbf{E}$の2行2列目の要素$\sum_{l=1}^{n} a_{2l}d_{l2}$の内容について検討する。この要素の値を計算するには、行列$\mathbf{A}$から2行目の行ベクトル$\mathbf{a}_2(a_{21}\ a_{22}\ \cdots\ a_{2n})$を、行列$\mathbf{A}$から2行目の列ベクトル

$$\mathbf{d}_2 = \begin{pmatrix} d_{12} \\ d_{22} \\ \vdots \\ d_{n2} \end{pmatrix}$$ を取り出す。このとき、$\mathbf{a}_2$ と $\mathbf{d}_2$ の要素の数、つまり次元数は共に n であることに注意する。次元数が同じであるので、それぞれのベクトルの l 番目の要素である a_{2l} と d_{l2} を取り出し、それらをセットにして掛け合わせた $a_{2l}d_{l2}$ が計算できる（$l=1,2,\cdots,n$）。そして、それらを合計したものが $\sum_{l=1}^{n} a_{2l}d_{l2}$ となる。

図表3-7 行列の積の演算

$$\mathbf{AD} = \begin{pmatrix} a_{11} & a_{12} & \cdots & a_{1n} \\ a_{21} & a_{22} & \cdots & a_{2n} \\ \vdots & \vdots & \ddots & \vdots \\ a_{m1} & a_{m2} & \cdots & a_{mn} \end{pmatrix} \times \begin{pmatrix} d_{11} & d_{12} & \cdots & d_{1h} \\ d_{21} & d_{22} & \cdots & d_{2h} \\ \vdots & \vdots & \ddots & \vdots \\ d_{n1} & d_{n2} & \cdots & d_{nh} \end{pmatrix}$$

$$= \begin{pmatrix} \sum_{l=1}^{n} a_{1l}d_{l1} & \sum_{l=1}^{n} a_{1l}d_{l2} & \cdots & \sum_{l=1}^{n} a_{1l}d_{lh} \\ \sum_{l=1}^{n} a_{2l}d_{l1} & \sum_{l=1}^{n} a_{2l}d_{l2} & \cdots & \sum_{l=1}^{n} a_{2l}d_{lh} \\ \cdots & & \ddots & \vdots \\ \sum_{l=1}^{n} a_{ml}d_{l1} & \sum_{l=1}^{n} a_{ml}d_{l2} & \cdots & \sum_{l=1}^{n} a_{ml}d_{lh} \end{pmatrix}$$

$$\begin{pmatrix} a_{21} & a_{22} & \cdots & a_{2n} \end{pmatrix} \begin{pmatrix} d_{12} \\ d_{22} \\ \vdots \\ d_{n2} \end{pmatrix} = a_{21}d_{12} + a_{22}d_{22} + \cdots + a_{2n}d_{n2} = \sum_{l=1}^{n} a_{2l}d_{l2}$$

(3.42) 式の i 行、j 列の要素は、

$$\sum_{l=1}^{n} a_{il}d_{lj} = a_{i1} \cdot b_{1j} + a_{i2} \cdot b_{2j} + a_{i3} \cdot b_{3j} + \cdots + a_{in} \cdot b_{nj} \quad \cdots\cdots(3.43)$$

第3章 行列

であるが、これは、a_{il}とd_{lj}の積和（乗算の結果を順次加算する）を表している。実務の例を想定すると、(3.43)式のかたちで表されるものの例が数多く存在する。

例題3.4　行列による売上総金額の計算

商品A,B,C,D,Eの売上単価と売上数量が、以下のように与えられている。売上総金額を行列によって計算せよ。

売上単価

A	580
B	258
C	768
D	128
E	73

売上数量

A	75
B	28
C	53
D	105
E	36

解

売上単価を$\mathbf{A}$、売上数量を$\mathbf{D}$で表す。

$$\mathbf{A}^T = \begin{pmatrix} 580 & 258 & 768 & 128 & 73 \end{pmatrix}, \mathbf{D}^T = \begin{pmatrix} 75 & 28 & 53 & 105 & 36 \end{pmatrix}$$

$$\mathbf{A}^T \cdot \mathbf{D} = \begin{pmatrix} 580 & 258 & 768 & 128 & 73 \end{pmatrix} \begin{pmatrix} 75 \\ 28 \\ 53 \\ 105 \\ 36 \end{pmatrix}$$

$$= (580 \times 75 + 258 \times 28 + 768 \times 53 + 128 \times 105 + 73 \times 36) = 107,496$$

となり、売上総金額は107,496円となる。ここでは、(3.43)式のa_{il}が売上単価、d_{lj}が売上数量であり、lが商品区分を表している。

例題3.5　行列による月次売上金額の計算

商品A,B,C,D,Eの売上単価と月別売上数量が、以下のように与えられている。月次売上金額を行列によって計算せよ。

売上単価

A	580
B	258
C	768
D	128
E	73

売上数量

	1月	2月	3月
A	75	82	77
B	28	30	32
C	53	56	62
D	105	113	108
E	36	41	41

解

売上単価を$\mathbf{A}$、売上数量を$\mathbf{D}$で表す。

$$\mathbf{A}^T \cdot \mathbf{D} = \begin{pmatrix} 580 & 258 & 768 & 128 & 73 \end{pmatrix} \begin{pmatrix} 75 & 82 & 77 \\ 28 & 30 & 32 \\ 53 & 56 & 62 \\ 105 & 113 & 108 \\ 36 & 41 & 41 \end{pmatrix}$$

=(107,496　115,765,　117,349)

① 107,469=580×75+258×28+768×53+128×105+73×36

② 115,765=580×82+258×30+768×56+128×113+73×41

③ 117,349=580×77+258×32+768×62+128×108+73×41

演習3.6

$\mathbf{A} = \begin{pmatrix} 3 & 2 \\ 6 & 5 \end{pmatrix}$, $\mathbf{D} = \begin{pmatrix} 3 & 8 \\ -4 & 2 \end{pmatrix}$ という二つの2×2行列$\mathbf{A}$,$\mathbf{D}$がある。行列の積$\mathbf{AD}$と$\mathbf{DA}$を計算せよ。

第3章 行列

解

$$AD = \begin{pmatrix} 3 & 2 \\ 6 & 5 \end{pmatrix} \begin{pmatrix} 3 & 8 \\ -4 & 2 \end{pmatrix} = \begin{pmatrix} 3\times 3+2\times(-4) & 3\times 8+2\times 2 \\ 6\times 3+5\times(-4) & 6\times 8+5\times 2 \end{pmatrix}$$

$$= \begin{pmatrix} 1 & 28 \\ -2 & 58 \end{pmatrix}$$

$$DA = \begin{pmatrix} 3 & 8 \\ -4 & 2 \end{pmatrix} \begin{pmatrix} 3 & 2 \\ 6 & 5 \end{pmatrix} = \begin{pmatrix} 3\times 3+8\times 6 & 3\times 2+8\times 5 \\ -4\times 3+2\times 6 & -4\times 2+2\times 5 \end{pmatrix}$$

$$= \begin{pmatrix} 57 & 46 \\ 0 & 2 \end{pmatrix}$$

演習3.6の結果は、たとえ行列の積 AD と DA が定義されたとしても、一般には AD と DA は等しくならず、掛ける順番によって内容が異なることを示している。つまり、**交換法則**は成り立たない。

演習3.7 演習3.1の行列 B と D を用い、行列の積 BD を計算せよ。

解

$$BD = \begin{pmatrix} 3 & 2 \\ 6 & 5 \\ 4 & 7 \end{pmatrix} \begin{pmatrix} 3 & 8 \\ -4 & 2 \end{pmatrix} = \begin{pmatrix} 3\times 3+2\times(-4) & 3\times 8+2\times 2 \\ 6\times 3+5\times(-4) & 6\times 8+5\times 2 \\ 4\times 3+7\times(-4) & 4\times 8+7\times 2 \end{pmatrix}$$

$$= \begin{pmatrix} 1 & 28 \\ -2 & 58 \\ -16 & 46 \end{pmatrix}$$

なお、行列 D の列の数は2であり、行列 B の行の数は3であるので、行列の積 DB は計算できない。これに対し、DB^T は計算可能であり、

$$DB^T = \begin{pmatrix} 3 & 8 \\ -4 & 2 \end{pmatrix} \begin{pmatrix} 3 & 6 & 4 \\ 2 & 5 & 7 \end{pmatrix}$$

$$= \begin{pmatrix} 3\times3+8\times2 & 3\times6+8\times5 & 3\times4+8\times7 \\ -4\times3+2\times2 & -4\times6+2\times5 & -4\times4+2\times7 \end{pmatrix}$$

$$= \begin{pmatrix} 25 & 58 & 68 \\ -8 & -14 & -2 \end{pmatrix}$$

となる。
備考：Excelでは=MMULT(配列1,配列2) という関数で行列の積が計算できる。

ここで、行列Dと単位行列Iの積を計算すると、

$$DI = \begin{pmatrix} 3 & 8 \\ -4 & 2 \end{pmatrix} \begin{pmatrix} 1 & 0 \\ 0 & 1 \end{pmatrix} = \begin{pmatrix} 3 & 8 \\ -4 & 2 \end{pmatrix}$$

$$ID = \begin{pmatrix} 1 & 0 \\ 0 & 1 \end{pmatrix} \begin{pmatrix} 3 & 8 \\ -4 & 2 \end{pmatrix} = \begin{pmatrix} 3 & 8 \\ -4 & 2 \end{pmatrix}$$

となる。行列Dに単位行列Iを掛け合わせても行列の要素の値は変わらないが、これは通常の掛け算において、ある値に1を掛けても数値は変わらないことと同じ意味をもっている。

この結果から類推されるように、ある行列Dに単位行列Iを掛けても、単位行列Iに行列Dを掛けても結果は変わらない。すなわち、単位行列Iの積の場合には、交換法則が成り立つ。

一般には、ADとDAは等しくならないが、ABCDのような複数の行列の積が定義される場合には、掛け合わせる場所は任意に変更できる（行列の積の**結合方法交換性**）。

$$ABCD = (AB)CD = A(BC)D = AB(CD) \quad (3.44)$$

したがって、Aが正方行列である場合には、そのp個の積はAのp乗で計

第3章 行列

算可能である。
$$\underbrace{AA\cdots A}_{p} = AA^{p-1} = A^{p-1}A = A^{p-2}A^2 = A^p \quad \cdots\cdots(3.45)$$

また、分配法則
$$A(B+C)=AB+AC \quad \cdots\cdots(3.46)$$
が成立する。なお、転置行列については、
$$(AD)^T=D^T A^T \quad \cdots\cdots(3.47)$$
となり、A と D の積の順序が入れ替わることに注意する。

例題3.6 月次のポートフォリオ別・時価合計の計算

図表3−1と図表3−2に示したデータから、月次のポートフォリオ別・時価合計を計算せよ。

解

$$A = \begin{pmatrix} 120 & 600 & 230 & 490 & 70 & 250 \\ 540 & 220 & 370 & 310 & 140 & 290 \\ 80 & 90 & 70 & 160 & 130 & 200 \\ 30 & 60 & 120 & 170 & 20 & 210 \end{pmatrix}$$

$$B = \begin{pmatrix} 235 & 298 & 346 & 319 & 352 \\ 462 & 432 & 396 & 408 & 432 \\ 781 & 803 & 792 & 763 & 721 \\ 1695 & 1982 & 2001 & 1832 & 1755 \\ 1437 & 1295 & 1004 & 986 & 1203 \\ 796 & 865 & 653 & 637 & 702 \end{pmatrix}$$

とおき、月次のポートフォリオ別・時価合計を C とすると、

$$C = AB = \begin{pmatrix} 1{,}615{,}170 & 1{,}757{,}730 & 1{,}675{,}300 & 1{,}584{,}520 & 1{,}586{,}930 \\ 1{,}474{,}980 & 1{,}599{,}640 & 1{,}517{,}240 & 1{,}435{,}020 & 1{,}467{,}940 \\ 732{,}260 & 777{,}400 & 700{,}040 & 664{,}350 & 695{,}100 \\ 612{,}540 & 675{,}710 & 626{,}560 & 590{,}540 & 592{,}830 \end{pmatrix}$$

となる。

図表3-8　月次のポートフォリオ別・時価合計

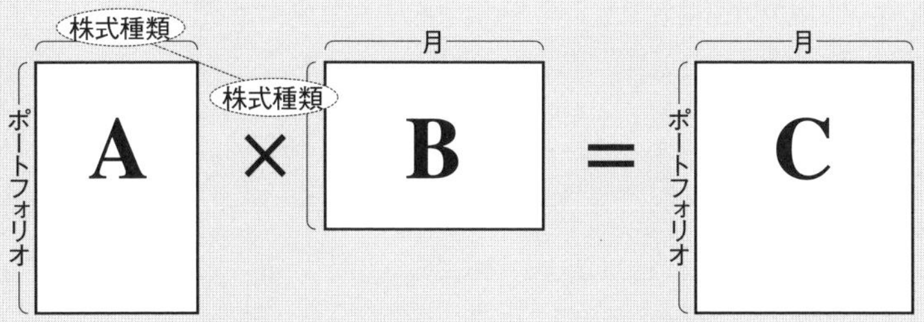

A（ポートフォリオ×株式種類）× B（株式種類×月）= C（ポートフォリオ×月）

例題3.7　分散共分散行列の計算

銘柄 i ($i=1,2,\cdots,10$) の株価の時系列データ $S_i(t)$ が与えられている ($t=1,2,\cdots,55$)。例題1.5の (1.14) 式で示した株価の対数収益率 $R_i(t)$

$$R_i(t) = \ln \frac{S_i(t)}{S_i(t-1)} \tag{3.48}$$

を用い、対数収益率 $R_i(t)$ の**分散共分散行列**を求めよ。

第3章 行　列

解 株価の時系列データ $S_i(t)$ が、以下の行列で与えられているものとする。

$$\mathbf{S} = \begin{pmatrix} S_1(1) & S_2(1) & \cdots & S_n(1) \\ S_1(2) & S_2(2) & \cdots & S_n(2) \\ \vdots & \vdots & \ddots & \vdots \\ S_1(T) & S_2(T) & \cdots & S_n(T) \end{pmatrix} \begin{matrix} \\ \\ \text{時系列} \\ \\ \end{matrix} \quad \text{銘柄} \tag{3.49}$$

また、(3.48) 式で求めた対数収益率 $R_i(t)$ の行列を $\mathbf{R}$ で示すと、

$$\mathbf{R} = \begin{pmatrix} R_1(2) & R_2(2) & \cdots & R_n(2) \\ R_1(3) & R_2(3) & \cdots & R_n(3) \\ \vdots & \vdots & \ddots & \vdots \\ R_1(T) & R_2(T) & \cdots & R_n(T) \end{pmatrix} \tag{3.50}$$

となる。このとき、銘柄 i の株価対数収益率 $R_i(t)$ の期間平均 $\bar{R}_i$ は、

$$\bar{R}_i = \frac{1}{T-1}\{R_i(2) + R_i(3) + \cdots + R_i(T)\} = \frac{1}{T-1} \cdot \sum_{t=2}^{T} R_i(t) \tag{3.51}$$

で求められる。対数収益率は、(3.48) 式で計算されるので対数収益率の**系列**[2]数が $T-1$ 個となり、(3.51) 式の Σ の範囲が $t=1$ からではなく、$t=2$ となっていることに注意する。

(3.50) 式の対数収益率の行列 $\mathbf{R}$ の銘柄別・列ベクトルの各要素から、銘柄 i の $R_i(t)$ の期間平均・株価対数収益率 $\bar{R}_i$ を引いた要素は、時点 t の平均からの乖離（超過）対数収益率 $r_i(t)$ となる。

$$r_i(t) = R_i(t) - \bar{R}_i \tag{3.52}$$

この、乖離（超過）対数収益率 $r_i(t)$ を行列 $\mathbf{r}$ で表すと、

---

[2] 系列とは同質のデータを、たとえば、時点別に並べたものである。特に、時点別に並べたデータのことを時系列データと呼ぶ。

$$\mathbf{r} = \begin{pmatrix} R_1(2)-\overline{R}_1 & R_2(2)-\overline{R}_2 & \cdots & R_n(2)-\overline{R}_n \\ R_1(3)-\overline{R}_1 & R_2(3)-\overline{R}_2 & \cdots & R_n(3)-\overline{R}_n \\ \vdots & \vdots & \ddots & \vdots \\ R_1(T)-\overline{R}_1 & R_2(T)-\overline{R}_2 & \cdots & R_n(T)-\overline{R}_n \end{pmatrix}$$

$$= \begin{pmatrix} r_1(2) & r_2(2) & \cdots & r_n(2) \\ r_1(3) & r_2(3) & \cdots & r_n(3) \\ \vdots & \vdots & \ddots & \vdots \\ r_1(T) & r_2(T) & \cdots & r_n(T) \end{pmatrix} \quad \cdots\cdots (3.53)$$

となる。

一般には、変数Xと変数Yの共分散$C(Y,X)$は、以下のように定義される。ただし、データ系列数をM、変数Xの平均値を$\overline{x}$、変数Yの平均値を$\overline{y}$とした。

$$C(X,Y) = \frac{1}{M}\sum_{m=1}^{M}(x_m - \overline{x})\times(y_m - \overline{y}) \quad \cdots\cdots (3.54)$$

ここで、銘柄iと銘柄jの株価対数収益率$R_i(t)$の共分散を計算する。(3.54) 式に $M=T$, $x_m = R_i(t)$, $y_m = R_j(t)$, $\overline{x}=\overline{R}_i$, $\overline{y}=\overline{R}_j$ を代入すると、

$$\begin{aligned}C(R_i,R_j) &= \frac{1}{T-1}\sum_{t=2}^{T}\{R_i(t)-\overline{R}_i\}\times\{R_j(t)-\overline{R}_j\} \\ &= \frac{1}{T-1}\sum_{t=2}^{T}r_i(t)\times r_j(t)\end{aligned} \quad \cdots\cdots (3.55)$$

となる。

分散とは、同じ変数間の共分散であり、変数Xの分散$V(X)$は、以下のように定義される。

$$V(X) = C(X,X) = \frac{1}{M}\sum_{m=1}^{M}(x_m - \overline{x})^2 \quad \cdots\cdots (3.56)$$

したがって、銘柄iの株価対数収益率$R_i(t)$の分散は、(3.55) 式より、

$$\begin{aligned}V(R_i) &= C(R_i,R_i) = \frac{1}{T-1}\sum_{t=2}^{T}\{R_i(t)-\overline{R}_i\}^2 \\ &= \frac{1}{T-1}\sum_{t=2}^{T}r_i(t)^2\end{aligned} \quad \cdots\cdots (3.57)$$

となる。

第3章 行 列

　分散共分散行列とは、分散と共分散を行列のかたちで表したものである。(3.53)式で表した共分散は、平均からの超過対数収益率$r_i(t)$の行列の積として計算されている。分散共分散行列$\mathbf{V}$を超過対数収益率の行列$\mathbf{r}$で計算すると、以下のようになる。

$$\mathbf{V} = \frac{1}{T-1}\mathbf{r}^\mathrm{T} \cdot \mathbf{r}$$

$$= \frac{1}{T-1}\begin{pmatrix} r_1(2) & r_2(2) & \cdots & r_n(2) \\ r_1(3) & r_2(3) & \cdots & r_n(3) \\ \vdots & \vdots & \ddots & \vdots \\ r_1(T) & r_2(T) & \cdots & r_n(T) \end{pmatrix}^\mathrm{T} \cdot \begin{pmatrix} r_1(2) & r_2(2) & \cdots & r_n(2) \\ r_1(3) & r_2(3) & \cdots & r_n(3) \\ \vdots & \vdots & \ddots & \vdots \\ r_1(T) & r_2(T) & \cdots & r_n(T) \end{pmatrix}$$

$$= \frac{1}{T-1}\begin{pmatrix} r_1(2) & r_1(3) & \cdots & r_1(T) \\ r_2(2) & r_2(3) & \cdots & r_2(T) \\ \vdots & \vdots & \ddots & \vdots \\ r_n(2) & r_n(3) & \cdots & r_n(T) \end{pmatrix} \cdot \begin{pmatrix} r_1(2) & r_2(2) & \cdots & r_n(2) \\ r_1(3) & r_2(3) & \cdots & r_n(3) \\ \vdots & \vdots & \ddots & \vdots \\ r_1(T) & r_2(T) & \cdots & r_n(T) \end{pmatrix}$$

$$= \frac{1}{T-1}\begin{pmatrix} \sum_{t=2}^{T}r_1(t)\cdot r_1(t) & \sum_{t=2}^{T}r_1(t)\cdot r_2(t) & \cdots & \sum_{t=2}^{T}r_1(t)\cdot r_n(t) \\ \sum_{t=2}^{T}r_2(t)\cdot r_1(t) & \sum_{t=2}^{T}r_2(t)\cdot r_2(t) & \cdots & \sum_{t=2}^{T}r_2(t)\cdot r_n(t) \\ \vdots & \vdots & \ddots & \vdots \\ \sum_{t=2}^{T}r_n(t)\cdot r_1(t) & \sum_{t=2}^{T}r_n(t)\cdot r_2(t) & \cdots & \sum_{t=2}^{T}r_n(t)\cdot r_n(t) \end{pmatrix}$$

$$= \begin{pmatrix} \frac{1}{T-1}\sum_{t=2}^{T}r_1(t)^2 & \frac{1}{T-1}\sum_{t=2}^{T}r_1(t)\cdot r_2(t) & \cdots & \frac{1}{T-1}\sum_{t=2}^{T}r_1(t)\cdot r_n(t) \\ \frac{1}{T-1}\sum_{t=2}^{T}r_2(t)\cdot r_1(t) & \frac{1}{T-1}\sum_{t=2}^{T}r_2(t)^2 & \cdots & \frac{1}{T-1}\sum_{t=2}^{T}r_2(t)\cdot r_n(t) \\ \vdots & \vdots & \ddots & \vdots \\ \frac{1}{T-1}\sum_{t=2}^{T}r_n(t)\cdot r_1(t) & \frac{1}{T-1}\sum_{t=2}^{T}r_n(t)\cdot r_2(t) & \cdots & \frac{1}{T-1}\sum_{t=2}^{T}r_n(t)^2 \end{pmatrix}$$

$$= \begin{pmatrix} V(R_1) & C(R_1,R_2) & \cdots & C(R_1,R_n) \\ C(R_2,R_1) & V(R_2) & \cdots & C(R_2,R_n) \\ \vdots & \vdots & \ddots & \vdots \\ C(R_n,R_1) & C(R_n,R_2) & \cdots & V(R_n) \end{pmatrix} \quad \cdots\cdots (3.58)$$

(3.58)式は、左上から、右下への対角行列が分散、その以外の要素が共分散となっていることを示している。なお、銘柄iと銘柄jの共分散は、銘柄の順番を変えても同じ値となる。

$$C(R_i,R_j) = \frac{1}{T-1}\sum_{t=2}^{T} r_i(t) \cdot r_j(t) = \frac{1}{T-1}\sum_{t=2}^{T} r_j(t) \cdot r_i(t) = C(R_j,R_i) \quad \cdots\cdots (3.59)$$

(4) 内 積

以下のようなn次の列ベクトルを考えると、これらは$n \times 1$行列である。

$$\mathbf{a} = \begin{pmatrix} a_1 \\ a_2 \\ \vdots \\ a_n \end{pmatrix}, \; \mathbf{b} = \begin{pmatrix} b_1 \\ b_2 \\ \vdots \\ b_n \end{pmatrix}$$

ここで、ベクトルの**内積**について定義する。ベクトル$\mathbf{a}$とベクトル$\mathbf{b}$の内積とは、$\mathbf{a}^T\mathbf{b}$で計算される値のことである。行列の積の定義から、

$$\mathbf{a}^T\mathbf{b} = \begin{pmatrix} a_1 & a_2 & \cdots & a_n \end{pmatrix} \begin{pmatrix} b_1 \\ b_2 \\ \vdots \\ b_n \end{pmatrix} = a_1 b_1 + a_2 b_2 + \cdots + a_n b_n = \sum_{i=1}^{n} a_i b_i \quad \cdots\cdots (3.60)$$

となる。また、$\mathbf{a}^T\mathbf{b}=0$の時、これらのベクトルは**直交**すると呼ばれる。

(3.42) 式の行列の積のi行j列の(i,j)要素は (3.43) 式で示されたが、これは (3.60) 式のベクトルの内積$\mathbf{a}_i^T\mathbf{d}_j$で表現できることがわかる。このとき、$\mathbf{a}_i^T$は行列$\mathbf{A}$の$i$行を表す行ベクトル、$\mathbf{d}_j$は行列$\mathbf{D}$の$j$列を表す列ベクトルで

ある。

　なお、ベクトルの内積に関しては、分配法則

$$\mathbf{a}^T(\mathbf{b}+\mathbf{c}) = \mathbf{a}^T\mathbf{b} + \mathbf{a}^T\mathbf{c} \tag{3.61}$$

と交換法則

$$\mathbf{a}^T\mathbf{b} = \mathbf{b}^T\mathbf{a} \tag{3.62}$$

が成り立つ。

　また、ベクトル$\mathbf{a}$の**ノルム**を、

$$\|\mathbf{a}\| = \sqrt{a_1^2 + a_2^2 + \cdots + a_n^2} \tag{3.63}$$

で定義するが、これはベクトル$\mathbf{a}$の原点からの長さ（大きさ）を表している（ユークリッド距離）。このノルムを用いると、ベクトルの内積$\mathbf{a}^T\mathbf{b}$は、

$$\mathbf{a}^T\mathbf{b} = \|\mathbf{a}\|\|\mathbf{b}\|\cos\theta \tag{3.64}$$

で求められることが知られている。ただし、θはベクトル$\mathbf{a}$とベクトル$\mathbf{b}$の角度である。

　ベクトル$\mathbf{a}$とベクトル$\mathbf{b}$が、

　　$\mathbf{a}^T = (1, 2)$

　　$\mathbf{b}^T = (2, 1)$

で与えられているとき、ノルムと角度θの関係を示したのが図表3−9である。

図表3−9　ノルムと角度θの関係

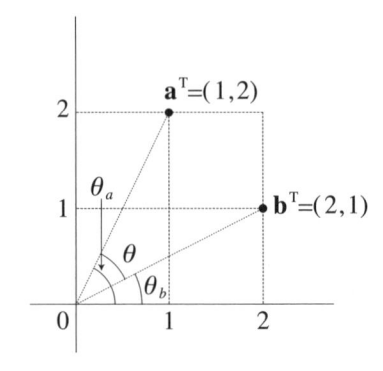

ベクトル**a**とベクトル**b**が直行するとき、θ=90°であるので、cos(90)=0となり、(3.64) 式は、

$\mathbf{a}^T\mathbf{b} = \|\mathbf{a}\|\|\mathbf{b}\|\cos\theta = 0$

となる。

演習3.8 図表3-9に示した、ベクトル**a**とベクトル**b**が与えられているとき、ベクトルの内積$\mathbf{a}^T\mathbf{b}$を計算せよ。次に、ノルム**a**とノルム**b**の値を求め、原点周りのベクトル**a**の角度θ_aと、ベクトル**b**の角度θ_bを計算せよ。さらに、$\theta=\theta_a-\theta_b$として (3.64) 式を適用してベクトルの内積$\mathbf{a}^T\mathbf{b}$を求めよ。

解 Excelには三角関数の関数が用意されているが、角度はラジアンを単位としている。θ=30°のように単位を度で表している場合には、θ×π/180のようにラジアンに変換する必要がある。

三角関数と各辺の関係は、図表3-10のようになる。

図表3-10 三角関数と各辺の関係

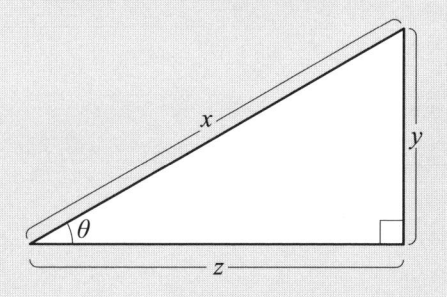

第3章 行列

$$\sin(\theta) = \frac{z}{x} \quad \text{(Excel関数) sin（数値）}$$

$$\cos(\theta) = \frac{y}{x} \quad \text{(Excel関数) cos（数値）}$$

$$\tan(\theta) = \frac{y}{z} \quad \text{(Excel関数) tan（数値）}$$

$$\theta = \arcsin\left(\frac{z}{x}\right) \quad \text{(Excel関数) asin（数値）}$$

$$\theta = \arccos\left(\frac{y}{x}\right) \quad \text{(Excel関数) acos（数値）}$$

$$\theta = \arctan\left(\frac{y}{z}\right) \quad \text{(Excel関数) atan（数値）}$$

$\theta=30°$であるとき、Excelでsinの計算をするには、=sin(30*pi()/180)と入力する。また、$x=2, y=1$であるときのθの値は、=acos(1/2)/pi()*180で求められる。なお、pi()はπの値を意味している。

ベクトル**a**とベクトル**b**が$\mathbf{a}^T=(1,2), \mathbf{b}^T=(2,1)$で与えられているので、ベクトルの内積$\mathbf{a}^T\mathbf{b}$は、

$$\mathbf{a}^T\mathbf{b} = \begin{pmatrix} 1 & 2 \end{pmatrix} \begin{pmatrix} 2 \\ 1 \end{pmatrix} = 1 \times 2 + 2 \times 1 = 4 \quad \cdots\cdots (3.65)$$

となる。また、それぞれの**ノルム**は、

$$\|\mathbf{a}\| = \sqrt{1^2 + 2^2} = \sqrt{5} = 2.236$$
$$\|\mathbf{b}\| = \sqrt{2^2 + 1^2} = \sqrt{5} = 2.236$$

となる。次に、原点周りのベクトル**a**の角度θ_aと、ベクトル**b**の角度θ_bは、それぞれ

$$\tan(\theta_a) = \frac{2}{1} = 2 , \quad \tan(\theta_b) = \frac{1}{2} = 0.5$$

となり、

$$\theta_a = \arctan(2) = 63.435°, \quad \theta_b = \arctan(0.5) = 26.565°$$

となる。したがって、

$\theta = \theta_a - \theta_b = 63.435 - 26.565 = 36.870$

が得られる。

これらを（3.64）式に代入すると、
$$\mathbf{a}^T\mathbf{b} = \|\mathbf{a}\|\|\mathbf{b}\|\cos\theta = 2.336 \times 2.336 \times \cos(36.870) = 4$$
となり、（3.65）式の結果と一致する。

演習3.9
$\mathbf{a} = (1, -2, 3)^T$, $\mathbf{b} = (2, 3, 0)^T$ であるとき、$\|\mathbf{a}\|, \|\mathbf{b}\|, \|\mathbf{a}+\mathbf{b}\|, \|\mathbf{a}-\mathbf{b}\|, \mathbf{a}^T\mathbf{b}$ の値を計算せよ。

解

$$\mathbf{a} = \begin{pmatrix} 1 \\ -2 \\ 3 \end{pmatrix}, \mathbf{b} = \begin{pmatrix} 2 \\ 3 \\ 0 \end{pmatrix}$$

$$\mathbf{a} + \mathbf{b} = \begin{pmatrix} 1 \\ -2 \\ 3 \end{pmatrix} + \begin{pmatrix} 2 \\ 3 \\ 0 \end{pmatrix} = \begin{pmatrix} 3 \\ 1 \\ 3 \end{pmatrix}$$

$$\mathbf{a} - \mathbf{b} = \begin{pmatrix} 1 \\ -2 \\ 3 \end{pmatrix} - \begin{pmatrix} 2 \\ 3 \\ 0 \end{pmatrix} = \begin{pmatrix} -1 \\ -5 \\ 3 \end{pmatrix}$$

$\|\mathbf{a}\| = \sqrt{1^2 + (-2)^2 + 3^2} = \sqrt{1+4+9} = \sqrt{14}$

$\|\mathbf{b}\| = \sqrt{2^2 + 3^2 + 0^2} = \sqrt{4+9+0} = \sqrt{13}$

$\|\mathbf{a}+\mathbf{b}\| = \sqrt{3^2 + 1^2 + 3^2} = \sqrt{9+1+9} = \sqrt{19}$

$\|\mathbf{a}-\mathbf{b}\| = \sqrt{(-1)^2 + (-5)^2 + 3^2} = \sqrt{1+25+9} = \sqrt{35}$

$$\mathbf{a}^T\mathbf{b} = \begin{pmatrix} 1 & -2 & 3 \end{pmatrix} \begin{pmatrix} 2 \\ 3 \\ 0 \end{pmatrix} = 1 \times 2 + (-2) \times 3 + 3 \times 0 = -4$$

第3章 行列

演習3.10 $\mathbf{a} = (\ 1\ \ 3\ \ 2\ )^T$ と $\mathbf{b} = (\ 3\ \ 2\ \ k\ )^T$ が直交するとき、kの値を求めよ。

解 直交するので $\mathbf{a}^T\mathbf{b}=0$ が成立する。したがって、

$$\mathbf{a}^T\mathbf{b} = \begin{pmatrix} 1 & 3 & 2 \end{pmatrix} \begin{pmatrix} 3 \\ 2 \\ k \end{pmatrix} = 1\times 3 + 3\times 2 + 2\times k = 0$$

となるので、$k=-9/2$ が得られる。

5 格付推移確率と吸収マルコフ連鎖

　企業評価や融資価値などにおいては、ある企業が将来倒産する可能性の評価が必要となる。一方、評価したい企業は現存しており、その企業の倒産実績は過去に観測されていない。そこで、ある企業はなんらかの基準をもとにした特定のグループに属するものとし、そのグループに属する企業はすべて**同質**（同じ確率で倒産する）であると考える。同質であれば、たとえば、そのグループに分類される企業数が10,000社あり、過去1年間の間にそのうち10社が倒産した場合には、その企業の倒産率を0.1％とみなすことができる。

　それでは同質である基準をどうすればよいのだろうか。業種、企業規模、国といった基準や、格付という基準が想定される。すなわち、同じ格付であれば、倒産する確率は同じであると考えるのである。また、国・業種・企業規模別の格付を用いるということも可能である。図表3-3は、格付推移確率行列の例を示したものであった。この節では、この**格付推移確率行列**と**吸収マルコフ連鎖**について説明する。

(1) 確率プロセスと条件付確率

　株式や債券の価格、企業の格付などは日々変動する。こうした、時間とともに確率的に変化する事象を、数学モデルとして表現したものが**確率プロセス**（確率過程）であり、時間tによって変化する確率変数の列$\{X(t)\}$として表現される。時間tが$\{0,1,2,\cdots\}$のように離散的な区分をもっている場合を「**離散的な確率プロセス**」、時間tが連続的な場合、すなわちきわめて短い時間間隔を想定した場合を「**連続的な確率プロセス**」と呼ぶ。

　たとえば、サイコロを投げるという実験を独立[3]に繰り返した場合、サイコロの出る目の数を試行順に確率変数$\{X(t)\}$の列で表すと、それらは互いに**独立**となる。これは、いま、6の目が出たからといって、次の試行でサイコロの目が出る確率は変化しないことからも明らかであろう。

　ここで、ある企業の株価が明日1,000円以上となる確率について検討する。時点tにおける株価を$S(t)$で表し、明日を$t+1$とすると、この確率は、

$$P\bigl(S(t+1) \geq 1{,}000\bigr) \quad\cdots\cdots(3.66)$$

で表すことができる。$S(t+1) \geq 1{,}000$は、明日($t+1$)に株価$S(t+1)$が1,000円以上となる状態を意味し、$P(\cdot)$はその状態が起こる確率を意味している。しかし、実務ではこの式で表す確率を用いることはほとんどない。なぜならば、われわれではこの確率に影響を与えるさまざまな情報が利用可能だからである。たとえば、ごく単純な例として、(3.66)式の確率を推定するのに、時点tでの株価が$S(t)=980$円ということがわかっていたと仮定する。このときには、(3.66)式は、

$$P\bigl(S(t+1) \geq 1{,}000 \,|\, S(t) = 980\bigr) \quad\cdots\cdots(3.67)$$

と書くことができる。(3.67)式は、時点tでの株価が$S(t)=980$円であるという条件のもとで、明日の株価が1,000円以上となる確率ということを意味している。(3.66)式と(3.67)式とでは、直感的にも意味が大きく異なってい

---

[3] 他の影響を受けない状態のことを独立という。

ることがわかる。ここでは、現時点tでの株価$S(t)$が与えられているとした。しかし、一般にはこの企業の株価に影響を与える現時点tで利用な**情報**には、過去の株価の系列、企業財務情報、商品開発力などさまざまなものがある。そこで、時点tで利用可能な情報をまとめて$\mathcal{F}_t$(フィルトレーション)と表記することにする。すると、(3.67)式は、

$$P\bigl(S(t+1)\geq 1{,}000\,|\,\mathcal{F}_t\bigr) \tag{3.68}$$

となり、時点tでの情報$\mathcal{F}_t$を条件とした確率、すなわち**条件付確率**として確率が定義されることになる。また、実務で取り扱うのは、ほとんどが条件付確率となるということも直感的に理解できる。さまざまなテキストで、確率を$P_0\bigl(S(t+1)\geq 1{,}000\bigr)$や$P_t\bigl(S(t+1)\geq 1{,}000\bigr)$と表記しているのは、時点0での情報をもとにした条件付確率を、

$$P_0\bigl(S(t+1)\geq 1{,}000\bigr)=P\bigl(S(t+1)\geq 1{,}000\,|\,\mathcal{F}_0\bigr)$$

で、時点tでの情報をもとにした条件付確率を、

$$P_t\bigl(S(t+1)\geq 1{,}000\bigr)=P\bigl(S(t+1)\geq 1{,}000\,|\,\mathcal{F}_t\bigr)$$

で表している。

図表3-3(73ページ)で示した、格付推移確率行列において、時点tにおける格付の状態[4]を$X(t)=i$、時点$t+1$における格付の状態を$X(t)=j$で表すと、格付推移確率は状態の条件付確率となり、図表3-3の例では、

$$P\bigl(X(t+1)=3\,|\,X(t)=1\bigr)=0.0064$$
$$P\bigl(X(t+1)=2\,|\,X(t)=3\bigr)=0.0228$$

などとなる。

(2) 独立性とマルコフ連鎖

ここで、離散時点の確率プロセス$\{X(t),t=0,1,\cdots\}$について考える。$X(t+1)$の従う確率は、一般の確率プロセスの場合、時点tまでの間にたどってきた

---

[4] 最高の格付を1、次の格付を2、…、最低の格付をk、倒産(デフォルト)状態を$k+1$とし、格付を表す状態の変数(**状態空間**)を$S=\{1,2,k,\cdots,k+1\}$とする。

値の履歴

$$\mathcal{F}_t = \{X(0) = i_0, \cdots, X(t-1) = i_{t-1}, X(t) = i_t\} \quad\quad (3.69)$$

に依存して決まり、

$$P\bigl(X(t+1) = j \big| X(0) = i_0, \cdots, X(t-1) = i_{t-1}, X(t) = i_t \bigr) \quad\quad (3.70)$$

で表される。個別企業の経営力や信用力の状態を考えると、将来時点である状態が発生する確率は、それまでの企業の状態（履歴）に依存していると考えられる。こうした依存性をどの時点までさかのぼればよいかということは重要なポイントであり、もしすべての履歴に依存するとした場合には、モデルとして複雑になりすぎてしまう。そこで、将来時点での状態の確率は、現在の状態にのみに依存して決定すると仮定したのが**マルコフ性**である。そして、このマルコフ性をもつ確率プロセスを**マルコフ・プロセス**、特に状態空間が離散的な場合を**マルコフ連鎖**（Markov chain）と呼んでいる。

マルコフ性を仮定した場合、(3.70) 式は、

$$\begin{aligned}&P\bigl(X(t+1) = j \big| X(0) = i_0, \cdots, X(t-1) = i_{t-1}, X(t) = i_t \bigr) \\&= P\bigl(X(t+1) = j | X(t) = i_t \bigr)\end{aligned} \quad\quad (3.71)$$

と簡略化される。また、独立性とは、過去の履歴にまったく依存しないで $X(t+1)$ の確率が決定される場合であり、

$$\begin{aligned}&P\bigl(X(t+1) = j \big| X(0) = i_0, \cdots, X(t-1) = i_{t-1}, X(t) = i_t \bigr) \\&= P\bigl(X(t+1) = j \bigr)\end{aligned} \quad\quad (3.72)$$

となる。過去の履歴にまったく依存しないということは、過去の情報は将来の確率に影響しないということを意味する。

マルコフ連鎖 $\{X(t)\}$ の確率的挙動は、**条件付確率**

$$q_{i,j}(t, t+1) = P\bigl(X(t+1) = j \big| X(t) = i \bigr), \, t = 0, 1, 2, \cdots$$

により決定され、この状態が変化する確率を時点 t における**推移確率**（transition probability）という。格付推移確率は、現時点での格付を i、次の時点での格付を j とすると、二つの状態の組 (i, j) に対して一つの確率値 $q_{i,j}(t, t+1)$ が対応

第3章 行 列

するため、格付推移確率$q_{i,j}(t,t+1)$を要素とする$(k+1)\times(k+1)$行列

$$\mathbf{Q}(t,t+1) = \begin{pmatrix} q_{1,1}(t,t+1) & q_{1,2}(t,t+1) & \cdots & q_{1,k+1}(t,t+1) \\ q_{2,1}(t,t+1) & q_{2,2}(t,t+1) & \cdots & q_{2,k+1}(t,t+1) \\ \vdots & \vdots & \ddots & \vdots \\ q_{k+1,1}(t,t+1) & q_{k+1,2}(t,t+1) & \cdots & q_{k+1,k+1}(t,t+1) \end{pmatrix} \quad \cdots\cdots(3.73)$$

で表現することができる。

このとき、格付推移確率行列の**要素**は確率であるから、

$$0 \leq q_{i,j}(t,t+1) \leq 1 \quad \cdots\cdots(3.74)$$

でなければならず、さらにマルコフ連鎖では、現時点で状態iにいるとき、次の時点ではとりうる状態のなかのどこかには必ず移るので、

$$\sum_{j=1}^{k+1} q_{i,j}(t,t+1) = 1 , \quad i,j \in S \quad \cdots\cdots(3.75)$$

が成立する[5]。各要素が非負（マイナス値をとらない）で各行の和が1となる行列、すなわち（3.74）式と（3.75）式を同時に満たす行列$\mathbf{Q}(t,t+1)$のことを**確率行列**と呼んでいる。したがって、格付推移確率行列$\mathbf{Q}(t,t+1)$は確率行列である。

推移確率が時点に依存しないマルコフ連鎖は、**斉時的なマルコフ連鎖**と呼ばれ、

$$\mathbf{Q}(t,t+1) = \mathbf{Q} , \quad t = 0,1,2,\cdots \quad \cdots\cdots(3.76)$$

で表される。時点に依存しないということは、この格付推移確率$\mathbf{Q}$はどの将来時点でも共通して利用可能であるということを意味している。$\mathbf{Q}$の要素が時点に依存しない推移確率

$$q_{ij} = P\big(X(t+1) = j \big| X(t) = i\big) , \quad t = 0,1,2,\cdots$$

であれば、

$$\mathbf{Q}(0,t) = \mathbf{Q}(0,1) \cdot \mathbf{Q}(1,2) \cdots \mathbf{Q}(t-1,t) = \mathbf{Q}^t , \quad t = 0,1,2,\cdots \quad \cdots\cdots(3.77)$$

となり、t期間の格付推移確率$\mathbf{Q}(0,t)$は、単位期間の格付推移確率$\mathbf{Q}$のt乗で計算される。このことを示すために、二つの確率行列$\mathbf{A}$と$\mathbf{B}$について、こ

---

[5] $i \in S$ という表記は、iが状態（空間）Sの集合に属するということを意味し、格付区分を表す変数であるということを示している。

れらの積である**AB**について考える。確率行列では各行の和が1であったので、確率行列**A**に要素がすべて1の列ベクトル**e**を掛け合わせると、

$$\mathbf{A} \cdot \mathbf{e} = \begin{pmatrix} q_{11} & q_{12} & \cdots & q_{1,k+1} \\ q_{21} & q_{22} & \cdots & q_{2,k+1} \\ \vdots & \vdots & \ddots & \vdots \\ q_{k+1,1} & q_{k+1,2} & \cdots & q_{k+1,k+1} \end{pmatrix} \begin{pmatrix} 1 \\ 1 \\ \vdots \\ 1 \end{pmatrix}$$

$$= \begin{pmatrix} \sum_{j=1}^{k+1} q_{1j} \\ \sum_{j=1}^{k+1} q_{2j} \\ \vdots \\ \sum_{j=1}^{k+1} q_{k+1,j} \end{pmatrix} = \begin{pmatrix} 1 \\ 1 \\ \vdots \\ 1 \end{pmatrix} = \mathbf{e}$$

となる。行列の積**AB**の要素は非負であり、行列の積の結合方法交換性から、

ABe=A(Be)=Ae=e

となるので、**AB**も確率行列となる。

(3.71) 式に示されたマルコフ性より

$$P(X(t+2) = j | X(t) = i)$$
$$= \sum_{l=1}^{k+1} P(X(t+2) = j, X(t+1) = l | X(t) = i)$$
$$= \sum_{l=1}^{k+1} P(X(t+2) = j | X(t) = i, X(t+1) = l) P(X(t+1) = l | X(t) = i)$$
$$= \sum_{l=1}^{k+1} q_{lj}(t+1, t+2) q_{il}(t, t+1)$$

であるので、行列形式で、

$$\mathbf{Q}(t, t+2) = \mathbf{Q}(t, t+1)\mathbf{Q}(t+1, t+2)$$

と表すことができる。これを繰り返して計算すると、

$$\mathbf{Q}(0, t) = \mathbf{Q}(0,1)\mathbf{Q}(1,2)\cdots\mathbf{Q}(t-1, t), \quad t = 0, 1, 2, \cdots$$

が得られる。ただし、$\mathbf{Q}(0, t)$の要素はtステップ推移確率

$$q_{i,j}(0,t) = P\bigl(X(t)=j\,|\,X(0)=i\bigr)$$

であり、$\mathbf{Q}(t,t)=\mathbf{I}$ は単位行列である。

(3) 吸収マルコフ連鎖

状態$k+1$が**吸収状態**であるとは、ある状態に一度入ると他の状態には変化できない状態を指すので、

$$q_{k+1,k+1} = 1, \quad t = 0,1,2,\cdots$$

となる。状態$k+1$が吸収状態である吸収マルコフ連鎖の推移確率行列は、

$$\mathbf{Q} = \begin{pmatrix} q_{11} & q_{12} & \cdots & q_{1k} & q_{1,k+1} \\ q_{21} & q_{22} & \cdots & q_{2k} & q_{2,k+1} \\ \vdots & \vdots & \ddots & \vdots & \vdots \\ q_{k1} & q_{k2} & \cdots & q_{kk} & q_{k,k+1} \\ 0 & 0 & \cdots & 0 & 1 \end{pmatrix}$$

で示される。$q_{k+1,j}(j=1,2,\cdots,k)$の値が0、$q_{k+1,k+1}$の値が1となっているのは、$k+1$の状態が吸収状態であることを表している。ここでは、状態$k+1$を倒産状態として定義していたため、$k+1$行が吸収状態を表していた。ただし、この吸収状態は複数存在する場合がある。たとえば、住宅ローンを借りたことの状態を、正常、延滞、破綻、完済で表すと、吸収状態は破綻と完済の二つになる。

例題3.8　格付推移確率行列の積

図表3-3に示した、1年間の格付推移確率行列の実績データから、5年間の格付推移確率を計算せよ。また、この計算結果から、現在の格付がAである企業が、5年間の間にデフォルトする確率はいくらとなるか。さらに、5年後に格付がA以上となる確率はいくらか。

解 　格付推移確率に斉時性を仮定する。１年間の格付推移確率行列を $\mathbf{Q}(1)$ で表すと、５年間の格付推移確率は $\mathbf{Q}(5)=\mathbf{Q}(1)^5$ で計算することができる。一方、

$$\mathbf{Q}(5)=\mathbf{Q}(1)^5=\mathbf{Q}(1)^{2+3}=\mathbf{Q}(1)^2\cdot\mathbf{Q}(1)^3=\mathbf{Q}(2)\cdot\mathbf{Q}(3)$$

という関係があるので、２年間の格付推移確率を $\mathbf{Q}(2)=\mathbf{Q}(1)\mathbf{Q}(1)$、３年間の格付推移確率を $\mathbf{Q}(3)=\mathbf{Q}(1)\mathbf{Q}(2)$、５年間の格付推移確率を $\mathbf{Q}(5)=\mathbf{Q}(2)\mathbf{Q}(3)$ で計算することができる。この関係を使えば、たとえば、10年間の格付推移確率は $\mathbf{Q}(10)=\mathbf{Q}(5)\mathbf{Q}(5)$ で計算できるので、計算量を節約できる。

$\mathbf{Q}(1)$

	Aaa	Aa	A	Baa	Ba	B	Caa	Default
Aaa	0.9340	0.0594	0.0064	0.0000	0.0002	0.0000	0.0000	0.0000
Aa	0.0161	0.9055	0.0746	0.0026	0.0009	0.0001	0.0000	0.0002
A	0.0007	0.0228	0.9244	0.0463	0.0045	0.0012	0.0000	0.0001
Baa	0.0005	0.0026	0.0551	0.8848	0.0476	0.0071	0.0008	0.0015
Ba	0.0002	0.0005	0.0042	0.0516	0.8691	0.0591	0.0024	0.0129
B	0.0000	0.0004	0.0013	0.0054	0.0635	0.8422	0.0191	0.0681
Caa	0.0000	0.0000	0.0000	0.0062	0.0205	0.0408	0.6919	0.2406
Default	0.0000	0.0000	0.0000	0.0000	0.0000	0.0000	0.0000	1.0000

$\mathbf{Q}(2)=\mathbf{Q}(1)\mathbf{Q}(1)$

	Aaa	Aa	A	Baa	Ba	B	Caa	Default
Aaa	0.8733	0.1094	0.0163	0.0005	0.0004	0.0000	0.0000	0.0000
Aa	0.0297	0.8226	0.1368	0.0082	0.0021	0.0003	0.0000	0.0004
A	0.0017	0.0419	0.8588	0.0841	0.0104	0.0027	0.0001	0.0004
Baa	0.0010	0.0060	0.1001	0.7879	0.0842	0.0152	0.0015	0.0041
Ba	0.0004	0.0012	0.0105	0.0910	0.7616	0.1016	0.0049	0.0288
B	0.0000	0.0008	0.0029	0.0128	0.1093	0.7139	0.0295	0.1309
Caa	0.0000	0.0000	0.0005	0.0111	0.0349	0.0638	0.4796	0.4101
Default	0.0000	0.0000	0.0000	0.0000	0.0000	0.0000	0.0000	1.0000

第3章 行列

Q(3)= Q(1) Q(2)

	Aaa	Aa	A	Baa	Ba	B	Caa	Default
Aaa	0.8175	0.1513	0.0289	0.0015	0.0008	0.0001	0.0000	0.0000
Aa	0.0411	0.7498	0.1884	0.0158	0.0036	0.0007	0.0000	0.0007
A	0.0029	0.0578	0.8017	0.1148	0.0171	0.0045	0.0002	0.0009
Baa	0.0015	0.0098	0.1368	0.7062	0.1121	0.0235	0.0022	0.0078
Ba	0.0006	0.0020	0.0181	0.1209	0.6729	0.1314	0.0072	0.0469
B	0.0001	0.0011	0.0048	0.0211	0.1416	0.6090	0.0343	0.1880
Caa	0.0000	0.0001	0.0013	0.0149	0.0447	0.0755	0.3331	0.5303
Default	0.0000	0.0000	0.0000	0.0000	0.0000	0.0000	0.0000	1.0000

Q(5)= Q(2) Q(3)

	Aaa	Aa	A	Baa	Ba	B	Caa	Default
Aaa	0.7184	0.2151	0.0590	0.0053	0.0017	0.0003	0.0000	0.0002
Aa	0.0584	0.6292	0.2667	0.0348	0.0076	0.0019	0.0001	0.0013
A	0.0057	0.0822	0.7081	0.1599	0.0316	0.0089	0.0006	0.0029
Baa	0.0026	0.0184	0.1908	0.5786	0.1490	0.0394	0.0034	0.0180
Ba	0.0010	0.0040	0.0354	0.1598	0.5374	0.1645	0.0108	0.0869
B	0.0002	0.0019	0.0097	0.0381	0.1774	0.4516	0.0351	0.2859
Caa	0.0001	0.0004	0.0035	0.0206	0.0552	0.0799	0.1622	0.6782
Default	0.0000	0.0000	0.0000	0.0000	0.0000	0.0000	0.0000	1.0000

　その結果、現在の格付がAである企業が5年間の間にデフォルトする確率は0.29％、格付が5年後の時点でA以上である確率は、79.60％(0.0057+0.0822+0.7081)となる。

　Moody'sなどが公表している格付推移確率は、過去実績の平均値として求められたものである。その意味では**客観確率（実績確率）**であり、デリバティブの評価モデルなどで用いられる**リスク中立確率**とは異なった概念であるので注意する必要がある（後述）。

6 行列式

次に、行列式について定義する。**行列式**とは**正方行列**に対して定まる一つの数である。

2次方程式 $ax^2+bx+c=0$ の解は、

$$x = \frac{-b \pm \sqrt{b^2 - 4ac}}{2a} \quad \cdots (3.78)$$

という公式で与えられる。これに対し、

$$\begin{cases} ax+by = p \\ cx+dy = q \end{cases} \quad \text{ただし、} ad-bc \neq 0 \quad \cdots (3.79)$$

というような二つの未知数 x, y に関する、2元連立1次方程式に対する解の公式が**クラメルの公式**である。

この連立1次方程式を実際に解いてみると、$ad-bc \neq 0$ であるので以下のようになる。第1式に d を掛けたものから第2式に b を掛けたものを引くと、

$(ad-bc)x = dp-bq$

$$x = \frac{dp - bq}{ad - bc} \quad \cdots (3.80)$$

となる。次に、第2式に a を掛けたものから第1式に c を掛けたものを引くと、

$(ad-bc)y = aq-cp$

$$y = \frac{aq - cp}{ad - bc} \quad \cdots (3.81)$$

が得られる。この関係を簡易に表現するため、**行列式**を、

$$\begin{vmatrix} a & b \\ c & d \end{vmatrix} = ad - bc \quad \cdots (3.82)$$

もしくは、

第3章 行列

$$\det\begin{pmatrix} a & b \\ c & d \end{pmatrix} = ad - bc \quad \cdots\cdots (3.83)$$

で定義する。このとき、(3.80) 式と (3.81) 式は、

$$x = \frac{\begin{vmatrix} p & b \\ q & d \end{vmatrix}}{\begin{vmatrix} a & b \\ c & d \end{vmatrix}} , \quad y = \frac{\begin{vmatrix} a & p \\ c & q \end{vmatrix}}{\begin{vmatrix} a & b \\ c & d \end{vmatrix}}$$

で表現される。これが 2 元連立 1 次方程式の解に関するクラメルの公式である。

(3.82) 式で定義された 2 次の行列式は、

$$\begin{vmatrix} a & b \\ c & d \end{vmatrix} = ad - bc$$

の様に計算されている。

演習3.11 行列 D の行列式を計算をせよ。

$$D = \begin{pmatrix} 3 & 8 \\ -4 & 2 \end{pmatrix}$$

解

$$\begin{vmatrix} 3 & 8 \\ -4 & 2 \end{vmatrix} = 3 \times 2 - 8 \times (-4) = 38$$

演習3.12 以下の2元連立1次方程式をクラメルの公式を用いて解け。

$$\begin{cases} 3x+y=13 \\ 4x+5y=32 \end{cases}$$

解

$$\begin{vmatrix} 3 & 1 \\ 4 & 5 \end{vmatrix} = 3\cdot 5 - 1\cdot 4 = 11$$

$$\begin{vmatrix} 13 & 1 \\ 32 & 5 \end{vmatrix} = 13\cdot 5 - 1\cdot 32 = 33$$

$$\begin{vmatrix} 3 & 13 \\ 4 & 32 \end{vmatrix} = 3\cdot 32 - 13\cdot 4 = 44$$

したがって、

$$x = \frac{33}{11} = 3 \ , \ y = \frac{44}{11} = 4$$

が得られる。

なお、Excelでは、=MDETERM(配列)で行列式の値を計算することができる。

(1) 行列式の性質 1

- 性質1：ある行列に対する行列式の値と、その行列の転置行列に対する行列式の値は等しい。

  （証明）(3.82) 式より

  $$\begin{vmatrix} a & b \\ c & d \end{vmatrix} = ad - bc = ad - cb = \begin{vmatrix} a & c \\ b & d \end{vmatrix}$$

  となるので、性質1が成り立つ。

- 性質2：二つの行、もしくは二つの列を入れ替えると、行列式の値は

-1 倍される。

(証明)(3.82) 式の第 1 行と第 2 行を入れ替えると、

$$\begin{vmatrix} c & d \\ a & b \end{vmatrix} = bc - ad = -\begin{vmatrix} a & b \\ c & d \end{vmatrix}$$

となる。また、第 1 列と第 2 列を入れ替えると、

$$\begin{vmatrix} b & a \\ d & c \end{vmatrix} = bc - ad = -\begin{vmatrix} a & b \\ c & d \end{vmatrix}$$

であり、性質 2 が成り立つ。

- 性質 3：二つの行、もしくは二つの列が等しい行列式の値は 0 である。

 (証明)(3.82) 式で、$a=c, b=d$ とすると、

$$\begin{vmatrix} c & d \\ c & d \end{vmatrix} = cd - cd = 0$$

となる。また、$a=b, c=d$ とすると、

$$\begin{vmatrix} b & b \\ d & d \end{vmatrix} = bd - bd = 0$$

であり、性質 3 が成り立つ。

- 性質 4：行列式のある行、もしくはある列を g 倍すると、行列式の値は g 倍になる。

 (証明)(3.82) 式で、第 1 行を g 倍すると、

$$\begin{vmatrix} ga & gb \\ c & d \end{vmatrix} = gad - gbc = g(ad - bc) = g\begin{vmatrix} a & b \\ c & d \end{vmatrix}$$

となる。また、第 1 列を g 倍すると、

$$\begin{vmatrix} a & gb \\ c & gd \end{vmatrix} = gad - gbc = g(ad - bc) = g\begin{vmatrix} a & b \\ c & d \end{vmatrix}$$

であり、性質 4 が成り立つ。

- 性質 5：ある行、もしくはある列の要素が二つの変数の和として表現される場合、それ以外の行、もしくは列をそのままにして、和で表

現される行もしくは列の要素を二つに分けてできる二つの行列式の和と、もとの行列式の値は等しい。

（証明）(3.82) 式の第 1 行が二つの要素で表されているとする。

$$\begin{vmatrix} a+\hat{a} & b+\hat{b} \\ c & d \end{vmatrix} = (a+\hat{a})d - (b+\hat{b})c$$

$$= (ad-bc) + (\hat{a}d-\hat{b}c) = \begin{vmatrix} a & b \\ c & d \end{vmatrix} + \begin{vmatrix} \hat{a} & \hat{b} \\ c & d \end{vmatrix}$$

次に、第 1 列が二つの要素で表されているとすると、

$$\begin{vmatrix} a+\hat{a} & b \\ c+\hat{c} & d \end{vmatrix} = (a+\hat{a})d - b(c+\hat{c})$$

$$= (ad-bc) + (\hat{a}d-b\hat{c}) = \begin{vmatrix} a & b \\ c & d \end{vmatrix} + \begin{vmatrix} \hat{a} & b \\ \hat{c} & d \end{vmatrix}$$

となり、これらから性質 5 が成立することがわかる。

- 性質 6：行列のある行、もしくはある列に、他の行もしくは他の列の h 倍を加えても、行列式の値は変わらない。

（証明）第 1 行に対し、第 2 行を h 倍したものを加えた場合について考える。

$$\begin{vmatrix} a+hc & b+hd \\ c & d \end{vmatrix} = \begin{vmatrix} a & b \\ c & d \end{vmatrix} + \begin{vmatrix} hc & hd \\ c & d \end{vmatrix}$$

$$= \begin{vmatrix} a & b \\ c & d \end{vmatrix} + h \begin{vmatrix} c & d \\ c & d \end{vmatrix}$$

$$= \begin{vmatrix} a & b \\ c & d \end{vmatrix} + h \cdot 0$$

$$= \begin{vmatrix} a & b \\ c & d \end{vmatrix}$$

次に、第 1 列に対し、第 2 列を h 倍したものを加えた場合について考える。

第3章 行 列

$$\begin{vmatrix} a+hb & b \\ c+hd & d \end{vmatrix} = \begin{vmatrix} a & b \\ c & d \end{vmatrix} + \begin{vmatrix} hb & b \\ hd & d \end{vmatrix}$$

$$= \begin{vmatrix} a & b \\ c & d \end{vmatrix} + h\begin{vmatrix} b & b \\ d & d \end{vmatrix}$$

$$= \begin{vmatrix} a & b \\ c & d \end{vmatrix} + h \cdot 0$$

$$= \begin{vmatrix} a & b \\ c & d \end{vmatrix}$$

これらから性質6が成り立つ。

ここで、3次の行列について検討する。3次の正方行列

$$\mathbf{A} = \begin{pmatrix} a_{11} & a_{12} & a_{13} \\ a_{21} & a_{22} & a_{23} \\ a_{31} & a_{32} & a_{33} \end{pmatrix}$$

に対する行列式 $|\mathbf{A}|$ は、

$$|\mathbf{A}| = a_{11}a_{22}a_{33} + a_{12}a_{23}a_{31} + a_{13}a_{21}a_{32} - a_{11}a_{23}a_{32} - a_{12}a_{21}a_{33} - a_{13}a_{22}a_{31} \quad \cdots\cdots(3.84)$$

で定義される。

このことを確かめるために、以下の3元連立方程式を考える。

$$\begin{cases} a_{11}x + a_{12}y + a_{13}z = b_1 \\ a_{21}x + a_{22}y + a_{23}z = b_2 \\ a_{31}x + a_{32}y + a_{33}z = b_3 \end{cases} \quad \cdots\cdots(3.85)$$

ただし、$a_{11}a_{22}a_{33} + a_{12}a_{23}a_{31} + a_{13}a_{21}a_{32} - a_{11}a_{23}a_{32} - a_{12}a_{21}a_{33} - a_{13}a_{22}a_{31} \neq 0$ とする。

(3.85) 式の第2式と第3式のみを取り出し、これらを y と z に関する2元連立方程式であるととらえる。

$$\begin{cases} a_{22}y + a_{23}z = b_2 - a_{21}x \\ a_{32}y + a_{33}z = b_3 - a_{31}x \end{cases} \quad \cdots\cdots(3.86)$$

(3.86) 式の第1式に a_{33} を掛けたものから、第2式に a_{23} を掛けたものを引くと、

$$a_{33}a_{22}y - a_{23}a_{32}y = a_{33}b_2 - a_{23}b_3 - a_{33}a_{21}x + a_{23}a_{31}x$$

であるので、

$$\begin{vmatrix} a_{22} & a_{23} \\ a_{32} & a_{33} \end{vmatrix} y = \begin{vmatrix} a_{33} & a_{23} \\ b_3 & b_2 \end{vmatrix} - \begin{vmatrix} a_{21} & a_{23} \\ a_{31} & a_{33} \end{vmatrix} x \quad \cdots\cdots (3.87)$$

となる。同様に、(3.86) 式の第1式に a_{32} を掛けたものから、第2式に a_{22} を掛けたものを引くと、

$$a_{32}a_{23}z - a_{22}a_{33}z = a_{32}b_2 - a_{22}b_3 - a_{32}a_{21}x + a_{22}a_{31}x$$

であるので、

$$\begin{vmatrix} a_{23} & a_{22} \\ a_{33} & a_{32} \end{vmatrix} z = \begin{vmatrix} b_2 & a_{22} \\ b_3 & a_{32} \end{vmatrix} - \begin{vmatrix} a_{21} & a_{22} \\ a_{31} & a_{32} \end{vmatrix} x$$

であり、性質2より、

$$\begin{vmatrix} a_{22} & a_{23} \\ a_{32} & a_{33} \end{vmatrix} z = -\begin{vmatrix} b_2 & a_{22} \\ b_3 & a_{32} \end{vmatrix} + \begin{vmatrix} a_{21} & a_{22} \\ a_{31} & a_{32} \end{vmatrix} x \quad \cdots\cdots (3.88)$$

となる。次に、(3.85) 式の第1式に $\begin{vmatrix} a_{22} & a_{23} \\ a_{32} & a_{33} \end{vmatrix}$ を掛けたものに、(3.87) 式と (3.88) 式を代入すると、

$$a_{11} \begin{vmatrix} a_{22} & a_{23} \\ a_{32} & a_{33} \end{vmatrix} x + a_{12} \left(\begin{vmatrix} a_{33} & a_{23} \\ b_3 & b_2 \end{vmatrix} - \begin{vmatrix} a_{21} & a_{23} \\ a_{31} & a_{33} \end{vmatrix} x \right)$$

$$+ a_{13} \left(-\begin{vmatrix} b_2 & a_{22} \\ b_3 & a_{32} \end{vmatrix} + \begin{vmatrix} a_{21} & a_{22} \\ a_{31} & a_{32} \end{vmatrix} x \right) = b_1 \begin{vmatrix} a_{22} & a_{23} \\ a_{32} & a_{33} \end{vmatrix}$$

$$x = \frac{b_1 \begin{vmatrix} a_{22} & a_{23} \\ a_{32} & a_{33} \end{vmatrix} - a_{12} \begin{vmatrix} a_{33} & a_{23} \\ b_3 & b_2 \end{vmatrix} + a_{13} \begin{vmatrix} b_2 & a_{22} \\ b_3 & a_{32} \end{vmatrix}}{a_{11} \begin{vmatrix} a_{22} & a_{23} \\ a_{32} & a_{33} \end{vmatrix} - a_{12} \begin{vmatrix} a_{21} & a_{23} \\ a_{31} & a_{33} \end{vmatrix} + a_{13} \begin{vmatrix} a_{21} & a_{22} \\ a_{31} & a_{32} \end{vmatrix}} \quad \cdots\cdots (3.89)$$

が得られる。ここで、3次の行列式を、以下のように定義する。

$$\begin{vmatrix} a_{11} & a_{12} & a_{13} \\ a_{21} & a_{22} & a_{23} \\ a_{31} & a_{32} & a_{33} \end{vmatrix} = a_{11}\begin{vmatrix} a_{22} & a_{23} \\ a_{32} & a_{33} \end{vmatrix} - a_{12}\begin{vmatrix} a_{21} & a_{23} \\ a_{31} & a_{33} \end{vmatrix} + a_{13}\begin{vmatrix} a_{21} & a_{22} \\ a_{31} & a_{32} \end{vmatrix} \quad \cdots(3.90)$$

この式は、

$$\begin{vmatrix} a_{11} & a_{12} & a_{13} \\ a_{21} & a_{22} & a_{23} \\ a_{31} & a_{32} & a_{33} \end{vmatrix} = a_{11}a_{22}a_{33} + a_{12}a_{23}a_{31} + a_{13}a_{21}a_{32} - a_{11}a_{23}a_{32} - a_{12}a_{21}a_{33} - a_{13}a_{22}a_{31}$$

となるので、(3.84) 式が得られる。(3.89) 式と (3.90) 式を比較すると、(3.89) 式の分母は3次の行列式の定義そのものであり、分子は3次の行列式である (3.90) 式の右辺の a_{11} を b_2 で、a_{21} を b_1 で、a_{31} を b_3 で置き換えたものに等しい。したがって、(3.89) 式は、

$$x = \frac{\begin{vmatrix} b_1 & a_{12} & a_{13} \\ b_2 & a_{22} & a_{23} \\ b_3 & a_{32} & a_{33} \end{vmatrix}}{\begin{vmatrix} a_{11} & a_{12} & a_{13} \\ a_{21} & a_{22} & a_{23} \\ a_{31} & a_{32} & a_{33} \end{vmatrix}} \quad \cdots(3.91)$$

と表現することができる。

同様に、(3.85) 式の順番を入れ替えて、

$$\begin{cases} a_{12}y + a_{11}x + a_{13}z = b_1 \\ a_{22}y + a_{21}x + a_{23}z = b_2 \\ a_{32}y + a_{31}x + a_{33}z = b_3 \end{cases}$$

とおき、先の処理を行うと、

$$
y = \frac{\begin{vmatrix} b_1 & a_{11} & a_{13} \\ b_2 & a_{21} & a_{23} \\ b_3 & a_{31} & a_{33} \end{vmatrix}}{\begin{vmatrix} a_{12} & a_{11} & a_{13} \\ a_{22} & a_{21} & a_{23} \\ a_{32} & a_{31} & a_{33} \end{vmatrix}} \quad\cdots\cdots\cdots\cdots\cdots(3.92)
$$

となる。また、

$$
\begin{cases} a_{13}z + a_{12}y + a_{11}x = b_1 \\ a_{23}z + a_{22}y + a_{21}x = b_2 \\ a_{33}z + a_{32}y + a_{31}x = b_3 \end{cases}
$$

とおけば、

$$
z = \frac{\begin{vmatrix} b_1 & a_{12} & a_{11} \\ b_2 & a_{22} & a_{21} \\ b_3 & a_{32} & a_{31} \end{vmatrix}}{\begin{vmatrix} a_{13} & a_{12} & a_{11} \\ a_{23} & a_{22} & a_{21} \\ a_{33} & a_{32} & a_{31} \end{vmatrix}} \quad\cdots\cdots\cdots\cdots\cdots(3.93)
$$

が得られる。(3.91) 式、(3.92) 式、(3.93) 式で x, y, z の解が得られるが、それぞれの式の分母、分子のかたちが異なっている。そこで、行列の並び替えについて検討する。先に、行列の性質の性質2において、二つの行、もしくは二つの列を入れ替えると、行列式の値は－1倍されることを示した。ここで、3次の行列式においても同様の性質が成り立つことを示す。

3次の行列式は、(3.90) 式で定義された。この式で、a_{11} と a_{13}、a_{21} と a_{23}、a_{23} と a_{33} を入れ替え、これに2次式の行列の性質2を適用すると、

$$
\begin{vmatrix} a_{13} & a_{12} & a_{11} \\ a_{23} & a_{22} & a_{21} \\ a_{33} & a_{32} & a_{31} \end{vmatrix} = a_{13}\begin{vmatrix} a_{22} & a_{21} \\ a_{32} & a_{31} \end{vmatrix} - a_{12}\begin{vmatrix} a_{23} & a_{21} \\ a_{33} & a_{31} \end{vmatrix} + a_{11}\begin{vmatrix} a_{23} & a_{22} \\ a_{33} & a_{32} \end{vmatrix}
$$

$$= -a_{13}\begin{vmatrix} a_{21} & a_{22} \\ a_{31} & a_{32} \end{vmatrix} + a_{12}\begin{vmatrix} a_{21} & a_{23} \\ a_{31} & a_{33} \end{vmatrix} - a_{11}\begin{vmatrix} a_{22} & a_{23} \\ a_{32} & a_{33} \end{vmatrix}$$

となる。この式は、(3.90) 式の右辺を－1倍したものとなっており、二つの行、もしくは二つの列を入れ替えると、行列式の値は－1倍されるという性質2が3次の行列に対しても成り立っていることがわかる。したがって、(3.92) 式と (3.93) 式の列を入れ替えて、(3.91) 式と同じようなかたちに整理すると、

$$y = \frac{\begin{vmatrix} a_{11} & b_1 & a_{13} \\ a_{21} & b_2 & a_{23} \\ a_{31} & b_3 & a_{33} \end{vmatrix}}{\begin{vmatrix} a_{11} & a_{12} & a_{13} \\ a_{21} & a_{22} & a_{23} \\ a_{31} & a_{32} & a_{33} \end{vmatrix}} \quad \cdots\cdots(3.94)$$

$$z = \frac{\begin{vmatrix} a_{11} & a_{12} & b_1 \\ a_{21} & a_{22} & b_2 \\ a_{31} & a_{32} & b_3 \end{vmatrix}}{\begin{vmatrix} a_{11} & a_{12} & a_{13} \\ a_{21} & a_{22} & a_{23} \\ a_{31} & a_{32} & a_{33} \end{vmatrix}} \quad \cdots\cdots(3.95)$$

が得られる。この (3.91) 式、(3.94) 式、(3.95) 式が3元連立1次方程式の**クラメルの公式**である。

3次の行列の行列式は、

$$\begin{vmatrix} a_{11} & a_{12} & a_{13} \\ a_{21} & a_{22} & a_{23} \\ a_{31} & a_{32} & a_{33} \end{vmatrix} = a_{11}a_{22}a_{33} + a_{12}a_{23}a_{31} + a_{13}a_{21}a_{32} - a_{11}a_{23}a_{32} - a_{12}a_{21}a_{33} - a_{13}a_{22}a_{31}$$

で求められたが、この計算式のとらえ方に**サラス展開**がある。これは、3種

類の変数をたすきがけで組み合わせるというものである。

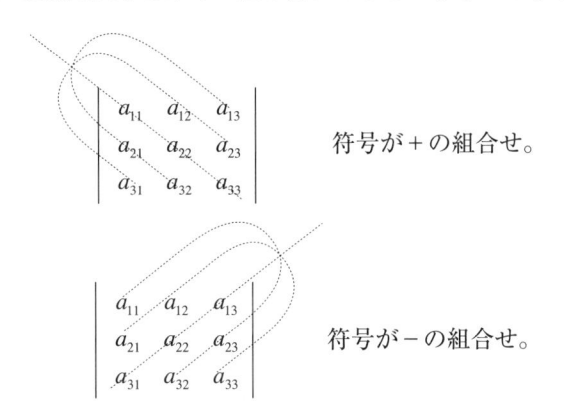

$$\begin{vmatrix} a_{11} & a_{12} & a_{13} \\ a_{21} & a_{22} & a_{23} \\ a_{31} & a_{32} & a_{33} \end{vmatrix}$$ 符号が＋の組合せ。

$$\begin{vmatrix} a_{11} & a_{12} & a_{13} \\ a_{21} & a_{22} & a_{23} \\ a_{31} & a_{32} & a_{33} \end{vmatrix}$$ 符号が－の組合せ。

　これまで、3元までの連立1次方程式のクラメルの公式を取り扱ってきた。これを、n次の正方行列にまで拡張するためには、**置換**もしくは**順列**の概念が必要となる。これらを直感的に理解するために、3次の正方行列を意識した文字列(1,2,3)について考える。これら三つの文字の組合せは順列で計算でき、3!＝3・2・1＝6通りとなる。基本となる最初の組合せを(1,2,3)とし、このなかの二つの文字を入れ替えるのが置換であると考え、置換の回数が偶数回の場合を**偶置換**、奇数回の場合を**奇置換**と呼ぶ。文字列(1,2,3)のなかから適当な2個の文字列を取り出し、その順番を交換してその交換回数をカウントしていくと、たとえば以下のような結果となる。

　　　　(1,2,3)⇒(2,1,3)⇒(2,3,1)⇒(3,2,1)⇒(3,1,2)⇒(1,3,2)

　これらを、偶置換と奇置換に分類すると、偶数回の交換回数によって得られた文字列が偶置換、奇数回で得られたものが奇置換であるので、

　偶置換：(1,2,3)(2,3,1)(3,1,2)

　奇置換：(2,1,3)(3,2,1)(1,3,2)

に分類される。

　ここで、n次の文字列について検討する。こうした交換回数をk、そのとき

第3章 行列

の各文字の状態を順列$u=(i_1,i_2,\cdots,i_n)$で表す。このとき、正方行列$\mathbf{A}$がn次である場合の行列式$|\mathbf{A}|$は、

$$|\mathbf{A}| = \sum_u (-1)^k a_{1i_1} a_{2i_2} \cdots a_{ni_n} \tag{3.96}$$

で定義される。kは交換回数であるから、$(-1)^k$の値は偶置換のときには正、奇置換のときには負となる。先の例では、$n=3$のときの置換の状態を述べた。(3.96)式に$n=3$を代入すると、(3.84)式が得られる。

正方行列$\mathbf{A}$の行列式が0ではない、つまり$|\mathbf{A}|\neq0$のときに正方行列$\mathbf{A}$は**正則**であると呼ばれ、$|\mathbf{A}|=0$のときには正方行列$\mathbf{A}$は**特異**であると呼ばれる。

これを、3元連立1次方程式のクラメルの公式と同じような表現をすると、以下のようになる。

n元の元連立1次方程式が次のように与えられているとする。

$$\begin{cases} a_{11}x_1 + a_{12}x_2 + \cdots + a_{1n}x_n = b_1 \\ a_{21}x_1 + a_{22}x_2 + \cdots + a_{2n}x_n = b_2 \\ \quad\vdots \\ a_{n1}x_1 + a_{n2}x_2 + \cdots + a_{nn}x_n = b_n \end{cases} \tag{3.97}$$

この行列式は、

$$\begin{vmatrix} a_{11} & a_{12} & \cdots & a_{1n} \\ a_{21} & a_{22} & \cdots & a_{2n} \\ \vdots & \vdots & \ddots & \vdots \\ a_{n1} & a_{n2} & \cdots & a_{nn} \end{vmatrix} = a_{11} \begin{vmatrix} a_{22} & \cdots & a_{2n} \\ \vdots & \ddots & \vdots \\ a_{n2} & \cdots & a_{nn} \end{vmatrix} - a_{12} \begin{vmatrix} a_{21} & \cdots & a_{2n} \\ \vdots & \ddots & \vdots \\ a_{n1} & \cdots & a_{nn} \end{vmatrix} + \cdots$$

$$+ (-1)^{n+1} a_{1n} \begin{vmatrix} a_{21} & \cdots & a_{2,n-1} \\ \vdots & \ddots & \vdots \\ a_{n1} & \cdots & a_{n,n-1} \end{vmatrix} \tag{3.98}$$

で定義される。この行列式の値が0でないとき、x_iの値は、

$$x_j = \begin{vmatrix} a_{11} & \cdots & b_1 & \cdots & a_{1n} \\ a_{21} & \cdots & b_2 & \cdots & a_{2n} \\ \vdots & & \vdots & & \vdots \\ a_{n1} & \cdots & b_n & \cdots & a_{nn} \end{vmatrix} \Bigg/ \begin{vmatrix} a_{11} & a_{12} & \cdots & a_{1n} \\ a_{21} & a_{22} & \cdots & a_{2n} \\ \vdots & \vdots & \ddots & \vdots \\ a_{n1} & a_{n2} & \cdots & a_{nn} \end{vmatrix}, \quad j=1,2,\cdots,n \quad \cdots (3.99)$$

（j番目）

で計算される。

また、(3.98) 式は第1行の各要素で展開されているが、第1列の各要素で展開した場合には、

$$\begin{vmatrix} a_{11} & a_{12} & \cdots & a_{1n} \\ a_{21} & a_{22} & \cdots & a_{2n} \\ \vdots & \vdots & \ddots & \vdots \\ a_{n1} & a_{n2} & \cdots & a_{nn} \end{vmatrix} = a_{11} \begin{vmatrix} a_{22} & \cdots & a_{2n} \\ \vdots & \ddots & \vdots \\ a_{n2} & \cdots & a_{nn} \end{vmatrix} - a_{21} \begin{vmatrix} a_{12} & \cdots & a_{1n} \\ \vdots & \ddots & \vdots \\ a_{n2} & \cdots & a_{nn} \end{vmatrix} + \cdots$$

$$+ (-1)^{n+1} a_{n1} \begin{vmatrix} a_{12} & \cdots & a_{1,n} \\ \vdots & \ddots & \vdots \\ a_{n-1,2} & \cdots & a_{n-1,n} \end{vmatrix} \quad \cdots\cdots (3.100)$$

となる。

(2) 行列式の性質2

- 性質7：上三角行列の行列式の値は、行列式の対角要素の積で与えられる。

    （証明）**上三角行列**とは、行列の左下部分にある要素の値がすべて0である正方行列

    $$\begin{pmatrix} a_{11} & a_{12} & \cdots & a_{1n} \\ 0 & a_{22} & \cdots & a_{2n} \\ \vdots & \vdots & \ddots & \vdots \\ 0 & 0 & \cdots & a_{nn} \end{pmatrix}$$

    のことであり、**下三角行列**とは、行列の右上部分にある要

第3章 行列

素の値がすべて0である正方行列

$$\begin{pmatrix} a_{11} & 0 & \cdots & 0 \\ a_{21} & a_{22} & \cdots & 0 \\ \vdots & \vdots & \ddots & \vdots \\ a_{m1} & a_{m2} & \cdots & a_{nn} \end{pmatrix}$$

のことである。3次の行列式を想定すると、(3.90) 式に示した3次の行列式の定義より、

$$\begin{vmatrix} a_{11} & a_{12} & a_{13} \\ 0 & a_{22} & a_{23} \\ 0 & 0 & a_{33} \end{vmatrix} = a_{11} \begin{vmatrix} a_{22} & a_{23} \\ 0 & a_{33} \end{vmatrix} - a_{12} \begin{vmatrix} 0 & a_{23} \\ 0 & a_{33} \end{vmatrix} + a_{13} \begin{vmatrix} 0 & a_{22} \\ 0 & 0 \end{vmatrix}$$

$$= a_{11} a_{22} a_{33}$$

となる。

ここで、2行2列の二つの正方行列

$$\mathbf{A} = \begin{pmatrix} a_{11} & a_{12} \\ a_{21} & a_{22} \end{pmatrix}, \ \mathbf{B} = \begin{pmatrix} b_{11} & b_{12} \\ b_{21} & b_{22} \end{pmatrix}$$

に対し、この二つの行列の積についてその行列式 $|\mathbf{AB}|$ を計算する。

$$|\mathbf{AB}| = \begin{vmatrix} a_{11}b_{11} + a_{12}b_{21} & a_{11}b_{12} + a_{12}b_{22} \\ a_{21}b_{11} + a_{22}b_{21} & a_{21}b_{12} + a_{22}b_{22} \end{vmatrix}$$

$$= \begin{vmatrix} a_{11}b_{11} & a_{11}b_{12} + a_{12}b_{22} \\ a_{21}b_{11} & a_{21}b_{12} + a_{22}b_{22} \end{vmatrix} + \begin{vmatrix} a_{12}b_{21} & a_{11}b_{12} + a_{12}b_{22} \\ a_{22}b_{21} & a_{21}b_{12} + a_{22}b_{22} \end{vmatrix} \quad \leftarrow 行列の性質5$$

$$= \begin{vmatrix} a_{11}b_{11} & a_{11}b_{12} \\ a_{21}b_{11} & a_{21}b_{12} \end{vmatrix} + \begin{vmatrix} a_{11}b_{11} & a_{12}b_{22} \\ a_{21}b_{11} & a_{22}b_{22} \end{vmatrix} \quad \leftarrow 行列の性質5$$

$$+ \begin{vmatrix} a_{12}b_{21} & a_{11}b_{12} \\ a_{22}b_{21} & a_{21}b_{12} \end{vmatrix} + \begin{vmatrix} a_{12}b_{21} & a_{12}b_{22} \\ a_{22}b_{21} & a_{22}b_{22} \end{vmatrix}$$

$$
\begin{aligned}
&= b_{11}b_{12}\begin{vmatrix} a_{11} & a_{11} \\ a_{21} & a_{21} \end{vmatrix} + b_{11}b_{22}\begin{vmatrix} a_{11} & a_{12} \\ a_{21} & a_{22} \end{vmatrix} \quad &&\leftarrow 行列の性質4\\
&\quad + b_{21}b_{12}\begin{vmatrix} a_{12} & a_{11} \\ a_{22} & a_{21} \end{vmatrix} + b_{21}b_{22}\begin{vmatrix} a_{12} & a_{12} \\ a_{22} & a_{22} \end{vmatrix}\\
&= b_{11}b_{12}\cdot 0 + b_{11}b_{22}\begin{vmatrix} a_{11} & a_{12} \\ a_{21} & a_{22} \end{vmatrix} + b_{21}b_{12}\begin{vmatrix} a_{12} & a_{11} \\ a_{22} & a_{21} \end{vmatrix} + b_{21}b_{22}\cdot 0\\
&= b_{11}b_{22}\begin{vmatrix} a_{11} & a_{12} \\ a_{21} & a_{22} \end{vmatrix} - b_{21}b_{12}\begin{vmatrix} a_{11} & a_{12} \\ a_{21} & a_{22} \end{vmatrix} \quad &&\leftarrow 行列の性質2
\end{aligned}
\tag{3.101}
$$

ここで、(3.101) の右辺の係数の符号について調べてみよう。第2項の係数 -1 は、列の添字 2,1 を 1,2 に入れ替える置換 $\begin{pmatrix} 1 & 2 \\ 2 & 1 \end{pmatrix}$ の符号を $\mathrm{sgn}\begin{pmatrix} 1 & 2 \\ 2 & 1 \end{pmatrix}$ で表すと、入れ替えをしていない第1項の係数は恒等置換の符号 $\mathrm{sgn}\begin{pmatrix} 1 & 2 \\ 1 & 2 \end{pmatrix}$ に相当していると考えることができる。

これらの符号を用いると、(3.101) 式は、

$$
\begin{aligned}
|\mathbf{AB}| &= \begin{vmatrix} a_{11} & a_{12} \\ a_{21} & a_{22} \end{vmatrix}(b_{11}b_{22} - b_{21}b_{12})\\
&= |\mathbf{A}|\left\{ \mathrm{sgn}\begin{pmatrix} 1 & 2 \\ 1 & 2 \end{pmatrix}b_{11}b_{22} + \mathrm{sgn}\begin{pmatrix} 1 & 2 \\ 2 & 1 \end{pmatrix}b_{21}b_{12} \right\}
\end{aligned}
\tag{3.102}
$$

となる。

この式の $\{\ \}$ のなかは、行列式 $|\mathbf{B}|$ の定義そのものであるので、(3.102) 式は、

$$
|\mathbf{AB}| = |\mathbf{A}||\mathbf{B}| \tag{3.103}
$$

となる。

この考え方は、一般の $n \times n$ 行列 $\mathbf{A}, \mathbf{B}$ に対しても拡張することができ、(3.103) 式は常に成立する。

第3章 行列

演習3.13 行列Dの行列式を求めよ。

$$D = \begin{pmatrix} 2 & -2 & 0 \\ 2 & 3 & 3 \\ 1 & 4 & 3 \end{pmatrix}$$

解 (3.84) 式より

$$|D| = 2\times3\times3+(-2)\times3\times1+0\times2\times4-2\times3\times4-(-2)\times2\times3-0\times3\times1$$
$$= 18-6+0-24+12-0 = 0$$

7 余因子展開

たとえば、3次の行列

$$A = \begin{pmatrix} a_{11} & a_{12} & a_{13} \\ a_{21} & a_{22} & a_{23} \\ a_{31} & a_{32} & a_{33} \end{pmatrix}$$

の行列式は (3.90) 式で定義された。この行列 A から、i 行と j 列を取り除いた行列の行列式を D_{ij} で表すと、(3.90) 式は、

$$|A| = a_{11}D_{11} - a_{12}D_{12} + a_{13}D_{13} \quad\quad\quad\quad (3.104)$$

と表すことができる。さらに (3.104) 式を、

$$|A| = a_{11}(-1)^{1+1}D_{11} + a_{12}(-1)^{1+2}D_{12} + a_{13}(-1)^{1+3}D_{13} \quad\quad (3.105)$$

と書くことができる。この式の右辺各項の(-1)の指数部分は、もとの行列 A から取り除いた行と列の番号を加えたものであり、この式の $(-1)^{1+2}D_{12}$ のようなかたちで表される部分を、要素 a_{12} の**余因子**といい $\tilde{a}_{12}$ で表す。なお、余因子 $\tilde{a}_{12}$ は、

$$\tilde{a}_{12} = \begin{vmatrix} a_{11} & 1 & a_{13} \\ a_{21} & 0 & a_{23} \\ a_{31} & 0 & a_{33} \end{vmatrix} \quad \cdots\cdots (3.106)$$

で表すことができる。(3.84) 式をこの余因子を使って表現すると、

$$|\mathbf{A}| = a_{11}\tilde{a}_{11} + a_{12}\tilde{a}_{12} + a_{13}\tilde{a}_{13} = \sum_{j=1}^{3} a_{1j}\tilde{a}_{1j}$$

となり、これを行列の**余因子展開**という。一般にn行n列の正方行列

$$\mathbf{A} = \begin{pmatrix} a_{11} & a_{12} & \cdots & a_{1n} \\ a_{21} & a_{22} & \cdots & a_{2n} \\ \vdots & \vdots & \ddots & \vdots \\ a_{n1} & a_{n2} & \cdots & a_{nn} \end{pmatrix} \quad \cdots\cdots (3.107)$$

が与えられたとき、第i行と第j列を取り除いてできる$(n-1)\times(n-1)$行列に対する行列式をD_{ij}とし、要素a_{ij}の余因子を$\tilde{a}_{ij}$とすると、

$$\tilde{a}_{ij} = (-1)^{i+j} D_{ij}$$

で表すことができる。

したがって、n次の行列式$|\mathbf{A}|$は第i行で展開すると、

$$|\mathbf{A}| = a_{i1}\tilde{a}_{i1} + a_{i2}\tilde{a}_{i2} + \cdots + a_{in}\tilde{a}_{in} = \sum_{j=1}^{n} a_{ij}\tilde{a}_{ij} \quad \cdots\cdots (3.108)$$

で計算され、第j列で展開すると、

$$|\mathbf{A}| = a_{1j}\tilde{a}_{1j} + a_{2j}\tilde{a}_{2j} + \cdots + a_{nj}\tilde{a}_{nj} = \sum_{i=1}^{n} a_{ij}\tilde{a}_{ij} \quad \cdots\cdots (3.109)$$

となる。

8 逆行列

　9の逆数は1/9であるが、逆数とは、もとの数と逆数との積が1になるような数のことである。つまり、9×1/9=1という関係が成り立つ。これと同じ概念を行列に対して定義したものが**逆行列**であり、行列で表現したときの1に相当するものが単位行列である。すなわち、正方行列$\mathbf{A}$の逆行列を$\mathbf{A}^{-1}$と表すと、これは、以下の式を満たす正方行列でなければならない。

$$\mathbf{AA}^{-1} = \mathbf{A}^{-1}\mathbf{A} = \mathbf{I}$$

なお、この逆行列は、すべての正方行列に対して存在するものではなく、行列式が0でない、すなわち**正則**であるときのみ存在する。

　ここで、演習3.12に示した2元連立1次方程式を行列で表現する。

$$\begin{cases} 3x+y=13 \\ 4x+5y=32 \end{cases}$$

は、逆行列を用いると、

$$\begin{pmatrix} 3 & 1 \\ 4 & 5 \end{pmatrix} \begin{pmatrix} x \\ y \end{pmatrix} = \begin{pmatrix} 13 \\ 32 \end{pmatrix}$$

$$\begin{pmatrix} x \\ y \end{pmatrix} = \begin{pmatrix} 3 & 1 \\ 4 & 5 \end{pmatrix}^{-1} \begin{pmatrix} 13 \\ 32 \end{pmatrix}$$

として表現できる。これを一般形で表すと、

$$\begin{cases} a_{11}x_1 + a_{12}x_2 + \cdots + a_{1n}x_n = b_1 \\ a_{21}x_1 + a_{22}x_2 + \cdots + a_{2n}x_n = b_2 \\ \quad\quad\quad\quad\quad \vdots \\ a_{n1}x_1 + a_{n2}x_2 + \cdots + a_{nn}x_n = b_n \end{cases}$$

という連立方程式は、

$$\mathbf{AX} = \mathbf{B} \quad\cdots\cdots\cdots\cdots\cdots\cdots\cdots\cdots\cdots\cdots\cdots\cdots\cdots (3.110)$$

$$\mathbf{A} = \begin{pmatrix} a_{11} & a_{12} & \cdots & a_{1n} \\ a_{21} & a_{22} & \cdots & a_{2n} \\ \vdots & \vdots & \ddots & \vdots \\ a_{n1} & a_{n21} & \cdots & a_{nn} \end{pmatrix}, \mathbf{X} = \begin{pmatrix} x_1 \\ x_2 \\ \vdots \\ x_n \end{pmatrix}, \mathbf{B} = \begin{pmatrix} b_1 \\ b_2 \\ \vdots \\ b_n \end{pmatrix}$$

で表すことができ、その解は、

$$\mathbf{X} = \mathbf{A}^{-1}\mathbf{B} \quad \cdots \quad (3.111)$$

で求めることができる。

逆行列をもつ行列 $\mathbf{A}$（正方行列）には、以下のような性質がある。

① $\left(\mathbf{A}^{-1}\right)^{-1} = \mathbf{A}$

② $\left(a\mathbf{A}\right)^{-1} = a^{-1}\mathbf{A}^{-1}$ （a は実数）

③ $\left(\mathbf{A}^{-1}\right)^{\mathrm{T}} = \left(\mathbf{A}^{\mathrm{T}}\right)^{-1}$

また、行列 $\mathbf{A}$ と同じサイズの逆行列をもつ正方行列 $\mathbf{B}$ があるとすると、

④ $\left(\mathbf{AB}\right)^{-1} = \mathbf{B}^{-1}\mathbf{A}^{-1}$

が成立する。

ここで、逆行列の公式について検討する。まず、正方行列Aが与えられたとき、

$$\mathbf{AA}^{-1} = \mathbf{A}^{-1}\mathbf{A} = \mathbf{I}$$

を満たすような行列 $\mathbf{A}^{-1}$ の存在条件について検討する。

単位行列 $\mathbf{I}$ の行列式の値は $1 \cdot 1 \cdots 1 = 1$ である。したがって、

$$\mathbf{AA}^{-1} = \mathbf{I}$$

の両辺の行列式の値は、

$$\left|\mathbf{AA}^{-1}\right| = \left|\mathbf{I}\right| = 1$$

となる。ここで、(3.103) 式を用いると、

$$\left|\mathbf{AA}^{-1}\right| = \left|\mathbf{A}\right| \cdot \left|\mathbf{A}^{-1}\right| = 1$$

となるが、この式が成り立つためには、

$$\left|\mathbf{A}\right| \neq 0$$

でなければならない。これが逆行列の存在条件であり、この条件が満たされ

第3章 行列

ていることを**正則**と呼ぶ。

ここで、以下の正則な3×3行列を想定する。

$$\mathbf{A} = \begin{pmatrix} a_{11} & a_{12} & a_{13} \\ a_{21} & a_{22} & a_{23} \\ a_{31} & a_{32} & a_{33} \end{pmatrix}, \quad |\mathbf{A}| \neq 0 \quad\quad\quad (3.112)$$

求めたい、逆行列を、

$$\mathbf{A}^{-1} = \begin{pmatrix} x_{11} & x_{12} & x_{13} \\ x_{21} & x_{22} & x_{23} \\ x_{31} & x_{32} & x_{33} \end{pmatrix}$$

とおくと、行列式の定義から

$$|\mathbf{A}\mathbf{A}^{-1}| = |\mathbf{I}|$$

$$\begin{pmatrix} a_{11} & a_{12} & a_{13} \\ a_{21} & a_{22} & a_{23} \\ a_{31} & a_{32} & a_{33} \end{pmatrix} \begin{pmatrix} x_{11} & x_{12} & x_{13} \\ x_{21} & x_{22} & x_{23} \\ x_{31} & x_{32} & x_{33} \end{pmatrix} = \begin{pmatrix} 1 & 0 & 0 \\ 0 & 1 & 0 \\ 0 & 0 & 1 \end{pmatrix} \quad (3.113)$$

となる。この行列の積を計算すると、次の3組の連立1次方程式に分解される。

$$\begin{cases} a_{11}x_{11} + a_{12}x_{21} + a_{13}x_{31} = 1 \\ a_{21}x_{11} + a_{22}x_{21} + a_{23}x_{31} = 1 \\ a_{31}x_{11} + a_{32}x_{21} + a_{33}x_{31} = 1 \end{cases} \quad\quad\quad (3.114)$$

$$\begin{cases} a_{11}x_{12} + a_{12}x_{22} + a_{13}x_{32} = 1 \\ a_{21}x_{12} + a_{22}x_{22} + a_{23}x_{32} = 1 \\ a_{31}x_{12} + a_{32}x_{22} + a_{33}x_{32} = 1 \end{cases} \quad\quad\quad (3.115)$$

$$\begin{cases} a_{11}x_{13} + a_{12}x_{23} + a_{13}x_{33} = 1 \\ a_{21}x_{13} + a_{22}x_{23} + a_{23}x_{33} = 1 \\ a_{31}x_{13} + a_{32}x_{23} + a_{33}x_{33} = 1 \end{cases} \quad\quad\quad (3.116)$$

この行列は正則であり、これらの連立1次方程式にクラメルの公式を適用することで解を求めることができる。たとえば、(3.114) 式の解は、

$$x_{11} = \frac{\begin{vmatrix} 1 & a_{12} & a_{13} \\ 0 & a_{22} & a_{23} \\ 0 & a_{32} & a_{33} \end{vmatrix}}{|\mathbf{A}|}, \quad x_{21} = \frac{\begin{vmatrix} a_{11} & 1 & a_{13} \\ a_{21} & 0 & a_{23} \\ a_{31} & 0 & a_{33} \end{vmatrix}}{|\mathbf{A}|}, \quad x_{31} = \frac{\begin{vmatrix} a_{11} & a_{12} & 1 \\ a_{21} & a_{22} & 0 \\ a_{31} & a_{32} & 0 \end{vmatrix}}{|\mathbf{A}|}$$

となる。これらの解の分子の行列式に注目すると、それらは $|\mathbf{A}|$ を第1列、第2列、第3列で余因子展開したときの余因子 $\tilde{a}_{11}, \tilde{a}_{12}, \tilde{a}_{13}$ となっている。したがって、

$$x_{11} = \frac{\tilde{a}_{11}}{|\mathbf{A}|}, x_{21} = \frac{\tilde{a}_{12}}{|\mathbf{A}|}, x_{31} = \frac{\tilde{a}_{13}}{|\mathbf{A}|}$$

となり、同様に、

$$x_{12} = \frac{\tilde{a}_{21}}{|\mathbf{A}|}, x_{22} = \frac{\tilde{a}_{22}}{|\mathbf{A}|}, x_{32} = \frac{\tilde{a}_{23}}{|\mathbf{A}|},$$

$$x_{13} = \frac{\tilde{a}_{31}}{|\mathbf{A}|}, x_{23} = \frac{\tilde{a}_{32}}{|\mathbf{A}|}, x_{33} = \frac{\tilde{a}_{33}}{|\mathbf{A}|}$$

が成立する。したがって逆行列 $\mathbf{A}^{-1}$ は、

$$\mathbf{A}^{-1} = \begin{pmatrix} \frac{\tilde{a}_{11}}{|\mathbf{A}|} & \frac{\tilde{a}_{21}}{|\mathbf{A}|} & \frac{\tilde{a}_{31}}{|\mathbf{A}|} \\ \frac{\tilde{a}_{12}}{|\mathbf{A}|} & \frac{\tilde{a}_{22}}{|\mathbf{A}|} & \frac{\tilde{a}_{32}}{|\mathbf{A}|} \\ \frac{\tilde{a}_{13}}{|\mathbf{A}|} & \frac{\tilde{a}_{23}}{|\mathbf{A}|} & \frac{\tilde{a}_{33}}{|\mathbf{A}|} \end{pmatrix} \quad \cdots\cdots (3.117)$$

で計算され、この式を**逆行列の公式**と呼ぶ。ij 要素は $\mathbf{A}_{ji}/|\mathbf{A}|$ となり、添字が反対になっていることに注意が必要である。

次に、$\mathbf{A}^{-1}\mathbf{A} = \mathbf{I}$ について検討する。これは、(3.117) 式を用いると

第3章 行列

$$\begin{pmatrix} \dfrac{\tilde{a}_{11}}{|\mathbf{A}|} & \dfrac{\tilde{a}_{21}}{|\mathbf{A}|} & \dfrac{\tilde{a}_{31}}{|\mathbf{A}|} \\ \dfrac{\tilde{a}_{12}}{|\mathbf{A}|} & \dfrac{\tilde{a}_{22}}{|\mathbf{A}|} & \dfrac{\tilde{a}_{32}}{|\mathbf{A}|} \\ \dfrac{\tilde{a}_{13}}{|\mathbf{A}|} & \dfrac{\tilde{a}_{23}}{|\mathbf{A}|} & \dfrac{\tilde{a}_{33}}{|\mathbf{A}|} \end{pmatrix} \begin{pmatrix} a_{11} & a_{12} & a_{13} \\ a_{21} & a_{22} & a_{23} \\ a_{31} & a_{32} & a_{33} \end{pmatrix} = \begin{pmatrix} 1 & 0 & 0 \\ 0 & 1 & 0 \\ 0 & 0 & 1 \end{pmatrix} \quad \cdots\cdots (3.118)$$

が成立することを意味するので、この行列の積を計算して得られる以下の九つの式が満たされていれば、$\mathbf{A}^{-1}\mathbf{A}=\mathbf{I}$ が成立していることになる。

$$\tilde{a}_{11}a_{11} + \tilde{a}_{21}a_{21} + \tilde{a}_{31}a_{31} = |\mathbf{A}|$$
$$\tilde{a}_{12}a_{11} + \tilde{a}_{22}a_{21} + \tilde{a}_{32}a_{31} = 0$$
$$\tilde{a}_{13}a_{11} + \tilde{a}_{23}a_{21} + \tilde{a}_{33}a_{31} = 0$$
$$\tilde{a}_{11}a_{12} + \tilde{a}_{21}a_{22} + \tilde{a}_{31}a_{32} = 0$$
$$\tilde{a}_{12}a_{12} + \tilde{a}_{22}a_{22} + \tilde{a}_{32}a_{32} = |\mathbf{A}|$$
$$\tilde{a}_{13}a_{12} + \tilde{a}_{23}a_{22} + \tilde{a}_{33}a_{32} = 0$$
$$\tilde{a}_{11}a_{13} + \tilde{a}_{21}a_{23} + \tilde{a}_{31}a_{33} = 0$$
$$\tilde{a}_{12}a_{13} + \tilde{a}_{22}a_{23} + \tilde{a}_{32}a_{33} = 0$$
$$\tilde{a}_{13}a_{13} + \tilde{a}_{23}a_{23} + \tilde{a}_{33}a_{33} = |\mathbf{A}|$$

上式のなかで、右辺が $|\mathbf{A}|$ となっている式は、$|\mathbf{A}|$ の余因子展開の式そのものである。次に、2番目の右辺が0となっている式について考える。たとえば、余因子 $\tilde{a}_{12}, \tilde{a}_{22}, \tilde{a}_{32}$ はそれぞれ

$$\tilde{a}_{12} = \begin{vmatrix} a_{11} & 1 & a_{13} \\ a_{21} & 0 & a_{23} \\ a_{31} & 0 & a_{33} \end{vmatrix}, \tilde{a}_{22} = \begin{vmatrix} a_{11} & 0 & a_{13} \\ a_{21} & 1 & a_{23} \\ a_{31} & 0 & a_{33} \end{vmatrix}, \tilde{a}_{32} = \begin{vmatrix} a_{11} & 0 & a_{13} \\ a_{21} & 0 & a_{23} \\ a_{31} & 1 & a_{33} \end{vmatrix}$$

であるので、2番目の式の左辺は、

$$\begin{vmatrix} a_{11} & a_{11} & a_{13} \\ a_{21} & 0 & a_{23} \\ a_{31} & 0 & a_{33} \end{vmatrix} + \begin{vmatrix} a_{11} & 0 & a_{13} \\ a_{21} & a_{21} & a_{23} \\ a_{31} & 0 & a_{33} \end{vmatrix} + \begin{vmatrix} a_{11} & 0 & a_{13} \\ a_{21} & 0 & a_{23} \\ a_{31} & a_{31} & a_{33} \end{vmatrix} \quad \leftarrow \text{第1列と第3列が同じ}$$

$$= \begin{vmatrix} a_{11} & a_{11}+0+0 & a_{13} \\ a_{21} & 0+a_{21}+0 & a_{23} \\ a_{31} & 0+0+a_{31} & a_{33} \end{vmatrix} = \begin{vmatrix} a_{11} & a_{11} & a_{13} \\ a_{21} & a_{21} & a_{23} \\ a_{31} & a_{31} & a_{33} \end{vmatrix} \qquad \leftarrow 行列の性質5$$

$$= 0 \qquad \leftarrow 行列の性質3$$

同様に、右辺が0である他の等式も成立するので、これらの九つの式のすべてが満たされ、$\mathbf{A}^{-1}\mathbf{A} = \mathbf{I}$ が成り立つ。

ここでは、正則な3×3行列を想定したが、こうした関係は(3.107)式で示された一般の$n \times n$行列の場合についても成立し、以下の逆行列の公式が成り立つ。

$$\mathbf{A}^{-1} = \begin{pmatrix} \dfrac{\tilde{a}_{11}}{|\mathbf{A}|} & \dfrac{\tilde{a}_{21}}{|\mathbf{A}|} & \cdots & \dfrac{\tilde{a}_{n1}}{|\mathbf{A}|} \\ \dfrac{\tilde{a}_{12}}{|\mathbf{A}|} & \dfrac{\tilde{a}_{22}}{|\mathbf{A}|} & \cdots & \dfrac{\tilde{a}_{n2}}{|\mathbf{A}|} \\ \vdots & \vdots & \ddots & \vdots \\ \dfrac{\tilde{a}_{1n}}{|\mathbf{A}|} & \dfrac{\tilde{a}_{2n}}{|\mathbf{A}|} & \cdots & \dfrac{\tilde{a}_{nn}}{|\mathbf{A}|} \end{pmatrix} \qquad (3.119)$$

また、逆行列をもつ行列のことを**正則行列**と呼ぶ。

(3.119)式は$n \times n$行列の逆行列の公式であったが、2×2行列の逆行列の公式は、以下のように単純化される。

$$\mathbf{A}^{-1} = \begin{pmatrix} \dfrac{\tilde{a}_{11}}{|\mathbf{A}|} & \dfrac{\tilde{a}_{21}}{|\mathbf{A}|} \\ \dfrac{\tilde{a}_{12}}{|\mathbf{A}|} & \dfrac{\tilde{a}_{22}}{|\mathbf{A}|} \end{pmatrix} = \dfrac{1}{|\mathbf{A}|} \begin{pmatrix} \tilde{a}_{11} & \tilde{a}_{21} \\ \tilde{a}_{12} & \tilde{a}_{22} \end{pmatrix}$$

$$= \dfrac{1}{a_{11}a_{22} - a_{12}a_{21}} \begin{pmatrix} a_{22} & -a_{12} \\ -a_{21} & a_{11} \end{pmatrix} \qquad (3.120)$$

演習3.14 行列が、

$$A = \begin{pmatrix} 1 & 4 \\ 2 & 3 \end{pmatrix}, B = \begin{pmatrix} 1 & 5 \\ -2 & -3 \end{pmatrix}$$

で与えられているとき、以下の値を計算をせよ。
(1) A^{-1}, B^{-1}
(2) $(A^T)^{-1}, (A^{-1})^T$
(3) $(AB)^{-1}, B^{-1}A^{-1}$

解

(1) $A^{-1} = \dfrac{1}{1 \times 3 - 4 \times 2} \begin{pmatrix} 3 & -4 \\ -2 & 1 \end{pmatrix} = -\dfrac{1}{5} \begin{pmatrix} 3 & -4 \\ -2 & 1 \end{pmatrix} = \begin{pmatrix} -3/5 & 4/5 \\ 2/5 & -1/5 \end{pmatrix}$

$B^{-1} = \dfrac{1}{1 \times (-3) - 5 \times (-2)} \begin{pmatrix} -3 & -5 \\ 2 & 1 \end{pmatrix} = \dfrac{1}{7} \begin{pmatrix} -3 & -5 \\ 2 & 1 \end{pmatrix}$

$= \begin{pmatrix} -3/7 & -5/7 \\ 2/7 & 1/7 \end{pmatrix}$

(2) $(A^T)^{-1} = \begin{pmatrix} 1 & 2 \\ 4 & 3 \end{pmatrix}^{-1} = \dfrac{1}{1 \times 3 - 2 \times 4} \begin{pmatrix} 3 & -2 \\ -4 & 1 \end{pmatrix}$

$= -\dfrac{1}{5} \begin{pmatrix} 3 & -2 \\ -4 & 1 \end{pmatrix} = \begin{pmatrix} -3/5 & 2/5 \\ 4/5 & -1/5 \end{pmatrix}$

$(A^{-1})^T = \begin{pmatrix} -3/5 & 4/5 \\ 2/5 & -1/5 \end{pmatrix}^T = \begin{pmatrix} -3/5 & 2/5 \\ 4/5 & -1/5 \end{pmatrix}$

(3) $(AB)^{-1} = \left(\begin{pmatrix} 1 & 4 \\ 2 & 3 \end{pmatrix} \begin{pmatrix} 1 & 5 \\ -2 & -3 \end{pmatrix} \right)^{-1}$

$= \begin{pmatrix} 1 \times 1 + 4 \times (-2) & 1 \times 5 + 4 \times (-3) \\ 2 \times 1 + 3 \times (-2) & 2 \times 5 + 3 \times (-3) \end{pmatrix}^{-1}$

$$= \begin{pmatrix} -7 & -7 \\ -4 & 1 \end{pmatrix}^{-1} = \frac{1}{(-7) \times 1 - (-7) \times (-4)} \begin{pmatrix} 1 & 7 \\ 4 & -7 \end{pmatrix}$$

$$= -\frac{1}{35} \begin{pmatrix} 1 & 7 \\ 4 & -7 \end{pmatrix} = \begin{pmatrix} -1/35 & -7/35 \\ -4/35 & 7/35 \end{pmatrix}$$

$$\mathbf{B}^{-1}\mathbf{A}^{-1} = \begin{pmatrix} -3/7 & -5/7 \\ 2/7 & 1/7 \end{pmatrix} \begin{pmatrix} -3/5 & 4/5 \\ 2/5 & -1/5 \end{pmatrix}$$

$$= \begin{pmatrix} (-3/7) \times (-3/5) + (-5/7) \times (2/5) & (-3/7) \times (4/5) + (-5/7) \times (-1/5) \\ (2/7) \times (-3/5) + (1/7) \times (2/5) & (2/7) \times (4/5) + (1/7) \times (-1/5) \end{pmatrix}$$

$$= \begin{pmatrix} -1/35 & -7/35 \\ -4/35 & 7/35 \end{pmatrix}$$

> Excelで逆行列を計算するには、=MINVERSE(配列)を利用すればよい。

例題3.9　逆行列を用いた連立一次方程式の解

未知数 x, y, z が、以下のような一次方程式を同時に満たしているものとする。

$$\begin{cases} x + 3y + 3z = 23 \\ 3x - y + 2z = 8 \\ 2x + 4y - z = 21 \end{cases}$$

このとき、これらの一次方程式をまとめたものを**連立一次方程式**と呼ぶ。

$$\mathbf{A} = \begin{pmatrix} 1 & 3 & 3 \\ 3 & -1 & 2 \\ 2 & 4 & -1 \end{pmatrix}, \mathbf{c} = \begin{pmatrix} x \\ y \\ z \end{pmatrix}, \mathbf{b} = \begin{pmatrix} 23 \\ 8 \\ 21 \end{pmatrix}$$

第3章 行 列

と定義すると、この連立方程式は、

　$\mathbf{Ac} = \mathbf{b}$

という行列形式で書くことができる。$\mathbf{A}$が正則である場合には、逆行列$\mathbf{A}^{-1}$を用いて

　$\mathbf{c} = \mathbf{A}^{-1}\mathbf{b}$

で$\mathbf{c}$の解を計算することができる。

例題3.10　格付推移確率の推定

現在時点を0とし、期間1年の格付推移確率行列 $\mathbf{Q}(0,1)$、期間2年の格付推移確率行列 $\mathbf{Q}(0,2)$ が与えられている。このとき、時点1から時点2の間に適用される格付推移確率行列 $\mathbf{Q}(1,2)$ の値を計算せよ。

$$\mathbf{Q}(0,1) = \begin{pmatrix} 0.9340 & 0.0594 & 0.0064 & 0.0000 & 0.0002 & 0.0000 & 0.0000 & 0.0000 \\ 0.0161 & 0.9055 & 0.0746 & 0.0026 & 0.0009 & 0.0001 & 0.0000 & 0.0002 \\ 0.0007 & 0.0228 & 0.9244 & 0.0463 & 0.0045 & 0.0012 & 0.0000 & 0.0001 \\ 0.0005 & 0.0026 & 0.0551 & 0.8848 & 0.0476 & 0.0071 & 0.0008 & 0.0015 \\ 0.0002 & 0.0005 & 0.0042 & 0.0516 & 0.8691 & 0.0591 & 0.0024 & 0.0129 \\ 0.0000 & 0.0004 & 0.0013 & 0.0054 & 0.0635 & 0.8422 & 0.0191 & 0.0681 \\ 0.0000 & 0.0000 & 0.0000 & 0.0062 & 0.0205 & 0.0408 & 0.6919 & 0.2406 \\ 0.0000 & 0.0000 & 0.0000 & 0.0000 & 0.0000 & 0.0000 & 0.0000 & 1.0000 \end{pmatrix}$$

$$\mathbf{Q}(0,2) = \begin{pmatrix} 0.8591 & 0.1212 & 0.0187 & 0.0006 & 0.0005 & 0.0000 & 0.0000 & 0.0000 \\ 0.0329 & 0.8031 & 0.1514 & 0.0095 & 0.0023 & 0.0004 & 0.0000 & 0.0005 \\ 0.0019 & 0.0464 & 0.8424 & 0.0929 & 0.0118 & 0.0031 & 0.0001 & 0.0005 \\ 0.0011 & 0.0068 & 0.1107 & 0.7652 & 0.0928 & 0.0171 & 0.0017 & 0.0047 \\ 0.0004 & 0.0013 & 0.0120 & 0.1003 & 0.7364 & 0.1116 & 0.0055 & 0.0325 \\ 0.0000 & 0.0009 & 0.0033 & 0.0145 & 0.1201 & 0.6837 & 0.0319 & 0.1456 \\ 0.0000 & 0.0001 & 0.0006 & 0.0122 & 0.0383 & 0.0693 & 0.4297 & 0.4500 \\ 0.0000 & 0.0000 & 0.0000 & 0.0000 & 0.0000 & 0.0000 & 0.0000 & 1.000 \end{pmatrix}$$

> **解** 期間2年の格付推移確率行列 **Q**(0,2) は、期間1年の格付推移確率行列 **Q**(0,1) に時点1から時点2の間に適用される格付推移確率行列 **Q**(1,2) を掛け合わせたものと等しいものとする。これを式で表すと、
>
> **Q**(0,1)**Q**(1,2) = **Q**(0,2)
>
> となるので、
>
> **Q**(1,2) = **Q**(0,2)・**Q**(0,1)$^{-1}$
>
> が得られる。
>
> $$\mathbf{Q}(0,1)^{-1} = \begin{pmatrix} 1.0719 & -0.0703 & -0.0018 & 0.0003 & -0.0002 & 0.0000 & 0.0000 & 0.0000 \\ -0.0190 & 1.1079 & -0.0894 & 0.0015 & -0.0008 & 0.0000 & 0.0000 & -0.0002 \\ -0.0003 & -0.0272 & 1.0874 & -0.0567 & -0.0024 & -0.0009 & 0.0001 & 0.0001 \\ -0.0005 & -0.0015 & -0.0674 & 1.1374 & -0.0615 & -0.0051 & -0.0010 & -0.0003 \\ -0.0002 & -0.0004 & -0.0011 & -0.0671 & 1.1602 & -0.0808 & -0.0017 & -0.0090 \\ 0.0000 & -0.0004 & -0.0011 & -0.0020 & -0.0864 & 1.1950 & -0.0327 & -0.0724 \\ 0.0000 & 0.0001 & 0.0007 & -0.0081 & -0.0287 & -0.0680 & 1.4473 & -0.3432 \\ 0.0000 & 0.0000 & 0.0000 & 0.0000 & 0.0000 & 0.0000 & 0.0000 & 1.0000 \end{pmatrix}$$
>
> **Q**(1,2) = **Q**(0,2)・**Q**(0,1)$^{-1}$
>
> $$= \begin{pmatrix} 0.9185 & 0.0734 & 0.0079 & 0.0000 & 0.0002 & 0.0000 & 0.0000 & 0.0000 \\ 0.0199 & 0.8833 & 0.0921 & 0.0032 & 0.0011 & 0.0001 & 0.0000 & 0.0002 \\ 0.0009 & 0.0282 & 0.9066 & 0.0572 & 0.0056 & 0.0015 & 0.0000 & 0.0001 \\ 0.0006 & 0.0032 & 0.0680 & 0.8577 & 0.0588 & 0.0088 & 0.0010 & 0.0019 \\ 0.0002 & 0.0006 & 0.0052 & 0.0637 & 0.8383 & 0.0730 & 0.0030 & 0.0159 \\ 0.0000 & 0.0005 & 0.0016 & 0.0067 & 0.0784 & 0.8051 & 0.0236 & 0.0841 \\ 0.0000 & 0.0000 & 0.0000 & 0.0077 & 0.0253 & 0.0504 & 0.6195 & 0.2971 \\ 0.0000 & 0.0000 & 0.0000 & 0.0000 & 0.0000 & 0.0000 & 0.0000 & 1.0000 \end{pmatrix}$$
>
> となる。

9 固有値と固有ベクトル

二つの変数xとyが正比例していることを、$y=ax$で表す。これを行列(ベクトル)に拡張したのが、線形変換、もしくは1次変換と呼ばれるものであ

り、ある平面上の1点を他の1点に移すという幾何的な意味をもち、座標系を変換するのに用いられる。正比例の式では、比例定数aが変換を特徴づけるが、**Y=AX**で表される一般の線形変換を特徴づけるのは固有値である。すなわち、固有値はベクトルにおける比例定数の意味をもっている。

正方行列**A**において、

$$\lambda \mathbf{X} = \mathbf{A}\mathbf{X}, \mathbf{X} \neq \mathbf{0} \quad \cdots\cdots\cdots\cdots\cdots\cdots\cdots\cdots\cdots\cdots\cdots\cdots\cdots\cdots (3.121)$$

となるλとベクトル**X**が存在するとき、λを行列**A**の**固有値**、**X**を**固有ベクトル**と呼ぶ。(3.121)式より、

$$(\lambda \mathbf{I} - \mathbf{A})\mathbf{X} = \mathbf{0} \quad \cdots\cdots\cdots\cdots\cdots\cdots\cdots\cdots\cdots\cdots\cdots\cdots\cdots\cdots (3.122)$$

となる。ここで、**I**はn次の単位行列である。$(\lambda \mathbf{I} - \mathbf{A})$の逆行列が存在するなら、(3.122)式の両辺に$(\lambda \mathbf{I} - \mathbf{A})^{-1}$を作用させると、

$$\mathbf{X} = (\lambda \mathbf{I} - \mathbf{A})^{-1}\mathbf{0} = \mathbf{0} \quad \cdots\cdots\cdots\cdots\cdots\cdots\cdots\cdots\cdots\cdots\cdots\cdots (3.123)$$

となり、**X≠0**に反することになる。したがって、$(\lambda \mathbf{I} - \mathbf{A})$の逆行列は存在せず、行列式は、

$$|\lambda \mathbf{I} - \mathbf{A}| = 0 \quad \cdots\cdots\cdots\cdots\cdots\cdots\cdots\cdots\cdots\cdots\cdots\cdots\cdots\cdots\cdots (3.124)$$

でなければならない。なお、この方程式を**固有(特性)方程式**と呼ぶ。

正方行列**A**がn次正方行列である場合、固有値はn個(重複を含む)存在し、これらの値を$\lambda_1, \lambda_2, \cdots, \lambda_n$とすると、

$$\prod_{i=1}^{n} \lambda_i = |\mathbf{A}| \quad \cdots\cdots\cdots\cdots\cdots\cdots\cdots\cdots\cdots\cdots\cdots\cdots\cdots\cdots\cdots (3.125)$$

$$\sum_{i=1}^{n} \lambda_i = \sum_{i=1}^{n} a_{ii} \quad \cdots\cdots\cdots\cdots\cdots\cdots\cdots\cdots\cdots\cdots\cdots\cdots\cdots (3.126)$$

が成り立つ。

正方行列**A**とその転置行列$\mathbf{A}^T$が等しい、つまり$\mathbf{A} = \mathbf{A}^T$のとき、正方行列**A**を**対称行列**と呼ぶ。

例題3.11 対称行列の例

$$\mathbf{A} = \begin{pmatrix} -3 & 2 & 1 \\ 2 & -5 & 0 \\ 1 & 0 & 2 \end{pmatrix} = \mathbf{A}^{\mathrm{T}}$$

対称行列の固有値には、以下のような特徴がある。
(1) 固有値はすべて実数である。
(2) 異なる固有値に対応する固有ベクトルは互いに直行する。

n次の対称行列$\mathbf{A}$の固有値を$\lambda_i (i=1,2,\cdots,n)$、それぞれの固有値$\lambda_i$に対応する固有ベクトルを$\mathbf{X}_i$とし、$\mathbf{X}_i$は正規化されているものと仮定する$(\mathbf{X}_i^{\mathrm{T}}\mathbf{X}_i = 1)$。

このとき、行列$\mathbf{A}$は、以下のように分解されるが、この分解のことを**スペクトル分解**という。

$$\mathbf{A} = \sum_{i=1}^{n} \lambda_i \mathbf{X}_i \mathbf{X}_i^{\mathrm{T}} \quad\quad\quad (3.127)$$

スペクトル分解は一意であり、$\mathbf{X}_i$は互いに直交するので、

$$\mathbf{A}^k = \sum_{i=1}^{n} \lambda_i \mathbf{X}_i \mathbf{X}_i^{\mathrm{T}}, \ k = 0, 1, \cdots,$$
$$\mathbf{A}^0 = \mathbf{I}$$

が成り立つ。

n次対称行列$\mathbf{A}$とn次ベクトル$\mathbf{b}$に対し、

$$\mathbf{b}^{\mathrm{T}}\mathbf{A}\mathbf{b} = \sum_{i=1}^{n}\sum_{j=1}^{n} b_i a_{ij} b_j \quad\quad\quad (3.128)$$

で定義される実数値を$\mathbf{A}$の2次形式と呼ぶ。

ゼロでない任意のn次ベクトル$\mathbf{b}$に対してn次対称行列$\mathbf{A}$の2次形式の値が常に正、つまり、

$$\mathbf{b}^{\mathrm{T}}\mathbf{A}\mathbf{b} > 0$$

第3章 行列

となるとき、n次対称行列 $\mathbf{A}$ は**正定値**であるといわれ、2次形式の値が常に非負であるときには**非負定値**と呼ばれる。正定値行列の代表的なものとして、VaRなどのリスク評価でよく用いられる分散共分散行列がある。

定理3−4 $\mathbf{A}$ が正定値 $\Leftrightarrow$ $\mathbf{A}$ のすべての固有値が正

演習3.15 以下の行列の固有値を計算せよ。
$$\mathbf{A} = \begin{pmatrix} 2 & 1 \\ 1 & 2 \end{pmatrix}, \mathbf{B} = \begin{pmatrix} 1 & 5 \\ -3 & 1 \end{pmatrix}$$

解

$\mathbf{A} = \begin{pmatrix} 2 & 1 \\ 1 & 2 \end{pmatrix}$ であるとき、固有値 λ は、

$$|\lambda \mathbf{I} - \mathbf{A}| = \begin{vmatrix} \lambda-2 & -1 \\ -1 & \lambda-2 \end{vmatrix} = (\lambda-2)(\lambda-2) - 1 = (\lambda-1)(\lambda-3) = 0$$

の解として計算されるので、$\lambda_1 = 1, \lambda_2 = 3$ となる。$\mathbf{x} = \begin{pmatrix} x_1 \\ x_2 \end{pmatrix}$ とすると、(3.121) 式より、$\lambda_1 = 1$ のときには、

$$1 \cdot \begin{pmatrix} x_1 \\ x_2 \end{pmatrix} = \begin{pmatrix} 2 & 1 \\ 1 & 2 \end{pmatrix} \cdot \begin{pmatrix} x_1 \\ x_2 \end{pmatrix}$$

であるので、
$$\begin{cases} x_1 + x_2 = 0 \\ x_1 + x_2 = 0 \end{cases}$$
となり、固有ベクトルは、

$$\mathbf{x}_1 = v_1 \begin{pmatrix} 1 \\ -1 \end{pmatrix}$$

で与えられる。ただし、v_1は0でない任意の実数である。また、$\lambda_2 = 3$のときには、

$$3 \cdot \begin{pmatrix} x_1 \\ x_2 \end{pmatrix} = \begin{pmatrix} 2 & 1 \\ 1 & 2 \end{pmatrix} \cdot \begin{pmatrix} x_1 \\ x_2 \end{pmatrix}$$

であるので、

$$\begin{cases} x_1 - x_2 = 0 \\ x_1 - x_2 = 0 \end{cases}$$

となり、固有ベクトルは、

$$\mathbf{x}_2 = v_2 \begin{pmatrix} 1 \\ 1 \end{pmatrix}$$

で計算される。ただし、v_2は0でない任意の実数である。さらに、これら二つの固有ベクトルの内積は、

$$\mathbf{x}_1^T \mathbf{x}_2 = v_1 \begin{pmatrix} 1 & -1 \end{pmatrix} v_2 \begin{pmatrix} 1 \\ 1 \end{pmatrix} = v_1 v_2 - v_1 v_2 = 0$$

となるので、これら二つの固有ベクトルは直交する。

次に、$\mathbf{B} = \begin{pmatrix} 1 & 5 \\ -3 & 1 \end{pmatrix}$ について検討する。この場合の固有方程式は、

$$|\lambda \mathbf{I} - \mathbf{B}| = \begin{vmatrix} \lambda - 1 & -5 \\ 3 & \lambda - 1 \end{vmatrix} = \lambda^2 - 2\lambda + 16 = 0$$

であるので、$\lambda = 1 \pm 2\sqrt{-15}$ となり、固有値は複素数となる。

第3章　行　列

演習3.16 以下の行列の固有値を計算せよ。

$$\mathbf{A} = \begin{pmatrix} 3 & 2 & 1 \\ 2 & 0 & 0 \\ 4 & 2 & 1 \end{pmatrix}$$

解　まず、行列式を計算する。

$|\mathbf{A}| = 3 \times 0 \times 1 + 2 \times 2 \times 1 + 2 \times 0 \times 4 - 1 \times 0 \times 4 - 2 \times 2 \times 1 - 0 \times 2 \times 3$
$\phantom{|\mathbf{A}|} = 0 + 4 + 0 - 0 - 4 - 0 = 0$

次に階数について検討する。

$$\begin{pmatrix} 2 \\ 0 \\ 2 \end{pmatrix} = 2 \begin{pmatrix} 1 \\ 0 \\ 1 \end{pmatrix}$$

という関係が成り立つ。また、ベクトル $(3,2,4)^T$ とベクトル $(1,0,1)^T$ の関係をみてみると、

$$\alpha_1 \begin{pmatrix} 3 \\ 2 \\ 4 \end{pmatrix} + \alpha_2 \begin{pmatrix} 1 \\ 0 \\ 1 \end{pmatrix} = \begin{pmatrix} 3\alpha_1 + \alpha_2 \\ 2\alpha_1 \\ 4\alpha_1 + \alpha_2 \end{pmatrix} = \begin{pmatrix} 0 \\ 0 \\ 0 \end{pmatrix}$$

の解は、

$$\begin{cases} 3\alpha_1 + \alpha_2 = 0 & \cdots\cdots(3.129) \\ 2\alpha_1 = 0 & \cdots\cdots(3.130) \\ 4\alpha_1 + \alpha_2 = 0 & \cdots\cdots(3.131) \end{cases}$$

(3.130) 式より $\alpha_1=0$。これを (3.131) 式に代入すると $\alpha_2=0$ であり、上式が成立するのは $\alpha_1=\alpha_2=0$ のときだけであるので、ベクトル $(3,2,4)^T$ とベクトル $(1,0,1)^T$ は一次独立である。したがって、階数は2である。

次に、固有値について検討する。

$$\lambda \mathbf{I} - \mathbf{A} = \begin{pmatrix} \lambda & 0 & 0 \\ 0 & \lambda & 0 \\ 0 & 0 & \lambda \end{pmatrix} - \begin{pmatrix} 3 & 2 & 1 \\ 2 & 0 & 0 \\ 4 & 2 & 1 \end{pmatrix} = \begin{pmatrix} \lambda-3 & -2 & -1 \\ -2 & \lambda & 0 \\ -4 & -2 & \lambda-1 \end{pmatrix}$$

固有方程式は、

$$\begin{vmatrix} \lambda-3 & -2 & -1 \\ -2 & \lambda & 0 \\ -4 & -2 & \lambda-1 \end{vmatrix} = (\lambda-3)(\lambda)(\lambda-1) + (-2) \times (-2) \times (-1) + (-2) \times 0$$

$$\times (-4) - (-1) \times \lambda \times (-4) - (-2) \times (-2) \times (\lambda-1)$$
$$- 0 \times (-2) \times (\lambda-3)$$
$$= \lambda^3 - 4\lambda^2 + 3\lambda - 4 + 0 - 4\lambda - 4\lambda + 4 - 0$$
$$= \lambda(\lambda^2 - 4\lambda - 5) = \lambda(\lambda-5)(\lambda+1) = 0$$

となるので、固有値は $\lambda = -1, 0, 5$ となる。

10 まとめ

　実務では、ポートフォリオ分析や**VaR**などのリスク計測の場面で、行列の計算がよく用いられる。これは、行列で表現すると数式が非常に簡単になるというメリットがあるためである。一方、行列の計算はそれなりに大変であるので、Excelの行列計算機能を積極的に使うことを薦めたい。

第4章
関数の微分と積分

　たとえば、金利 r によって価格が決まる金融商品の価格を $f(r)$ という関数で表すと、もし金利が微少変化したときに、価格 $f(r)$ がどのぐらい影響を受けるのかという**感応度分析**がリスク評価の基本となる。オプションのデルタという指標は、原資産が微少変化したときにオプション価格がどのぐらい影響を受けるのかを示したものであり、債券の修正デュレーションは、金利が微少変化したときの債券価格の影響を示したものである。これらは、微分の概念そのものであり、リスク評価に微分は欠かせないものとなっている。また、積分は、金利や累積デフォルト確率の計算に必要となる。
　この章では、微分と積分の概念を解説し、実務での適用例を示す。

第4章　関数の微分と積分

1　関数の微分と数値微分

(1) 連　続

　関数$f(x)$が**連続**であるかどうかについては、微分可能性の議論をするときに不可欠の問題である。第2章6節で述べたように、ある関数$f(x)$について、

$$\lim_{x \to a} f(x) = f(a) \quad \text{..(4.1)}$$

が成り立つとき、$f(x)$は$x=a$で連続であるという。これは、xを限りなくaに近づけると、$f(x)$の値も限りなく$f(a)$に近づくということを意味している。

(2) 微　分

　ある関数$f(x)$に、以下の式で表される**極限**が存在するとき、この極限値を$f(x)$の$x=a$における**微分**（$f'(a)$）と呼び、$f(x)$は$x=a$で**微分可能**であると呼ばれる。また、この極限値$f'(a)$を、関数$f(x)$の$x=a$における**微分係数**と呼ぶ。

$$f'(a) = \lim_{h \to 0} \frac{f(a+h) - f(a)}{h} \quad \text{................................(4.2)}$$

　(4.2) 式は、xの値がaから$a+h$まで微少変化したとき、関数$f(x)$が変化する度合を比率で表したものである。また、hは**変動量**ともいわれる。なお、微分係数$f'(a)$は、$x=a$に依存する。

例題4.1　関数の微分

　関数$f(x)$が、

$$f(x) = 2x^2 - 3x + 5$$

で与えられているものとする。$h \to 0$はhを限りなく<0 に近づけるということであるので、ここでは、$h=0.01$と置き（$h=0$では計算不能）、aの値を、以下の条件で変化させて (4.2) 式を計算する。

　① $x=1$のとき：

$$f'(1) = \frac{f(1+0.01) - f(1)}{0.01}$$

$$= \frac{\{2 \times 1.01^2 - 3 \times 1.01 + 5\} - \{2 \times 1^2 - 3 \times 1 + 5\}}{0.01} = 1.02$$

② $x=3$ のとき：

$$f'(3) = \frac{f(3+0.01) - f(3)}{0.01}$$

$$= \frac{\{2 \times 3.01^2 - 3 \times 3.01 + 5\} - \{2 \times 3^2 - 3 \times 3 + 5\}}{0.01} = 9.02$$

③ $x=5$ のとき：

$$f'(5) = \frac{f(5+0.01) - f(5)}{0.01}$$

$$= \frac{\{2 \times 5.01^2 - 3 \times 5.01 + 5\} - \{2 \times 5^2 - 3 \times 5 + 5\}}{0.01} = 17.02$$

同様に、$h=0.001$ とした場合には、

① $x=1$ のとき：

$$f'(1) = \frac{f(1+0.001) - f(1)}{0.001}$$

$$= \frac{\{2 \times 1.001^2 - 3 \times 1.001 + 5\} - \{2 \times 1^2 - 3 \times 1 + 5\}}{0.001} = 1.002$$

② $x=3$ のとき：

$$f'(3) = \frac{f(3+0.001) - f(3)}{0.001}$$

$$= \frac{\{2 \times 3.001^2 - 3 \times 3.001 + 5\} - \{2 \times 3^2 - 3 \times 3 + 5\}}{0.001} = 9.002$$

第4章　関数の微分と積分

③　x=5のとき：

$$f'(5) = \frac{f(5+0.001) - f(5)}{0.001}$$

$$= \frac{\{2 \times 5.001^2 - 3 \times 5.001 + 5\} - \{2 \times 5^2 - 3 \times 5 + 5\}}{0.001} = 17.002$$

図表4－1　$f(x)=2x^2-3x+5$のグラフ

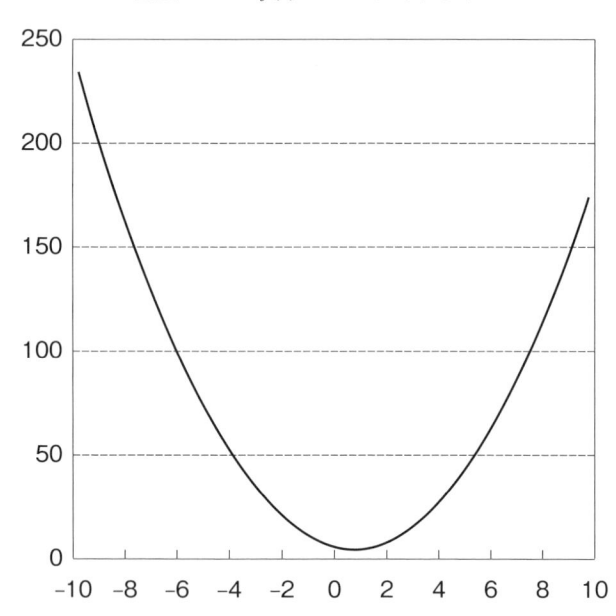

この結果からも、微分係数$f'(a)$は、$x=a$に依存していることがわかる。また、$h \to 0$とすると、

　　$f'(1)=1, f'(3)=9, f'(5)=17$

となるのではないかと推察される。この関数について後述する導関数を導くと、

　　$f'(x) = 4x - 3$

となり、これに$x=1,3,5$を代入すると、 $f'(1)=1, f'(3)=9, f'(5)=17$ が得られる。

極限は、hが限りなく0に近づくということだが、その近づき方には2通りあった。つまり、0より大きい値から0に向かっていく($h \to 0+$)場合と、0より小さな値から0に向かっていく($h \to 0-$)場合である。(4.2) 式の極限が、$h \to 0+$のときに存在するとき、関数$f(x)$は$x=a$で**右微分可能**であるといい、極限が$h \to 0-$のときに存在するとき、関数$f(x)$は$x=a$で**左微分可能**であるという。$f(x)$は$x=a$で微分可能であるというのは、右微分可能でかつ左微分可能であり、それらの極限が一致することを意味している。

(4.2) 式の極限が存在するということは、$h \to 0$のとき、$f(a+h)$と$f(a)$は等しくなるということであるので、

$$\lim_{h \to 0} \{f(a+h) - f(a)\} = 0$$

でなくてはならず、これは (4.1) 式を満たしている。すなわち、関数$f(x)$が$x=a$で微分可能であるなら、$f(x)$は$x=a$で連続である。ただし、この逆は必ずしも成立しない。

関数$f(x)$がすべての**定義域**[1]で微分可能なとき$f(x)$は微分可能であるといい、各xにおける微分$f'(x)$を関数としてとらえたものを$f(x)$の**導関数**、この導関数を求めることを**微分する**という。

$y=f(x)$と、おき、xが$x+h$に変化したときのxとyの変化量$\Delta x, \Delta y$は、

$\Delta x = (x+h) - x = h$

$\Delta y = f(x+h) - f(x)$

で表され、これを**増分**（**差分**[2]）という。これらを (4.2) 式に代入すると、

---

[1] 厳密には、写像の値の定義される引数のとりうる値全体からなる集合と定義されるが、ここではxの実現可能範囲として考えることとする。
[2] ここでは、差分をΔ（デルタと呼ぶ）で表現することにする。

第4章　関数の微分と積分

$$f'(x) = \lim_{h \to 0} \frac{\Delta y}{\Delta x} \quad \cdots\cdots (4.3)$$

が得られる。微分とは変化量$\Delta x, \Delta y$の比率（変化率）$\Delta y / \Delta x$の極限であり、hを十分小さな値にしたときの変化率をもって微分の近似値とすることが可能である[3]。このように、微分を数値的に計算することを**数値微分**と呼び、以下のような式が利用される。

$$f'(a) \approx \frac{f(a+h) - f(a)}{h} \quad \cdots\cdots (4.4)$$

$$f'(a) \approx \frac{f(a+h) - f(a-h)}{2h} \quad \cdots\cdots (4.5)$$

$f(x)$が微分可能であれば、ΔxやΔyは$h \to 0$のときに0に収束する。無限小の変化率という考えのもとで、ΔxとΔyをそれぞれdxとdyと表記して、これらを（4.3）式に適用すると、

$$f'(x) = \frac{dy}{dx} \quad \cdots\cdots (4.6)$$

が得られる。

　図表4－2の点Ａの座標を(x, y)、Ｂの座標を$(x+\Delta x, y+\Delta y)$とおく。直線ＡＢの傾きは変化率$\Delta y / \Delta x$であり、$h \to 0$のときに点Ｂは点Ａに限りなく近づくので、直線ＡＢは点Ａ、すなわち、xにおける関数$y = f(x)$の接線に収束する。したがって、微分$f'(x)$はxにおける関数$y = f(x)$の**接線の傾き**を表している。

　関数$f(x)$が$x = a$で微分可能であるとき、以下の定理が成り立つ。

---

[3] hをどこまで小さな数値としたらよいのかということについては、関数のかたち、aの水準をみながら判断することになる。

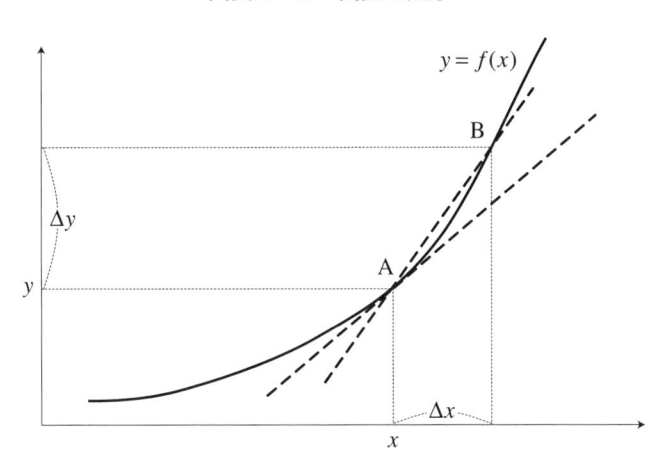

図表4－2　関数の微分

(figure: 関数 $y = f(x)$ のグラフ、点A・B、Δx、Δy を示す)

定理4－1　微分と関数の増減

(a) $f'(a)>0 \Leftrightarrow f(x)$は$x=a$で$x$が増加すれば$f(x)$も増加する状態にある。

(b) $f'(a)<0 \Leftrightarrow f(x)$は$x=a$で$x$が増加すれば$f(x)$は減少する状態にある。

定理4－2　関数$f(x)$が開区間(a,b)で微分可能であるとき、以下の性質が成り立つ[4]。

(a) (a,b)で$f'(x)=0 \Leftrightarrow f(x)$は$(a,b)$において**定数関数**

(b) (a,b)で$f'(x)\geq 0 \Leftrightarrow f(x)$は$(a,b)$において**増加関数**

(c) (a,b)で$f'(x)>0 \Leftrightarrow f(x)$は$(a,b)$において**狭義増加関数**

(d) (a,b)で$f'(x)\leq 0 \Leftrightarrow f(x)$は$(a,b)$において**減少関数**

(e) (a,b)で$f'(x)<0 \Leftrightarrow f(x)$は$(a,b)$において**狭義減少関数**

---

[4] ⇔は同値（同等）を意味し、左右のそれぞれの命題がともに真または偽のときに、真となるということを意味する（論理演算）。

第4章　関数の微分と積分

なお、**開区間**(a,b)とは$a \leq c \leq b$のように両端を含む区間であり、**閉区間**$[a,b]$とは$a<c<b$のように両端を含まない区間である。また、$[a,b)$のように片側だけの閉区間の場合もある。

例題4.2　関数の導関数

図表4－1で示した$f(x)=2x^2-3x+5$について検討する。この関数の導関数は、

$$f'(x)=4x-3$$

である。$f'(x)=0$となるxを求めると、

$$4x-3=0$$
$$x=\frac{3}{4}$$

となる。したがって、$f(x)$は$(3/4,+\infty)$において増加関数、$(-\infty,3/4)$において減少関数となる。

定理4－3　平均値の定理

関数$f(x)$が、閉区間$[a,b]$において連続であり、かつ開区間(a,b)において微分可能であるなら、

$$\frac{f(b)-f(a)}{b-c}=f'(c), a<c<b \quad \cdots\cdots (4.7)$$

を満たすcが存在する。

例題4.3 増加関数

平均値の定理を用い、定理 4 − 2 の(b)が増加関数であることを確認せよ。

解

開区間(a,b)にある任意の二つの点x_1, x_2を選ぶ$(a \leq x_1 < x_2 \leq b)$。平均値の定理より、

$$\frac{f(x_2) - f(x_1)}{x_2 - x_1} = f'(c), x_1 < c < x_2$$

を満たすcが存在する。定理 4 − 2 の(b)では、$f'(c) \geq 0$となっているので、

$$\frac{f(x_2) - f(x_1)}{x_2 - x_1} = f'(c) \geq 0$$

であり、$x_2 - x_1 > 0$であるので$f(x_2) - f(x_1) \geq 0$となる。したがって、関数$f(x)$は、xが増大すると関数$f(x)$の値も増大する増加関数となる。

演習4.1 (4.2) 式を利用して、以下の関数の導関数を求めよ。

(1) $f(x) = x^2$　　(3) $f(x) = \sqrt{x}, \quad x \geq 0$
(2) $f(x) = x^3 + 2x^2$

解

(1) $f'(x) = \lim_{h \to 0} \dfrac{f(x+h) - f(x)}{h} = \lim_{h \to 0} \dfrac{(x+h)^2 - x^2}{h} = \lim_{h \to 0} \dfrac{2xh + h^2}{h}$
$= \lim_{h \to 0}(2x + h) = 2x$

(2) $f'(x) = \lim_{h \to 0} \dfrac{f(x+h) - f(x)}{h} = \lim_{h \to 0} \dfrac{\{(x+h)^3 + 2(x+h)^2\} - \{x^3 + 2x^2\}}{h}$

$$= \lim_{h \to 0} \frac{\{(x^3 + 3hx^2 + 3h^2x + h^3) + 2(x^2 + 2hx + h^2)\} - \{x^3 + 2x^2\}}{h}$$

$$= \lim_{h \to 0} \frac{3hx^2 + 3h^2x + h^3 + 4hx + 2h^2}{h}$$

$$= \lim_{h \to 0}(3x^2 + 3hx + h^2 + 4x + 2h)$$

$$= 3x^2 + 4x$$

(3) (a) $x > 0$ のとき

$$f'(x) = \lim_{h \to 0} \frac{f(x+h) - f(x)}{h} = \lim_{h \to 0} \frac{\sqrt{x+h} - \sqrt{x}}{h}$$

$$= \lim_{h \to 0} \frac{\left(\sqrt{x+h} - \sqrt{x}\right)\left(\sqrt{x+h} + \sqrt{x}\right)}{h\left(\sqrt{x+h} + \sqrt{x}\right)}$$

$$= \lim_{h \to 0} \frac{(x+h) - x}{h\left(\sqrt{x+h} + \sqrt{x}\right)} = \lim_{h \to 0} \frac{1}{\sqrt{x+h} + \sqrt{x}} = \frac{1}{2\sqrt{x}}$$

(b) $x = 0$ のとき

$$f'(x) = \lim_{h \to 0} \frac{1}{\sqrt{x+h} + \sqrt{x}} = \lim_{h \to 0} \frac{1}{\sqrt{h}} = +\infty$$

となるので、$x=0$ のときには微分不能となる。

演習4.2
演習4.1のそれぞれの関数について、(4.4) 式、(4.5) 式の数値微分を適用し、$x=5$、$h=0.001$ であるときの微分係数を計算せよ。また、それらを演習4.1で求めたそれぞれの導関数に $x=5$ を代入した結果と比較せよ。

解

(1) $f(x) = x^2$

① (4.4) 式の適用

$$f'(5) \approx \frac{f(5+0.001)-f(5)}{0.001} = \frac{(5+0.001)^2 - 5^2}{0.001} = 10.001$$

② (4.5) 式の適用

$$f'(5) \approx \frac{f(5+0.001)-f(5-0.001)}{2 \times 0.001} = \frac{(5+0.001)^2 - (5-0.001)^2}{0.002}$$
$$= 10.000$$

③ 導関数の適用

$$f'(5) = 2 \times 5 = 10$$

(2) $f(x) = x^3 + 2x^2$

① (4.4) 式の適用

$$f'(5) \approx \frac{f(5+0.001)-f(5)}{0.001}$$

$$= \frac{\{(5+0.001)^3 + 2 \times (5+0.001)^2\} - \{5^3 + 2 \times 5^2\}}{0.001} = 95.017$$

② (4.5) 式の適用

$$f'(5) \approx \frac{f(5+0.001)-f(5-0.001)}{2 \times 0.001}$$

$$= \frac{\{(5+0.001)^3 + 2 \times (5+0.001)^2\} - \{(5-0.001)^3 + 2 \times (5-0.001)^2\}}{2 \times 0.001}$$

$$= 95.000$$

③ 導関数の適用

$$f'(5) = 3 \times 5^2 + 4 \times 5 = 95$$

(3) $f(x) = \sqrt{x}$

① (4.4) 式の適用

$$f'(5) \approx \frac{f(5+0.001)-f(5)}{0.001}$$

第4章 関数の微分と積分

$$= \frac{\sqrt{5+0.001} - \sqrt{5}}{0.001} = 0.223596$$

② (4.5) 式の適用

$$f'(5) \approx \frac{f(5+0.001) - f(5-0.001)}{2 \times 0.001}$$

$$= \frac{\sqrt{5+0.001} - \sqrt{5-0.001}}{2 \times 0.001} = 0.223607$$

③ 導関数の適用

$$f'(5) = \frac{1}{2\sqrt{5}} = 0.223607$$

となる。(4.5) 式のほうが近似精度が高いことが確認できる。

ここで、微分に関する重要な公式について、証明なしに記載しておく。

定理4-4 導関数の公式

(1) $(c)' = 0$ (c は定数)

(2) $(x^a)' = ax^{a-1}$ ($a \neq 0$)

(3) $(\sin x)' = \cos x$, $(\cos x)' = -\sin x$, $(\tan x)' = \dfrac{1}{\cos^2 x}$

(4) $(\log_a x)' = \dfrac{1}{x \log a}$ ($x>0, a \neq 1, a>0$)

(5) $(a^x)' = a^x \log a$ ($a \neq 1, a>0$)

(6) $(e^x)' = e^x$

(7) $(\log|x|)' = \dfrac{1}{x}$

(8) $(\sin^{-1} x)' = \dfrac{1}{\sqrt{1-x^2}}$, $(\cos^{-1} x)' = \dfrac{1}{\sqrt{1-x^2}}$, $(\tan^{-1} x)' = \dfrac{1}{1+x^2}$

(9) $(\cosh x)' = \sinh x$, $(\sinh x)' = \cosh x$

定理4-5 微分法の公式

関数 $f(x), g(x)$ が微分可能であるとき、以下の式が成り立つ。

(1) $\{cf(x)\}' = cf'(x)$ （c は定数） ……………………………… (4.8)

(2) $\{f(x) \pm g(x)\}' = f'(x) \pm g'(x)$ （複合同順） ……………… (4.9)

(3) $\{f(x)g(x)\}' = f'(x)g(x) + f(x)g'(x)$ …………………………… (4.10)

(4) $\left\{\dfrac{g(x)}{f(x)}\right\}' = \dfrac{g'(x)f(x) - g(x)f'(x)}{f^2(x)}$ （$f(x) \neq 0$） …………… (4.11)

$\left\{\dfrac{1}{f(x)}\right\}' = -\dfrac{f'(x)}{f(x)^2}$ ……………………………………………… (4.12)

演習4.3 次の関数を微分せよ。

(1) $y = 3x^4 - 2x^3 + 5x + 1$

(2) $y = 2x^3 e^x$

(3) $y = 3x^4 \log x$ （$\log x$ は $\log_e x$、もしくは $\ln x$ と同意）

(4) $y = \dfrac{3x^2 + 2x + 5}{x + 3}$

解

(1) $y' = 3 \cdot 4x^3 - 2 \cdot 3x^2 + 5 = 12x^3 - 6x^2 + 5$

(2) $f(x) = 2x^3, g(x) = e^x$ とおいて (4.10) 式を適用する。$f'(x) = 6x^2$, $g'(x) = e^x$ であるので、
$$y' = 6x^2 e^x + 2x^3 e^x$$
となる。

(3) $f(x) = 3x^4, g(x) = \log x$ とおいて (4.10) 式を適用する。$f'(x) = 12x^3$, $g'(x) = \log \dfrac{1}{x}$ であるので、

第4章　関数の微分と積分

$$y' = 12x^3 \log x + 3x^4 \cdot \frac{1}{x} = 12x^3 \log x + 3x^3 = 3x^3(4\log x + 1)$$

となる。

(4)　$f(x) = 3x^2 + 2x + 5, g(x) = (x+3)^{-1}$ とおいて、(4.10) 式を適用する。
$f'(x) = 6x + 2, g'(x) = -(x+3)^{-2}$ であるので、

$$y' = (6x+2)(x+3)^{-1} + (3x^2 + 2x + 5)\{-(x+3)^{-2}\}$$

$$= \frac{(6x+2)(x+3) - (3x^2 + 2x + 5)}{(x+3)^2}$$

$$= \frac{6x^2 + 20x + 6 - 3x^2 - 2x - 5}{(x+3)^2}$$

$$= \frac{3x^2 + 18x + 1}{(x+3)^2}$$

となる。

定理4-6　合成微分の公式

　二つの関数$g(x)$、$f(x)$の合成によって定義される関数$h(x)=f(g(x))$のことを**合成関数**と呼ぶ。$y=f(z)$と$z=g(x)$が、それぞれ微分可能であるとき、合成関数$y=f(g(x))$は微分可能であり、導関数は、

$$y' = \frac{dy}{dx} = \bigl(f(g(x))\bigr)' = f'\bigl(g(x)\bigr)g'(x) \quad \cdots\cdots (4.13)$$

もしくは、

$$y' = \frac{dy}{dx} = \frac{dy}{dz} \cdot \frac{dz}{dx} \quad \cdots\cdots (4.14)$$

で計算される。

証明　$y = g(x)$

$z = f(y) = f(g(x))$

で表される関数zの微分は、

$$dz = f'(y)dy$$
$$= f'(y)g'(x)dx$$

となり、
$$\bigl(f(g(x))\bigr)' = f'\bigl(g(x)\bigr)g'(x)$$
が得られる。

演習4.4 次の関数を微分せよ。

(1) $y = (2x^2 + x - 6)^3$
(2) $y = 2e^{-x^2}$
(3) $y = \log\left(x^2 + \dfrac{2}{x}\right)$
(4) $y = \log\left(x^2 + \sqrt{x^2 + 2}\right)$

解

(1) $z = 2x^2 + x - 6, y = z^3$ とおいて、(4.13) 式を適用する。
$$y' = 3z^2 \times (4x+1) = 3(2x^2 + x - 6)^2 (4x+1)$$
$$= 3(2x-3)(x+2)(4x+1)$$

(2) $z = -x^2, y = 2e^z$ とおいて、(4.13) 式を適用する。
$$y' = 2 \cdot e^z \cdot (-2x) = 2 \cdot e^{-x^2} \cdot (-2x) = -4xe^{-x^2}$$

(3) $z = x^2 + \dfrac{2}{x}, y = \log z$ とおいて、(4.13) 式を適用する。
$$y' = \frac{1}{z} \cdot \left(2x - \frac{2}{x^2}\right) = \frac{1}{x^2 + \dfrac{2}{x}} \cdot \left(2x - \frac{2}{x^2}\right) = 2 \cdot \frac{x}{x^3 + 2} \cdot \left(\frac{x^3 - 1}{x^2}\right) = 2 \cdot \frac{x^3 - 1}{x(x^3 + 2)}$$

(4) $z = x^2 + \sqrt{x^2 + 2}, y = \log z$ とおいて、(4.13) 式を適用する。
$$y' = \frac{1}{z} \cdot \left(x^2 + \sqrt{x^2 + 2}\right)' = \frac{\left(x^2 + \sqrt{x^2 + 2}\right)'}{x^2 + \sqrt{x^2 + 2}} = \frac{2x + \left(\sqrt{x^2 + 2}\right)'}{x^2 + \sqrt{x^2 + 2}}$$

第4章　関数の微分と積分

> ここで、$\left(\sqrt{x^2+2}\right)'$ について検討する。$v = x^2+2, w = \sqrt{v}$ とおいて、(4.13) 式を適用すると、
>
> $$w = \frac{1}{2}v^{-1/2} \cdot (2x) = x(x^2+2)^{-1/2}$$
>
> となる。したがって、
>
> $$y' = \frac{2x + x(x^2+2)^{-1/2}}{x^2 + \sqrt{x^2+2}} = \frac{2x + \dfrac{x}{\sqrt{x^2+2}}}{x^2 + \sqrt{x^2+2}} = \frac{2x\sqrt{x^2+2} + x}{x^2\sqrt{x^2+2} + x^2+2}$$
>
> $$= \frac{x\left(2\sqrt{x^2+2}+1\right)}{x^2\left(\sqrt{x^2+2}+1\right)+2}$$
>
> が得られる。

(3) 凸関数と凹関数

第3章で述べたように、関数 $f(x)$ は独立変数 x によって決まる関数であり、独立変数 x の動く範囲を定義域と呼んだ。関数 $f(x)$ のかたちはさまざまであり、独立変数 x の値によって形状も変わってくるのが一般的である。そこで、独立変数 x の動く範囲を特定し、そのときの関数 $f(x)$ の形状を議論することが求められる。独立変数 x の動ける範囲のことを**定義域** $x_1 \le x \le x_2$ という。

ここで、**凸関数**と**凹関数**について定義する。

定義4.1　閉区間 $x_1 < x < x_2$ において、どのような x をとっても、関数 $f(x)$ の値が、$f(x_1)$ と $f(x_2)$ を結ぶ直線よりも下方にあるとき、この関数 $f(x)$ を閉区間 $x_1 < x < x_2$ において凸関数と呼び、上方にあるときを凹関数と呼ぶ。

図表4－3　凸関数と凹関数

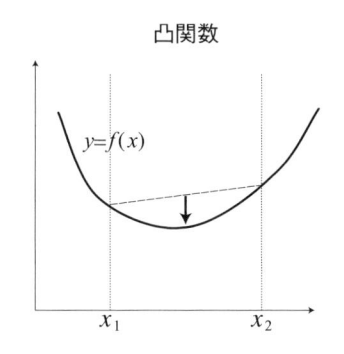

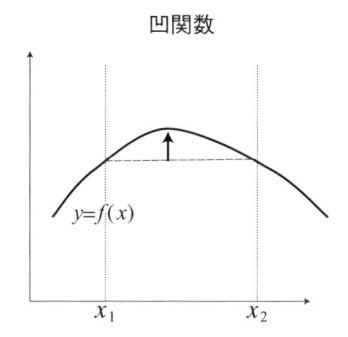

凸関数　　　　　　　　　　　凹関数

また、以下の式でも定義される。

定義4.2　関数 $f(x)$ が、閉区間 $[a,b]$ に属する任意の2点 x_1, x_2 と、実数 $0 \leq c \leq 1$ をどのようにとっても、常に

$$f(cx_1 + (1-c)x_2) \leq cf(x_1) + (1-c)f(x_2) \quad \cdots\cdots (4.15)$$

が成立するとき、関数 $f(x)$ は閉区間 $[a,b]$ で凸関数であるという。また、

$$f(cx_1 + (1-c)x_2) \geq cf(x_1) + (1-c)f(x_2) \quad \cdots\cdots (4.16)$$

が成立するとき、関数 $f(x)$ は閉区間 $[a,b]$ で凹関数であるという。

定義4.3　関数 $f(x)$ が、閉区間 $[a,b]$ に属する任意の2点 x_1, x_2 をとったとき、$f(x_1)$ と $f(x_2)$ との関係によって、以下のように定義される。

(a)　$x_1 < x_2$ のとき $f(x_1) < f(x_2)$　⇔　$f(x)$ は**狭義単調増加関数**（**狭義増加関数**）

(b)　$x_1 < x_2$ のとき $f(x_1) \leq f(x_2)$　⇔　$f(x)$ は**単調増加関数**（**増加関数**）

(c)　$x_1 < x_2$ のとき $f(x_1) > f(x_2)$　⇔　$f(x)$ は**狭義単調減少関数**（**狭義減少関数**）

第4章　関数の微分と積分

　　(d)　$x_1<x_2$のとき$f(x_1)≥f(x_2)$　⇔　$f(x)$は**単調減少関数**（減少関数）

また、単調増加関数と単調減少関数を総称して**単調関数**と呼ぶ。

(4) 高次の導関数

次に、導関数$f'(x)$に対する微分について考える。関数$f(x)$の導関数$f'(x)$が$x=a$で微分可能であるなら、導関数$f'(a)$の微分を計算することができ、これを$f''(x)$で表す。また、$f''(x)$がすべてのxにおいて微分可能であるなら、$f''(x)$の導関数を考えることができ、これを$f'''(x)$で表す。この$f''(x)$を2次の導関数、$f'''(x)$を3次の導関数と呼ぶ。同様に、より高次のn次（階）導関数が存在する場合、それを$f^{(n)}(x)$と表す。一般に、$n≥2$である場合には、高次導関数と呼ばれる。

$$f^{(n)}(x) = \frac{d}{dx} f^{(n-1)}(x), n = 1, 2, \cdots$$

関数$f(x)$において、n次導関数$f^{(n)}(x)$が連続なとき、$f(x)$は**n回連続微分可能**であるという。また、すべてのnに対して$f^{(n)}(x)$が存在するとき、$f(x)$は**無限階微分可能**であるといい、$f^{(n)}(x)$はすべて連続関数となる。

2次の導関数は、関数の形状を示すのによく用いられ、以下のような特徴がある。

定理4－7　関数の形状

関数$f(x)$は、ある開区間(a,b)で2階微分可能であるとする。すべての$a≤x≤b$に対し、$f''(x)≥0$であるなら$f(x)$はこの区間で凸（convexであり）、$f''(x)≤0$であるなら$f(x)$はこの区間で凹（concave）である。

例題4.4　二階条件

図表4－3に示すような、閉区間$x_1<x<x_2$における関数$f(x)$を想定する。この区間で$f(x)$が凸関数であるとき、閉区間$x_1<x<x_2$内に関数$f(x)$の最

小値が存在する。逆に、凹関数である場合には最大値が存在する。定理4－1より、$f'(a)=0$となるaが、増減の切り替えポイントであり、最大値、もしくは最大値となる。これらの関係から、1階微分$f'(a)$と2階微分$f''(a)$を用い、閉区間$x_1<x<x_2$における関数$f(x)$の最大値と最小値を知ることができる。

(a)　$f'(a)=0$　かつ　$f''(a)>0$　⇔　$f(x)$は$x=a$で最小値をとる。
(b)　$f'(a)=0$　かつ　$f''(a)<0$　⇔　$f(x)$は$x=a$で最大値をとる。

この関係を**二階条件**と呼んでいる。

演習4.5　次の関数を3階微分せよ。

(1)　$f(x) = e^x$
(2)　$f(x) = e^{2+x}$
(3)　$f(x) = e^{x^3}$
(4)　$f(x) = \dfrac{3}{1-x}$
(5)　$f(x) = \log(2+x)$

解

(1)　$f'(x) = e^x, f''(x) = e^x, f'''(x) = e^x$

(2)　$f'(x) = e^{2+x} \cdot 1 = e^{2+x}$
　　$f''(x) = e^{2+x} \cdot 1 = e^{2+x}$
　　$f'''(x) = e^{2+x} \cdot 1 = e^{2+x}$

(3)　$f'(x) = e^{x^3} \cdot 3x^2$
　　$f''(x) = \left(e^{x^3}\right)' \cdot 3x^2 + e^{x^3} \cdot (3x^2)' = \left(e^{x^3} \cdot 3x^2\right) \cdot 3x^2 + e^{x^3} \cdot 6x = e^{x^3}(9x^4 + 6x)$
　　$f'''(x) = \left(e^{x^3} \cdot 3x^2\right) \cdot (9x^4 + 6x) + e^{x^3} \cdot (36x^3 + 6) = e^{x^3}(27x^6 + 54x^3 + 6)$

(4)　$f'(x) = \left\{3(1-x)^{-1}\right\}' = \left\{-(-1)3(1-x)^{-2}\right\} = \dfrac{3}{(1-x)^2}$

$$f''(x) = \left\{3(1-x)^{-2}\right\}' = \left\{-(-2)\cdot 3(1-x)^{-3}\right\} = \frac{6}{(1-x)^3}$$

$$f'''(x) = \left\{6(1-x)^{-3}\right\}' = \left\{-(-3)\cdot 6(1-x)^{-4}\right\} = \frac{18}{(1-x)^4}$$

(5) $f'(x) = \dfrac{1}{2+x}\cdot 1 = \dfrac{1}{2+x}$

$$f''(x) = \left\{(2+x)^{-1}\right\}' = 1(-1)(2+x)^{-2} = -\frac{1}{(2+x)^2}$$

$$f'''(x) = \left\{-(2+x)^{-2}\right\}' = -1(-2)(2+x)^{-3} = \frac{2}{(2+x)^3}$$

$$f'''(x) = -(-2)\frac{1}{(2+x)^3}\cdot 1 = \frac{2}{(2+x)^3}$$

(5) ロピタルの定理

関数の極限が、$\lim_{x\to a}f(x) = \lim_{x\to a}g(x) = 0$、もしくは $\lim_{x\to a}f(x) = \lim_{x\to a}g(x) = \infty$ であるとき（不定形の極限）、一般には $\lim_{x\to a}\dfrac{f(x)}{g(x)}$ の計算をするのがむずかしい。このときに便利なのが、ロピタルの定理である。

定理4-8 ロピタルの定理

$\lim_{x\to a}f(x) = \lim_{x\to a}g(x) = 0$、もしくは $\lim_{x\to a}f(x) = \lim_{x\to a}g(x) = \infty$ であるとき、$\lim_{x\to a}\dfrac{f'(x)}{g'(x)}$

が存在するなら、

$$\lim_{x\to a}\frac{f(x)}{g(x)} = \lim_{x\to a}\frac{f'(x)}{g'(x)} \quad\quad (4.17)$$

が成り立つ。

演習4.6 次の関数の極限を求めよ。

(1) $\displaystyle\lim_{x \to 0} \frac{1-e^x}{x}$
(2) $\displaystyle\lim_{x \to \infty} \frac{3x}{e^x}$
(3) $\displaystyle\lim_{x \to 0} \frac{\log(3x+1)-3x}{x^2}$

解

(1) $\displaystyle\lim_{x \to 0} 1-e^x = \lim_{x \to 0} x = 0$ であり、

$$\lim_{x \to 0} \frac{(1-e^x)'}{(x)'} = \lim_{x \to 0} \frac{-e^x}{1} = -e^0 = -1$$

であるので、ロピタルの定理より、

$$\lim_{x \to 0} \frac{1-e^x}{x} = \lim_{x \to 0} \frac{-e^x}{1} = -1$$

(2) $\displaystyle\lim_{x \to \infty} 3x = \lim_{x \to \infty} e^x = \infty$ であり、

$$\lim_{x \to \infty} \frac{(3x)'}{(e^x)'} = \lim_{x \to \infty} \frac{3}{e^x} = 0$$

であるので、ロピタルの定理より、

$$\lim_{x \to \infty} \frac{3x}{e^x} = \lim_{x \to \infty} \frac{3}{e^x} = 0$$

(3) $\displaystyle\lim_{x \to 0}\{\log(3x+1)-3x\} = \lim_{x \to 0} x^2 = 0$ であり、

$$\lim_{x \to 0} \frac{\{\log(3x+1)-3x\}'}{(x^2)'} = \lim_{x \to 0} \frac{\dfrac{3}{3x+1}-3}{2x} = \lim_{x \to 0} \frac{3-3(3x+1)}{2x(3x+1)}$$

$$= \lim_{x \to 0} \frac{-9}{2(3x+1)} = -\frac{9}{2}$$

であるので、ロピタルの定理より、

$$\lim_{x \to 0} \frac{\log(3x+1)-3x}{x^2} \lim_{x \to 0} \frac{\{\log(3x+1)-3x\}'}{(x^2)'} = -\frac{9}{2}$$

第4章　関数の微分と積分

② テイラー展開とマクローリン展開

テイラー展開は、関数を多項式で近似するものであるが、感応度分析としてリスク評価の局面でよく用いられる。

定理4−9　n 次のテイラー展開

関数 $f(x)$ が、$n+1$ 階微分可能であるとき、以下の式が成立する。なお、この式の最後の項 $o(\cdot)$ は**スモールオーダー**と呼ばれるものであり、これを h^n で割り $h \to 0$ とすれば、この項は 0 に収束する。

$$f(x+h) = f(x) + f'(x)h + \frac{f''(x)}{2!}h^2 + \cdots + \frac{f^{(n)}(x)}{n!}h^n + o(h^n) \quad \cdots\cdots(4.18)$$

スモールオーダーの項は残差項と呼ばれ、

$$\frac{f^{(n+1)}(x+\theta h)}{(n+1)!}h^{n+1}, \, 0 < \theta < 1$$

で表現されることもある。また、$n!$ は**階乗**であり、$n! = 1 \times 2 \times \cdots \times (n-1) \times n$ によって計算される。(4.18) 式を 1 次微分の項まで考え、残りの項をスモールオーダーの項として表すと、

$$f(x+h) = f(x) + f'(x)h + o(h^2) \approx f(x) + f'(x)h$$

となり、$x=a$ で表すと、

$$f(a+h) \approx f(a) + f'(a)h$$
$$f'(a) \approx \frac{f(a+h) - f(a)}{h}$$

となる[5]。この式は、$h \to 0$ であるとき、

$$f'(a) = \lim_{h \to 0} \frac{f(a+h) - f(a)}{h}$$

5　≈は近似を表し、≒と同じ意味である。

となるので、(4.2) 式で示した微分の式となる。また、(4.18) 式は、xの水準がhだけ変化して$x+h$になったとき、関数$f(x)$の新たな値$f(x+h)$によって決まる関数の水準を求めたものととらえることができる。つまり、原資産の価格がxであるときのある金融資産の価格が$f(x)$であるとき、原資産の価格が$x+h$に変化したときの金融資産の価格$f(x+h)$を示したものである。

例題4.5　利付債価格

無リスクな利付債の価格$P(0,T)$は、以下の式で与えられるものと仮定する。

$$P_0(0,T) = \sum_{t=1}^{T} \frac{c_t}{(1+r)^t} + \frac{H}{(1+r)^T}, \quad t=1,2,\cdots,T \quad \cdots\cdots(4.19)$$

ただし、現時点を 0 とし、時点tでc_tのクーポンを受け取り、満期Tにおいて元本Hが償還されるものとする。なお、rは期間中一定と仮定した無リスク金利である。

このとき、(Macaulay) **デュレーション$D(r)$**、**修正（モディファイド）デュレーション$D_M(r)$**は、それぞれ、以下の式で定義される。

$$D(r) \equiv \frac{1}{P_0(r)}\left\{\frac{c_1}{1+r} + 2\frac{c_2}{(1+r)^2} + \cdots + T\frac{c_T+H}{(1+r)^T}\right\} \quad \cdots\cdots(4.20)$$

$$D_M(r) \equiv \frac{D(r)}{1+r} \quad \cdots\cdots(4.21)$$

また、**コンベクシティ$C(r)$**と、**修正コンベクシティ$C_M(r)$**は、

$$C(r) \equiv \frac{1}{P_0(r)}\left\{\frac{1\times 2 \times c_1}{1+r} + \frac{2\times 3 \times c_2}{(1+r)^2} + \cdots \frac{T\times(T+1)\times(c_T+H)}{(1+r)^T}\right\} \quad \cdots\cdots(4.22)$$

$$C_M(r) \equiv \frac{C(r)}{(1+r)^2} \quad \cdots\cdots(4.23)$$

で定義される。これらのデュレーション、コンベクシティの意味について検討せよ。

第4章 関数の微分と積分

解 クーポンc_t、元本H、満期Tは事前に決まっているので、リスクのない利付債の価格$P(0,T)$が変動するのは金利rが変動するからである。そこで、この利付債の価格を金利rの関数とし$P_0(r)$で表す。この関数$P_0(r)$を2階微分の項までテイラー展開すると(2次までのテイラー展開)、

$$P_0(r+h) \approx P_0(r) + P_0'(r)h + \frac{P_0''(r)}{2!}h^2 \quad \cdots (4.24)$$

となる。ここで(4.19)式で示される$P_0(r)$をrで微分すると、

$$\frac{dP_0(r)}{dr} = \sum_{t=1}^{T} \frac{-tc_t}{(1+r)^{t+1}} + \frac{-TH}{(1+r)^{T+1}}$$

$$= -\left\{ \frac{1c_1}{(1+r)^2} + \frac{2c_2}{(1+r)^3} + \cdots + \frac{Tc_T}{(1+r)^{T+1}} + \frac{TH}{(1+r)^{T+1}} \right\}$$

$$= -\frac{1}{(1+r)}\left\{ \frac{c_1}{(1+r)} + 2\frac{c_2}{(1+r)^2} + \cdots + T\frac{c_T+H}{(1+r)^T} \right\}$$

$$= -\frac{D(r)P_0(r)}{(1+r)} \quad \cdots (4.25)$$

$$= -D_M(r)P_0(r) \quad \cdots (4.26)$$

となる。さらに、(4.26)式をもう一度rで微分すると、

$$\left(\frac{dP_0(r)}{dr}\right)' = -\left\{ \frac{1c_1}{(1+r)^2} + \frac{2c_2}{(1+r)^3} + \cdots + \frac{Tc_T}{(1+r)^{T+1}} + \frac{TH}{(1+r)^{T+1}} \right\}'$$

$$= \left\{ \frac{1\times 2\times c_1}{(1+r)^3} + \frac{2\times 3\times c_2}{(1+r)^4} + \cdots + \frac{T\times(T+1)\times c_T}{(1+r)^{T+2}} + \frac{T\times(T+1)\times H}{(1+r)^{T+2}} \right\}$$

$$= \frac{1}{(1+r)^2}\left\{ \frac{1\times 2\times c_1}{(1+r)} + \frac{2\times 3\times c_2}{(1+r)^2} + \cdots + \frac{T\times(T+1)\times(c_T+H)}{(1+r)^T} \right\}$$

$$= \frac{C(r)P_0(r)}{(1+r)^2} \quad \cdots (4.27)$$

$$= C_M(r)P_0(r) \quad \cdots (4.28)$$

となる。これらの式を (4.24) 式に代入すると、

$$P_0(r+h) \approx P_0(r) - \frac{D(r)P_0(r)}{(1+r)}h + \frac{1}{2!}\frac{C(r)P_0(r)}{(1+r)^2}h^2 \quad \cdots\cdots (4.29)$$

$$= P_0(r) - D_M(r)P_0(r)h + \frac{1}{2}C_M(r)P_0(r)h^2 \quad \cdots\cdots (4.30)$$

より、

$$\frac{P_0(r+h) - P_0(r)}{P_0(r)} \approx -\frac{D(r)}{(1+r)}h + \frac{1}{2}\frac{C(r)}{(1+r)^2}h^2$$

$$= -D_M(r)h + \frac{1}{2}C_M(r)h^2 \quad \cdots\cdots (4.31)$$

が得られる。これらのことから、デュレーション、コンベクシティは、それぞれ利付債の価格$P_0(r)$の金利rに対する1階微分、2階微分に相当するものであることがわかる。また、利付債の価格$P_0(r)$を接線（1階微分、デュレーション）で近似しても、評価に用いた点rの近傍において価格関数の曲線と接線とが大きく乖離する場合には、誤差も大きくなり、それを補完するために2階微分（コンベクシティ）の項が必要ということを意味している。

デュレーションは「期間」という意味である。ここで、

$$w_i = \frac{1}{P_0(r)}\frac{c_i}{(1+r)^i}, (i = 1, 2, \cdots, T-1)$$

$$w_T = \frac{1}{P_0(r)}\frac{c_T + H}{(1+r)^T}$$

とおくと、w_iは時点iで得られるキャッシュフローの投資収益率$\frac{c_i}{P_0(r)}$の現在価値を意味する。(4.20) 式のデュレーションは、

$$D(r) \equiv 1 \cdot w_1 + 2 \cdot w_2 + \cdots + T \cdot w_T \quad \cdots\cdots (4.32)$$

となるので、各キャッシュフローが得られるまでの年数をそれぞキャッシュフローの現在価値を加重値として加重平均したものが、デュレーションの意味となる。これは、債券への投下資金の**平均回収期間**を意味している。

第4章 関数の微分と積分

> **マクローリン展開**とは、(4.15) 式のテイラー展開において、$x=0$ とし たものであり、
> $$f(h) = f(0) + f'(0)h + \frac{f''(0)}{2!}h^2 + \cdots + \frac{f^{(n)}(0)}{n!}h^n + o(h^n) \quad \cdots\cdots (4.33)$$
> で求められる。

例題4.6　デュレーションとコンベクシティ

半年ごとにクーポンの支払がある無リスクな利付債の、デュレーションとコンベクシティの式を求めよ。

解　無リスクな利付債の価格 $P_0(r)$ は、以下の式で与えられるものと仮定する。

$$P_0(r) = \sum_{t=0.5}^{T} \frac{c_t}{(1+r)^t} + \frac{H}{(1+r)^T}, \quad t = 0.5, 1, 1.5, \cdots, T \quad \cdots\cdots (4.34)$$

ここで (4.34) 式で示される $P_0(r)$ を r で微分すると、

$$\frac{dP_0(r)}{dr} = -\left\{ \frac{0.5c_{0.5}}{(1+r)^{1.5}} + \frac{c_1}{(1+r)^2} + \cdots + \frac{(T-0.5)c_{T-0.5}}{(1+r)^{T+0.5}} + \frac{T c_T}{(1+r)^{T+1}} + \frac{TH}{(1+r)^{T+1}} \right\}$$

$$= -\frac{1}{(1+r)}\left\{ \frac{0.5c_{0.5}}{(1+r)^{0.5}} + \frac{c_1}{(1+r)} + \cdots + \frac{(T-0.5)c_{T-0.5}}{(1+r)^{T-0.5}} + \frac{T\{c_T+H\}}{(1+r)^T} \right\}$$

となるので、(Macaulay) デュレーション $D(r)$ の値は、

$$D(r) \equiv \frac{1}{P_0(r)}\left\{ \frac{0.5c_{0.5}}{(1+r)^{0.5}} + \frac{c_1}{(1+r)} + \cdots + \frac{(T-0.5)c_{T-0.5}}{(1+r)^{T-0.5}} + \frac{T\{c_T+H\}}{(1+r)^T} \right\} \cdots (4.35)$$

となる。さらに、

$$\left(\frac{dP_0(r)}{dr} \right)'$$

$$= -\left\{ \frac{0.5 c_{0.5}}{(1+r)^{1.5}} + \frac{c_1}{(1+r)^2} + \cdots + \frac{(T-0.5)c_{T-0.5}}{(1+r)^{T+0.5}} + \frac{T c_T}{(1+r)^{T+1}} + \frac{TH}{(1+r)^{T+1}} \right\}'$$

$$= \left\{ \frac{0.5 \times 1.5 \times c_{0.5}}{(1+r)^{2.5}} + \frac{1 \times 2 \times c_1}{(1+r)^3} + \cdots \right.$$
$$\left. + \frac{(T-0.5) \times (T+0.5) \times c_{T-0.5}}{(1+r)^{T+1.5}} + \frac{T \times (T+1) \times \{c_T + H\}}{(1+r)^{T+2}} \right\}$$

$$= \frac{1}{(1+r)^2} \left\{ \frac{0.5 \times 1.5 \times c_1}{(1+r)^{0.5}} + \frac{1 \times 2 \times c_2}{(1+r)} + \cdots \right.$$
$$\left. + \frac{(T-0.5) \times (T+0.5) \times c_{T-0.5}}{(1+r)^{T-0.5}} + \frac{T \times (T+1) \times (c_T + H)}{(1+r)^T} \right\}$$

が得られるので、コンベクシティは、

$$C(r) \equiv \frac{1}{P_0(r)} \left\{ \frac{0.5 \times 1.5 \times c_1}{(1+r)^{0.5}} + \frac{1 \times 2 \times c_2}{(1+r)} + \cdots \right.$$
$$\left. + \frac{(T-0.5) \times (T+0.5) \times c_{T-0.5}}{(1+r)^{T-0.5}} + \frac{T \times (T+1) \times (c_T + H)}{(1+r)^T} \right\} \quad \cdots\cdots (4.36)$$

となる。

演習4.7 以下の関数について、$x=1$ において3次までのテイラー展開をせよ。また、マクローリン展開についても計算せよ。

(1) $f(x) = e^x$ (2) $f(x) = e^{2+x}$

解 3次までのテイラー展開であるので、
$$f(x+h) \approx f(x) + f'(x)h + \frac{1}{2!}f''(x)h^2 + \frac{1}{3!}f'''(x)h^3$$
を想定する。

(1) $f(x) = e^x, f'(x) = e^x, f''(x) = e^x, f'''(x) = e^x$ であるので、

第4章 関数の微分と積分

$$e^{x+h} \approx e^x + e^x h + \frac{1}{2!}e^x h^2 + \frac{1}{3!}e^x h^3$$

となり、$x=1$ を代入すると、テイラー展開

$$e^{1+h} \approx e + eh + \frac{1}{2}eh^2 + \frac{1}{6}eh^3 = e\left(1 + h + \frac{1}{2}h^2 + \frac{1}{6}h^3\right)$$

が得られる。また、マクローリン展開では $x=0$ であるので、

$$e^h \approx e^0 + e^0 h + \frac{1}{2}e^0 h^2 + \frac{1}{6}e^0 h^3 = \left(1 + h + \frac{1}{2}h^2 + \frac{1}{6}h^3\right)$$

となる。

(2) $f(x) = e^{2+x}, f'(x) = e^{2+x}, f''(x) = e^{2+x}, f'''(x) = e^{2+x}$ であるので、

$$e^{2+x+h} \approx e^{2+x} + e^{2+x}h + \frac{1}{2!}e^{2+x}h^2 + \frac{1}{3!}e^{2+x}h^3$$

となり、$x=1$ を代入すると、テイラー展開

$$e^{3+h} \approx e^3 + e^3 h + \frac{1}{2}e^3 h^2 + \frac{1}{6}e^3 h^3$$

が得られる。また、マクローリン展開では $x=0$ であるので、

$$e^{2+h} \approx e^2 + e^2 h + \frac{1}{2}e^2 h^2 + \frac{1}{6}e^2 h^3$$

となる。

例題4.7　プット・コール・パリティ

例題2.10で示した、ブラック・ショールズの公式について検討する。株式の配当がない場合、ブラック・ショールズ・モデルにおけるコール・オプション価格 C とプット・オプション価格 P の間には、

$$P = C - S + Ke^{-rT} \quad \cdots \cdots (4.37)$$

という関係式が常に成立する。このように、変数間で常に成立する関係式を**恒等式**（パリティ式）と呼ぶので、(4.37) 式を**プット・コール・パリ**

ティと呼んでいる。

ここで、(4.37)式を、二つの方法で証明する。

(1) 複製ポートフォリオによる導出

現在時点0で、満期Tのヨーロピアン・コール・オプションを価格Cで売り、満期Tのヨーロピアン・プット・オプションを価格Pで買う。また、価格Sの株式を1単位購入し、無リスク金利rでKe^{-rT}円の資金を調達する。このポートフォリオの現在時点0でのキャッシュフローは、

$$C - P - S + Ke^{-rT} \quad\quad\quad\quad\quad (4.38)$$

となる。次に、満期Tでのキャッシュフローについて検討する。満期Tでの株価をS_Tとおくと、ヨーロピアン・コール・オプションのペイオフは$\max[S_T - K, 0]$、ヨーロピアン・プット・オプションのペイオフは$\max[K - S_T, 0]$となる[6]。また、借り入れたKe^{-rT}円には金利rが適用されるので、満期Tで支払う金額は、$Ke^{-rT} \times e^{rT} = K$となる。したがって、満期$T$でのキャッシュフローは、

$$-\max[S_T - K, 0] + \max[K - S_T, 0] + S_T - K = 0 \quad\quad (4.39)$$

となる。この複製ポートフォリオは、満期Tではキャッシュフロー(損益)が発生しない。したがって、現時点0における価値も0でなければならない。よって、(4.38)式より、

$$C - P - S + Ke^{-rT} = 0$$
$$P = C - S + Ke^{-rT}$$

が成立する。

(2) 標準正規分布の左右対称性を用いた導出

標準正規分布は左右対称の分布であるので、$N(-d_1) = 1 - N(d_1)$という関係がある。

---

[6] $\max[a,b]$で表される関数を**最大値関数**と呼び、aとbを比較して大きい値を返す。一方、$\min[a,b]$で表される関数を**最小値関数**と呼び、aとbを比較して小さい値を返す。

第4章 関数の微分と積分

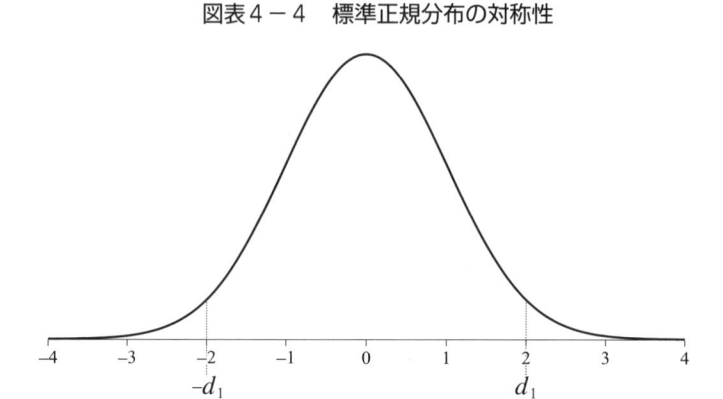

図表4－4 標準正規分布の対称性

この関係を（2.62）式のヨーロピアン・プット・オプションの式に代入すると、

$$\begin{aligned}P &= -S \cdot N(-d_1) + K \cdot e^{-rT} \cdot N(-d_2) \\&= -S \cdot \{1 - N(d_1)\} + K \cdot e^{-rT} \cdot \{1 - N(d_2)\} \\&= -S + S \cdot N(d_1) + K \cdot e^{-rT} - K \cdot e^{-rT} \cdot N(d_2) \\&= \{S \cdot N(d_1) - K \cdot e^{-rT} \cdot N(d_2)\} - S + K \cdot e^{-rT} \\&= C - S + Ke^{-rT}\end{aligned}$$

となる。

例題4.8　ニュートン・ラプソン法

現時点 0 での、ヨーロピアン・コール・オプションの市場価格を $\hat{C}$ とする。また、原資産価格 S、行使価格 K、満期までの期間 T、無リスク金利 r が観測できるとすると、ヨーロピアン・コール・オプションの市場価格 $\hat{C}$ を説明するなんらかのボラティリティ σ があるはずであり、このボラティリティのことを**インプライド・ボラティリティ**と呼ぶ。実務では、

こうした市場価格$\hat{C}$から、なんらかの変数のパラメータを推定する作業が求められる。この代表的な手法が**収束計算**であり、ニュートン・ラプソン法は、そのなかの一つの手法である。ニュートン・ラプソン法は、テイラー展開を想定すると理解しやすい。

ヨーロピアン・コール・オプションの市場価格を$\hat{C}$、ブラック・ショールズ・モデルによる理論価格をCとし、これらの値の差を、
$$f(\sigma) = C - \hat{C}$$
で表すと、インプライド・ボラティリティσは、方程式$f(\sigma)=0$を満たす解となる。ここで、インプライド・ボラティリティの初期値としてσ_0を想定すると、方程式$f(\sigma)=0$を満たす解は$\sigma=\sigma_0+h_0$として与えられる。
$$f(\sigma) = f(\sigma_0+h_0) = 0$$
$f(\sigma_0+h_0)$をテイラー展開すると、
$$f(\sigma_0 + h_0) = f(\sigma_0) + h_0 f'(\sigma_0) + \frac{1}{2} h_0^2 f''(\sigma_0) + \cdots \quad \cdots (4.40)$$
となる。1次微分の第2項までを考えると、
$$f(\sigma_0 + h_0) \approx f(\sigma_0) + h_0 f'(\sigma_0)$$
となるが、等式とはならない。そこで、第2項のh_0をh_1に置き換えると等式が成立するものとすると、
$$f(\sigma_0 + h_0) = f(\sigma_0) + h_1 f'(\sigma_0) = 0$$
$$h_1 = -\frac{f(\sigma_0)}{f'(\sigma_0)} \quad \cdots (4.41)$$
が得られる。よって、最初の近似解σ_1を、
$$\sigma_1 = \sigma_0 + h_1 = \sigma_0 - \frac{f(\sigma_0)}{f'(\sigma_0)}$$
とする。同様の処理を繰り返すことで、2回目以降の近似解を、
$$\sigma_{n+1} = \sigma_n + h_{n+1} = \sigma_n - \frac{f(\sigma_n)}{f'(\sigma_n)}, n = 1, 2, \cdots \quad \cdots (4.42)$$
で求めることができる。

以上の議論を図示すると、次のようになる。図表4-5の初期時点T_0の

座標を$(\sigma_0, 0)$とし、曲線$y=f(\sigma)$上の点$P_0(\sigma_0, f(\sigma_0))$における接線と軸$\sigma$との交点を$T_1$とする。さらに、$T_1$からの垂線と曲線$y=f(\sigma)$との交点を$P_1$とすると、接線$P_0T_1$の傾きは$f'(\sigma_0)$であるから、

$$f(\sigma_0) = T_0T_1 \times f'(\sigma_0), \quad T_0T_1 = \frac{f(\sigma_0)}{f'(\sigma_0)}$$

となる。(4.41)式より、$T_0T_1 = h_1$であるから、T_1のσ座標は$\sigma_0 + h_1 = \sigma_1$である。同様に、$P_2, P_3, \cdots, P_n$および$T_2, T_3, \cdots, T_n$を定めれば、$T_n$の$\sigma$座標は$\sigma_n$であるから、図より$n$を大きくするほど、$\sigma_n$は真の値に収束することがわかる。

次に、どこまで近似を行うかという問題がある。(4.42)式の終了点σ_{n+1}を決めるためにはいつかの方法があるが、インプライド・ボラティリティなどの計算をする場合には、

$$|\sigma_{n+1} - \sigma_n| < \varepsilon$$

のように、近似解の差異が一定基準εより小さくなるという条件がよく用

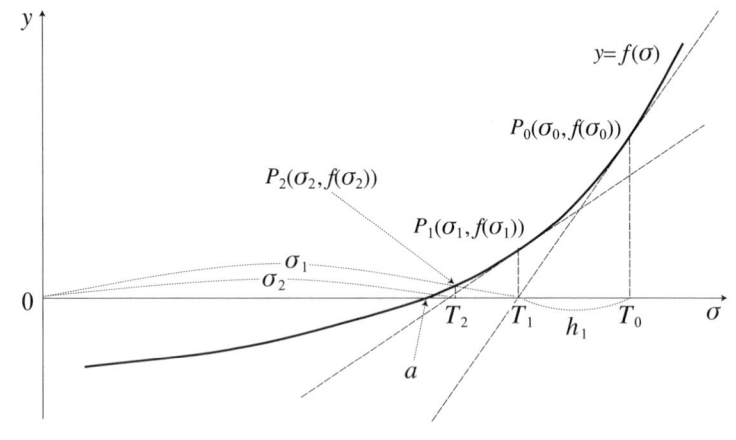

図表4−5　ニュートン・ラプソン法

いられる。

　なお、ニュートン・ラプソン法を用いる際には、次の2点に注意を払う必要がある。

(1)　$f'(\sigma)$が0に近いとき、すなわち図表4－5の点aの近傍で$f(\sigma)$の傾きが水平に近い場合には、計算できないことがある。

(2)　$f''(\sigma)$の符号が一定でないとき、すなわち近似計算をする区間内に変曲点がある場合には、近似解が収束しない可能性があるので、初期の近似解(σ_0)の設定には注意が必要である。

　なお、Excelには収束計算を行う「ゴールシーク」というツールが用意されている。Excel-2003では、メニューバーから[ツール(T)]⇒[ゴールシーク(G)...]を選択する。また、Excel-2007、Excel-2010、Excel-2013では、[データ]⇒[What-If分析]⇒[ゴールシーク(G)...]を選択する。

③　多変数関数と偏微分

　xとyという二つの変数で定義される関数$f(x,y)$のことを**2変数関数**、複数個の変数$x_1, x_2, \cdots, x_n$によって定義される関数$f(x_1, x_2, \cdots, x_n)$のことを**多変数関数**と呼ぶ。ここで、2変数関数$f(x,y)$について検討する。一方の変数、たとえばyを定数としてとらえ、xについて微分することを、xに関して**偏微分**するという。すべてのxに対して**偏微分可能**であるなら、xの**偏導関数**が存在し、

$$f_x, \ \frac{\partial f}{\partial x}, \ \frac{\partial}{\partial x}y$$

などと表す[7]。2変数関数$f(x,y)$のxに関する偏微分は、

7　「偏」とは偏ったという意味を想定すると、ある変数だけに着目した微分が偏微分である。∂のことをパーシャルなどと呼ぶが、通常の微分がd、偏微分は偏ったという微分なのでdを少し柔らかく表現した∂を用いると考えればわかりやすい。

$$f_x(x,y) = \lim_{h \to 0} \frac{f(x+h,y) - f(x,y)}{h} \quad \text{(4.43)}$$

で定義され、**偏微分係数**と呼ぶ。微小変化量hは、xについてのみ考慮されていることに注意する。

また、2変数関数$f(x,y)$のxに関する偏微分$f_x(x,y)$がyに関して微分可能であるなら、f_xをyに関して偏微分可能であり、

$$f_{xy}, \frac{\partial^2 f}{\partial y \partial x}, \frac{\partial^2}{\partial y \partial x} y$$

で表す。これらを**2次偏導関数**と呼ぶが、これらの表記はまずxで偏微分し、次にyで偏微分していることに注意する必要がある（計算には順序性がある）。f_{xy}とf_{yx}がともに連続である場合には、$f_{xy}=f_{yx}$となるが、一般にはこれらが一致するとは限らない。

演習4.8 以下の関数$f(x,y)$を、x,yについてそれぞれ偏微分せよ。また、2次偏導関数$f_{xx}, f_{xy}, f_{yx}, f_{yy}$を求めよ。さらに、点$(1,1)$に関する偏微分係数を求めよ。

(1) $f(x,y) = 2x^2 - 5xy + 3y^2$

(2) $f(x,y) = 2x^3 - 5x^2y + 3y^3$

(3) $f(x,y) = \dfrac{3x^2 y}{3x + 2y}$

解

(1) $f_x(x,y) = 4x - 5y$

$f_y(x,y) = -5x + 6y$

$f_{xx}(x,y) = 4$

$f_{xy}(x,y) = -5$

$f_{yx}(x,y) = -5$

$f_{yy}(x,y) = 6$

$f_x(1,1) = 4 \cdot 1 - 5 \cdot 1 = -1$

$f_y(1,1) = -5 + 6 = 1$

(2) $f_x(x,y) = 6x^2 - 10xy$

$f_y(x,y) = -5x^2 + 9y^2$

$f_{xx}(x,y) = 12x - 10y$

$f_{xy}(x,y) = -10x$

$f_{yx}(x,y) = -10x$

$f_{yy}(x,y) = 18y$

$f_x(1,1) = 6 \cdot 1^2 - 10 \cdot x \cdot y = 6 - 10 = -4$

$f_y(1,1) = -5 \cdot 1^2 + 9 \cdot 1^2 = -5 + 9 = 4$

(3) $f(x,y) = \dfrac{3x^2 y}{3x + 2y}$ （4.11）式を適用する。

$f_x(x,y) = \dfrac{6xy(3x+2y) - 3x^2 y \cdot 3}{(3x+2y)^2} = \dfrac{18x^2 y + 12xy^2 - 9x^2 y}{(3x+2y)^2} = \dfrac{3xy(3x+4y)}{(3x+2y)^2}$

$f_y(x,y) = \dfrac{3x^2(3x+2y) - 3x^2 y \cdot 2}{(3x+2y)^2} = \dfrac{9x^3 + 6x^2 y - 6x^2 y}{(3x+2y)^2} = \dfrac{9x^3}{(3x+2y)^2}$

$f_{xx}(x,y) = \dfrac{(18xy + 24y^2)(3x+2y)^2 - (9x^2 y + 12xy^2)(18x+12y)}{(3x+2y)^4}$

$= \dfrac{6y(3x+4y)(3x+2y)^2 - 18xy(3x+4y)(3x+2y)}{(3x+2y)^4}$

$= \dfrac{6y(3x+4y)(3x+2y-3x)}{(3x+2y)^3}$

$= \dfrac{12y^2(3x+4y)}{(3x+2y)^3}$

$f_{xy}(x,y) = \dfrac{(18x^2 + 24xy - 9x^2)(3x+2y)^2 - (18x^2 y + 12xy^2 - 9x^2 y)(12x+8y)}{(3x+2y)^4}$

第4章　関数の微分と積分

$$= \frac{3x(3x+8y)(3x+2y)^2 - 12xy(3x+4y)(3x+2y)}{(3x+2y)^4}$$

$$= \frac{3x(3x+8y)(3x+2y) - 12xy(3x+4y)}{(3x+2y)^3}$$

$$= \frac{27x^3 + 54x^2y}{(3x+2y)^3}$$

$$= \frac{27x^2(x+2y)}{(3x+2y)^3}$$

$$f_{yx}(x,y) = \frac{27x^2(3x+2y)^2 - 9x^3(18x+12y)}{(3x+2y)^4}$$

$$= \frac{27x^2(3x+2y)^2 - 54x^3(3x+2y)}{(3x+2y)^4}$$

$$= \frac{27x^2(x+2y)}{(3x+2y)^3}$$

$$f_{yy}(x,y) = \frac{27x^2(3x+2y)^2 - 9x^3(12x+8y)}{(3x+2y)^4}$$

$$= \frac{27x^2(3x+2y)^2 - 36x^3(3x+2y)}{(3x+2y)^4}$$

$$= \frac{9x^2\{3(3x+2y) - 4x\}}{(3x+2y)^3}$$

$$= \frac{9x^2(5x+6y)}{(3x+2y)^3}$$

$$f_x(1,1) = \frac{3(3+4)}{(3+2)^2} = \frac{21}{25}$$

$$f_y(1,1) = \frac{3(3+2) - 3 \cdot 2}{(3+2)^2} = \frac{15-6}{25} = \frac{9}{25}$$

例題4.9　ブラック・ショールズ・モデル

(2.61) 式、(2.62) 式で示したブラック・ショールズ・モデルについて、以下の設問に答えよ。

(1) $N'(d_2) = N'(d_1) \cdot (S/K) \cdot e^{rT}$ となることを証明せよ。

(2) ブラック・ショールズ・モデルのリスク指標である、デルタ、ガンマなどを偏微分によって計算せよ。

解

(1) $N(d_1)$ は標準正規分布関数であり、$N(d_1)$ を d_1 に関して微分すると、標準正規分布の密度関数

$$N'(d_1) = \frac{1}{\sqrt{2\pi}} \exp\left(-\frac{1}{2}d_1^2\right)$$

となる。よって、

$$\begin{aligned}
N'(d_2) &= \frac{1}{\sqrt{2\pi}} \exp\left(-\frac{1}{2}\left(d_1 - \sigma\sqrt{T}\right)^2\right) \\
&= \frac{1}{\sqrt{2\pi}} \exp\left(-\frac{1}{2}d_1^2\right) \cdot \exp\left(d_1 \sigma\sqrt{T}\right) \cdot \exp\left(-\frac{1}{2}\sigma^2 T\right) \\
&= N'(d_1) \cdot \exp\left(d_1 \sigma\sqrt{T}\right) \cdot \exp\left(-\frac{1}{2}\sigma^2 T\right)
\end{aligned} \quad \cdots (4.44)$$

(2.64) 式より、

$$d_1 \sigma\sqrt{T} = \log(S/K) + (r + 0.5\sigma^2)T$$

$$\therefore \exp\left(d_1 \sigma\sqrt{T}\right) = (S/K) \cdot \exp(rT) \cdot \exp\left(\frac{1}{2}\sigma^2 T\right)$$

であるので、これを (4.44) 式に代入すると、

$$\begin{aligned}
N'(d_2) &= N'(d_1) \cdot (S/K) \cdot \exp(rT) \cdot \exp\left(\frac{1}{2}\sigma^2 T\right) \cdot \exp\left(-\frac{1}{2}\sigma^2 T\right) \\
&= N'(d_1) \cdot (S/K) \cdot e^{rT}
\end{aligned}$$

となる。
(2) リスク指標について検討する。

① デルタ（Δ）

基礎商品Sの価格変化がプレミアムC,Pに与える**限界効用**[8]である。コール・プレミアムのデルタをΔ_C、プット・プレミアムのデルタをΔ_Pとすると、それぞれ

$$\Delta_C \equiv \frac{\partial C}{\partial S}$$

$$= N(d_1) + S \cdot N'(d_1)\frac{\partial d_1}{\partial S} - K \cdot e^{-rT} \cdot N'(d_2)\frac{\partial d_2}{\partial S}$$

$$= N(d_1) + S \cdot N'(d_1)\frac{\partial d_1}{\partial S} - K \cdot e^{-rT} \cdot N'(d_1)(S/K) \cdot e^{rT}\frac{\partial d_1}{\partial S}$$

$$= N(d_1) + S \cdot N'(d_1)\frac{\partial d_1}{\partial S} - S \cdot N'(d_1)\frac{\partial d_1}{\partial S}$$

$$= N(d_1) \quad \cdots\cdots\cdots\cdots\cdots\cdots\cdots\cdots\cdots\cdots (4.45)$$

$$\Delta_P \equiv \frac{\partial P}{\partial S} \quad (4.37)\text{式より}$$

$$= \frac{\partial C}{\partial S} - 1$$

$$= N(d_1) - 1 \quad \cdots\cdots\cdots\cdots\cdots\cdots\cdots\cdots\cdots\cdots (4.46)$$

で計算される。したがって、これら二つのデルタには、

$$\Delta_P = \Delta_C - 1 \quad \cdots\cdots\cdots\cdots\cdots\cdots\cdots\cdots\cdots\cdots (4.47)$$

という関係がある。

② ガンマ（Γ）

基礎商品の価格変化がヘッジ比率に与える限界効用である。コー

---

[8] 基礎商品の価格が1単位変化したときに、オプション・プレミアムC,Pがどのぐらい影響を受けるのかを示したもの。

ル・プレミアムのガンマをΓ_C、プット・プレミアムのガンマをΓ_Pとすると、以下の式が得られる。

$$\begin{aligned}
\Gamma_C &\equiv \frac{\partial \Delta_C}{\partial S} \\
&= \frac{\partial}{\partial S} N(d_1) \\
&= N'(d_1) \frac{\partial d_1}{\partial S} \\
&= N'(d_1) \cdot \frac{1}{S} \cdot \frac{1}{\sigma\sqrt{T}} \\
&= \frac{1}{S\sigma\sqrt{T}} N'(d_1)
\end{aligned}$$ ……(4.48)

$$\begin{aligned}
\Gamma_P &\equiv \frac{\partial \Delta_P}{\partial S} \\
&= \frac{\partial}{\partial S}\bigl(N(d_1)-1\bigr) \\
&= \frac{1}{S\sigma\sqrt{T}} N'(d_1)
\end{aligned}$$ ……(4.49)

よって、

$$\Gamma_C = \Gamma_P$$ ……(4.50)

となる。

③ シータ（θ）

満期までの期間がプレミアムに与える限界効用である。コール・プレミアムのシータをθ_C、プット・プレミアムのシータをθ_Pとすると、それぞれ

$$\begin{aligned}
\theta_C &\equiv -\frac{\partial C}{\partial T} \\
&= -S \cdot N'(d_1)\frac{\partial d_1}{\partial T} - rK \cdot e^{-rT} \cdot N(d_2) + K \cdot e^{-rT} \cdot N'(d_2)\frac{\partial d_2}{\partial T} \\
&= -S \cdot N'(d_1)\frac{\partial d_1}{\partial T} - rK \cdot e^{-rT} \cdot N(d_2)
\end{aligned}$$

第 4 章　関数の微分と積分

$$+K \cdot e^{-rT} \cdot N'(d_1)(S/K)e^{rT} \cdot \left\{ \frac{\partial d_1}{\partial T} - \frac{\sigma}{2\sqrt{T}} \right\}$$

$$= -S \cdot N'(d_1)\frac{\partial d_1}{\partial T} - rK \cdot e^{-rT} \cdot N(d_2) + S \cdot N'(d_1)\frac{\partial d_1}{\partial T} - \frac{\sigma S}{2\sqrt{T}}N'(d_1)$$

$$= -rK \cdot e^{-rT} \cdot N(d_2) - \frac{\sigma S}{2\sqrt{T}}N'(d_1) \quad \cdots\cdots (4.51)$$

$$\theta_P \equiv -\frac{\partial P}{\partial T}$$

$$= -\frac{\partial C}{\partial T} + K \cdot r \cdot e^{-rT}$$

$$= \theta_C + K \cdot r \cdot e^{-rT} \quad \cdots\cdots (4.52)$$

となる。ただし、T の単位は年であるので、これを残存日数 1 日当りの変化率で表し、以下の式を用いるのが一般的である。

$$\hat{\theta}_C = \frac{1}{365}\left\{ -rK \cdot e^{-rT} \cdot N(d_2) - \frac{\sigma S}{2\sqrt{T}}N'(d_1) \right\} \quad \cdots\cdots (4.53)$$

$$\hat{\theta}_P = \frac{1}{365}\left\{ \theta_C + K \cdot r \cdot e^{-rT} \right\} \quad \cdots\cdots (4.54)$$

④　ベガ（v）

ボラティリティの変化がプレミアムに与える限界効用であり、コール・プレミアムのベガを v_C、プット・プレミアムのベガを v_P とすると、それぞれ以下の式で計算される。

$$v_C \equiv \frac{\partial C}{\partial \sigma}$$

$$= S \cdot N'(d_1)\frac{\partial d_1}{\partial \sigma} - K \cdot e^{-rT} \cdot N'(d_2)\frac{\partial d_2}{\partial \sigma}$$

$$= S \cdot N'(d_1)\frac{\partial d_1}{\partial \sigma} - K \cdot e^{-rT} \cdot N'(d_1) \cdot (S/K) \cdot e^{rT} \cdot \left\{ \frac{\partial d_1}{\partial \sigma} - \sqrt{T} \right\}$$

$$= S\sqrt{T}N'(d_1) \quad \cdots\cdots (4.55)$$

$$v_P \equiv \frac{\partial P}{\partial \sigma}$$

$$= \frac{\partial C}{\partial \sigma}$$

$$= S\sqrt{T} N'(d_1) \quad \cdots\cdots\cdots\cdots\cdots\cdots\cdots\cdots\cdots\cdots\cdots\cdots (4.56)$$

よって、

$$\upsilon_C = \upsilon_P \quad \cdots\cdots\cdots\cdots\cdots\cdots\cdots\cdots\cdots\cdots\cdots\cdots (4.57)$$

となる。ただし、これはσが1のとき100%を意味するが、実際には1%当りのプレミアムの変化量を示すほうが使いやすいので、

$$\upsilon_C = \frac{1}{100} S\sqrt{T} N'(d_1)$$

$$\upsilon_P = \frac{1}{100} S\sqrt{T} N'(d_1)$$

という式が利用される(指標ベガ(υ)は、カッパ(κ)と呼ばれる場合もある)。

⑤ ロー (ρ)

無リスク金利の変化がプレミアムに与える限界効用であり、コール・プレミアムのローをρ_C、プット・プレミアムのローをρ_Pとすると、それぞれ

$$\rho_C \equiv \frac{\partial C}{\partial r}$$

$$= S \cdot N'(d_1) \frac{\partial d_1}{\partial r} + KT \cdot e^{-rT} \cdot N(d_2) - K \cdot e^{-rT} \cdot N'(d_2) \frac{\partial d_2}{\partial r}$$

$$= S \cdot N'(d_1) \frac{\partial d_1}{\partial r} + KT \cdot e^{-rT} \cdot N(d_2)$$

$$\quad - K \cdot e^{-rT} \cdot N'(d_1) \cdot (S/K) \cdot e^{rT} \frac{\partial d_1}{\partial r}$$

$$= KT \cdot e^{-rT} \cdot N(d_2) \quad \cdots\cdots\cdots\cdots\cdots\cdots\cdots\cdots\cdots\cdots (4.58)$$

$$\rho_C \equiv \frac{\partial C}{\partial r}$$

$$= \frac{\partial C}{\partial r} - TK \cdot e^{-rT}$$

第4章　関数の微分と積分

$$= \rho_C - TK \cdot e^{-rT} \quad\quad\quad\quad\quad\quad\quad\quad (4.59)$$

で計算される。ただし、これはrが1のとき100%を意味する。実際には1%当りのプレミアムの変化量を示すほうが使いやすいので、

$$\hat{\rho}_C = \frac{1}{100} KT \cdot e^{-rT} \cdot N(d_2)$$

$$\hat{\rho}_P = \frac{1}{100} \left\{ \rho_C - TK \cdot e^{-rT} \right\}$$

が利用される。

⑥　オメガ（Ω）

基礎商品の価格変化率に対する理論プレミアムの変化率の比であり、MPT（Modern Portfolio theory）のβ値と同様の概念であることから、オプション・ベータとも呼ばれる。

コール・プレミアムのオメガをΩ_C、プット・プレミアムのオメガをΩ_Pとすると、それぞれ、以下の式で計算される。

$$\Omega_C \equiv \left(\frac{\partial C}{C}\right) \bigg/ \left(\frac{\partial S}{S}\right)$$

$$= \left(\frac{\partial C}{\partial S}\right) \bigg/ \left(\frac{C}{S}\right)$$

$$= \Delta_C \cdot \frac{S}{C} \quad\quad\quad\quad\quad\quad\quad\quad (4.60)$$

$$\Omega_P \equiv \left(\frac{\partial P}{P}\right) \bigg/ \left(\frac{\partial S}{S}\right)$$

$$= \left(\frac{\partial P}{\partial S}\right) \bigg/ \left(\frac{P}{S}\right)$$

$$= \Delta_P \cdot \frac{S}{P} \quad\quad\quad\quad\quad\quad\quad\quad (4.61)$$

4　2変数関数のテイラー展開

2次までのテイラー展開を2変数関数$f(x,y)$に拡張すると、2変数関数$f(x,y)$が2次の連続な偏導関数をもつなら、以下の式のように展開できる。

$$f(x+h, y+j) \approx f(x,y) + f_x(x,y)h + f_y(x,y)j$$
$$+ \frac{f_{xx}(x,y)h^2 + 2f_{xy}(x,y)hj + f_{yy}(x,y)j^2}{2!} + o(h^2, j^2) \quad \cdots\cdots(4.62)$$

演習4.9 2次関数 $f(x,y) = 3x^3 + 2xy + y^2$ を、点(0,0)において2次までのテイラー展開せよ。

解

$f_x(x,y) = 9x^2 + 2y$
$f_y(x,y) = 2x + 2y$
$f_{xx}(x,y) = 18x$
$f_{xy}(x,y) = 2$
$f_{yx}(x,y) = 2$
$f_{yy}(x,y) = 2$
$f_x(0,0) = 0$
$f_y(0,0) = 0$
$f_{xx}(0,0) = 0$
$f_{xy}(0,0) = 2$
$f_{yx}(0,0) = 2$
$f_{yy}(0,0) = 2$
$f(h,j) = f(0,0) + f_x(0,0)h + f_y(0.0)j$

第 4 章　関数の微分と積分

$$+\frac{1}{2}\left(f_{xx}(0,0)h^2 + 2f_{xy}(0,0)hj + f_{yy}(0,0)j^2\right) + o(h^2, j^2)$$
$$= 0 + 0 \cdot h + 0 \cdot j + \frac{1}{2}(0 \cdot h^2 + 2 \cdot 2hj + 2j^2) + o(h^2, j^2)$$
$$= 2hj + j^2 + o(h^2, j^2)$$

例題4.10　伊藤の公式

2変数関数$f(x,y)$において、変数yを時間tとした、関係式$y=f(x,t)$を考える。また、xを時間tとノイズ$z(t)$の関数とし、xの増分Δxに関して、

$$\Delta x = \mu \Delta t + \sigma \Delta z \quad \cdots\cdots\cdots (4.63)$$

が成立し、ΔtとΔzの間には、

$$\Delta t = (\Delta z)^2 \quad \cdots\cdots\cdots (4.64)$$

という関係が存在するとする。これが伊藤の公式のセッティングである。

十分小さな$\Delta t > 0$に対して、(4.63)式と(4.64)式から

$$(\Delta x)^2 = \{\mu \Delta t + \sigma \Delta z\}^2$$
$$= \mu^2 (\Delta t)^2 + 2\mu\sigma \Delta t \Delta z + \sigma^2 \Delta t$$
$$= \mu^2 (\Delta t)^2 + 2\mu\sigma \Delta t (\Delta t)^{1/2} + \sigma^2 \Delta t$$
$$= \mu^2 (\Delta t)^2 + 2\mu\sigma (\Delta t)^{3/2} + \sigma^2 \Delta t$$

が得られるが、右辺の第1項と第2項は、微小時間のべき乗となっているため、Δtに比べて無視できる値となる。したがって、次式が成立する。

$$(\Delta x)^2 = \sigma^2 \Delta t + o(\Delta t)$$

ここで、2次のテイラー展開の公式(4.62)から、

$$\Delta y = f_t(x,t)\Delta t + f_x(x,t)\Delta x + \frac{1}{2}f_{xx}(x,t)(\Delta x)^2 + R$$

ただし、無視できる項は残差項Rにまとめた。この式に(4.63)式を代入することで、次式を得る。

$$\Delta y = \left(f_t(x,t) + \mu f_x(x,t) + \frac{\sigma^2}{2} f_{xx}(x,t) \right) \Delta t + f_x(x,t)\sigma \Delta z + o(\Delta t)$$

最後に、$\Delta t \to 0$ として極限をとることで、形式的に次式を得る。

$$dy = \left(f_t(x,t) + \mu f_x(x,t) + \frac{\sigma^2}{2} f_{xx}(x,t) \right) dt + f_x(x,t)\sigma \, dz \quad \cdots (4.65)$$

ここで、dt は時間 t の無限小増分、dz はノイズ $z(t)$ の無限小増分を表す。(4.65) 式を**伊藤の公式**と呼んでいる。

5 全微分

2変数関数 $f(x,y)$ において、x に関する偏微分は x 軸の方向のみに着目した微分であった。これに対し、**全微分**とはある点においてあらゆる方向からの微分を考えたものである。

定義4.4　**全微分の定義**

関数 $z = f(x,y)$ が x, y について偏微分可能であるとする。点 (a,b) において、

$$f(a+h, b+k) = f(a,b) + f_x(a,b)h + f_y(a,b)k + o(h,k) \quad \cdots (4.66)$$

かつ、

$$\lim_{(h,k) \to (0,0)} \frac{o(h,k)}{\sqrt{h^2 + k^2}} = 0 \quad \cdots (4.67)$$

が成り立つとき、関数 $f(x,y)$ は点 (a,b) で全微分可能である。

以下に、証明なしに二つの定理を記載する。

第4章　関数の微分と積分

> **定理4−10** 関数$f(x,y)$の偏導関数$f_x(x,y), f_y(x,y)$が連続であるならば、関数$f(x,y)$は全微分可能。

> **定理4−11** 合成関数の微分

関数$z=f(x,y)$が全微分可能で、$x=g(t), y=q(t)$がtについて微分可能であるとき、

$$\frac{dz}{dt}\left(=\frac{d}{dt}f(g(t),q(t))\right)=\frac{\partial f(x,y)}{\partial x}\cdot\frac{dg(t)}{dt}+\frac{\partial f(x,y)}{\partial y}\cdot\frac{dq(t)}{dt} \quad\cdots\cdots(4.68)$$

が成り立つ。

演習4.10 関数$z=2x^2-3y$において、$x=t^2, y=e^t$としたとき、$\frac{dz}{dt}$を求めよ。

解

$\dfrac{\partial z}{\partial x}=4x$

$\dfrac{\partial z}{\partial y}=-3$

$\dfrac{dx}{dt}=2t$

$\dfrac{dy}{dt}=e^t$

であるので、これらを（4.68）式に代入すると、

$$\frac{dz}{dt}=\frac{\partial z}{\partial x}\cdot\frac{dx}{dt}+\frac{\partial z}{\partial y}\cdot\frac{dy}{dt}=4x\cdot 2t-3\cdot e^t=8t^3-3e^t$$

となる。

6 その他の微分に関する公式

(1) 合成関数の微分法

$y = f(u), u = g(x)$ のとき、合成関数 $y = f(g(x))$ の微分は、

$$\frac{dy}{dx} = \frac{dy}{du} \cdot \frac{du}{dx} = f'(g(x))g'(x)$$

で計算される。特に、$y = u^n, u = g(x)$ の場合には、

$$\{g(x)^n\}' = ng(x)^{n-1}g'(x)$$

となる。

(2) 逆関数の微分法

関数 $y=f(x)$ の逆関数を、$x=g(y)$ で表した場合、

$$\frac{dy}{dx} \cdot \frac{dx}{dy} = 1, f'(x) \cdot g'(y) = 1$$

となる。

(3) 媒介変数(パラメータ)で表された関数の微分法

関数が、$x = f(t), y = g(t)$ と表されているとき

$$\frac{dy}{dx} = \frac{dy}{dt} \bigg/ \frac{dx}{dt} = \frac{f'(t)}{g'(t)}$$

となる。

(4) 対数微分法

関数 $y=f(x)$ の導関数を計算するのに、両辺の対数をとって対数関数に直してから微分する方法。

$y = \dfrac{f_1 f_2 \cdots f_n}{g_1 g_2 \cdots g_m}$ のとき

$$y' = y\left\{\frac{f_1'}{f_1} + \frac{f_2'}{f_2} + \cdots + \frac{f_n'}{f_n} - \frac{g_1'}{g_1} - \frac{g_2'}{g_2} - \cdots - \frac{g_m'}{g_m}\right\}$$

となる。

(5) **ライプニッツの公式**

二つの関数の積のn次元導関数は、

$$\{f(x)g(x)\}^{(n)} = \sum_{k=0}^{n} {}_nC_k f^{(k)}(x)g^{(n-k)}(x)$$

によって計算できる。

7 積 分

（不定）**積分**とは微分と反対の計算を意味しており、関数$f(x)$の積分を微分すると関数$f(x)$が得られる。

(1) **定積分**

関数$f(x)$は、区間$[a,b]$において$f(x) \geq 0$であると仮定する。

区間$[a,b]$をn個の小区間に分割し（区間の広さは異なってもよい）、その分点のx座標を、

$$a = x_0 < x_1 < \cdots < x_{n-1} < x_n = b \quad , \quad (i = 1, 2, \cdots, n)$$

とする。このi番目の小区間の広さを$\Delta x_i = x_i - x_{i-1}$とし、その小区間$[x_{i-1} - x_i]$内の任意の$x$軸上の点を$c_i$とすると、$x$軸と$f(x)$、区間$[a,b]$で囲まれた図表4－6の左図の面積は、

$$S \approx \sum_{i=1}^{n} f(c_i)\Delta x_i \quad\cdots\cdots\cdots\cdots\cdots\cdots\cdots\cdots\cdots\cdots\cdots\cdots\cdots\cdots(4.69)$$

で近似できる。この分割数nを限りなく大きく、つまり分割区間を限りなく小さくしたときに（$\max_{1 \leq i \leq n}|\Delta x_i| \to 0$）、$S$の値が分割数に関係なく極限値に収束

図表4－6　積分の近似

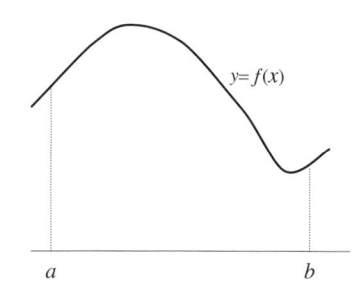

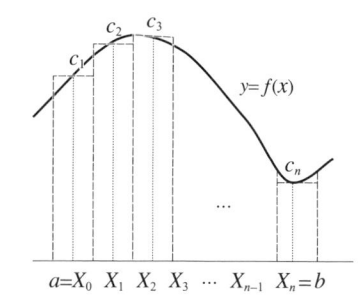

するならば、関数$f(x)$は**積分可能**（**可積分**）であるといい、この極限値を$f(x)$の区間$[a,b]$における**定積分**と呼び、

$$\int_a^b f(x)dx$$

で表す。

積分の定義より

$$\int_a^a f(x)dx = 0$$

であり、また、

$$\int_b^a f(x)dx = -\int_a^b f(x)dx$$

と定義する。なお、連続関数は積分可能である。

ここで、いくつかの定積分の性質について記載する。

(1) $\int_a^b cf(x)dx = c\int_a^b f(x)dx$　（cは定数）

(2) $\int_a^b \{f(x) \pm g(x)\}dx = \int_a^b f(x)dx \pm \int_a^b g(x)dx$　（符号同順）

(3) $\int_a^b f(x)dx = \int_a^c f(x)dx + \int_c^b f(x)dx$

(4) 区間$[a,b]$において$f(x) \geq g(x)$なら、

第4章　関数の微分と積分

$$\int_a^b f(x)dx \geq \int_a^b g(x)dx$$

(5) $f(-x) = -f(x)$ という関係のある関数 $f(x)$ のことを、**奇関数**と呼ぶ。この関数には、次のような性質がある。

$$\int_{-a}^a f(x)dx = 0$$

(6) $f(-x) = f(x)$ という関係のある関数 $f(x)$ のことを、**偶関数**と呼ぶ。この関数には、次のような性質がある。

$$\int_{-a}^a f(x)dx = 2\int_0^a f(x)dx$$

(2) 不定積分

ここで、積分区間を $[a,x]$ とし、この x が含まれる関数 $F(x)$ を、

$$F(x) = \int_a^x f(t)dt \quad\cdots\cdots(4.70)$$

で定義する。

$$F(x+h) - F(x) = \int_a^{x+h} f(t)dt - \int_a^x f(t)dt$$

であり、$|h|$ が十分小さな値である場合には、積分の定義より

$$\int_x^{x+h} f(t)dt \approx f(x)h$$

と近似されるので、$F(x)$ の微分は、

$$F'(x) = \lim_{h\to 0}\frac{F(x+h) - F(x)}{h} = f(x) \quad\cdots\cdots(4.71)$$

となる。これは、(4.70) 式で示された関数 $F(x)$ を微分すれば、関数 $f(x)$ が得られることを示しており、このような関係が成り立つ関数 $F(x)$ のことを、$f(x)$ の**不定積分**と呼び、

$$\int f(x)dx$$

で表す。(4.70) 式に任意の定数 C を加えたものも、$f(x)$ の定積分となる。たとえば、$f(x) = 3x^2$ の不定積分は $F(x) = x^3$ となるが、それに定数 C を加えた

$F(x)=x^3+C$ も不定積分となる。この C のことを**積分定数**と呼ぶ。

ここで、区間 $[a,b]$ を区間 $[a,c]$ と区間 $[c,b]$ に分割する。このとき、

$$\int_a^b f(x)dx = \int_a^c f(x)dx + \int_c^b f(x)dx$$

$$= \int_c^b f(x)dx - \int_c^a f(x)dx \quad \cdots\cdots (4.72)$$

という関係が成り立つので、不定積分を（4.70）式のように表すと、

$$\int_a^b f(x)dx = F(b) - F(a) \quad \cdots\cdots (4.73)$$

となる。また、（4.73）式を、

$$\int_a^b f(x)dx = F(b) - F(a) = \left[F(x)\right]_a^b \quad \cdots\cdots (4.74)$$

と記述することもある。

ここで、積分に関する重要に公式について、証明なしに記載しておく。なお、積分定数 C については省略する。

(1) $\int x^a dx = \dfrac{x^{a+1}}{a+1} \quad (a \neq -1),\ \int \dfrac{1}{x} = \log|x|$

(2) $\int \sin x\, dx = -\cos x,\ \int \cos x\, dx = \sin x$

(3) $\int \tan x\, dx = -\log|\cos x|,\ \int \dfrac{1}{\cos^2 x} dx = \tan x$

(4) $\int e^x dx = e^x,\ \int a^x dx = \dfrac{a^x}{\log a}$

(5) $\int \sinh x\, dz = \cosh x,\ \int \cosh x\, dx = \sinh x$

(6) $\int \sin ax\, dx = -\dfrac{\cos ax}{a},\ \int \cos ax\, dx = \dfrac{\sin ax}{a} \quad (a \neq 0)$

(7) $\int e^{ax} dx = \dfrac{e^{ax}}{a} \quad (a \neq 0)$

(8) $\int \dfrac{dx}{a^2 + x^2} = \dfrac{1}{a} \tan^{-1} \dfrac{x}{a} \quad (a \neq 0)$

(9) $\int \dfrac{dx}{\sqrt{a^2 - x^2}} = \sin^{-1} \dfrac{x}{a} \quad (a \neq 0)$

第4章　関数の微分と積分

(10) $\int \dfrac{dx}{x^2-a^2} = \dfrac{1}{2a} \log \left| \dfrac{x-a}{x+a} \right|$　　　$(a \neq 0)$

(11) $\int cf(x)dx = c\int f(x)dx$

(12) $\int \{f(x) \pm g(x)\}dx = \int f(x)dx \pm \int g(x)dx$　（符号同順）

定理4-12　置換積分の公式

$\int f(x)dx$ において、$x = g(t)$ とおくと、

$$\int f(x)dx = \int f(g(t))g'(t)dt \quad \cdots (4.75)$$

が成立する。

証明　$F'(t) = f(t)$ とし、合成関数の微分の公式

$$\dfrac{d}{dt}F(g(t)) = F'(g(t))g'(t) = f(g(t))g'(t)$$

の両辺を不定積分すると、

$$F(g(t)) = \int f(g(t))g'(t)dt$$

となる。$g(t) = x$ とおくと $F(x) = \int f(x)dx$ であるので、

$$\int f(x)dx = \int f(g(t))g'(t)dt \quad (x = g(t))$$

が得られる。

定理4-13　部分積分の公式

$$\int f(x)g'(x)dx = f(x)g(x) - \int f'(x)g(x)dx \quad \cdots (4.76)$$

が成り立つ。

証明 積の微分公式
$$(f(x)g(x))' = f'(x)g(x) + f(x)g'(x)$$
の両辺に対し、不定積分を行うと、
$$f(x)g(x) = \int f'(x)g(x)dx + \int f(x)g'(x)dx$$
となる。これを変形すると、
$$\int f'(x)g(x)dx = f(x)g(x) - \int f(x)g'(x)dx$$
が得られる。

演習4.11 次の不定積分を計算せよ。

(1) $f(x) = x$
(2) $f(x) = e^x$
(3) $f(x) = x^a$
(4) $f(x) = \dfrac{1}{x}$ $(x \neq 0)$
(5) $f(x) = a^x$
(6) $f(x) = e^x$
(7) $f(x) = \dfrac{1}{\sqrt{x^2 + a}}$
(8) $f(x) = 2x^3 + 3x$

解

(1) $\int x\,dx = \dfrac{1}{2}x^2 + C$

(2) $\int e^x\,dx = e^x + C$

(3) $\int x^a\,dx = \dfrac{1}{a+1}x^{a+1} + C$ $\quad (a \neq -1)$

(4) $\int \dfrac{1}{x}\,dx = \log|x| + C$

(5) $\int a^x\,dx = \dfrac{a^x}{\log a} + C$ $\quad (a > 0, a \neq 1)$

第4章　関数の微分と積分

> (6) $\int e^x \, dx = e^x + C$ $\qquad (a>0, a \neq 1)$
>
> (7) $\int \dfrac{1}{\sqrt{x^2+a}} dx = \log\left| x + \sqrt{x^2+a} \right| + C$ （a は定数）
>
> (8) $(ax^4 + bx^2)' = 2x^3 + 3x$ を考える。
>
> $\qquad 4ax^3 + 2bx = 2x^3 + 3x$
>
> であるので、$a = \dfrac{2}{4} = \dfrac{1}{2}, b = \dfrac{3}{2}$ となる。よって、
>
> $$\int (2x^3 + 3x) \, dx = \dfrac{1}{2} x^4 + \dfrac{3}{2} x^2 + C$$
>
> が得られる。

演習4.12　$a \neq 0$ としたとき、以下の不定積分を計算せよ（積分定数は省略）。

(1) $\int (ax+b)^n \, dx \qquad (n \neq -1)$

(2) $\int f(x)^n f'(x) \, dx \qquad (n \neq -1)$

(3) $\int (3x+1)^{\frac{3}{2}} \, dx$

解

> (1) $ax + b = t$ とおくと、$\dfrac{dt}{dx} = a$ となる。
>
> $$\int (ax+b)^n \, dx = \int t^n \dfrac{1}{a} dt = \dfrac{t^{n+1}}{a(n+1)} = \dfrac{(ax+b)^{n+1}}{a(n+1)}$$
>
> (2) $f(x) = t$ とおくと、$\dfrac{dt}{dx} = f'(x)$
>
> $$\int f(x)^n f'(x) \, dx = \int t^n \, dt = \dfrac{t^{n+1}}{n+1} = \dfrac{f(x)^{n+1}}{n+1}$$

208

(3) $3x+1 = t$ とおくと、$\dfrac{dt}{dx} = 3 \left(dx = \dfrac{1}{3}dt \right)$ となる。

$$\int (3x+1)^{3/2}\,dx = \int t^{3/2} \dfrac{1}{3}dt = \int \left(\dfrac{2}{5}t^{5/2} \right) \dfrac{1}{3}dt = \dfrac{1}{3}\left(\dfrac{2}{5}t^{5/2} \right)$$

$$= \dfrac{2}{15}t^{5/2} = \dfrac{2}{15}(3x+1)^{5/2}$$

演習4.13 次の不定積分を計算せよ（積分定数は省略してよい）。

$\int x^3 e^x\,dx$

解

$$\int x^3 e^x\,dx = \int (e^x)' x^3\,dx = e^x x^3 - \int e^x (x^3)'\,dx = e^x x^3 - 3\int e^x x^2\,dx$$

$$= e^x x^3 - 3\int (e^x)' x^2\,dx = e^x x^3 - 3\left\{ (e^x)' x e^x x^2 - \int e^x (x^2)'\,dx \right\}$$

$$= e^x x^3 - 3\left\{ e^x x^2 - 2\int e^x x\,dx \right\} = e^x x^3 - 3e^x x^2 + 6\int e^x x\,dx$$

$$= e^x x^3 - 3e^x x^2 + 6\int (e^x)' x\,dx$$

$$= e^x x^3 - 3e^x x^2 + 6\left\{ e^x x - \int e^x (x)'\,dx \right\}$$

演習4.14 次の定積分を計算せよ。

(1) $\int_0^2 (5x-2)^3\,dx$ (3) $\int_{-4}^2 |x^2 + 2x - 3|\,dx$

(2) $\int_1^e \log x\,dx$ (4) $\int_0^\infty 2xe^{-x^2}\,dx$

第4章　関数の微分と積分

解

(1) $t=5x-2$ とおくと、$dx=1/5dt$ となる。
$$\int (5x-2)^3 dx = \int t^3 \frac{1}{5}dt = \frac{1}{4}t^4 \frac{1}{5} = \frac{1}{20}t^4 = \frac{1}{20}(5x-2)^4$$
となるので、
$$\int_0^2 (5x-2)^3 dx = \left[\frac{1}{20}(5x-2)^4\right]_0^2 = \frac{1}{20}(8^4-2^4) = \frac{1}{20}(4096-16) = 204$$

(2) $\int \log x\, dx = \int (x)' \log x\, dx = x\log x - \int x(\log x)' = x\log x - \int 1\, dx = x\log x - x$
であるので、
$$\int_1^e \log x\, dx = [x\log x - x]_1^e = (e\log e - e) - (\log 1 - 1) = e - e - 0 + 1 = 1$$

(3) この積分は絶対値で表されているので、関数の変曲点を求め、それによる積分区間の分割が必要となる。$(x^2+2x-3)=(x+3)(x-1)$ であるので、関数の変曲点は $x=-3,1$ であり、そのイメージを示したのが図表4－7である。

図表4－7　関数 $f(x)=x_2+2x-3$ の変曲点

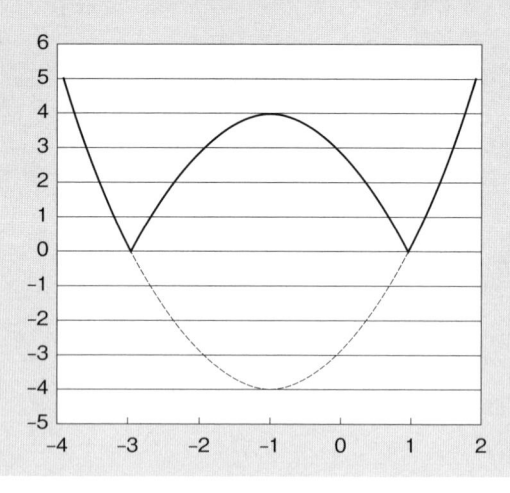

$$\int_{-4}^{2}\left|x^2+2x-3\right|dx$$
$$=\int_{-4}^{-3}(x^2+2x-3)dx+\int_{-3}^{1}(-x^2-2x+3)dx+\int_{1}^{2}(x^2+2x-3)dx$$
$$=\left[\frac{1}{3}x^3+x^2-3x\right]_{-4}^{-3}+\left[-\frac{1}{3}x^3-x^2+3x\right]_{-3}^{1}+\left[\frac{1}{3}x^3+x^2-3x\right]_{1}^{2}$$
$$=\left[\left(-\frac{27}{3}+9+9\right)-\left(-\frac{64}{3}+16+12\right)\right]+\left[\left(-\frac{1}{3}-1+3\right)-\left(\frac{27}{3}-9-9\right)\right]$$
$$+\left[\left(\frac{8}{3}+4-6\right)-\left(\frac{1}{3}+1-3\right)\right]$$
$$=9+\frac{64}{3}-28-\frac{1}{3}+2+9+\frac{8}{3}-2-\frac{1}{3}+2$$
$$=-8+\frac{70}{3}=15\frac{1}{3}$$

(4) 積分区間に∞が入っている。このような場合は、実数Rの極限を考えればよい。$(e^{-x^2})'=e^{-x^2}(-2x)=-2(xe^{-x^2})$であるので、

$$\int_{0}^{R}2xe^{-x^2}dx=-\int_{0}^{R}(e^{-x^2})'dx=-\left[e^{-x^2}\right]_{0}^{R}=-(e^{-R^2}-e^{0})=(1-e^{-R^2})$$

$$\int_{0}^{\infty}2xe^{-x^2}dx=\lim_{R\to\infty}\int_{0}^{R}2xe^{-x^2}dx=\lim_{R\to\infty}(1-e^{-R^2})=1$$

(3) **数値積分**

定積分$\int_{a}^{b}f(x)dx$の値は（4.69）式で近似できるが、台形公式と呼ばれる方法で、n個に等分された小区間$[x_{i-1}, x_i]$の面積を台形の面積によって求めることで計算する。

図表4-8　台形公式

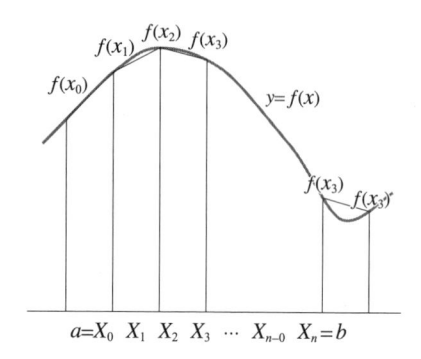

$$\int_a^b f(x)dx \approx \sum_{i=1}^n \frac{f(x_{i-1})+f(x_i)}{2}\Delta x \quad \cdots (4.77)$$

$$= \frac{y_0 + 2(y_1 + y_2 + \cdots + y_{n-1}) + y_n}{2}\Delta x$$

$$\Delta x = x_i - x_{i-1}$$

$$y_i = f(x_i)$$

また、台形公式より精度を高めた**シンプソンの（3分の1）公式**を利用する場合も多い。ここで、

$$f(x) = a + bx + cx^2 + dx^3$$

とおき、これを区間$[-h, h]$で積分する。

$$\int_{-h}^h f(x)dx = \left[ax + \frac{b}{2}x^2 + \frac{c}{3}x^3 + \frac{d}{4}x^4 \right]_{-h}^h$$

$$= 2h\left[a + \frac{ch^2}{3} \right]$$

$$= \frac{(f(-h) + 4f(0) + f(h))h}{3} \quad \cdots (4.78)$$

区間$[a,b]$をn個の偶数となる区間に等分割し、

$$h = \frac{b-a}{n}$$

とおいて（4.78）式を順次適用すれば、

$$\int_{-h}^{h} f(x)dx \approx \frac{h}{3}\big(f(x_0) + 4f(x_1) + f(x_2)$$
$$+ f(x_2) + 4f(x_3) + f(x_4)$$
$$+ f(x_4) + 4f(x_5) + f(x_6)$$
$$+ \cdots + f(x_{n-2}) + 4f(x_{n-1}) + f(x_n)\big)$$
$$= \frac{h}{3}\left(f(x_0) + 4\sum_{i=1}^{n/2} f(x_{2i-1}) + 2\sum_{i=1}^{n/2-1} f(x_{2i}) + f(x_n) \right)$$

が得られる。

例題4.11　スポット・レート

スポット・レート（spot rate）とは、例題2.5で定義したイールド$Y_0(t,T)$において、時点tから満期Tまでの期間が無限小、すなわち、$T \to t$とした場合の瞬間的な利子率のことである。このスポット・レートを$\hat{r}(t)$で表すと、以下の式で定義される。

$$\hat{r}(t) = \lim_{T \to t} Y_0(t,T) = -\lim_{T \to t} \frac{\ln Z_0(t,T)}{T-t} = -\left.\frac{\partial}{\partial T} \ln Z_0(t,T)\right|_{T=t} \quad \cdots\cdots(4.79)$$

市場では、この定義に基づくスポット・レートを直接観測することはできないため、(4.79) 式を適用して割引債価格$Z_0(t,T)$から計算したり、満期までの期間が比較的短い金利をスポット・レートに代用する場合が多い。スポット・レートは満期までの期間が無限小である場合の金利であることから、これを**短期金利**と呼ぶこともある。

(4.79) 式は、金利が不確実である場合には、スポット・レート$\hat{r}(t)$から割引債の価格$Z_0(t,T)$を直接決定できないことを意味している。しかし、

第4章 関数の微分と積分

このスポット・レート自体は市場で取引されおらず、このスポット・レート $\hat{r}(t)$ を割引債の評価に用いるためには、なんらかの仮定が必要となる。

一方で、金融商品の価格評価、リスク評価では、将来キャッシュフローの現在価値の評価が必要であり、スポット・レートはこの現在価値を評価するうえできわめて重要な役割を果たしている。

時点 t で、1単位円を無リスクのスポット・レート $\hat{r}(t)$ に投資し、時点 T まで連続複利で運用したとする。ただし、このスポット・レート $\hat{r}(t)$ は確定的な変数であるものと仮定する。このとき、時点 T での総資産額 $v(t,T)$ は、

$$v(t,T) = 1 \times \exp\left\{\int_t^T \hat{r}(s)ds\right\} = \exp\left\{\int_t^T \hat{r}(s)ds\right\}, \quad 0 \leq t \leq T \quad \text{(4.80)}$$

で計算される。ここで、スポット・レート $r(t)$ が一定であると仮定すると、$(r = \hat{r}(t))$、(4.80) 式は、

$$v(t,T) = \exp\left\{\int_t^T r\,ds\right\} = e^{(T-t)r} \quad \text{(4.81)}$$

となる。

ここで、(4.80) 式と (4.81) 式の直感的な意味について検討する。図表4-9は、横軸に期間、縦軸に金利をプロットしたものである。スポット・レートが一定であると仮定すると、(4.81) 式の指数部分 $(T-t)r$ は、長方形の面積部分になる。一方、スポット・レート $\hat{r}(t)$ に、図表4-9のような期間構造があるとすると、(4.80) 式の指数部分 $\int_t^T \hat{r}(s)ds$ も、やはり面積となる。

(4.80) 式の $v(t,T)$ は、スポット・レート $\hat{r}(t)$ の期間構造が与えられているとき、無リスクの預金に1単位円を $[t,T]$ 期間だけ預け入れたときの満期 T で受け取れるキャッシュフローを意味する。このことから、$v(t,T)$ は $[t,T]$ 期間の無リスク預金と呼ばれている。

金融理論では、ある金融商品の価格過程 $S(t)$ に対し、

$$S^*(t) = \frac{S(t)}{v(0,t)} = S(t)\exp\left\{-\int_0^t \hat{r}(s)ds\right\} \quad \cdots\cdots (4.82)$$

で定義される**相対価格**（relative price） $S^*(t)$ を用いることが多い。この相対価格の算出の基準となるものがニューメレールであり、上式では、この**ニューメレール**として無リスク預金 $v(0,t)$ を用いている。

図表 4 - 9 スポット・レート $\hat{r}(s)$ と期間 $T-t$ の関係

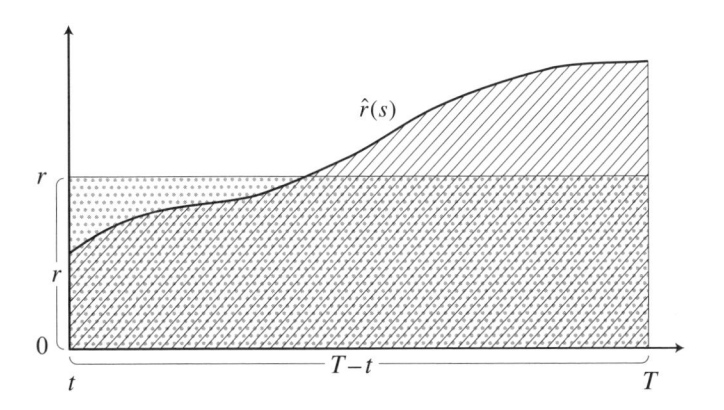

8 まとめ

　この章では、微分と積分の概念について解説した。実務では、何かの変数が金融商品の価格に及ぼす影響度を知りたいというニーズがあるが、このときの基本が感応度である微分であった。また、数値微分を用いれば、関数のかたちさえわかれば数値微分によって微分値を計算することができた。

　また、積分は倒産確率などの分布関数の計算や、VaR、レートの積分などで頻繁に利用される。これも数値積分することができるが、積分区間の設定と、区分数によって計算精度は異なってくるので、利用にあたっては注意が必要である。

第5章
確率と確率分布

　株式や債券などの金融商品について、将来の価格を推定しようとすると、多くの不確実な要因を想定しなければならない。また、企業の倒産や原材料、為替なども不確実な要因である。確率論は、こうした不確実性を数学的に表すための道具であり、この章ではその基礎概念について解説する。

第5章　確率と確率分布

1　確率とは

　確率的な現象を表現するために、確率論では**試行**というものを考える。これは、たとえばサイコロを投げたときに出る目のように、事前に結果を知ることのできない、あるいは予測できない現象について、観察や実験をするということを意味している。一方、有限の観察や実験によって起こりうるすべての結果（シナリオ）については、事前に知ることができるものとする（サイコロ投げの場合には、出る目は1～6までの6通り）。この結果の集合のことを**標本空間**と呼び、通常Ω（オメガと呼ぶ）で表す。また、試行の一つひとつの結果、すなわち標本空間Ω（**全事象**）の要素を**根元事象**（元）、標本空間の部分集合を**事象**という。集合論の言葉を用いると、根元事象とは標本空間Ωの要素ω（オメガと呼ぶ）のことであり、この関係を$\omega \in \Omega$と記述する（$\in$は、集合に属するということを意味する記号である）。要素ωは標本空間を構成する最も小さな事象である。標本空間Ωの一部からなる集合Aは事象と呼ばれ、$A \subset \Omega$と記述される（$\subset$は集合の包括関係を示し、この場合、集合Aは標本空間Ωの部分集合であることを示す）。

　なお、標本空間Ω自身もΩの部分集合であるので事象である。たとえば、サイコロの目の標本空間は、$\Omega = \{1,2,3,4,5,6\}$という六つの根元事象（要素）からなる集合であり、サイコロの目が偶数となる事象（部分集合）Aは$A = \{2,4,6\}$となる。

　確率論で用いられるこれらの言葉の定義をまとめると、図表5－1のようになる。なお、「事象Aと事象Bが同時に起こることはない」状態のことを**空集合**ϕと呼ぶ。

図表5-1　確率論で用いられる言葉の定義

	記号	意味	集合論での呼称
全事象	Ω		全体集合
根元事象	ω	ω∈Ω	要素（元）
事象	A,Bなど	A⊂Ω	部分集合
空事象	φ		空集合

　事象とは集合の概念であるので、集合に対して定義される演算はそのまま事象に対しても定義される。ここで、AとBを二つの事象として、集合の演算について解説する。

(1) 和事象

　事象Aまたは事象Bに属している根元事象からなる事象を意味し、$A \cup B$で表記される。すなわち、「事象Aと事象Bのうち少なくともどちらかが起こる」ことを意味するのが和事象である（∪は、「または」「カップ」「ユニオン」などと読む）。
　図表5-2の斜線部は、**和事象**をベン図で表したものであり、
　　$A \cup B = B \cup A$
という関係が成立していることがわかる。

図表5-2　和事象のベン図

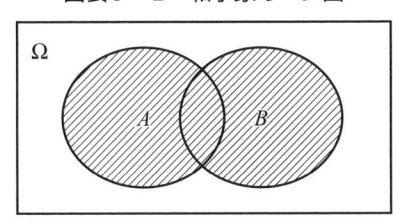

　また、三つの事象の和事象は、

219

$$A \cup B \cup C = (A \cup B) \cup C = A \cup (B \cup C)$$

となり、どの和事象から先に計算してもよい。同様に、n個の事象の和事象も同様に定義され、

$$\bigcup_{i=1}^{n} A_i \quad , \quad A_1 \cup A_2 \cup \cdots \cup A_n$$

などと記述される。さらに足し合わせることができる無限個（可算無限個）の事象の和事象は、

$$\bigcup_{i=1}^{\infty} A_i = \lim_{n \to \infty} \bigcup_{i=1}^{n} A_i \quad , \quad A_1 \cup A_2 \cup \cdots$$

で定義される。

(2) 積事象

事象Aと事象Bの両方に属している根元事象からなる事象を意味し、$A \cap B$で表記される。すなわち、「事象Aと事象Bがともに起こる」ことを意味するのが積事象である（∩は、「かつ」「キャップ」「インターセクション」などと読む）。

図表5－3の斜線部は、積事象をベン図で表したものであり、

$$A \cap B = B \cap A$$

という関係が成立している。

図表5－3　積事象のベン図

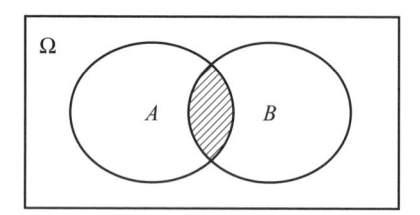

和事象と同様に、n個の事象の積事象も、

$$\bigcap_{i=1}^{n} A_i \quad , \quad A_1 \cap A_2 \cap \cdots \cap A_n$$

$$\bigcap_{i=1}^{\infty} A_i = \lim_{n \to \infty} \bigcap_{i=1}^{n} A_i \quad , \quad A_1 \cap A_2 \cap \cdots$$

で定義される。

(3) 差事象

事象Aから事象Bの根元事象を除いた事象を意味し、A\Bで表記される。これは、事象Aと事象Bに共通に属する根元事象、つまり積事象A∩Bが存在するときに、「事象Aから積事象A∩Bを除く」のと同じ意味になるので、A\B=A−(A∩B)となる。

図表5−4の斜線部は、差事象A\Bをベン図で表したものである。

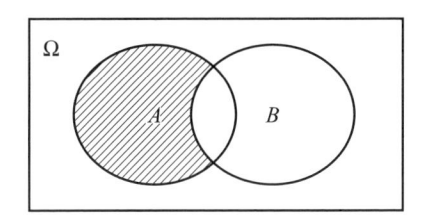

図表5−4　差事象のベン図

(4) 余事象

事象Aに属していない根元事象からなる事象を**余事象**といい、事象Aの**補集合** A^c で記述される。つまり、「事象Aが起こらない」ことがAの余事象である。

図表5−5の斜線部は、和事象A∪Bの余事象をベン図で表したものであり、

$$(A \cup B)^c = B^c \cap A^c$$

という関係が成立していることがわかる。

第5章　確率と確率分布

図表5－5　余事象のベン図

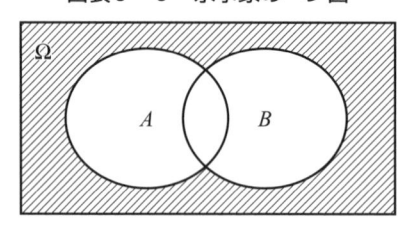

演習5.1　正しいサイコロを1回振ったとき、出る目について考える（$\Omega=\{1,2,3,4,5,6\}$）。偶数の目が出る事象を$A=\{2,4,6\}$、5以上の目の出る事象を$B=\{5,6\}$で表すとき、事象$A\cup B$、事象$A\cap B$、事象$(A\cup B)^c$はどのような根元事象となるかについて検討せよ。

解

$A\cup B=\{2,4,5,6\}$

$A\cap B=\{6\}$

$(A\cup B)^c=\{1,3\}$

定義5.1　事象Aと事象Bに共通する根元事象がない、つまり、

$A\cap B=\emptyset$

が成立することを、事象Aと事象Bは**排反**であるという。

　いくつかの事象を並べた事象列$A_1, A_2,\cdots$において、すべての異なるiとjに対し$A_i\cap A_j=\emptyset$が成立するなら、この$A_1,A_2,\cdots$は互いに**排反**であるという。また、事象Aが互いに排反な$A_1,A_2,\cdots$の和事象

$$A=\bigcup_{i=1}^{\infty}A_i$$

によって表されるとき、事象 A は $A_1, A_2, \cdots$ に**分割**されているという。確率論では事象を互いに排反な事象に分解することが重要であり、たとえば、和集合 $A \cup B$ は、

$$A \cup B = (A \cap B^C) \cup (A \cap B) \cup (B \cap A^C) \quad\cdots\cdots (5.1)$$

のように分割される。

以下に、事象を扱ううえで重要な二つの定理を、証明なしで述べる。

定理5−1　ドモルガンの法則

事象 $A_1, A_2, \cdots$ に対し、

$$\left(\bigcap_{i=1}^{\infty} A_i\right)^C = \bigcup_{i=1}^{\infty} A_i^C$$

$$\left(\bigcup_{i=1}^{\infty} A_i\right)^C = \bigcap_{i=1}^{\infty} A_i^C$$

が成り立つ。

定理5−2　分配法則

事象 $A_1, A_2, \cdots$ と事象 B に対し、

$$\left(\bigcap_{i=1}^{\infty} A_i\right) \cup B = \bigcap_{i=1}^{\infty}(A_i \cup B)$$

$$\left(\bigcup_{i=1}^{\infty} A_i\right) \cap B = \bigcup_{i=1}^{\infty}(A_i \cap B)$$

が成り立つ。

2 確率

　確率とは、事象の起こりやすさを示す尺度であり、確率論ではすべての事象Aに対して確率$P(A)$を、以下の三つの性質を満たすように決める。

定義5.2　確率の公理的定義（コルモゴロフ）
　　性質1：$P(\Omega)=1$（全事象の確率は1），$P(\phi)=0$（空集合の確率は0）
　　性質2：$0 \leq P(A) \leq 1$
　　性質3：事象AとBが互いに排反であるとき$(A \cap B = \phi)$
　　　$P(A \cup B) = P(A) + P(B)$ ……………………………………(5.2)

　性質3は、排反な事象に対してのみ成立する。排反でない場合には（5.1）式のように排反な事象に事前に分解したうえで性質3を利用することになる。すなわち、

$$P(A \cup B) = P(A \cap B^C) + P(A \cap B) + P(B \cap A^C) \quad (5.3)$$

が成立する。また、事象Aは、

$$A = (A \cap B^C) \cup (A \cap B)$$

と分割可能なので、性質3を利用して

$$P(A) = P(A \cap B^C) + P(A \cap B)$$
$$P(A \cap B^C) = P(A) - P(A \cap B) \quad (5.4)$$

が得られる。同様に事象Bについても、

$$P(B) = P(B \cap A^C) + P(A \cap B)$$
$$P(B \cap A^C) = P(B) - P(A \cap B) \quad (5.5)$$

となる。(5.4) 式と (5.5) 式を (5.3) 式に代入すると、

$$P(A \cup B) = \{P(A) - P(A \cap B)\} + P(A \cap B) + \{P(B) - P(A \cap B)\}$$
$$= P(A) + P(B) - P(A \cap B) \quad (5.6)$$

となる。これが確率論の最も基本的な公式（**加法法則**）である。

また、事象 A と B と C が互いに排反であるときには($A\cap B=\phi, B\cap C=\phi, C\cap A=\phi$)、
$$P(A\cup B\cup C) = P(A) + P(B) + P(C) - P(A\cap B) - P(B\cap C)$$
$$-P(C\cap A) + P(A\cap B\cap C) \quad\cdots\cdots (5.7)$$
が成立する。

ここで、確率を一般的な形式で定義しておく。

定義5.3 事象に実数を対応させる写像 P が、
　　条件1：$P(\Omega)=1$ ですべての事象 B に対して $P(B)\geq 0$
　　条件2：排反な $A_1, A_2, \cdots$ に対して
$$P\left(\bigcup_{i=1}^{\infty} A_i\right) = \sum_{i=1}^{\infty} P(A_i) \quad\cdots\cdots (5.8)$$
という二つの条件を満たすとき、写像 P を **確率**（probability）という。

また、余事象の確率、確率の単調性に関する、以下の定理もよく用いられる。

定理5-3 余事象（complement）の確率：$P(A^c)=1-P(A)$
確率の単調性：$A\subset B$ ならば $P(A)\leq P(B)$

定義5.4 「事象 A と事象 B は互いに独立である」とは、
$$P(A\cap B) = P(A)P(B) \quad\cdots\cdots (5.9)$$
が成立することである。

演習5.2 正しいサイコロを1回振ったときに出る目について検討する。
(1) 出る目が奇数である事象 A と、その確率 $P(A)$ を求めよ。
(2) 出る目が3以上である事象 B と、その確率 $P(B)$ を求めよ。

第5章　確率と確率分布

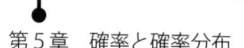

(3) $A \cup B$ と、その確率 $P(A \cup B)$ を求めよ。
(4) $A \cap B$ と、その確率 $P(A \cap B)$ を求めよ。
(5) (5.6) 式が成立していることを確認せよ。
(6) 事象 A と事象 B は独立であるかどうかについて検討せよ。

解

(1) $A = \{1, 3, 5\}$
$$P(A) = P(\{1\}) + P(\{3\}) + P(\{5\}) = \frac{1}{6} + \frac{1}{6} + \frac{1}{6} = \frac{1}{2}$$

(2) $B = \{3, 4, 5, 6\}$
$$P(B) = P(\{3\}) + P(\{4\}) + P(\{5\}) + P(\{6\}) = \frac{1}{6} + \frac{1}{6} + \frac{1}{6} + \frac{1}{6} = \frac{2}{3}$$

(3) $A \cup B = \{1, 3, 4, 5, 6\}$
$$P(A \cup B) = P(\{1\}) + P(\{3\}) + P(\{4\}) + P(\{5\}) + P(\{6\})$$
$$= \frac{1}{6} + \frac{1}{6} + \frac{1}{6} + \frac{1}{6} + \frac{1}{6} = \frac{5}{6}$$

(4) $A \cap B = \{3, 5\}$
$$P(A \cap B) = P(\{3\}) + P(\{5\}) = \frac{1}{6} + \frac{1}{6} = \frac{1}{3}$$

(5) (1)〜(4)の結果を、(5.6) 式に代入すると、
$$P(A \cup B) = \frac{5}{6}$$
$$P(A) + P(B) - P(A \cap B) = \frac{1}{2} + \frac{2}{3} - \frac{1}{3} = \frac{3 + 4 - 2}{6} = \frac{5}{6}$$

となるので、$P(A \cup B) = P(A) + P(B) - P(A \cap B)$ が成立する。

(6) 事象 A と事象 B が互いに独立であるかを調べるには、(5.9) 式が成立しているかを調べればよい。
$$P(A \cap B) = \frac{1}{3}$$
$$P(A)P(B) = \frac{1}{2} \times \frac{2}{3} = \frac{1}{3}$$

であるので、(5.9) 式が成立し独立となる。

演習5.3 演習5.2に、事象 $C=\{2,3,5\}$ を加えた状態について検討する。

(1) 確率 $P(C)$ を求めよ。
(2) $B \cup C$ と、その確率 $P(B \cup C)$ を求めよ。
(3) $B \cap C$ と、その確率 $P(B \cap C)$ を求めよ。
(4) $C \cap A$ と、その確率 $P(C \cap A)$ を求めよ。
(5) $A \cup B \cup C$ と、その確率 $P(A \cup B \cup C)$ を求めよ。
(6) $A \cap B \cap C$ と、その確率 $P(A \cap B \cap C)$ を求めよ。
(7) (5.7)式が成立していることを確認せよ。
(8) 事象 A と事象 C は、独立であるかについて検討せよ。
(9) 事象 B と事象 C は、独立であるかについて検討せよ。

解

(1) $P(C) = P(\{2\}) + P(\{3\}) + P(\{5\}) = \dfrac{1}{6} + \dfrac{1}{6} + \dfrac{1}{6} = \dfrac{1}{2}$

(2) $B \cup C = \{2,3,4,5,6\}$

$P(B \cup C) = P(\{2\}) + P(\{3\}) + P(\{4\}) + P(\{5\}) + P(\{6\})$

$= \dfrac{1}{6} + \dfrac{1}{6} + \dfrac{1}{6} + \dfrac{1}{6} + \dfrac{1}{6} = \dfrac{5}{6}$

(3) $B \cap C = \{3,5\}$

$P(B \cap C) = P(\{3\}) + P(\{5\}) = \dfrac{1}{6} + \dfrac{1}{6} = \dfrac{1}{3}$

(4) $C \cap A = \{3,5\}$

$P(C \cap A) = P(\{3\}) + P(\{5\}) = \dfrac{1}{6} + \dfrac{1}{6} = \dfrac{1}{3}$

(5) $A \cup B \cup C = \{1,2,3,4,5,6\}$

$P(A \cup B \cup C) = P(\{1\}) + P(\{2\}) + P(\{3\}) + P(\{4\})$
$\qquad\qquad\qquad + P(\{5\}) + P(\{6\})$

$= \dfrac{1}{6} + \dfrac{1}{6} + \dfrac{1}{6} + \dfrac{1}{6} + \dfrac{1}{6} + \dfrac{1}{6} = 1$

(6) $A \cap B \cap C = \{3, 5\}$

$$P(A \cap B \cap C) = P(\{3\}) + P(\{5\}) = \frac{1}{6} + \frac{1}{6} = \frac{1}{3}$$

(7) $P(A \cup B \cup C) = 1$

$$P(A) + P(B) + P(C) - P(A \cap B) - P(B \cap C) - P(C \cap A)\}$$
$$+ P(A \cap B \cap C) = \frac{1}{2} + \frac{2}{3} + \frac{1}{2} - \frac{1}{3} - \frac{1}{3} - \frac{1}{3} + \frac{1}{3}$$
$$= \frac{3 + 4 + 3 - 2 - 2 - 2 + 2}{6} = 1$$

となるので、(5.7) 式が成立する。

(8) 事象Aと事象Cが互いに独立であるかを調べるには、

$$P(A \cap C) = P(A)P(C)$$

が成立しているかを調べればよい。

$$P(A \cap C) = \frac{1}{3}$$
$$P(A)P(C) = \frac{1}{2} \times \frac{1}{2} = \frac{1}{4}$$

であるので、$P(A \cap C) \neq P(A)P(C)$ となり独立ではない。

(9) 事象Bと事象Cが互いに独立であるかを調べるには、

$$P(B \cap C) = P(B)P(C)$$

が成立しているかを調べればよい。

$$P(B \cap C) = \frac{1}{3}$$
$$P(B)P(C) = \frac{2}{3} \times \frac{1}{2} = \frac{1}{3}$$

であるので、$P(A \cap C) = P(A)P(C)$ が成立しており独立であることがわかる。

演習5.4 事象A, B, Cがあるとき、以下の事象を式で表せ。

(1) 事象Bだけが起きる事象。
(2) 事象A, B, Cのうち、少なくとも二つの事象が起きる事象。
(3) 多くても二つの事象しか起こらない事象。

解
(1) $A^c \cap B \cap C^c$
(2) $(A \cap B) \cup (B \cap C) \cup (C \cap A)$
(3) 三つの事象は起こらないので、$(A \cap B \cap C)^c$

3 条件付確率

　ある金融機関では、東京地区の取引先が3,000社あり、過去の実績では年間30社の割合で倒産が発生しているものとする（倒産確率1％）。また、大阪地区の取引先が2,000社あり、過去の実績では年間40社の割合で倒産が発生しているものとする（倒産確率2％）。ある企業の倒産確率を考えるとき、この金融機関全体でみた場合の倒産確率は、

$$(30 + 40)/(3000 + 2000) = 1.4\%$$

となるが、この企業が、もし東京地区の企業であれば倒産確率は1％である。つまり、東京地区の企業というようななんらかの情報が与えられると、それに応じて確率も変化する。確率論では、このような概念を条件付確率によって表現する。

第5章　確率と確率分布

定義5.5　**条件付確率**

事象Aと事象Bに対し、BのもとでのAの**条件付確率**を、

$$P(A|B) = \frac{P(A \cap B)}{P(B)} \quad , \quad P(B) > 0 \quad \cdots\cdots (5.10)$$

で定義する。

事象Aと事象Bは互いに独立であるとき、

$$P(A|B) = P(A) \quad \cdots\cdots (5.11)$$

が成立し、この関係を、

$$P(A|B) = P(A) \quad \Leftrightarrow \quad \text{事象}A\text{と事象}B\text{は互いに独立である}$$

と書く。この式の意味は、右辺が成立すれば左辺が成立し、逆に左辺が成立すれば右辺が成立することを意味している（⇔は同値、すなわち左辺と右辺の真偽が必ず一致することを意味している）。

(5.10) 式より、

$$P(A \cap B) = P(B) \cdot P(A|B) = P(A) \cdot P(B|A) \quad \cdots\cdots (5.12)$$

が得られ、これを乗法公式と呼ぶ。

演習5.5　くじの当選確率について考える。10本のくじがあり、そのなかに3本の当たりくじが含まれている。最初にこのくじを引く人が、当たりくじを引く確率は3/10である。それでは、2番目に引く人の当たる確率はいくらになるか。

解

i番目にくじを引いた人が当たる事象をA_iで表す。2番目に引いた人の当たる確率は、最初に引いた人の結果に依存する。すなわち、

① 最初に引いた人が当たっているという条件のもとで2番目の人が当たる確率を求める。くじの残総数9、当たりくじの残数2である

ので、
$$P(A_2 \mid A_1) = \frac{2}{9}$$
となる。

② 最初に引いた人が外れたという条件のもとで2番目の人が当たる確率を求める。くじの残総数9、当たりくじの残数3であるので、
$$P(A_2 \mid A_1^C) = \frac{3}{9}$$
となる。
最初にこのくじを引く人が外れる事象をA_1^Cとすると、その確率は、
$$P(A_1^C) = 1 - \frac{3}{10} = \frac{7}{10}$$
となる。事象A_2は、
$$A_2 = (A_1 \cap A_2) \cup (A_1^C \cap A_2)$$
と分解できるので、確率の性質3より
$$P(A_2) = P(A_1 \cap A_2) + P(A_1^C \cap A_2)$$
が得られる。したがって、(5.12) 式の乗法公式より
$$P(A_2) = P(A_1)P(A_2 \mid A_1) + P(A_1^C)P(A_2 \mid A_1^C) = \frac{3}{10} \cdot \frac{2}{9} + \frac{7}{10} \cdot \frac{3}{9} = \frac{3}{10}$$
となる。

　原因となる事象をB、その結果起こる事象をAとすると、Bが起こったという条件のもとで事象Aの起こる条件付確率$P(A \mid B)$を考えたのが、(5.10) 式で示した条件付確率であった。一方、起こった事象Aからその原因Bを知りたい場合もある。たとえば、経営が悪化している企業の状況から、その原因となっている要因を特定したいという局面である。このような場合、Aを条件とするBの条件付確率$P(B \mid A)$を計算する必要がある。(5.12) 式で示した乗法公式より、

第5章 確率と確率分布

$$P(B) \cdot P(A|B) = P(A) \cdot P(B|A) = P(A \cap B)$$

$$P(B|A) = \frac{P(B) \cdot P(A|B)}{P(A)} \quad \cdots\cdots (5.13)$$

が得られる。

ここで、原因となる事象 $B_1, B_2, \cdots$ は互いに排反な事象であり、これら以外の事象は起こらない、つまり、

$$B_i \cap B_j = \emptyset, \quad i \neq j$$

$$\bigcup_{i=1}^{\infty} B_i = B_1 \cup B_2 \cup \cdots = \Omega \quad \cdots\cdots (5.14)$$

を仮定する。事象の分配法則より、

$$A = A \cap \Omega = A \cap (B_1 \cup B_2 \cup \cdots)$$

$$\bigcup_{i=1}^{\infty} B_i = B_1 \cup B_2 \cup \cdots = \Omega \quad \cdots\cdots (5.15)$$

となる。事象 $B_1, B_2, \cdots$ は互いに排反な事象であるので、次の全確率の公式が成立する。

定理5-4 全確率の公式

全事象 Ω が事象列 $B_1, B_2, \cdots$ によって分割されているならば、任意の事象 A に対して

$$P(A) = P\left(\bigcup_{i=1}^{\infty} (A \cap B_i)\right) = \sum_{i=1}^{\infty} P(B_i) P(A|B_i) \quad \cdots\cdots (5.16)$$

が成立する。ただし $P(B_i) > 0$ とする。

(5.16) 式を、(5.13) 式に代入すると、以下のベイズの定理が得られる。

定理5-5 ベイズの定理 (Bay's theoren)

$P(A) > 0$ とし、全事象 Ω は事象列 $B_1, B_2, \cdots$ によって分割されているものとする。このとき、(5.10) 式の条件付確率に、(5.16) 式の全確率の公式を代入

すると、

$$P(B_i|A) = \frac{P(B_i)P(A|B_i)}{\sum_{i=1}^{\infty} P(B_i)P(A|B_i)} \quad \cdots\cdots(5.17)$$

が成立する。ただし $P(B_i)>0$ とする。

なお、$P(B_i)$ は B_i の**事前確率**、$P(B_i|A)$ は**事後確率**とも呼ばれている。

例題5.1　経営不振の原因分析

B_1 は収益性悪化による経営不振、B_2 は成長性悪化による経営不振、B_3 はいずれの状態にも該当していないと仮定する。ここでは、他の経営不振の要因はなく、収益性悪化と成長性悪化は同時には発生しないと仮定する。また、A を経営不振の状態を表すものとする。10社の状態を調べたところ、収益性悪化が見られた企業が１社、成長性悪化がみられた企業が２社であった。また、収益性悪化がみられた場合、3％の割合で経営不振になるものと想定している。同様に、成長性悪化がみられた場合には5％、収益性も成長性も悪化していないのに経営不振になる割合は0.1％と想定されている。この条件で経営不振の原因が、①収益性悪化によるもの、②成長性悪化によるもの、③それ以外の要因によるものに分類し、それぞれの確率を計算せよ。

解　ベイズの定理を利用する。題意より、

$$P(A|B_1) = \frac{3}{100}, P(A|B_2) = \frac{5}{100}, P(A|B_3) = \frac{0.1}{100}$$

$$P(B_1) = \frac{1}{10}, P(B_2) = \frac{2}{10}, P(B_3) = \frac{7}{10}$$

となるから、これらをベイズの定理に代入すると、以下のような結果と

第5章　確率と確率分布

> なる。
>
> $$P(B_1 \mid A) = \frac{P(B_1)P(A \mid B_1)}{\sum_{i=1}^{3} P(B_i)P(A \mid B_i)} = \frac{\dfrac{1}{10} \times \dfrac{3}{100}}{\dfrac{1}{10} \times \dfrac{3}{100} + \dfrac{2}{10} \times \dfrac{5}{100} + \dfrac{7}{10} \times \dfrac{0.1}{100}} = \frac{30}{137}$$
>
> $$P(B_2 \mid A) = \frac{P(B_2)P(A \mid B_2)}{\sum_{i=1}^{3} P(B_i)P(A \mid B_i)}$$
>
> $$= \frac{\dfrac{2}{10} \times \dfrac{5}{100}}{\dfrac{1}{10} \times \dfrac{3}{100} + \dfrac{2}{10} \times \dfrac{5}{100} + \dfrac{7}{10} \times \dfrac{0.1}{100}} = \frac{100}{137}$$
>
> $$P(B_3 \mid A) = \frac{P(B_3)P(A \mid B_3)}{\sum_{i=1}^{3} P(B_i)P(A \mid B_i)}$$
>
> $$= \frac{\dfrac{7}{10} \times \dfrac{0.1}{100}}{\dfrac{1}{10} \times \dfrac{3}{100} + \dfrac{2}{10} \times \dfrac{5}{100} + \dfrac{7}{10} \times \dfrac{0.1}{100}} = \frac{7}{137}$$

金融実務で取り扱う確率は、ほとんどが条件付確率によって定義されている。たとえば、現在時点を t とし、ある企業の現在の株価を $X(t)$ で表す。ここで、明日の株価 $X(t+1)$ が5,000円以下となる確率を考える場面を想定する。この確率は、

$$P\bigl(X(t+1) \leq 5{,}000\bigr) \quad \cdots\cdots (5.18)$$

のように考えることができる。一方、実務では時点 t において利用可能な情報が多くあり、その**情報**のことを**フィルトレーション** $\mathcal{F}_t$ で表す。この情報をもとに考えた明日の株価 $X(t+1)$ の確率は、

$$P\bigl(X(t+1) \leq 5{,}000 \mid \mathcal{F}_t\bigr) \quad \cdots\cdots (5.19)$$

で表され、フィルトレーション $\mathcal{F}_t$ が条件となっている。今日の株価が $X(t)=4{,}980$ という情報のもとで考える（5.19）式の条件付確率

$$P\bigl(X(t+1) \leq 5{,}000 \mid X(t)=4{,}980\bigr)$$

と、こうした情報がまったくない（5.18）式の確率とでは、意味が異なることは直感的にも理解できよう。確率を、$P_0\bigl(X(t+1)\leq 5{,}000\bigr)$ や $P_t\bigl(X(t+1)\leq 5{,}000\bigr)$ と表記している場合があるが、これらは「時点0での情報をもとにした条件付確率」と「時点tでの情報をもとにした条件付確率」を表現したものであり（添え字の部分が情報の時点を意味している）、添え字がない $P\bigl(X(t+1)\leq 5{,}000\bigr)$ とは意味の違うものであることに注意する必要がある。

4　順列と組合せ

　標本空間Ωが、有限個の「**ほとんど同様な結果**」からなる場合には、ある事象Aの確率は、すべての根元事象（結果）の数に対し、事象Aに含まれる根元事象の比（割合）で与えられる。

(1) 順　列

　10枚の異なるカードがあり、そのなかから順番に2枚のカードを引くものとする。最初のカードの引き方は10通りであり、2枚目のカードの引き方は9通りである。したがって、引き方の総数は10×9＝90通りとなる。一般に、一度引いたカードは戻さないとした場合、n枚のカードからk枚を引いたときのカードの引き方（結果）の総数は、

$$n\times(n-1)\times\cdots\times(n-k+1)$$

となる。この式で表されるような関係は、**順列**（permutation）の数と呼ばれ、

$$_nP_k = \frac{n!}{(n-k)!} \quad\cdots\cdots(5.20)$$

で表される。この式の$n!$はnの**階乗**と呼ばれるものであり、

$$n! = \prod_{i=1}^{n} i = 1\times 2\times\cdots\times n \quad\cdots\cdots(5.21)$$

で計算される。なお、便宜上0!＝1とする。$\prod$（パイと呼ぶ）は**直積集合**と呼

ばれ、Σが和であったのに対し、積で表される。

$$\prod_{i=1}^{n} x_i = x_1 \times x_2 \times \cdots \times x_n$$

$$\sum_{i=1}^{n} x_i = x_1 + x_2 + \cdots + x_n$$

階乗$n!$を近似計算するものとして、

$$n! = \sqrt{2\pi} n^{n+0.5} e^{-n} \quad \cdots \cdots (5.22)$$

で示される**スターリングの公式**がある。

例題5.2　ファンド・マネジャーの銘柄選択

ある機関投資家は、30人のファンド・マネジャーを抱え、投資適格な株式として300銘柄を選定としているとする。各ファンド・マネジャーが、1銘柄を無作為に選択した場合、少なくとも二人が同一銘柄を選ぶ確率を計算せよ。

解　Aを、少なくとも二人のファンド・マネジャーが同一銘柄を選んだという事象とすると、余事象A^cはどの二人も同じ銘柄を選定していないという事象（30人それぞれが別の銘柄を選ぶ）を表す。$P(A^c)$を計算するために、全事象Ωに含まれている結果の総数とA^cに含まれている結果の総数を計算する。銘柄選定の可能性は300通りで、これは他のファンド・マネジャーの銘柄選択とは無関係であるから、Ωの結果の総数は300^{30}通りである。一方、A^cのなかには同一銘柄があってはならないので、銘柄数に対応する300枚のカードを想定し、このカードを戻さないで30枚引くことに相当する。したがって、余事象A^cに含まれている結果の数は順列$_{300}P_{30}$であり、求める確率は、

$$P(A) = 1 - P(A^C) = 1 - \frac{{}_{300}P_{30}}{300^{30}} \approx 0.7769$$

となる。

(2) 組合せ

順列では、カードを引いた順番を区別していた。もし、結果の内容が同じである場合に引いた順番を区別しないものとすれば、カードの種類のみが重要になる。n枚のカードからk枚を引いたときには、k枚のカードの並び方は$k!$種類ある。このように、n枚のカードからk枚を引いたときに順番を区別しない概念を**組合せ**（combination）と呼び、

$$_nC_k = \frac{{}_nP_k}{k!} = \frac{n!}{k!(n-k)!} \quad \text{(5.23)}$$

で表現される。ここで、2次の多項式$(x+y)^2$を展開すると、

$$(x+y)^2 = x^2 + 2xy + y^2 = {}_2C_0 x^2 + {}_2C_1 xy + {}_2C_2 y^2$$

が得られ、$x^k y^{2-k}$の係数が${}_2C_k$で与えられる。この式を一般化し、n次の多項式を展開すると、

$$(x+y)^n = \sum_{k=0}^{n} {}_nC_k x^k y^{n-k} \quad \text{(5.24)}$$

となり、二項係数${}_nC_k$は$x^k y^{n-k}$の係数となっていることがわかる。このことから、${}_nC_k$のことを**二項係数**、（5.24）式を**二項定理**と呼ぶ。

演習5.6 12枚のカードから5枚のカードを引く状態を想定する（$n=12, k=5$）。このとき、順列の数、組合せの数、$n!$の値を計算せよ。

第5章 確率と確率分布

> **解** 順列の数は、
> $$_{12}P_5 = \frac{12!}{(12-5)!} = \frac{1 \times 2 \times \cdots \times 12}{1 \times 2 \times \cdots \times 7} = 8 \times 9 \times 10 \times 11 \times 12 = 95,040$$
> 組合せの数は、(5.23) 式より、
> $$_{12}C_5 = \frac{_{12}P_5}{5!} = \frac{95,040}{1 \times 2 \times \cdots \times 5} = 792$$
> $n!$ の値は、
> $$n! = 1 \times 2 \times \cdots \times 12 = 479,001,600$$
> となる。

5 確率変数

　根元事象は各試行の結果であり、抽象的な概念でもかまわない。各々の根元事象に実数値を対応づけ、たとえばサイコロ投げの場合には、1～6の目が出るという根元事象 ω_i に対して i を対応させる**写像**を考えることもできる（$i = 1, 2, \cdots, 6$）。写像とは、集合 A の一つひとつの根元事象に対し、集合 B の根元事象を対応させる規則を意味している。サイコロ投げの例をとると、出た目の値そのものよりもその目が偶数か奇数かということについて関心がある場合には、

　　　$\{\omega_1, \omega_3, \omega_5\}$ に対しては 1

　　　$\{\omega_2, \omega_4, \omega_6\}$ に対しては 2

という対応づけも考えられる。この対応関係を写像 X を用いて、

　　　$X(\omega_1) = X(\omega_3) = X(\omega_5) = 1$

　　　$X(\omega_2) = X(\omega_4) = X(\omega_6) = 2$

と表せば、根元事象 ω_i のことを忘れ、X によって移された結果 $X(\omega_i)$ を用い

て、試行についての議論が可能となる。

確率は事象に対して割り当てられる。したがって、移された先の実数の世界で確率の議論を行うためには、写像Xから導かれる事象

$\{\omega : a < X(\omega) \leq b\}$

を考える必要がある。この事象に矛盾なく確率が割り当てられているときに、写像Xを**確率変数**（random variable）と呼ぶ。つまり、確率変数とは標本空間Ωのそれぞれの根元事象ωに対し、実数X(ω)を対応させるもの、つまり標本空間を**定義域**とする実数値の関数である。なお、定数は、すべてのシナリオに同一の値を対応させる関数と考えると、確率変数である。

演習5.7 コインを1回投げ、表が出たら100円を受け取り、裏が出たら100円を支払う賭けを想定する。この場合の標本空間Ωと、確率変数を示せ。

解
標本空間：Ω={表,裏}
確率変数：X(表)=100, X(裏)=−100

演習5.8 サイコロを1回投げ、出た目の100倍の金額をもらえる賭けを想定する。この場合の標本空間Ωと、確率変数を示せ。

解
標本空間：Ω={1,2,3,4,5,6}
確率変数：$X(\omega) = 100\omega$

確率変数Xのとりうる値の一つがxであるとする。X(ω)=xを満たすシナリオω全体の集合 $A = \{\omega | X(\omega) = x\}$ は一つの事象となる。一方、この事象

第5章 確率と確率分布

の確率$P(A)$は、「確率変数Xがxとなる確率」を意味するので、$P(A)=P(X=x)$と表してもよい。$X(\omega)$を確率変数Xの**実現値**と呼び、実現値の集合をXの**標本空間**と呼ぶ場合がある。Xが確率変数ということがわかれば（もしくは、仮定されていれば）、Xの実現値から確率の議論ができる。

ここで、$(a<X\leq b)$とおき、その確率を$P(a<X\leq b)$で表す。

確率変数のとりうる値と、それぞれの値をとる確率を表にしたものを、確率変数Xの**確率分布**、もしくは単に**分布**と呼ぶ。

演習5.9 演習5.7の確率変数の確率分布を示せ。

解

Xの値	100	−100
確率	1/2	1/2

演習5.10 演習5.8の確率変数の確率分布を示せ。

解

標本空間：$\Omega=\{1,2,3,4,5,6\}$

確率変数：$X(\omega)=100\omega$

Xの値	100	200	300	400	500	600
確率	1/6	1/6	1/6	1/6	1/6	1/6

演習5.11 コインを3回投げ、表が出た数に100を掛けた金額をもらえるものとする。この金額を確率変数Xとして確率分布を求めよ。

解

$$P(X=0)=P(\{(裏,裏,裏)\})=\frac{1}{8}$$

$$P(X=100)=P(\{(表,裏,裏),(裏,表,裏),(裏,裏,表)\})=\frac{3}{8}$$

$$P(X=200)=P(\{(表,表,裏),(表,裏,表),(裏,表,表)\})=\frac{3}{8}$$

$$P(X=300)=P(\{(表,表,表)\})=\frac{1}{8}$$

Xの値	0	100	200	300
確率	1/8	3/8	3/8	1/8

6 確率分布

ここで、確率分布について定義する。

定義5.6 確率 $P(X \leq x)$ を x の関数と考えたとき、

$$F(x) = P(X \leq x) \quad , \quad -\infty < x < \infty \quad \cdots\cdots (5.25)$$

を確率変数 X の**分布関数**（distribution function）と呼ぶ。すなわち、分布関数 $F(x)$ は、確率変数 X が x 以下の値をとる確率を意味している。

分布関数は、以下の三つの条件を満たし、この条件によって特徴づけられる。

・条件1：$x < y$ ならば $F(x) \leq F(y)$ 　（**広義の単調増加**）
・条件2：$F(x) = \lim_{h \to 0+} F(x+h)$ 　　（**右連続**）
・条件3：$\lim_{x \to -\infty} F(x) = 0$, $\lim_{x \to +\infty} F(x) = 1$

X に関するなんらかの確率を計算したいときには、分布関数をもとに、た

とえば、$a<b$のときには、

$$P(a < X \leq b) = P(X \leq b) - P(X \leq a) = F(b) - F(a) \quad \cdots\cdots(5.26)$$

であるので、事象$\{a < X \leq b\}$の確率は分布関数から計算される。

もし、ある企業の株価に興味があるとすると、株価を表すXに対して、もし事象$\{a < X \leq b\}$の確率が定義（もしくは、仮定）できるのであれば、背後にある根元事象が何であれ、実現値についての確率の議論が可能となる。

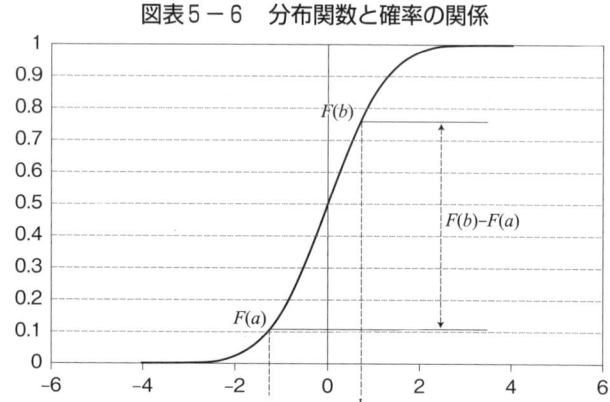

図表5-6　分布関数と確率の関係

(1) 離散的な確率変数

Xの実現値が$x_1, x_2, \cdots, x_n$というn個の離散的な値しかとらない場合には、事象$\{X=x_i\}$と、その確率

$$p_i = P(X = x_i) \quad, \quad i = 1, 2, \cdots, n \quad \cdots\cdots(5.27)$$

を考えることができる。p_iは確率変数Xが実現値x_iをとる確率であり、確率に矛盾がないということは、

$$p_i \geq 0 \quad, \quad \sum_{i=1}^{n} p_i = 1 \quad \cdots\cdots(5.28)$$

を満たすことである。このような確率変数Xを**離散的**と呼び、$\{p_i\}$をXの**確**

率分布と呼ぶ。

ここでは、離散的な確率変数のイメージとして確率分布を表ではなく、

$$X \sim \begin{bmatrix} x_1 & x_2 & \cdots & x_n \\ p_1 & p_2 & \cdots & p_n \end{bmatrix}$$

と記述することにする。$X \sim$ という表記は、確率変数Xの分布は右辺で定義する分布に従うという意味である。

次に、実務でよく用いられる離散的な確率分布の定義を述べる。

a　ベルヌーイ分布

確率変数Xが1か0という二つの値しかとらないとし、それぞれの確率はpと$(1-p)$で表されるとする（$P(X=1)=p$）。つまり、

$$X \sim \begin{bmatrix} 0 & 1 \\ 1-p & p \end{bmatrix}, \quad 0 < p < 1 \quad \cdots\cdots(5.29)$$

であるとき、確率変数Xはパラメータpの**ベルヌーイ分布**に従っているといい、

$$X \sim B_e(p)$$

で表す。ベルヌーイ分布は二つの状態を区分するものであるが、実務では「倒産」を1、「存続」を0として表現したり、「成功」を1、「失敗」を0と表すなど、二つの状態によって評価の流れを区別するということがよくある。このベルヌーイ分布を組み合わせることで、他の離散分布をつくることができる。

b　二項分布

確率変数Xのとりうる値が$\{0,1,\cdots,n\}$で、その確率分布が、

$$P(X=i) = p_i = {}_nC_i\, p^i(1-p)^{n-i}, \quad i = 0,1,\cdots,n \quad \cdots\cdots(5.30)$$

であるとすると、確率変数Xはパラメータ(n,p)の**二項分布**に従っているといい、

$$X \sim B(n,p)$$

で表す。ただし、$0<p<1$とし、${}_nC_i$は（5.23）式で定義された二項係数であ

るものとする。ベルヌーイ分布は、1回だけの試行であったが、確率pで「成功」し、確率$1-p$で「失敗」する試行を独立にn回繰り返して（n回の**ベルヌーイ試行**）得られる離散分布が二項分布である。二項係数

$$_nC_k = \frac{_nP_k}{k!} = \frac{n!}{k!(n-k)!}$$

は、n回の試行でk回成功する場合の数を表す。

例題5.3　二項モデル

株価の上昇を$x=1$（成功）、下落を$x=0$（失敗）と考えると、株価過程を二項分布で表現することが可能である。ある株価は各期間で確率pで上昇しu倍になり、確率$1-p$で下落しd倍になるものとする。ただし、$d<1<u$とし、期首の株価をSで表す。この株価の1期間の動きを示したのが図表5－7（a）である。また、2期間では、1期間モデルを繰り返して適用することで図表5－7（b）のように表される。二項分布の確率関数（5.30）から、2度続けて上昇する確率はp^2、2期間で1度上昇する確率は$2P(1-p)$、2度続けて下落する確率は$(1-p)^2$で与えられる。一般にT期間のうちk回価格が上昇する（残りの$T-k$回は価格が下落する）確率は、

$$p(k) = {}_TC_k p^k (1-p)^{T-k}$$

で与えられる。このとき、期間Tにおける株価は$Su^k d^{T-k}$となる。

なお、二項分布の分布関数、密度関数をExcelで計算するには、

=BINOMDIST（成功数,試行回数,成功率,関数形式）

を利用する。関数形式に、TUREもしくは1を指定すると分布関数（累積確率）の値、FALSEもしくは0と指定した場合には密度関数の値を返す。

二項（格子）モデルでは、上昇倍率uと、下落倍率dが全期間にわたり一定と仮定する。このように仮定すると、図表5－7のudSのように格子が再結合し、株価の状態数と経過時間数が一致する。すなわち、期間の分割数と株価の状態数が一致する。これを格子の再結合性と呼んでいる。こ

図表5－7　二項モデル

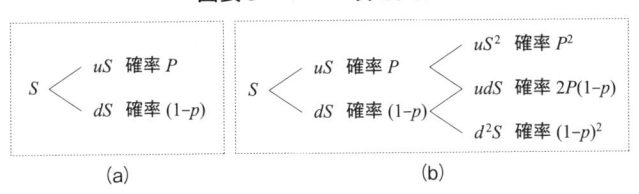

```
        uS  確率 P                    uS  確率 P           uS²  確率 P²
  S <                          S <                  <    udS  確率 2P(1-p)
        dS  確率 (1-p)                dS  確率 (1-p)       d²S  確率 (1-p)²
           (a)                              (b)
```

れに対し、上昇倍率$u(t)$と、下落倍率$d(t)$が時点によって異なる場合、期間の分割数をnとすると、株価の状態数は2^nとなり急激に増加していく。

演習5.12　二項モデル

二項分布で株価を表現するものとする。期首の株価を$S=1,000$、上昇倍率を$u=1.03$、下落倍率を$d=0.98$、上昇確率を$p=0.5$とする。ただし、$d<1<u$とし、期首の株価をSで表す。$T=12$期間後の株価とその株価となる確率を求め、株価と確率の関係を図で確認せよ。

解

T期間後における状態は、株価が0～12回上昇することで表現できる。上昇回数をkとすると（$k=0,1,\cdots,12$）、k回上昇した場合の株価S_kは、

$$S_k = Su^k d^{T-k} = 1,000 \times 1.03^k \times 0.98^{12-k}$$

で、その株価となる確率は、

$$p(k) = {}_T C_k \, p^k (1-p)^{T-k} = {}_{12}C_k \times 0.5^k \times (1-0.5)^{12-k}$$

で計算される。

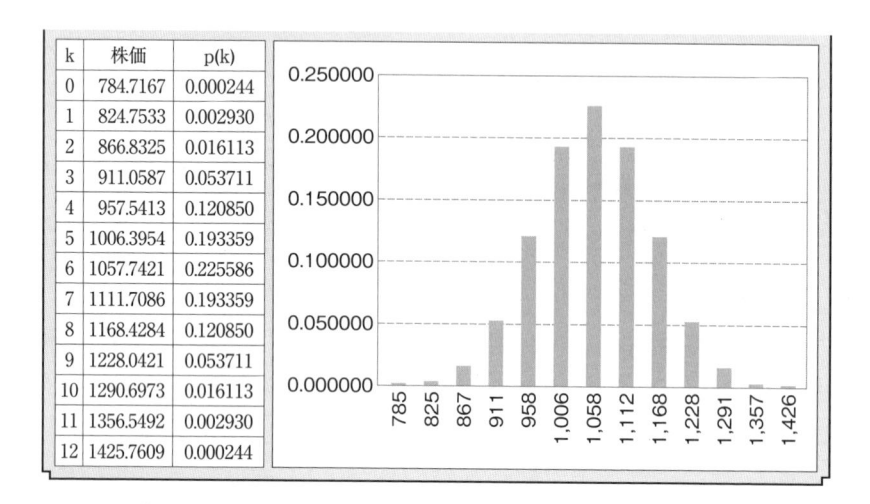

k	株価	p(k)
0	784.7167	0.000244
1	824.7533	0.002930
2	866.8325	0.016113
3	911.0587	0.053711
4	957.5413	0.120850
5	1006.3954	0.193359
6	1057.7421	0.225586
7	1111.7086	0.193359
8	1168.4284	0.120850
9	1228.0421	0.053711
10	1290.6973	0.016113
11	1356.5492	0.002930
12	1425.7609	0.000244

演習5.13 二項モデル

10,000社からなるポートフォリオがある。個々の企業のデフォルトは独立しており、期中の倒産確率が0.1％だと仮定する。倒産確率が二項分布に従うものと想定し、期中に20社が倒産する確率を計算せよ。

解 倒産確率が0.1％であるとき、10,000社のなかで、ちょうど20社が倒産する確率は、

$$p(20) = {}_{10000}C_{20} \times 0.001^{20}(1-0.001)^{10000-20} = 0.00186$$

で与えられる。

c ポアソン分布

確率変数Xのとりうる値が$\{0,1,2,\cdots\}$で、その確率分布が、

$$P(X=n) = p_n = \frac{\lambda^n}{n!}e^{-\lambda} \quad, \quad n=0,1,\cdots \tag{5.31}$$

であるとき、確率変数Xはパラメータλの**ポアソン分布**に従っているといい、
$$X \sim P_o(\lambda)$$
で表す。

ポアソン分布 $P_o(\lambda)$ は、一つひとつの試行によって起こる確率は小さいものの、その試行が独立にたくさん起こるときに近似的に表れるものである。たとえば、個々の企業の倒産確率は小さく、独立していると考えられる場合、ポートフォリオ全体の倒産確率を考える場合などで使われる。

確率変数Xは二項分布（$X \sim B(n, \lambda/n)$）に従うものと仮定する。$\lambda = np$ を固定したうえで、nの値を限りなく大きくすると、ポアソン分布 $P_o(\lambda)$ に近づく。これを**ポアソンの少数の法則（ポアソン近似）**という。

（5.31）式より

$$P(X=k) = {}_nC_k \left[\frac{\lambda}{n}\right]^k \left[1-\frac{\lambda}{n}\right]^{n-k}$$

$$= \frac{n!}{k!(n-k)!}\left[\frac{\lambda}{n}\right]^k \left[1-\frac{\lambda}{n}\right]^{n-k}$$

$$= \frac{\lambda^k}{k!} \times \frac{n!}{(n-k)!} \times \left[\frac{1}{n}\right]^k \left[1-\frac{\lambda}{n}\right]^n \left[1-\frac{\lambda}{n}\right]^{-k}$$

$$= \frac{\lambda^k}{k!}\left[1-\frac{\lambda}{n}\right]^n \left(\prod_{i=1}^{k-1}\left[1-\frac{i}{n}\right]\right)\left[1-\frac{\lambda}{n}\right]^{-k}$$

となるが、

$$\lim_{n\to\infty}\left[1-\frac{\lambda}{n}\right]^n = e^{-\lambda}$$

であり、残りの項はのとき1に収束する。したがって、この確率は$n \to \infty$のときに、

$$P(X=k) = \frac{\lambda^k}{k!}e^{-\lambda}$$

となり、ポアソン分布に収束する。

また、指数関数のテイラー展開の式

$$e^\lambda = \sum_{n=0}^{\infty} \frac{\lambda^n}{n!} \quad\quad\quad\quad\quad\quad\quad\quad\quad\quad\quad\quad\quad\quad\quad\quad (5.32)$$

に注意すれば、

$$\sum_{n=0}^{\infty} \frac{\lambda^n}{n!} e^{-\lambda} = e^{-\lambda} \sum_{n=0}^{\infty} \frac{\lambda^n}{n!} = e^{-\lambda} e^\lambda = 1$$

であり、

$$P(X=k) = \frac{\lambda^k}{k!} e^{-\lambda} \geq 0$$

であるので、ポアソン分布は（5.28）式を満足する。

演習5.14 確率変数Xがポアソン分布に従っているとき、以下の値を計算せよ。

(1) $P(X=3)$

(2) $P(X=5)$

(3) $P(X=3)=P(X=5)$ となる λ の値。

解

(1) $P(X=3) = \dfrac{\lambda^3}{3!} e^{-\lambda}$

(2) $P(X=5) = \dfrac{\lambda^5}{5!} e^{-\lambda}$

(3) $P(X=3) = P(X=5)$

$$\frac{\lambda^3}{3!} e^{-\lambda} = \frac{\lambda^5}{5!} e^{-\lambda}$$

$$\lambda^2 = \frac{5!}{3!} = 20$$

$$\therefore \lambda = 2\sqrt{5}$$

例題5.4　倒産確率の分布

10,000社からなるポートフォリオがある。個々の企業のデフォルトは独立しており、それぞれの倒産確率が0.1%だと仮定する。倒産企業数をXで表し、以下の設問に答えよ。

(1) Xの分布を二項分布で示せ。
(2) ポアソンの少数の法則を用いると、ポアソン分布$P_o(\lambda)$のパラメータλはいくつとなるか。
(3) ポアソンの少数の法則（ポアソン近似）を用いて、$P(X=5)$の近似値を計算せよ。
(4) 二項分布を仮定したときの、$P(X=5)$の値を計算せよ。

解

(1) $X \sim B(10000, 0.001)$
(2) $B(10000, 0.001) \approx P_o(10000 \times 0.001) = P_o(10)$, $\lambda = 10$
(3) $P(X=5) = \dfrac{10^5}{5!} e^{-10} = 0.037833$
(4) $P(X=5) = {}_n C_i p^i (1-p)^{n-i} = {}_{10000}C_5 \times 0.001^5 \times (1-0.001)^{10000-5} = 0.037795$

なお、ポアソン分布の分布関数、密度関数をExcelで計算するには、

=POISSON（イベント数,平均,関数形式）

を利用する。関数形式に、TUREもしくは1を指定すると分布関数（累積確率）の値、FALSEもしくは0と指定した場合には密度関数の値を返す。イベント数は倒産企業数、ポアソン分布の平均はnpすなわち倒産件数の期待値（平均）となる。

第5章 確率と確率分布

演習5.15 二つの確率変数 X, Y があり、それぞれポアソン分布に従うものとする $X \sim P_o(\lambda_1)$, $Y \sim P_o(\lambda_2)$。X と Y はそれぞれ独立であるとき、$P(X=k|X+Y=j)$ を計算せよ。ただし、k と j は $j \geq k > 0$ である整数とする

解

$$P(X=k|X+Y=j) = \frac{P((X=k) \cap (X+Y=j))}{P(X+Y=j)}$$

$$= \frac{P((X=k) \cap (Y=j-k))}{P(X+Y=j)} = \frac{\dfrac{\lambda_1^k}{k!}e^{-\lambda_1} \times \dfrac{\lambda_2^{j-k}}{(j-k)!}e^{-\lambda_2}}{\dfrac{(\lambda_1+\lambda_2)^j}{j!}e^{-(\lambda_1+\lambda_2)}}$$

$$= \frac{j! \lambda_1^k \lambda_2^{j-k}}{k!(j-k)!(\lambda_1+\lambda_2)^j} = {}_j C_k \frac{\lambda_1^k \lambda_2^{j-k}}{(\lambda_1+\lambda_2)^j}$$

$$= {}_j C_k \frac{\lambda_1^k \lambda_2^{j-k}}{(\lambda_1+\lambda_2)^k(\lambda_1+\lambda_2)^{j-k}}$$

$$= {}_j C_k \left(\frac{\lambda_1}{\lambda_1+\lambda_2}\right)^k \cdot \left(\frac{\lambda_2}{\lambda_1+\lambda_2}\right)^{j-k}$$

演習5.16 二つの確率変数 X, Y があり、それぞれポアソン分布に従うものとする（$X \sim P_o(2)$, $Y \sim P_o(3)$）。X と Y はそれぞれ独立であるとき、以下の確率を計算せよ。

(1) $P(X \leq 3)$ (4) $P(X \cdot Y \leq 2)$

(2) $P(X \cdot Y = 0)$ (5) $P(2X+Y=1)$

(3) $P(X \cdot Y = 1)$ (6) $P((X+Y)Y=2)$

解

(1) $P(X \leq 3) = P(X=0) + P(X=1) + P(X=2) + P(X=3)$

$= \dfrac{\lambda^0}{0!}e^{-\lambda} + \dfrac{\lambda^1}{1!}e^{-\lambda} + \dfrac{\lambda^2}{2!}e^{-\lambda} + \dfrac{\lambda^3}{3!}e^{-\lambda}$

$= e^{-\lambda}\left(1 + \lambda + \dfrac{\lambda^2}{2} + \dfrac{\lambda^3}{6}\right) = e^{-2}\left(1 + 2 + \dfrac{2^2}{2} + \dfrac{2^3}{6}\right)$

$= 0.857123$

(2) $P(X \cdot Y = 0) = P(X=0 \cup Y=0)$

$= P(X=0) + P(Y=0) - P(X=0, Y=0)$

$= P(X=0) + P(Y=0) - P(X=0)P(Y=0)$

$= \dfrac{2^0}{0!}e^{-2} + \dfrac{3^0}{0!}e^{-3} - \dfrac{2^0}{0!}e^{-2} \times \dfrac{3^0}{0!}e^{-3} = e^{-2} + e^{-3} - e^{-5}$

(3) $P(X \cdot Y = 1) = P(X=1 \cap Y=1) = P(X=1)P(Y=1)$

$= \dfrac{2^1}{1!}e^{-2} \times \dfrac{3^1}{1!}e^{-3} = 6e^{-5}$

(4) $P(X \cdot Y \leq 2) = P(X \cdot Y = 0) + P(X \cdot Y = 1) + P(X \cdot Y = 2)$

$= (e^{-2} + e^{-3} - e^{-5}) + 6e^{-5} + P(X=1)P(Y=2)$
$\quad + P(X=2)P(Y=1)$

$= e^{-2} + e^{-3} + 5e^{-5} + \dfrac{2^1}{1!}e^{-2} \times \dfrac{3^2}{2!}e^{-3} + \dfrac{2^2}{2!}e^{-2} \times \dfrac{3^1}{1!}e^{-3}$

$= e^{-2} + e^{-3} + 5e^{-5} + 2e^{-2} \times \dfrac{9}{2}e^{-3} + 2e^{-2} \times 3e^{-3}$

$= e^{-2} + e^{-3} + 5e^{-5} + 9e^{-5} + 6e^{-5} = e^{-2} + e^{-3} + 20e^{-5}$

(5) $P(2X + Y = 1) = P(X=0 \cap Y=1) = \dfrac{2^0}{0!}e^{-2} \times \dfrac{3^1}{1!}e^{-3} = e^{-2} \times 3e^{-3} = 3e^{-5}$

(6) $P((X+Y)Y = 2) = P(X=1 \cap Y=1) = P(X=1)P(Y=1) = \dfrac{2^1}{1!}e^{-2} \times \dfrac{3^1}{1!}e^{-3}$

$= 6e^{-5}$

ここで、**ベルヌーイ試行**について検討する。

第5章　確率と確率分布

定義5.7　確率変数の列 $X_1, X_2, \cdots, X_n$ が独立で同一の分布に従っているとき、$X_1, X_2, \cdots, X_n$ はi.i.d.（independent identically distributed）であるという。

確率変数列 $X_1, X_2, \cdots, X_n$ において、x_i を i 回目の試行で得られる結果を表す確率変数とすると、i.i.d.という仮定は、この試行が独立で同一の分布に従っているということを意味しており、このような試行のことを**ベルヌーイ試行**と呼ぶ。

ここで、試行の結果が成功と失敗という2通りで表され、これを n 回繰り返すベルヌーイ試行について考える。成功した場合を1、失敗した場合を0で表し、X_i を i 番目の試行の結果であるとし、成功の確率を p で表す。

$$X = \sum_{i=1}^{n} X_i$$

とおくと、X は n 回のベルヌーイ試行において1の出た数、すなわち成功の回数を表す確率変数である。事象 $\{X=4\}$ を、10回の試行を行って4回成功することを意味するものとすると、この事象の確率は、

$$P(X = 4) = {}_{10}C_4 \, p^4 (1-p)^6$$

となり、X は二項分布 $B(10, p)$ に従う確率変数となる。

演習5.17　サイコロを8回投げたとき、同じ目がちょうど3回出る確率を計算せよ。

解

$$P\left(B\left(8, \frac{1}{6}\right) = 3\right) = {}_8C_3 \left(\frac{1}{6}\right)^3 \left(1 - \frac{1}{6}\right)^5 = \frac{8!}{3!(8-3)!}\left(\frac{1}{6}\right)^3 \left(\frac{5}{6}\right)^5$$

$$= \frac{8 \times 7 \times 6 \times 5^5}{3 \times 2 \times 1 \times 6^8} = 0.10419$$

演習5.18 三つの確率変数 X, Y, Z があり、確率変数 X はベルヌーイ分布（$X \sim Be(p)$）、確率変数 Y と Z は二項分布（$Y \sim B(n_Y, p)$, $Z \sim B(n_Z, p)$）に従うとする。以下の設問に答えよ。

(1) $1 - X$ の分布を求めよ。
(2) $n_Y - Y$ の分布を求めよ。
(3) $P(X = Y)$ はいくつになるか。
(4) $P(Y + Z = 1)$ はいくつになるか。
(5) $P(XY = 1)$ はいくつになるか。
(6) $P(XY = 0)$ はいくつになるか。
(7) $P(YZ = 3)$ はいくつになるか。
(8) $P(X = 1 | X + Y = 3)$ はいくつになるか。

解

(1) $1 - X$ は、ベルヌーイ分布に従う（$1 - X \sim Be(1 - p)$）。

(2) $P(n_Y - Y = i) = P(Y = n_Y - i) = {}_{n_Y}C_{n_Y - i} p^{n_Y - i}(1 - p)^{n_Y - (n_Y - i)}$
$= {}_{n_Y}C_i (1 - p)^i p^{n_Y - i}$ の分布となるので、$n_Y - Y$ の分布は二項分布に従う（$n_Y - Y \sim B(n_Y, 1 - p)$）。

(3) $P(X = Y) = P(X = 0 \cap Y = 0) + P(X = 1 \cap Y = 1)$
$= (1 - p) \cdot {}_{n_Y}C_0 p^0 (1 - p)^{n_Y - 0} + p \cdot {}_{n_Y}C_1 p^1 (1 - p)^{n_Y - 1}$
$= (1 - p) \cdot \dfrac{n_Y!}{0!(n_Y - 0)!} \cdot (1 - p)^{n_Y} + p \cdot \dfrac{n_Y!}{1!(n_Y - 1)!} p(1 - p)^{n_Y - 1}$
$= (1 - p) \cdot (1 - p)^{n_Y} + n_Y p^2 (1 - p)^{n_Y - 1}$

(4) $P(Y + Z = 1) = P(Y = 0 \cap Z = 1) + P(Y = 1 \cap Z = 0)$
$= {}_{n_Y}C_0 p^0 (1 - p)^{n_Y - 0} \times {}_{n_Z}C_1 p^1 (1 - p)^{n_Z - 1} + {}_{n_Y}C_1 p^1 (1 - p)^{n_Y - 1}$
$\quad \times {}_{n_Z}C_0 p^0 (1 - p)^{n_Z - 0}$

$$= \frac{n_Y!}{0!(n_Y-0)!} \cdot p^0(1-p)^{n_Y-0} \times \frac{n_Z!}{1!(n_Z-1)!} p^1(1-p)^{n_Z-1}$$

$$+ \frac{n_Y!}{1!(n_Y-1)!} \cdot p^1(1-p)^{n_Y-1} \times \frac{n_Z!}{0!(n_Z-0)!} p^0(1-p)^{n_Z-0}$$

$$= (1-p)^{n_Y} \times n_Z p(1-p)^{n_Z-1} + n_Y p(1-p)^{n_Y-1} \times (1-p)^{n_Z}$$

$$= n_Z p(1-p)^{n_Y+n_Z-1} + n_Y p(1-p)^{n_Y+n_Z-1}$$

$$= (n_Z + n_Y)p(1-p)^{n_Y+n_Z-1}$$

(5) $P(XY=1) = P(X=1 \cap Y=1)$

$$= p \cdot {}_{n_Y}C_1 p^1 (1-p)^{n_Y-1} = p^2 \frac{n_Y!}{1!(n_Y-1)!}(1-p)^{n_Y-1} = n_Y p^2 (1-p)^{n_Y-1}$$

(6) $P(XY=0) = P(X=0 \cup Y=0)$

$$= P(X=0) + P(Y=0) - P(X=0, Y=0)$$

$$= (1-p) + {}_{n_Y}C_0 p^0 (1-p)^{n_Y-0} - (1-p) {}_{n_Y}C_0 p^0 (1-p)^{n_Y-0}$$

$$= (1-p) + \frac{n_Y!}{0!(n_Y-0)!} \cdot p^0 (1-p)^{n_Y}$$

$$-(1-p)\frac{n_Y!}{0!(n_Y-0)!} \cdot p^0 (1-p)^{n_Y}$$

$$= (1-p) + (1-p)^{n_Y} - (1-p)^{n_Y+1}$$

(7) $P(YZ=3) = P(Y=1 \cap Z=3) + P(Y=3 \cap Z=1)$

$$= \frac{n_Y!}{1!(n_Y-1)!} \cdot p^1(1-p)^{n_Y-1} \frac{n_Z!}{3!(n_Z-3)!} \cdot p^3(1-p)^{n_Z-3}$$

$$+ \frac{n_Y!}{3!(n_Y-3)!} \cdot p^3(1-p)^{n_Y-3} \frac{n_Z!}{1!(n_Z-1)!} \cdot p^1(1-p)^{n_Z-1}$$

$$= n_Y p(1-p)^{n_Y-1} \frac{n_Z(n_Z-1)(n_Z-2)}{6} \cdot p^3(1-p)^{n_Z-3}$$

$$+ \frac{n_Y(n_Y-1)(n_Y-2)}{6} \cdot p^3(1-p)^{n_Y-3} \cdot n_Z p(1-p)^{n_Z-1}$$

$$= p^4(1-p)^{n_Y+n_Z-4} \frac{n_Y n_Z (n_Z-1)(n_Z-2)}{6}$$

$$+ p^4(1-p)^{n_Y+n_Z-4} \frac{n_Y n_Z (n_Y-1)(n_Y-2)}{6}$$

$$= \frac{1}{6} p^4 (1-p)^{n_Y+n_Z-4} n_Y n_Z \{(n_Y-1)(n_Y-2)+(n_Z-1)(n_Z-2)\}$$

(8) $P(X=1 \mid X+Y=3)$

$$= \frac{P(X=1 \cap X+Y=3)}{P(X+Y=3)} = \frac{P(X=1 \cap Y=2)}{P(X=0, Y=3)+P(X=1, Y=2)}$$

$$= \frac{p \cdot \dfrac{n_Y!}{2!(n_Y-2)!} \cdot p^2(1-p)^{n_Y-2}}{(1-p) \cdot \dfrac{n_Y!}{3!(n_Y-3)!} \cdot p^3(1-p)^{n_Y-3} + p \cdot \dfrac{n_Y!}{2!(n_Y-2)!} \cdot p^2(1-p)^{n_Y-2}}$$

$$= \frac{\dfrac{n_Y(n_Y-1)}{2} \cdot p^3(1-p)^{n_Y-2}}{\dfrac{n_Y(n_Y-1)(n_Y-2)}{6} \cdot p^3(1-p)^{n_Y-2} + \dfrac{n_Y(n_Y-1)}{2} \cdot p^3(1-p)^{n_Y-2}}$$

$$= \frac{\dfrac{1}{2}}{\dfrac{(n_Y-2)}{6} + \dfrac{1}{2}} = \frac{3}{n_Y+1}$$

定理5-6
確率変数列 $X_1, X_2, \cdots, X_n$ がi.i.d.であり、$X = \sum_{i=1}^{n} X_i$ とする。このとき、$X_i \sim B_e(p)$ ならば、X は二項分布 $B(n,p)$ に従う。

d 幾何分布

確率変数 X のとりうる値が $\{0,1,\cdots\}$ で、その確率分布が、

$$P(X=i) = p_i = p(1-p)^i \quad , \quad i = 0, 1, \cdots, n \quad \cdots\cdots (5.33)$$

であるとすると、確率変数 X はパラメータ p の**幾何分布**に従っているといい、

$$X \sim Ge(p)$$

で表す。ただし、$0 < p < 1$ であるとする。

一回一回の試行がベルヌーイ分布、すなわち確率 p で成功、確率 $1-p$ で失敗すると仮定し、この試行を複数回繰り返す（ベルヌーイ試行）。最初に成功するまでの試行数を Y とすると、最初の $i-1$ 回は失敗し、次の i 回目に成功

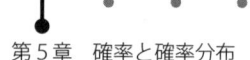

第5章　確率と確率分布

する確率は、
$$P(Y=i) = p(1-p)^{i-1} \quad \cdots\cdots (5.34)$$
で求められる。この最初の成功までの試行数の分布を**初成功分布**（first success）と呼び、$Y \sim Fs(p)$ と記述する。ただし、Yは1以上の整数である。

なお、
$$Y \sim Fs(p) \quad \Leftrightarrow \quad Y-1 \sim Ge(p)$$
という関係が成り立つ。

演習5.19
確率変数X, Yは、独立で同一の幾何分布に従っているとする（$X \sim Ge(p)$, $Y \sim Ge(p)$）。このとき、以下の設問に答えよ。

(1) $P(X \geq k)$を求めよ。
(2) $P(X=Y)$を求めよ。
(3) $P(XY \leq 1)$を求めよ。
(4) $\min\{X,Y\}$の分布も幾何分布になることを示せ。

解

(1) $P(X \geq k) = \sum_{i=k}^{\infty} p(1-p)^i = \dfrac{p(1-p)^k}{1-(1-p)} = (1-p)^k$

(2) $P(X=Y) = \sum_{i=0}^{\infty} P(X=Y=i) = \sum_{i=0}^{\infty} P(X=i)P(Y=i) = \sum_{i=0}^{\infty} \{p(1-p)^i\}^2$

$\qquad = \dfrac{p}{2-p}$

(3) $P(XY \leq 1) = P(X=0 \cup Y=0 \cup X=Y=1)$

$\qquad = P(X=0) + P(Y=0) - P(X=Y=0) + P(X=Y=1)$

$\qquad = p + p - p^2 + \{p(1-p)\}^2 = 2p - 2p^3 + p^4$

(4) $P(\min\{X,Y\}=k) = P(\min\{X,Y\} \geq k) - P(\min\{X,Y\} \geq k+1) \quad \cdots\cdots (5.35)$

である。

$$P(\min\{X,Y\} \geq k) = P(X \geq k, Y \geq k)$$
$$= P(X \geq k)P(Y \geq k) = (1-p)^{2k}$$

であるから、(5.35) 式は、
$$P(\min\{X,Y\} = k) = (1-p)^{2k} - (1-p)^{2k+2} = \{1-(1-p)^2\}(1-p)^{2k}$$
となり、$\min\{X,Y\}$ は、$\min\{X,Y\} \sim Ge(1-(1-p)^2)$ となる。

e 負の二項分布

「確率 p で成功、確率 $1-p$ で失敗」という試行を、独立に何回も繰り返す。このとき、最初に n 回成功するまでの失敗数 Y の分布は、負の二項分布に従うという（$Y \sim NB(n,p)$）。失敗数を k とすると、最初に n 回成功するまでに合計 $n+k$ 回の試行が行われており、直前の $n+k-1$ 回目までの試行では $n-1$ 回成功している。

たとえば、最初に3回成功するまでの失敗数が2回である場合には、合計5回の試行がなされており、

$P(Y=2)=P$（最初に3回成功するまでの失敗数は2回）

$\qquad =P$（4回目までの試行では2回成功で2回失敗、5回目は成功）

$\qquad = {}_4C_2 p^2(1-p)^2 p = {}_4C_2 p^3(1-p)^2$

となる。これを一般形で記述すると、

$$P(Y=k) = {}_{n+k-1}C_{n-1} p^{n-1}(1-p)^k p = {}_{n+k-1}C_{n-1} p^n (1-p)^k \quad\cdots\cdots(5.36)$$

が得られる。

演習5.20 サイコロの1の目が3回出るまで振り続けるとき、投げる回数が12回となる確率はいくつになるか。

解 12回サイコロを投げて1の目が3回出たから、失敗したのは9

第5章 確率と確率分布

回である。(5.36) 式より、

$$P(Y=9) = {}_{n+k-1}C_{n-1}p^n(1-p)^k = {}_{3+9-1}C_{3-1}\left(\frac{1}{6}\right)^3\left(1-\frac{1}{6}\right)^9$$

$$=0.04935$$

となる。なお、Excelでは、負の二項分布の値をNEGBINOMDISTという関数で計算することができる。

=NEGBINOMDIST（失敗数, 成功数, 成功率）

f 超幾何分布

超幾何分布は、「標本数」「母集団の成功率」「母集団の大きさ」から一定数の標本が成功する確率を計算する。たとえば、N枚のカードがあり、このうちのn枚が当たりであるとする。このカードから1枚のカードを選択した場合、そのカードが当たりである確率はn/Nである。このカードを元に戻してから再度カードを選択する場合にはベルヌーイ試行であり、その確率は二項分布で求められる。これに対し、カードを元に戻さない場合が超幾何分布に相当する。標本の成功数をx、標本数をn、母集団の大きさをN、母集団の成功数をMとすると、成功する件数Xは超幾何分布に従い$X \sim H(n, M, N)$で表す。このとき、一定数の標本が成功する確率は、

$$P(X=x) = \frac{{}_MC_x \times {}_{N-M}C_{n-x}}{{}_NC_n} \quad \cdots (5.37)$$

で計算される。

演習5.21 要注意先が5％の確率で含まれている10,000社のポートフォリオのなかから、100社をランダム選択したとき、そのなかに含まれている要注意先が5社となるそれぞれの確率を求めよ。

> **解** 標本が要注意先である数$x=5$、標本数$n=100$、母集団の大きさ$N=10,000$、母集団の要注意先数$M=10,000 \times 0.05=500$とする。(5.37) 式にこれらの値を代入すると、
> $$P(X=5) = \frac{{}_{500}C_5 \times {}_{10000-500}C_{100-5}}{{}_{10000}C_{100}} = 0.18092$$
> が得られる。なお、Excelでは、超幾何分布関数の値を、
> =HYPGEOMDIST（標本の成功数, 標本数, 母集団の成功数, 母集団の大きさ）
> で計算することができる。

(2) 連続的な確率変数と密度関数

確率変数Xの実現値が実数の連続区間上にあり、すべてのaとbに対して非負の関数$f(x)$が存在し、

$$P(a < X \leq b) = \int_a^b f(x)dx \tag{5.38}$$

となるとき、$f(x)$をXの**密度関数**（density function）、もしくは**確率密度関数**と呼ぶ。この密度関数で注意が必要なのは、それは唯一には定まらないということである。(5.38) 式において、たとえば、ある実数cに対して$f_1(c) \neq f(c)$とし、$x \neq c$のとき$f_1(c) = f(c)$となる関数$f_1(c)$を考えると、この$f_1(c)$もXの密度関数となる。このように、厳密には密度関数を一意、つまり一つに決定することができないため、普通の場合には最も扱いやすい自然な密度関数を選ぶ。

積分の性質より、十分小さな$h>0$に対して、

$$P(x < X \leq x+h) \approx f(x)h \tag{5.39}$$

が成立するが、これが密度関数の意味するところである。連続的な確率変数においては、

$$P(X = x) = 0$$

となるので注意が必要である。(5.38) 式において、$a=-\infty$, $b=x$ とおけば、

$$\int_{-\infty}^{x} f(u)du = P(X \leq x) = F(x)$$

となるので、密度関数 $f(x)$ は $F(x)$ を x で微分することにより求めることができる。

分布関数 $F(x)$ は、定義より「X が x 以下の事象の確率」を意味しているが、密度関数の値そのものが確率を表しているわけではないので、密度関数 $f(x)$ の値は1より大きくてもかまわない。また、連続的な場合の密度関数 $f(x)$ には、以下のような性質がある。

・性質1： $P(a < X \leq b) = \int_a^b f(x)dx$

・性質2： $P(X = a) = \int_a^a f(x)dx = 0$

・性質3： $f(x)$ が x で連続であるなら、$F'(x) = \dfrac{d}{dx}\int_{-\infty}^{x} f(u)du = f(x)$

・性質4： $f(x) \geq 0$ ， $\int_{-\infty}^{\infty} f(x)dx = 1$ ────────(5.40)

性質1は、X が区間 $(a,b]$ 内の値をとる確率は、$f(x)$ を a から b まで積分することによって与えられることを意味する。なお、X が $(x, x+dx]$ 内の値をとる確率は、dx が十分小さな値であるとき、

$$\int_x^{x+dx} f(x)dx \approx f(x)dx \quad \text{────────(5.41)}$$

で表される。また、$(a,b]$ という表現は区間 $a < X \leq b$ を表しており、"("には a が含まれず、"]"には b が含まれている。この式の右辺は、**確率素分**と呼ばれるものであり、密度関数は、微小な区間の幅 dx を掛け合わせることによって、その区間の確率を表すことを意味している。

性質2は、連続型の確率変数の場合、X が特定の値をとる確率は常に0であることを示している。したがって、連続型の確率変数の場合には、特定の値をとる確率ではなく、特定の区間内の値をとる確率とした場合に意味をも

つ。よって、$P(a \leq X \leq b) = P(a < X \leq b) = P(a \leq X < b) = P(a < X < b)$ という関係が成立する。

また、性質3から、$f(x)$が連続関数である場合には、密度関数は分布関数の導関数であることがわかる。

演習5.22 関数 $f(x)$ が、
$$f(x) = \begin{cases} ax^2 & \text{if } 0 < x < 1 \\ 0 & \text{if その他} \end{cases}$$
で与えられている。
(1) 確率変数 X の密度関数とするためには、a の値をどのように決めればよいか。
(2) $P\left(X < \dfrac{1}{3}\right)$ を求めよ。
(3) 分布関数 $F(x)$ を求めよ。

解

(1) 全確率は1であるので、
$$\int_0^1 ax^2 \, dx = a\left[\dfrac{1}{3}x^3\right]_0^1 = \dfrac{a}{3} = 1$$
$$\therefore a = 3$$

(2) $P\left(X < \dfrac{1}{3}\right) = \int_0^{\frac{1}{3}} 3x^2 = 3\left[\dfrac{1}{3}x^3\right]_0^{\frac{1}{3}} = \dfrac{1}{27}$

(3) (a) $x \leq 0$ のとき
$$F(x) = 0$$
 (b) $0 < x < 1$ のとき

$$F(x) = \int_0^x 3u^2 \, du = 3\left[\frac{1}{3}u^3\right]_0^x = x^3$$

(c) $1 \leq x$ のとき

$$F(x) = 1$$

演習5.23 関数 $f(x)$ が、

$$f(x) = \begin{cases} \dfrac{a}{1+2x} & \text{if } 0 < x < 1 \\ 0 & \text{if その他} \end{cases}$$

で与えられている。

(1) 確率変数 X の密度関数とするためには、a の値をどのように決めればよいか。

(2) $P\left(X < \dfrac{1}{4}\right)$ を求めよ。

(3) 分布関数 $F(x)$ を求めよ。

解

(1) 全確率は1であるので、

$$\int_0^1 \frac{a}{1+2x} dx = a\left[\frac{1}{2}\log(1+2x)\right]_0^1 = \frac{1}{2}a\log 3 = 1$$

$$\therefore a = \frac{2}{\log 3}$$

(2) $P\left(X < \dfrac{1}{4}\right) = \int_0^{\frac{1}{4}} \dfrac{a}{1+2x} = a\left[\dfrac{1}{2}\log(1+2x)\right]_0^{\frac{1}{4}} = \dfrac{1}{2}a\log\left(\dfrac{3}{2}\right) = \dfrac{\log\left(\dfrac{3}{2}\right)}{\log 3}$

(3) (a) $x \leq 0$ のとき

$$F(x) = 0$$

> (b) $0<x<1$ のとき
> $$F(x) = \int_0^x \frac{a}{1+2u}du = a\left[\frac{1}{2}\log(1+2u)\right]_0^x = \frac{2}{2\log 3}\log(1+2x)$$
> $$= \frac{\log(1+2x)}{\log 3}$$
> (c) $1 \leq x$ のとき
> $$F(x) = 1$$

a 一様分布

閉区間$[a,b]$上に値をとる連続的な確率変数Xが、どの値も同様にとりうるとき、Xは、**一様分布**（uniform distribution）に従うという。形式的には、密度関数が、

$$f(x) = \begin{cases} (b-a)^{-1}, & a \leq x \leq b \\ 0, & その他 \end{cases} \quad \cdots\cdots(5.42)$$

で与えられるときに、確率変数Xは$[a,b]$上の一様分布に従うといい、記号で

$$X \sim U(a,b)$$

と表記する。また、区間$[0,1]$上の一様分布$U(0,1)$を**標準一様分布**と呼ぶ。また、連続型一様分布に従う確率変数の分布関数は、

$$\begin{cases} F(x) = 0 & x < a \\ F(x) = (x-a)/(b-a) & a \leq x \leq b \\ F(x) = 1 & b < x \end{cases}$$

となる。

演習5.24 $X \sim U(0,1)$ であるとき、$P\left(X \leq \frac{1}{5}\right), P\left(X \geq \frac{3}{5}\right), P\left(\frac{3}{5} \geq X \geq \frac{1}{5}\right)$ を求めよ。

第5章　確率と確率分布

> **解**
> $$P\left(X \le \frac{1}{5}\right) = \int_0^{\frac{1}{5}} f(x)dx = \int_0^{\frac{1}{5}} dx = \frac{1}{5} - 0 = \frac{1}{5}$$
> $$P\left(X \ge \frac{3}{5}\right) = \int_{\frac{3}{5}}^1 f(x)dx = \int_{\frac{3}{5}}^1 dx = 1 - \frac{3}{5} = \frac{2}{5}$$
> $$P\left(\frac{3}{5} \ge X \ge \frac{1}{5}\right) = \int_{\frac{1}{5}}^{\frac{3}{5}} f(x)dx = \int_{\frac{1}{5}}^{\frac{3}{5}} dx = \frac{3}{5} - \frac{1}{5} = \frac{2}{5}$$

b　指数分布

確率変数Xの密度関数$f(x)$が、以下のように与えられるとき、Xは**指数分布**（exponential distribution）に従うという。

$$f(x) = \begin{cases} \dfrac{1}{\lambda} e^{-\frac{x}{\lambda}}, & x > 0 \\ 0, & その他 \end{cases} \quad \cdots\cdots(5.43)$$

ただし、λは正の定数である。このとき、確率変数Xは期待値λの指数分布に従うといい、記号で、

$$X \sim \mathrm{Exp}(\lambda)$$

と表記する。なお、この密度関数をもつ指数分布のことを、文献によっては「パラメータλの指数分布」と記述するものと、「パラメータ$\dfrac{1}{\lambda}$の指数分布」と書くものがあるので注意が必要である。

指数分布に従う確率変数の分布関数は、

・$0 \le x$のとき、$F(x) = 0$

・$0 < x$のとき、
$$F(x) = P(X < x) = \int_0^x \frac{1}{\lambda} e^{-\frac{u}{\lambda}} du = \left[\frac{1}{\lambda} \cdot -\lambda e^{-\frac{u}{\lambda}}\right]_0^x = \left[-e^{-\frac{u}{\lambda}}\right]_0^x$$
$$= -e^{-\frac{x}{\lambda}} + e^{-\frac{0}{\lambda}} = 1 - e^{-\frac{x}{\lambda}} \quad \cdots\cdots(5.44)$$

となる。

ここで、任意の $t+s \geq t > 0$ に対し、条件付確率 $P(X>t+s \mid X>t)$ を求めると、

$$P(X>t+s \mid X>t) = \frac{P(X>t+s, X>t)}{P(X>t)} = \frac{P(X>t+s)}{P(X>t)}$$

$$= \frac{\int_{t+s}^{\infty} f(x)dx}{\int_{t}^{\infty} f(x)dx} = \frac{\exp\left(-\frac{t+s}{\lambda}\right)}{\exp\left(-\frac{t}{\lambda}\right)} = \exp\left(-\frac{s}{\lambda}\right)$$

$$= P(X>s) \quad\cdots\cdots\cdots\cdots\cdots\cdots\cdots\cdots\cdots\cdots\cdots\cdots\cdots\cdots(5.45)$$

が得られる。$t+s$ と t は時点を表すものとし、X がデフォルト時点とすると、$X>s$ は時点 s ではまだデフォルト時点が到来していない、すなわちデフォルトしていない状態（存続）を意味する。これを意識して (5.45) 式をみてみると、「時点 t でデフォルトしていないという条件のもとで、時点 $t+s$ でデフォルトしていない確率」は、「時点 t から s 期間の間にデフォルトしていない確率」と等しいということを意味している。このことは、時点 t までの情報が役に立たない、つまり記録されないことを意味する。このような性質を**無記録性**と呼んでいる。

演習5.25 幾何分布に従う確率変数 X には無記録性があることを示せ（$X \sim Ge(p)$）。

解

$$P(X \geq t+s \mid X \geq t) = \frac{P(X>t+s, X>t)}{P(X>t)} = \frac{P(X>t+s)}{P(X>t)}$$

$$= \frac{\sum_{i=t+s}^{\infty} p(1-p)^i}{\sum_{i=t}^{\infty} p(1-p)^i} = \sum_{i=s}^{\infty} p(1-p)^i = P(X \geq s)$$

第 5 章　確率と確率分布

演習5.26 確率変数 X は、指数分布に従い $X \sim \mathrm{Exp}(4)$ であるとする。このとき、$P(2 \leq X \leq 3)$ を計算せよ。

解
$$P(2 \leq X \leq 3) = \int_2^3 \frac{1}{4} e^{-\frac{x}{4}} dx = \left[-e^{-\frac{x}{4}} \right]_2^3 = e^{-\frac{2}{4}} - e^{-\frac{3}{4}}$$

例題5.5　**指数分布の密度関数**

企業の倒産までの時刻が指数分布に従い、経過期間 t における倒産率の密度関数は、

$$f(t) = \frac{1}{\lambda} e^{-\frac{t}{\lambda}}$$

で与えられているものとする。$\lambda = 1, 2, 3, 4, 5$、$t = 0, 1, \cdots, 20$ の組合せで、倒産率の密度関数 $f(t)$ と分布関数 $F(t)$ をグラフ化して比較せよ。

ヒント　Excel で指数分布の密度関数は、

=EXPONDIST（x, $\hat{\lambda}$, 関数形式）

で計算できる。ただし、Excel の指数分布の密度関数は、

$$f(x) = \hat{\lambda} e^{-\hat{\lambda} x} \quad \cdots\cdots\cdots\cdots\cdots\cdots\cdots\cdots\cdots\cdots\cdots\cdots\cdots\cdots\cdots\cdots (5.46)$$

と（5.43）式の λ の逆数、つまり、

$$\hat{\lambda} = \frac{1}{\lambda}$$

で定義されているので注意が必要である。

ここで、倒産率などの議論によく用いられる**ハザード関数**（hazard rate function）について解説する。分布関数 $F(t)$ を用いると、$1 - F(t)$ は時点 t ま

で倒産が起こらずに存続（生存）している確率（生存確率）を示している。したがって、ある時点tまでに倒産しなかったという条件のもとで、次の時点$t+\Delta t$までの間に倒産が起こる確率は、$\dfrac{f(t)}{1-F(t)}\Delta t$ となる。なお、Δtはtの微小変化分を示している。ハザード（危険度）関数とは、これを時点tの関数として表したものであり、

$$h(t)=\frac{f(t)}{1-F(t)} \quad\quad\quad (5.47)$$

で表す。(5.47) 式に、(5.46) 式と (5.44) 式を代入すると、

$$h(t)=\frac{\frac{1}{\lambda}e^{-\frac{t}{\lambda}}}{e^{-\frac{t}{\lambda}}}=\frac{1}{\lambda}=\hat{\lambda} \quad\quad\quad (5.48)$$

となり、指数分布のハザード関数$h(t)$は時点によらず一定となる。このことは、倒産率は過去の状態に依存せず、存続しているものに対して常に一定割合が発生するということを表している。

c　ワイブル分布

確率変数Xの密度関数$f(x)$が、以下のように与えられるとき、Xは**ワイブル分布**（weibull distribution）に従うという。

$$f(x)=\begin{cases}\dfrac{\gamma}{\lambda^\gamma}x^{\gamma-1}e^{-\left(\frac{x}{\lambda}\right)^\gamma}, & x\geq 0 \\ 0, & その他\end{cases} \quad\quad\quad (5.49)$$

ただし、γ,λは正の定数であり、$\gamma=1$のとき指数分布と一致する。このとき、確率変数Xはワイブル分布に従うといい、記号で、

$$X \sim We(\gamma,\lambda)$$

と表記する。また、分布関数は、

$$F(x) = \begin{cases} 1-e^{-\left(\frac{x}{\lambda}\right)^{\gamma}}, & x \geq 0 \\ 0, & その他 \end{cases} \quad \cdots\cdots(5.50)$$

で、ハザード関数は、

$$h(t) = \frac{\gamma t^{\gamma-1}}{\lambda^{\gamma}} \quad \cdots\cdots(5.51)$$

で表される。さらに、$\frac{1}{\lambda^{\gamma}} = \tilde{\lambda}$ とすると、(5.49) 式、(5.50) 式、(5.51) 式はそれぞれ

$$f(x) = \begin{cases} \gamma \tilde{\lambda} x^{\gamma-1} e^{-\tilde{\lambda}x^{\gamma}}, & x \geq 0 \\ 0, & その他 \end{cases} \quad \cdots\cdots(5.52)$$

$$F(x) = \begin{cases} 1-e^{-\tilde{\lambda}x^{\gamma}}, & x \geq 0 \\ 0, & その他 \end{cases} \quad \cdots\cdots(5.53)$$

$$h(t) = \gamma \tilde{\lambda} t^{\gamma-1} \quad \cdots\cdots(5.54)$$

図表 5 − 8　ワイブル分布のハザード関数

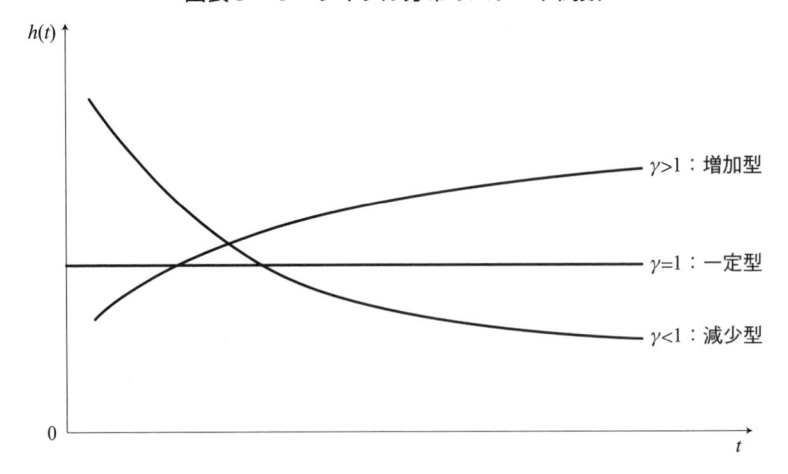

$\gamma > 1$：増加型
$\gamma = 1$：一定型
$\gamma < 1$：減少型

となる。(5.54) 式のハザード関数は、時間tのべき関数として表されており、ワイブル分布は、時間の尺度をtからγtに変えた指数分布と考えられる。べき次数γは形状パラメータと呼ばれ、このべき次数によってハザード関数$h(t)$の形状が決まる。

先の指数分布では、倒産は時間によらず一定の割合で起こることを意味していたが、ワイブル分布では形状パラメータγによって、時間とともに倒産率が変化する状態を表現することができる。たとえば、高格付の企業は、時間の経過とともに格付が低下する可能性が高まり、倒産確率は増大していくと考えられる。この場合、$\gamma>1$であれば (5.54) 式は時間とともに増大する関数となる。逆に、低格付企業は、倒産を免れて存続している場合、時間の経過とともに格付がよくなっている可能性が高まり、倒産確率は減少していくと考えられる。この場合、$\gamma<1$であれば (5.54) 式は時間とともに減少する関数となる。

なお、Excelでワイブル分布の密度関数は、

　　=WEIBULL（x,γ,λ,関数形式）

で計算できる。

d　正規分布

$(-\infty,\infty)$ 上の密度関数

$$f(x)=\frac{1}{\sqrt{2\pi}\sigma}\exp\left\{-\frac{(x-\mu)^2}{2\sigma^2}\right\}, -\infty<x<\infty \quad\quad\quad\quad (5.55)$$

をもつ確率変数Xは、パラメータ（μ,σ^2）の**正規分布**（normal distribution）に従うといい、

　　$X \sim N(\mu,\sigma^2)$

で表す。パラメータ(μ,σ^2)とは、「期待値μ、分散σ^2」という意味である。(5.55) 式は、非負であり、

第5章 確率と確率分布

$$\int_{-\infty}^{\infty} \frac{1}{\sqrt{2\pi}\sigma} \exp\left\{-\frac{(x-\mu)^2}{2\sigma^2}\right\} dx = 1$$

という性質をもつ。また、期待値μを軸として左右対称の釣鐘型の分布をしており、分散σ^2の値が大きいほど平らなかたちとなる。

標準正規分布は、$X \sim N(0,1)$で表されるが、その密度関数を、

$$\phi(x) = \frac{1}{\sqrt{2\pi}} e^{-x^2/2} \quad \dots\dots (5.56)$$

で、分布関数を

$$\Phi(x) = \int_{-\infty}^{x} \frac{1}{\sqrt{2\pi}} e^{-u^2/2} du \quad \dots\dots (5.57)$$

で表すことが多い。

ここで、

$$Y = \frac{X-\mu}{\sigma} \quad \dots\dots (5.58)$$

で定義される確率変数Yについて検討する。事象$\{X \leq \mu + \sigma x\}$と事象$\{Y \leq x\}$は同じであるから、それらの確率も等しく

$$P(Y \leq x) = P(X \leq \mu + \sigma x)$$

であるので、(5.55) 式より、

$$P(X \leq \mu + \sigma x) = \int_{-\infty}^{\mu+\sigma x} \frac{1}{\sqrt{2\pi}\sigma} \exp\left\{-\frac{(y-\mu)^2}{2\sigma^2}\right\} dy$$

が得られる。ここで$u = (y-\mu)/\sigma$によって変数変換を行うと、

$$P(Y \leq x) = \int_{-\infty}^{x} \frac{1}{\sqrt{2\pi}} \exp\left\{-\frac{u^2}{2}\right\} du \quad \dots\dots (5.59)$$

となり、$Y \sim N(0,1)$となる。このことは、(5.58) 式により任意の正規分布を標準正規分布に変更することが可能であることを意味しており、(5.58) 式による変換のことを**基準化**(**標準化**)と呼ぶ。逆に、標準正規分布に従う確率変数Yから、

$$X = \sigma Y + \mu \quad \dots\dots (5.60)$$

という変換を行うことで、正規分布 $X \sim N(\mu, \sigma^2)$ に従う確率変数Xを作成することができる。

実務の世界では、$P(Y \leq x)$という確率ではなく、$P(Y > x)$という確率に興味がある場合が多い。この確率のことを**残余確率**と呼び、標準正規分布の場合には、

$$\bar{\Phi}(x) = \int_x^\infty \frac{1}{\sqrt{2\pi}} e^{-u^2/2} du$$

$$\bar{\Phi}(x) = 1 - \Phi(x)$$

で定義する。また、標準正規分布の密度関数の対称性から、

$$\bar{\Phi}(x) = \Phi(-x)$$

が成立する。通常の場合、正規分布表として示されるのは$x \geq 0$に対する$\bar{\Phi}(x)$の値であり、その$\bar{\Phi}(x) = \alpha$となる点x_αの値を読み取ることもできる。この$x_\alpha a$を標準正規分布の100αパーセント点と呼ぶ。$X \sim N(\mu, \sigma^2)$であるとき、

$$P(a < X \leq b) = P\left(\frac{a-\mu}{\sigma} < \frac{X-\mu}{\sigma} \leq \frac{b-\mu}{\sigma}\right)$$

$$= \Phi((b-\mu)/\sigma) - \Phi((a-\mu)/\sigma) \quad \cdots\cdots (5.61)$$

という関係が成り立つので、$\phi(z)$の値がわかればXが任意の区間に属する確率変数を計算することができる。

なお、Excelには正規分布関数の値を計算するためにNORMDISTという関数が用意されている。この関数の使い方は、NORMDIST（値,平均,標準偏差,関数形式）であり、関数形式に[TRUE]もしくは1を指定した場合には分布関数、[FALSE]もしくは0を指定した場合には密度関数となる。

演習5.27 確率変数Xが正規分布に従うと仮定する（$X \sim N(\mu, \sigma^2)$）。このとき、$Y = aX + b$の密度関数を求めよ。さらに、Yはどのような分布に従うかについて検討せよ。

第5章　確率と確率分布

> **解**　Yの分布関数を$F_Y(x)$、Xの分布関数を$F_X(x)$で表す。
>
> $$F_Y(x) = P(Y < x) = P(aX + b < x) = P\left(X < \frac{x-b}{a}\right) = F_X\left(\frac{x-b}{a}\right)$$
>
> 両辺を微分し、Yの密度関数を$f_Y(x)$、Xの密度関数を$f_X(x)$で表すと、
>
> $$f_Y(x) = \frac{d}{dx} F_Y(x) = \frac{d}{dx} F_X\left(\frac{x-b}{a}\right) = f_X\left(\frac{x-b}{a}\right) \frac{d}{dx}\left(\frac{x-b}{a}\right)$$
>
> $$= \frac{1}{\sqrt{2\pi}\sigma} \exp\left\{ -\frac{\left(\frac{x-b}{a} - \mu\right)^2}{2\sigma^2} \right\} \frac{1}{a}$$
>
> $$= \frac{1}{\sqrt{2\pi}a\sigma} \exp\left\{ -\frac{(x - b - a\mu)^2}{2a^2\sigma^2} \right\}$$
>
> となる。したがって、$Y \sim N(a\mu + b, a^2\sigma^2)$ となり、Yは期待値$a\mu + b$、分散$a^2\sigma^2$の正規分布となる。このような正規分布の性質を**再生性**と呼ぶ。

演習5.28　確率変数Xが標準正規分布に従うと仮定する（$X \sim N(0,1)$）。このとき、$Y = X^2$の密度関数を求めよ。

> **解**　Yの分布関数を$F_Y(x)$、Xの分布関数を$F_X(x)$で表す。
> $P(Y > 0)$より、$x > 0$に対して
>
> $$F_Y(x) = P(Y < x) = P(X^2 < x) = P\left(-\sqrt{x} < X < \sqrt{x}\right)$$
>
> $$= P\left(X < \sqrt{x}\right) - P\left(-\sqrt{x} < X\right) = F_X\left(\sqrt{x}\right) - F_X\left(-\sqrt{x}\right)$$
>
> 両辺をxで微分すると、

$$f_Y(x) = \frac{d}{dx}F_Y(x) = \frac{d}{dx}\left\{F_X(\sqrt{x}) - F_X(-\sqrt{x})\right\}$$
$$= f_X(\sqrt{x})(\sqrt{x})' - f_X(-\sqrt{x})(-\sqrt{x})' = \frac{1}{\sqrt{2\pi x}}e^{-\frac{x}{2}}$$

が得られる。これは、自由度1の**カイ二乗分布**（$\chi_1^2 = \Gamma\left(\frac{1}{2}, 2\right)$）と呼ばれるものである。

e 対数正規分布

$X \sim N(\mu, \sigma^2)$ のとき、$Y = e^X$ で定義される確率変数の従う密度関数を求める。$x > 0$ のとき事象 $\{Y \leq x\}$ は事象 $\{X \leq \log x\}$ に等しいので、

$$P(Y \leq x) = P(X \leq \log x)$$

となる。したがってこの分布関数は、

$$P(Y \leq x) = \int_{-\infty}^{\log x} \frac{1}{\sqrt{2\pi}\sigma} \exp\left\{-\frac{(y-\mu)^2}{2\sigma^2}\right\} dy \quad , \quad -\infty < x < \infty \quad \cdots\cdots (5.62)$$

で計算される。密度関数は分布関数を x で微分して、

$$f(x) = \frac{1}{\sqrt{2\pi}\sigma x} \exp\left\{-\frac{(\log x - \mu)^2}{2\sigma^2}\right\} \quad , \quad x > 0 \quad \cdots\cdots (5.63)$$

となる。この密度関数を**対数正規分布**の密度関数と呼ぶ。

なお、Excelで対数正規分布の分布関数を計算するには、

=LOGNORMDIST（x, 平均, 標準偏差）

と指定すればよい。

f ガンマ分布

ガンマ関数は、

$$\Gamma(s) = \int_0^\infty x^{s-1} e^{-x} dx \quad , \quad s > 0 \quad \cdots\cdots (5.64)$$

で定義される関数であり、以下のような性質をもつ。

ガンマ関数の性質（公式）

(1) $\Gamma(1) = 1$

(2) $\Gamma(s+1) = s\Gamma(s)$

(3) $\Gamma(n) = (n-1)!$　　$(n \in N)$

(4) $\Gamma\left(\dfrac{1}{2}\right) = \sqrt{\pi}$

(5) $\Gamma(s) = a\displaystyle\int_0^\infty u^{as-1} e^{-u^a} du$

また、確率変数 X の密度関数が、

$$f(x) = \begin{cases} \dfrac{1}{\Gamma(p)a^p} x^{p-1} e^{-\frac{x}{a}} & \text{if } x > 0 \\ 0 & \text{if その他} \end{cases} \quad \cdots\cdots(5.65)$$

で与えられるとき、確率変数 X はパラメータ p, a の**ガンマ分布**に従うといい、$X \sim \Gamma(p, a)$ と表す。なお、ガンマ分布で $p = 1$、すなわち $X \sim \Gamma(1, a)$ の時には、(5.65) 式の密度関数は、

$$f(x) = \dfrac{1}{\Gamma(1)a} e^{-\frac{x}{a}} = \dfrac{1}{a} e^{-\frac{x}{a}} \quad , \quad x > 0 \quad \cdots\cdots(5.66)$$

となり、これは、パラメータ $\lambda = a$ とする指数分布に等しい。また、$\Gamma\left(\dfrac{n}{2}, 2\right)$ を、特に**自由度 n のカイ二乗分布**（χ_n^2）と呼ぶ。なお、確率変数の列 $X_1, X_2, \cdots, X_n$ が独立で同一の分布に従っており (i.i.d.)、$X_i \sim N(0,1)$ であるとき、確率変数 $X_1^2 + X_2^2 + \cdots + X_n^2$ は χ_n^2 になることが知られている。

演習5.29 以下の値を計算せよ。

(1) $\Gamma(4)$

(2) $\Gamma\left(\dfrac{5}{2}\right)$

(3) $\displaystyle\int_0^\infty x^5 e^{-2x}\,dx$

解

(1) $\Gamma(4) = 4! = 24$

(2) $\Gamma\left(\dfrac{5}{2}\right) = \Gamma\left(\dfrac{3}{2}+1\right) = \dfrac{3}{2}\Gamma\left(\dfrac{3}{2}\right) = \dfrac{3}{2}\Gamma\left(\dfrac{1}{2}+1\right) = \dfrac{3}{2}\cdot\dfrac{1}{2}\Gamma\left(\dfrac{1}{2}\right) = \dfrac{3}{4}\sqrt{\pi}$

(3) $2x = u$ とおくと、$dx = \dfrac{1}{2}du$ であるので、

$$\int_0^\infty x^5 e^{-2x}\,dx = \int_0^\infty \left(\dfrac{u}{2}\right)^5 e^{-u}\dfrac{1}{2}du = \dfrac{1}{2^6}\int_0^\infty u^5 e^{-u}\,du = \dfrac{1}{2^6}\Gamma(6)$$

$$= \dfrac{6\cdot 5\cdot 4\cdot 3\cdot 2\cdot 1}{2^6} = \dfrac{3\cdot 5\cdot 3\cdot 1}{2^2} = \dfrac{45}{4}$$

なお、Excelでガンマ分布の分布関数を計算するには、
=LOGNORMDIST（x,p,a, 関数形式）
と指定すればよい。

g ベータ分布

ベータ関数は、

$$B(s,t) = \int_0^1 x^{s-1}(1-x)^{t-1}\,dx \quad , \quad s > 0, t > 0 \quad\cdots\cdots(5.67)$$

で定義される関数であり、以下のような性質をもつ。

ベータ関数の性質（公式）

(1) $B(s,t) = B(t,s) = \dfrac{\Gamma(s)\Gamma(t)}{\Gamma(s+t)}$

(2) $B(s,t) = 2\displaystyle\int_0^{\frac{\pi}{2}} \sin^{2s-1}\theta \cdot \cos^{2t-1}\theta\, d\theta$

(3) $\displaystyle\int_0^{+\infty} x^{-\alpha}(1+x)^{-\beta}\, dx = B(\alpha+\beta-1, -\alpha+1)$

また、確率変数Xの密度関数が

$$f(x) = \begin{cases} \dfrac{x^{a-1}(1-x)^{b-1}}{B(a,b)} & \text{if } 0 < x < 1 \\ 0 & \text{if その他} \end{cases} \quad \text{………(5.68)}$$

で与えられるとき、確率変数Xはパラメータa,bの**ベータ分布**に従うといい、$X \sim \beta(a,b)$ と表す。

演習5.30 以下の値を計算せよ。

$\displaystyle\int_0^{\infty} x^2(1-x)^3\, dx$

解

$\displaystyle\int_0^{\infty} x^2(1-x)^3\, dx = B(3,4) = \dfrac{\Gamma(3)\Gamma(4)}{\Gamma(3+4)} = \dfrac{3! \times 4!}{7!} = \dfrac{3 \cdot 2}{7 \cdot 6 \cdot 5} = \dfrac{1}{35}$

なお、Excelでベータ分布の累積密度関数を計算するには、

=BETADIST (x,a,b,A,B)

と指定すればよい。なお、Aはxの区間の下限、Bはxの区間の上限を示す（両方とも省略可）。

7 まとめ

　将来の値が不確実な変数が確率変数であり、実務ではこうした確率変数の評価が不可欠である。この章では、確率の基礎となる事象と確率の定義と、確率変数の分布について解説した。分布にはいろいろなかたちがあり、当然ではあるが分布の種類によって評価が変わる。なんらかの分布の密度関数を想定した分布の推定方法をパラメトリック推定と呼び、過去の実績値から得られる分布そのものを用いる方法をノンパラメトリック推定と呼んでいる。

第6章
期待値と積率母関数

　リスクの評価や商品価値の評価では、それらを構成するファクター（要因）の将来値が必要となる。一方、この将来値は固定値ではなく、将来になってみないと値が確定しない確率変数である。確率分布は、確率変数の値とその発生確率を対応づけたものであり、確率分布に何を仮定するかによって、確率変数の発生確率も異なる。
　確率分布は確率変数の性質を表現しているが、実務では確率分布そのものより、分布の形状、つまり分布の中心や中心からの散らばり具合に注目する場合も多い。特性値とは、このような分布の特徴を示す値であり、その代表的なものとして平均と分散がある。
　この章では、これらの特性値の概念について解説する。

第6章 期待値と積率母関数

1 期待値

期待値(expectation)は、以下のように定義される。

定義6.1

① 離散的な確率変数の場合

離散的な確率変数Xの実現値を$x_1, x_2, \cdots$とすると、Xの期待値は、

$$E[X] = \sum_{i=1}^{\infty} x_i \cdot P(X = x_i) \quad \cdots (6.1)$$

で計算される。なお、$P(X = x_i)$は、確率変数Xの実現値がちょうどx_iとなる確率である。

② 連続的な確率変数の場合

連続的な確率変数Xの密度関数を$f(x)$とすれば、Xの期待値は、

$$E[X] = \int_{-\infty}^{\infty} x \cdot f(x) dx \quad \cdots (6.2)$$

で計算される。密度関数$f(x)$は高さ、dxは底辺であり、確率変数Xが$x \leq X \leq x+dx$の範囲に納まる確率が$f(x)dx$で表現されている。

なお、(6.1)式で定義した離散的な確率変数Xの和は、有限の値にならない場合もある。期待値が分布の中心(重心)を示す特性値としての意味をもつためには、期待値は有限の値でなければならないので、離散的な確率変数の場合には、

$$\sum_{i=1}^{\infty} |x_i| \cdot P(X = x_i) < \infty$$

連続的な確率変数の場合には、

$$\int_{-\infty}^{\infty} |x| \cdot f(x) dx < \infty$$

という条件が満たされるとき、確率変数Xの期待値は存在するという。また、これが**期待値の存在条件**となる。本書では、離散的、連続的であるかにかかわらず、特に、断らない限り期待値は存在するものとして取り扱う。
(6.1) 式の期待値は、確率変数Xの実現値x_i（離散的な実現値）と、それが起こる確率$P(X=x_i)$を掛け合わせたものの合算値であり、同様に（6.2）式の期待値は、確率変数Xの実現値x（連続的な実現値）と、それが起こる確率$f(x)dx$を掛け合わせたものの合算値（積分）として求められる。

(6.1) 式は、実現値x_iにウェイト$p_i=P[X=x_i]$が掛けられた加重平均であることから、$E[X]$は、Xの**平均**と呼ばれることが多い。以降では、確率変数Xの平均$E[X]$をμ_Xと書く場合もある。一般に、n個の離散的な変数Xの実現値を$x_1, x_2, \cdots, x_n$とするとき、変数Xの平均$\bar{X}$を、

$$\bar{X} = \frac{1}{n}\sum_{i=1}^{n} x_i$$

で表す。n個の離散的な変数Xの実現値x_iの発生確率$P(X=x_i)$がすべて等しいとき、$\sum_{i=1}^{n} P(X=x_i) = 1$より$P(X=x_i) = \frac{1}{n}$となるため、これを（6.1）式に代入すると、

$$\bar{X} = \sum_{i=1}^{n} x_i \cdot P(X=x_i) = \sum_{i=1}^{n} x_i \cdot \frac{1}{n} = \frac{1}{n}\sum_{i=1}^{n} x_i$$

となる。つまり、一般的に平均といわれているものは、変数Xの実現値x_iの発生確率$P(X=x_i)$がすべて等しいといことを前提とした期待値ととらえることができる。

定理6-1　1次モーメント原理

$E[X] \leq t$ならば、$P(X \leq t) > 0$

証明　これを証明するために、この命題の対偶を証明する。対偶とは命題「AならばB」に対し、「BでないならAではない」という命

題のことである。

ここで、$P(X \leq t)=0$と仮定すると、確率変数Xはtを下回る可能性はないということであるので、

$$E[X] = \sum_{i=1}^{\infty} x_i P(X=x_i) = \sum_{\substack{i=1 \\ (x_i > t)}}^{\infty} x_i P(X=x_i) > \sum_{i=1}^{\infty} t P(X=x_i) = t \sum_{i=1}^{\infty} P(X=x_i) = t$$

となり、$E[X]>t$となる。したがって、対偶が成立するので、この命題は正しい(連続的な確率変数の場合も同様)。

定理6-2 期待値の線形性(1)

二つの確率変数XとYに対し、

$$E[X+Y] = E[X] + E[Y] \quad \cdots\cdots\cdots\cdots (6.3)$$

が成り立つ。なお、確率変数XとYは独立でなくてもよい。

証明 確率変数Xの実現値を$x_i(i=1,2,\cdots)$、確率変数Yの実現値を$y_j(j=1,2,\cdots)$とする。

確率変数Xと確率変数Yの同時分布[1]の同時確率を、

$$p_{ij} = P(X=x_i, Y=y_j)$$

で表すと、Xの周辺分布[2]、Yの周辺分布はそれぞれ

$$P(X=x_i) = \sum_{j=1}^{\infty} P(X=x_i, Y=y_j)$$

$$P(Y=y_j) = \sum_{i=1}^{\infty} P(X=x_i, Y=y_j)$$

で求められる。これらを、(6.3)式に代入すると、以下のようになる。

---

1 第7章で解説。
2 第7章で解説。

$$E[X+Y] = \sum_{i=1}^{\infty}\sum_{j=1}^{\infty}(x_i+y_j)\cdot P(X=x_i, Y=y_j)$$

$$= \sum_{i=1}^{\infty}\sum_{j=1}^{\infty}x_i\cdot P(X=x_i, Y=y_j) + \sum_{j=1}^{\infty}\sum_{i=1}^{\infty}y_j\cdot P(X=x_i, Y=y_j)$$

$$= \sum_{i=1}^{\infty}\left\{x_i\times\sum_{j=1}^{\infty}P(X=x_i, Y=y_j)\right\} + \sum_{j=1}^{\infty}\left\{y_j\times\sum_{i=1}^{\infty}P(X=x_i, Y=y_j)\right\}$$

$$= \sum_{i=1}^{\infty}x_i P(X=x_i) + \sum_{j=1}^{\infty}y_j P(Y=y_j)$$

$$= E[X]+E[Y]$$

同様に、確率変数Xと確率変数Yが連続的である場合について検討する。XとYのそれぞれの周辺密度関数[3]を、

$$f_X(x) = \int_{-\infty}^{\infty}f(x,y)dy$$
$$f_Y(y) = \int_{-\infty}^{\infty}f(x,y)dx$$

で定義すると、

$$E[X+Y] = \int_{-\infty}^{\infty}\int_{-\infty}^{\infty}(x+y)\cdot f(x,y)dxdy$$
$$= \int_{-\infty}^{\infty}\int_{-\infty}^{\infty}x\cdot f(x,y)dydx + \int_{-\infty}^{\infty}\int_{-\infty}^{\infty}y\cdot f(x,y)dxdy$$
$$= \int_{-\infty}^{\infty}x\cdot\int_{-\infty}^{\infty}f(x,y)dydx + \int_{-\infty}^{\infty}y\cdot\int_{-\infty}^{\infty}f(x,y)dxdy$$
$$= \int_{-\infty}^{\infty}x\cdot f(x)dx + \int_{-\infty}^{\infty}y\cdot f(y)dy$$
$$= E[X]+E[Y]$$

が得られる。

定理6−3 期待値の線形性(2)

X, Yを確率変数とし、a, bを定数とする。このとき、

$$E[aX+b] = aE[X]+b \quad \cdots\cdots (6.4)$$

が成り立つ。

---

[3] 第7章で解説。

証明 ① 確率変数Xが離散的な場合

$$E[aX+b] = \sum_{i=1}^{\infty}(ax_i+b)\cdot P(X=x_i)$$

$$= a\sum_{i=1}^{\infty} x_i \cdot P(X=x_i) + b\sum_{i=1}^{\infty} P(X=x_i)$$

$$= aE[X]+b$$

② 確率変数Xが連続的な場合

$$E[aX+b] = \int_{-\infty}^{\infty}(ax+b)\cdot f(x)dx$$
$$= a\int_{-\infty}^{\infty} x\cdot f(x)dx + b\int_{-\infty}^{\infty} f(x)dx$$
$$= aE[X]+b$$

となる。

また、定数bの期待値は$E[b]=b$となる。

定理6-4 期待値の一致性

① 確率変数Xが離散的な場合

$$E[g(X)] = \sum_{i=1}^{\infty} g(x_i)P(X=x_i) \quad \cdots\cdots (6.5)$$

② 確率変数Xが連続的な場合

$$E[g(X)] = \int_{-\infty}^{\infty} g(x)\cdot f(x)dx \quad \cdots\cdots (6.6)$$

確率変数Xの関数として与えられる$h(X)$の期待値を計算するには、まずXの分布から$Y=g(X)$の分布を求め、その後で、

$$E[Y] = E[g(X)]$$

を計算する必要がある。しかし、期待値の一致性の定理を用いると、直接$E[g(X)]$を計算することができる。

定理6-5 期待値の単調性

$g_1(x) \leq g_2(x)$ ならば、

$$E[g_1(X)] \leq E[g_2(X)] \quad \cdots\cdots (6.7)$$

という関係がある。

証明

① 確率変数Xが離散的な場合

$$E[g_2(X)] - E[g_1(X)] = \sum_{i=1}^{\infty} g_2(x_i) \cdot P(X = x_i) - \sum_{i=1}^{\infty} g_1(x_i) \cdot P(X = x_i)$$

$$= \sum_{i=1}^{\infty} \{g_2(x_i) - g_1(x_i)\} \cdot P(X = x_i)$$

$$\geq 0$$

② 確率変数Xが連続的な場合

$$E[g_2(X)] - E[g_1(X)] = \int_{-\infty}^{\infty} g_2(x) \cdot f(x) dx - \int_{-\infty}^{\infty} g_1(x) \cdot f(x) dx$$

$$= \int_{-\infty}^{\infty} \{g_2(x) - g_1(x)\} f(x) dx$$

$$\geq 0$$

定理6-6 確率変数が独立の場合の期待値の積

二つの確率変数XとYが独立であれば、

$$E[XY] = E[X]E[Y] \quad \cdots\cdots (6.8)$$

という関係がある。

証明 確率変数XとYは独立なので、

$$E[XY] = \sum_{i=1}^{\infty} \sum_{j=1}^{\infty} x_i y_j \cdot P(X = x_i, Y = y_j)$$

$$= \sum_{i=1}^{\infty} x_i \sum_{j=1}^{\infty} P(X = x_i, Y = y_j) \times \sum_{j=1}^{\infty} y_j \sum_{i=1}^{\infty} P(X = x_i, Y = y_j)$$

$$= \sum_{i=1}^{\infty} x_i P(X = x_i) \times \sum_{i=1}^{\infty} y_i P(Y = y_i)$$
$$= E[X] \cdot E[Y]$$

例題6.1　株価の期待値

ある企業の1期後の株価は為替水準によって影響を受け、株価は為替レートが100円／ドルのときには900、110円／ドルのときには1,000円、120円／ドルのときには1,100円となると推定されている。為替レートが100円／ドルとなる確率は0.2、110円／ドルとなるのは0.45、120円／ドルとなるのは0.35である。この企業の株価を表す確率変数を定義したうえで、1期後の株価の期待値を求めよ。

解

この企業の株価を表す確率変数をXとすると、

$$X \sim \begin{bmatrix} 900 & 1{,}000 & 1{,}100 \\ 0.20 & 0.45 & 0.35 \end{bmatrix}$$

となり、期待値は、

$$E[X] = 900 \times 0.20 + 1{,}000 \times 0.45 + 1{,}100 \times 0.35 = 1{,}015$$

となる。

演習6.1
確率変数Xの実現値x_iは、$\{1,2,\cdots,10\}$で($i=1,2,\cdots 10$)、その生起確率は実現値に比例する（比例定数C）。このとき、Xの期待値$E[X]$を計算せよ。

> **解** 実現値をx_iとすると、このx_iが生起する確率は実現値に定数Cで比例するので、
> $$P[X = x_i] = Cx_i$$
> で計算される。確率の合計は1であるので、
> $$1 = \sum_{i=1}^{10} P(X = x_i) = C \sum_{i=1}^{10} x_i = 55C$$
> となり、この式を満たすためには$C=1/55$でなければならない。したがって、確率変数Xの期待値$E[X]$は、(6.1)式より
> $$E[X] = \sum_{i=1}^{10} x_i \cdot P(X = x_i) = \sum_{i=1}^{10} x_i \cdot \frac{x_i}{55} = \frac{1}{55} \sum_{i=1}^{10} x_i^2 = 7$$
> となる。

2 分散と標準偏差

二つの確率変数XとYの平均が同じであっても、分布の散らばり具合が異なっている場合がある。この分布の散らばりを特性値としてとらえたものが分散であり、分散と標準偏差は、以下のように定義される。リスク量を測るものとして、この分散や標準偏差が用いられ、オプションなどの評価に用いられるボラティリティは、この標準偏差にかかわるものである。

定義6.2 確率変数Xに対し、
$$V[X] = E\left[(X - E[X])^2\right] \quad (6.9)$$
をXの**分散**（variance）、
$$\sigma_X = \sqrt{V[X]} \quad (6.10)$$
をXの**標準偏差**（standard deviation）と呼ぶ。

第6章 期待値と積率母関数

分散は平均からのズレを2乗しているので、平均から離れた実現値に対するウェイトがより大きくなり、これを解決するために、

$$E\bigl[\,|X-E[X]|\,\bigr] \quad\cdots\cdots(6.11)$$

で計算される**平均偏差**を用いる場合もある[4]。また、分散は単位までも2乗してしまうため、これを避けたいときには標準偏差が指標として利用される。ここで、分散の基本的な性質について述べる。

定理6-7　分散の性質

① $V[X]=E[X^2]-\{E[X]\}^2$ $\quad\cdots\cdots(6.12)$

② 定数 a,b に対して、

$$V[a]=0,\quad V[X+b]=V[X],\quad V[aX+b]=a^2V[X]$$

③ $V[X]=0$ ならば、X は定数

証明

① $(X-E[X])^2 = X^2 - 2E[X]X + \{E[X]\}^2$

であるので、

$$\begin{aligned}V[X] &= E[(X-E[X])^2]\\ &= E[X^2 - 2E[X]X + \{E[X]\}^2]\\ &= E[X^2] - 2E[X]E[X] + \{E[X]\}^2\\ &= E[X^2] - \{E[X]\}^2\end{aligned}$$

が得られる。

② $E[X+b]=E[X]+b$ であるので、

$$\begin{aligned}V[X+b] &= E[(X+b-E[X]-b)^2]\\ &= E[(X-E[X])^2]\\ &= V[X]\end{aligned}$$

となる。$Y=aX+b$ とおくと、定理6－3より、$E[Y]=aE[X]+b$ とな

4　$|\cdot|$ は絶対値を意味している。

る。
$$Y - E[Y] = aX + b - aE[X] - b = a(X - E[X])$$
であるので、
$$\begin{aligned}V[aX+b] &= V[Y] \\ &= E[(Y-E[Y])^2] \\ &= E[a^2(X-E[X])^2] \\ &= a^2 E[(X-E[X])^2] \\ &= a^2 V[X]\end{aligned}$$
となる。

定理6-8 分散の線形性

確率変数XとYが独立であるなら、
$$V[X+Y] = V[X] + V[Y] \quad\cdots\cdots(6.13)$$
が成り立つ。

証明
$$\begin{aligned}V[X+Y] &= E[\{X+Y-E[X]-E[Y]\}^2] \\ &= E[\{(X-E[X])+(Y-E[Y])\}^2] \\ &= E[(X-E[X])^2] + 2E[(X-E[X])(Y-E[Y])] + E[(Y-E[Y])^2] \\ &= E[(X-E[X])^2] + 2E[(X-E[X])]E[(Y-E[Y])] + E[(Y-E[Y])^2] \\ &= E[(X-E[X])^2] + 2(E[X]-E[X])(E[Y]-E[Y]) + E[(Y-E[Y])^2] \\ &= V[X] + 2 \cdot 0 \cdot 0 + V[Y] \\ &= V[X] + V[Y]\end{aligned}$$
となる。

第6章　期待値と積率母関数

演習6.2 確率変数XとYが独立であるなら、
$$V[X-Y] = V[X] + V[Y]$$
であることを証明せよ。

解

$$\begin{aligned}
V[X-Y] &= E[\{X - Y - E[X] + E[Y]\}^2] \\
&= E[\{(X - E[X]) - (Y - E[Y])\}^2] \\
&= E[(X - E[X])^2] - 2E[(X - E[X])(Y - E[Y])] + E[(Y - E[Y])^2] \\
&= E[(X - E[X])^2] - 2E[(X - E[X])]E[(Y - E[Y])] + E[(Y - E[Y])^2] \\
&= E[(X - E[X])^2] - 2(E[X] - E[X])(E[Y] - E[Y]) + E[(Y - E[Y])^2] \\
&= V[X] - 2 \cdot 0 \cdot 0 + V[Y] \\
&= V[X] + V[Y]
\end{aligned}$$

となる。定理6-8の分散の線形性と同じ結果となることに注意が必要である。

演習6.3 サイコロを1回振り、出た目の100倍の金額がもらえる賭けがあるとする。この賭けの期待値と分散を計算せよ。

解 もらえる金額を確率変数Xとすると、確率分布は、以下のようになる。

X	100	200	300	400	500	600
確率	1/6	1/6	1/6	1/6	1/6	1/6

期待値は、

$$E[X] = \sum_{i=1}^{6} 100i P(X = 100i)$$

$$= 100 \times \frac{1}{6} + 200 \times \frac{1}{6} + 300 \times \frac{1}{6} + 400 \times \frac{1}{6} + 500 \times \frac{1}{6} + 600 \times \frac{1}{6}$$

$$= \frac{100}{6}(1+2+3+4+5+6) = \frac{2100}{6} = 350$$

分散は、

$$V[X] = E[\{X - E[X]\}^2] = E[\{X - 350\}^2] = \sum_{i=1}^{6} \{100i - 350\}^2 P(X = 100i)$$

$$= -250^2 \times \frac{1}{6} - 150^2 \times \frac{1}{6} - 50^5 \times \frac{1}{6} + 50^2 \times \frac{1}{6} + 150^2 \times \frac{1}{6} + 250^2 \times \frac{1}{6}$$

$$= \frac{1}{6}(62500 + 22500 + 2500 + 2500 + 22500 + 62500)$$

$$= \frac{175000}{6} = 29166.67$$

また、$V[X] = E[X^2] - \{E[X]\}^2$ を適用する方法もよく用いられる。このとき、

$$E[X^2] = 100^2 \times \frac{1}{6} + 200^2 \times \frac{1}{6} + 300^2 \times \frac{1}{6} + 400^2 \times \frac{1}{6} + 500^2 \times \frac{1}{6} + 600^2 \times \frac{1}{6}$$

$$= \frac{910000}{6} = 151666.7$$

よって、

$$V[X] = 151666.67 - 350^2 = 29166.67$$

となる。

第6章 期待値と積率母関数

演習6.4 確率変数Xが、以下のような確率分布に従い、期待値が$\frac{11}{4}$であるものとする。このときの、$P(X=3), P(X=4)$の値を求めよ。

解

X	1	2	3	4	5
確率	2/8	1/8	$P(X=3)$	$P(X=4)$	1/8

すべての確率の合計は1であるので、

$$\frac{2}{8} + \frac{1}{8} + P(X=3) + P(X=4) + \frac{1}{8} = 1$$

$$P(X=3) + P(X=4) = \frac{8-2-1-1}{8} = \frac{4}{8} \quad \cdots (6.14)$$

となる。また、期待値は$\frac{11}{4}$であるので、

$$1 \times \frac{2}{8} + 2 \times \frac{1}{8} + 3 \times P(X=3) + 4 \times P(X=4) + 5 \times \frac{1}{8} = \frac{11}{4}$$

$$3P(X=3) + 4P(X=4) = \frac{22-2-2-5}{8} = \frac{13}{8} \quad \cdots (6.15)$$

(6.14)式×3 − (6.15)式は、

$$P(X=4) = -\frac{3 \times 4 - 13}{8} = \frac{1}{8}$$

これを、(6.14)式に代入すると、

$$P(X=3) = \frac{4}{8} - P(X=4) = \frac{4}{8} - \frac{1}{8} = \frac{3}{8}$$

が得られる。

演習6.5 確率変数XがN個の整数値をとる値であると仮定する($X=\{1,2,3,\cdots,N\}$)。さらに、これらの値をとる確率はすべて等しく、

$$P(X=i)=a, \quad i=1,2,3,\cdots,N$$

であるとすると、定数a、期待値$E[X]$、分散$V[X]$の値はいくつになるか。

解 確率の合計は1であるので、

$$\sum_{i=1}^{N} P(X=i) = \sum_{i=1}^{N} a = Na = 1$$

よって、

$$a = \frac{1}{N}$$

となる。確率変数Xの期待値$E[X]$は、

$$E[X] = \sum_{i=1}^{N} iP(X=i) = \sum_{i=1}^{N} ia = \frac{1}{N}\sum_{i=1}^{N} i = \frac{1}{N}\frac{N(N+1)}{2} = \frac{N+1}{2}$$

となる。なお、自然数の和

$$\sum_{i=1}^{N} i = 1+2+\cdots+N$$

は、以下の計算で求められる。

$$\begin{array}{r} 1 + 2 + \cdots + (N-1) + N \\ +)\ N + (N-1) + \cdots + 2 + 1 \\ \hline (1+N)+(1+N)+\cdots+(1+N)+(1+N) = N(1+N) \end{array}$$

$$\therefore \sum_{i=1}^{N} i = \frac{N}{2}(N+1)$$

次に、確率変数Xの2乗の期待値$E[X^2]$は、

第6章　期待値と積率母関数

$$E[X^2] = \sum_{i=1}^{N} i^2 P(X=i) = \sum_{i=1}^{N} i^2 a = \frac{1}{N}\sum_{i=1}^{N} i^2 = \frac{(2N+1)(N+1)}{6}$$

となる。なお、自然数の2乗和は、

$$\sum_{i=1}^{N} i^2 = 1^2 + 2 + \cdots + N^2 = \frac{1}{6}N(N+1)(2N+1)$$

で計算できる。これは、

$$(i+1)^3 - (i-1)^3 = (i^3 + 3i^2 + 3i + 1) - (i^3 - 3i^2 + 3i - 1)$$
$$= 6i^2 + 2$$

という関係を使うと、

$$\{(1+1)^3 - (1-1)^3\} + \{(2+1)^3 - (2-1)^3\} + \cdots + \{(N+1)^3 - (N-1)^3\}$$
$$= (6 \cdot 1^2 + 2) + (6 \cdot 2^2 + 2) + \cdots + (6 \cdot N^2 + 2)$$
$$\{2^3 + 3^3 + \cdots + (N+1)^3\} - \{0^3 + 1^3 + \cdots + (N-1)^3\}$$
$$= 6 \cdot 1^2 + 6 \cdot 2^2 + \cdots + 6 \cdot N^2 + 2N$$
$$N^3 + (N+1)^3 - \{0^3 + 1^3\} = 6\{1^2 + 2^2 + \cdots + N^2\} + 2N$$
$$6\{1^2 + 2^2 + \cdots + N^2\} = N^3 + \{N^3 + 3N^2 + 3N + 1\} - 1 - 2N$$
$$1^2 + 2^2 + \cdots + N^2 = \frac{1}{6}\{2N^3 + 3N^2 + N\}$$
$$1^2 + 2^2 + \cdots + N^2 = \frac{1}{6}N(N+1)(2N+1)$$

から得られる。したがって、確率変数Xの分散$V[X]$は、

$$V[X] = E[X^2] - \{E[X]\}^2$$
$$= \frac{(2N+1)(N+1)}{6} - \left(\frac{N+1}{2}\right)^2 = \frac{2(2N+1)(N+1) - 3(N+1)^2}{12}$$
$$= \frac{4N^2 + 6N + 2 - 3N^2 - 6N - 3}{12} = \frac{N^2 - 1}{12} = \frac{(N+1)(N-1)}{12}$$

演習6.6 確率変数 X が以下のような確率分布に従い、2乗の期待値 $E[X^2]$ が $\frac{11}{2}$ であるものとする。このときの、$P(X=1), P(X=2)$ の値を求めよ。

解

X	1	2	3
確率	1/3	$P(X=2)$	$P(X=3)$

すべての確率の合計は1であるので、

$$\frac{1}{3} + P(X=2) + P(X=3) = 1$$

$$P(X=2) + P(X=3) = \frac{2}{3} \quad \cdots (6.16)$$

となる。また、期待値は $\frac{11}{2}$ であるので、

$$1^2 \times \frac{1}{3} + 2^2 \times P(X=2) + 3^2 \times P(X=3) = \frac{11}{2}$$

$$4P(X=2) + 9P(X=3) = \frac{11}{2} - \frac{1}{3} = \frac{33-2}{6} = \frac{31}{6} \quad \cdots (6.17)$$

(6.17) 式 - (6.16) 式 ×4 は、

$$5P(X=3) = \frac{31}{6} - \frac{8}{3} = \frac{15}{6} = \frac{5}{2}$$

$$P(X=3) = \frac{1}{2}$$

これを (6.16) 式に代入すると、

$$P(X=2) = \frac{2}{3} - \frac{1}{2} = \frac{1}{6}$$

が得られる。

第6章 期待値と積率母関数

演習6.7 ある定数 μ, σ が与えられているとき、確率変数 X には以下の関係が成立しているとする。このときの定数 μ, σ の値はどのようになるか。
$$E\left[\frac{X-\mu}{\sigma}\right]=0、かつ \quad V\left[\frac{X-\mu}{\sigma}\right]=1$$

解

$$E\left[\frac{X-\mu}{\sigma}\right]=\frac{E[X]-\mu}{\sigma}=0$$

$\therefore E[X]=\mu$

$$V\left[\frac{X-\mu}{\sigma}\right]=V\left[\frac{X}{\sigma}-\frac{\mu}{\sigma}\right]=V\left[\frac{X}{\sigma}\right]=\frac{1}{\sigma^2}V[X]=1$$

$\therefore V[X]=\sigma^2$

演習6.8 $E[(X-c)^2]$ を最小にする c の値は、$c=\mu_X$ であることを示せ。

解

関数
$$f(c)=E[(X-c)^2]=E[X^2]-2c\mu_X+c^2$$
を c について微分すると、
$$f'(c)=2c-2\mu_X$$
となる。$f''(c)=2>0$ であるから、$f'(c)=0$ とすると $f(x)$ は $x=c$ で極小値をとる。$f'(c)=0$ を解くと $c=\mu_X$ であるので、$E[(X-c)^2]$ を最小にする c の値は $c=\mu_X$ である。

ここで、第5章で述べた確率分布の平均と分散について検討する。

(1) **ベルヌーイ分布**

確率変数 X が $X \sim B_e(p)$ であるとき、

$$E[X] = 0 \times (1-p) + 1 \times p = p \quad \text{(6.18)}$$

$$E[X^2] = 0^2 \times (1-p) + 1^2 \times p = p$$

となり、平均は $\mu_X = E[X] = p$、分散は、

$$V[X] = E[X^2] - \mu_X^2 = p - p^2 = p(1-p) \quad \text{(6.19)}$$

となる。

(2) **二項分布**

確率変数 X が二項分布に従い、$X \sim B(n,p)$ であるときの、$E[X]$ と $V[X]$ について検討する。

まず、組合せの数 $_nC_i$ に i を乗じた、$i \cdot _nC_i$ について検討する。

$$i \cdot _nC_i = i \frac{n!}{i!(n-i)!} = \frac{n(n-1)!}{(i-1)!\{(n-1)-(i-1)\}!} = n \times {}_{n-1}C_{i-1}$$

この関係を利用すると、(5.30) 式の二項定理より

$$E[X] = \sum_{i=0}^{n} i \cdot p_i = \sum_{i=0}^{n} i \cdot {}_nC_i \, p^i (1-p)^{n-i} = n \sum_{k=0}^{n-1} {}_{n-1}C_k \, p^{k+1} (1-p)^{n-1-k}$$

$$= np \sum_{k=0}^{n-1} {}_{n-1}C_k \, p^k (1-p)^{(n-1)-k} = np\{p + (1-p)\}^{n-1} = np \quad \text{(6.20)}$$

となる。ただし、$k = i - 1$ とおいた。分散は、

$$V[X] = E[X^2] - \{E[X]\}^2 = E[X(X-1)] + E[X] - \{E[X]\}^2$$

$$= n(n-1)p^2 + np - (np)^2 = np(1-p) \quad \text{(6.21)}$$

となる。

二つの独立な確率変数 X と Y が、それぞれ二項分布 $X \sim B(n_X, p)$, $Y \sim B(n_Y, p)$ に従うとき、確率変数の和 $X+Y$ の分布は、$B(n_X+n_Y, p)$ となる。このことを二

項分布の**再生性**という。

(3) ポアソン分布

確率変数Xが$X \sim P_o(\lambda)$であるとき、(5.31) 式より

$$E[X] = \sum_{n=0}^{\infty} n \frac{\lambda^n}{n!} e^{-\lambda}$$

$$= \lambda \sum_{n=0}^{\infty} \frac{\lambda^{n-1}}{(n-1)!} e^{-\lambda}$$

$$= \lambda \quad \cdots\cdots (6.22)$$

であるから、平均は$\mu_X = \lambda$となる。また、分散は、

$$V[X] = E[X^2] - \mu_X^2 = E[X(X-1)] + E[X] - \mu_X^2$$

である。$E[X(X-1)]$は、(5.31) 式より

$$E[X(X-1)] = \sum_{n=0}^{\infty} n \cdot (n-1) \frac{\lambda^n}{n!} e^{-\lambda}$$

$$= \lambda^2 \sum_{n=0}^{\infty} \frac{\lambda^{n-2}}{(n-2)!} e^{-\lambda}$$

$$= \lambda^2$$

であるので、

$$V[X] = \lambda^2 + \lambda - \lambda^2 = \lambda \quad \cdots\cdots (6.23)$$

が得られる。

(4) 幾何分布

確率変数Xがパラメータpの幾何分布に従っているとき、期待値$E[X]$と分散$V[X]$を求める。

まず、等比級数の和について検討する。ただし、$|x|<1$である。

$$S = 1 + x + x^2 + \cdots + x^n \quad \cdots\cdots (6.24)$$

とし、(6.24) 式$\times x -$ (6.24) 式を計算する。

$$\begin{array}{rl} xS = & x + x^2 + \cdots + x^n + x^{n+1} \\ -)\ \ S = & 1 + x + x^2 + \cdots + x^n \\ \hline xS - S = -1 & \qquad\qquad\qquad + x^{n+1} \end{array}$$

$$\therefore S = \sum_{i=0}^{n} x^i = \frac{1 - x^{n+1}}{1 - x} \quad \cdots\cdots (6.25)$$

また、$|x| < 1$ であるとき、$\lim_{n \to \infty} x^{n+1} = 0$ であるので、(6.25) 式は、

$$S = \sum_{i=0}^{\infty} x^i = \frac{1 - x^{\infty+1}}{1 - x} = \frac{1}{1 - x} = (1 - x)^{-1} \quad \cdots\cdots (6.26)$$

となる。

次に、$\sum_{i=0}^{\infty} i x^{i-1}$ について検討する。$\frac{d}{dx} x^i = i x^{i-1}$ であるので、(6.25) 式より

$$\sum_{i=0}^{\infty} i x^{i-1} = \sum_{i=1}^{\infty} i x^{i-1} = \frac{d}{dx} \sum_{i=1}^{\infty} x^i = \frac{d}{dx}(1-x)^{-1} = (1-x)^{-2} \quad \cdots\cdots (6.27)$$

が得られる。

さらに、$\frac{d}{dx} x^i = i x^{i-1}$ をもう一度微分すると、

$$\frac{d^2}{dx^2} x^i = i(i-1) x^{i-2} \quad \cdots\cdots (6.28)$$

であるので、

$$\sum_{i=0}^{\infty} i(i-1) x^{i-2} = \sum_{i=1}^{\infty} i(i-1) x^{i-2} = \frac{d}{dx} \sum_{i=1}^{\infty} i x^{i-1} = \frac{d}{dx}(1-x)^{-2} = 2(1-x)^{-3} \quad \cdots\cdots (6.29)$$

となる。

期待値 $E[X]$ は、(5.33) 式より

$$E[X] = \sum_{i=0}^{\infty} i p (1-p)^i = p(1-p) \sum_{i=0}^{\infty} i(1-p)^{i-1}$$

$$= p(1-p)\{1-(1-p)\}^{-2} = \frac{1-p}{p} \quad \cdots\cdots (6.30)$$

299

で求められる。(5.33) 式より

$$E[X(X-1)] = \sum_{i=1}^{\infty} i(i-1)p(1-p)^i = p(1-p)^2 \sum_{i=1}^{\infty} i(i-1)(1-p)^{i-2}$$

$$= 2p(1-p)^2 \{1-(1-p)\}^{-3} = \frac{2(1-p)^2}{p^2}$$

となるので、分散 $V[X]$ は、

$$V[X] = E[X^2] - \{E[X]\}^2 = E[X(X-1)] + E[X] - \{E[X]\}^2$$

$$= \frac{2(1-p)^2}{p^2} + \frac{1-p}{p} - \left(\frac{1-p}{p}\right)^2 = \frac{1-p}{p^2} \quad \cdots\cdots (6.31)$$

となる。

(5) 負の二項分布

確率変数 X が負の二項分布に従っているとき、期待値 $E[X]$ と分散 $V[X]$ を求める。n 個の確率変数 $X_i (i=1, 2, \cdots, n)$ が i.i.d. であり、$X_i \sim Ge(p)$ であるとき、

$$X = X_1 + X_2 + \cdots + X_n \sim NB(n, p)$$

となる。確率変数 X_i は i.i.d. であり、$E[X_i] = \frac{1-p}{p}$, $V[X_i] = \frac{1-p}{p^2}$ であるので、

$$E[X] = n\frac{1-p}{p} \quad \cdots\cdots (6.32)$$

$$V[X] = n\frac{1-p}{p^2} \quad \cdots\cdots (6.33)$$

が得られる。

(6) 一様分布

確率変数 X が $X \sim U(a, b)$ であるとき、

$$E[X] = \int_a^b x \frac{1}{b-a} dx = \frac{1}{b-a} \left[\frac{x^2}{2}\right]_a^b = \frac{1}{b-a} \cdot \frac{b^2-a^2}{2} = \frac{a+b}{2} \quad \cdots\cdots (6.34)$$

$$E[X^2] = \int_a^b x^2 \frac{1}{b-a} dx = \frac{1}{b-a}\left[\frac{x^3}{3}\right]_a^b = \frac{1}{b-a} \cdot \frac{b^3-a^3}{3} = \frac{a^2+ab+b^2}{3}$$

であるので、平均は $\mu_X = \dfrac{a+b}{2}$ であり、分散は、

$$V[X] = E[X^2] - \mu_X = \frac{a^2+ab+b^2}{3} - \left(\frac{a+b}{2}\right)^2 = \frac{(b-a)^2}{12} \quad\cdots\cdots(6.35)$$

となる。

演習6.9 $X \sim U(0,1)$ であるとき、$E[X^2]$ と $V[X^2]$ を計算せよ。

解

$$E[X^2] = \int_{-\infty}^{\infty} x^2 f(x) dx = \int_0^1 x^2 dx = \left[\frac{x^3}{3}\right]_0^1 = \frac{1}{3}$$

$$E[(X^2)^2] = \int_{-\infty}^{\infty} x^4 f(x) dx = \int_0^1 x^4 dx = \left[\frac{x^5}{5}\right]_0^1 = \frac{1}{5}$$

$$V[X^2] = E[(X^2)^2] - \left(E[X^2]\right)^2 = \frac{1}{5} - \left(\frac{1}{3}\right)^2 = \frac{9-5}{45} = \frac{4}{45}$$

演習6.10 関数 $f(x)$ が、

$$f(x) = \begin{cases} 3x^2 & \text{if } 0 < x < 1 \\ 0 & \text{if その他} \end{cases}$$

で与えられている。
(1) 期待値 $E[X]$ を求めよ。
(2) 分散 $V[X]$ を求めよ。

第6章　期待値と積率母関数

解

(1) $E[X] = \int_0^1 x \cdot 3x^2 \, dx = 3\left[\dfrac{1}{4}x^4\right]_0^1 = \dfrac{3}{4}$

(2) $E[X^2] = \int_0^1 x^2 \cdot 3x^2 \, dx = 3\left[\dfrac{1}{5}x^5\right]_0^1 = \dfrac{3}{5}$

$V[X] = E[X^2] - \left(E[X]\right)^2]$

$= \dfrac{3}{5} - \left(\dfrac{3}{4}\right)^2 = \dfrac{3}{5} - \dfrac{9}{16} = \dfrac{48}{80} - \dfrac{45}{80} = \dfrac{3}{80}$

演習6.11 関数 $f(x)$ が、

$$f(x) = \begin{cases} \dfrac{a}{1+2x} & \text{if } 0 < x < 1 \\ 0 & \text{if その他} \end{cases}$$

で与えられている。$a = 2/\log 3$ であるとき、
(1) 期待値 $E[X]$ を求めよ。
(2) 分散 $V[X]$ を求めよ。

解

(1) $E[X] = \int_0^1 x \cdot \dfrac{a}{1+2x} dx = \dfrac{a}{2}\int_0^1 \left(1 - \dfrac{1}{1+2x}\right) \cdot dx$

$= \dfrac{a}{2}\left[x - \dfrac{1}{2}\log(1+2x)\right]_0^1 = \dfrac{1 - \dfrac{1}{2}\log 3}{\log 3}$

(2) $E[X^2] = \int_0^1 x^2 \cdot \dfrac{a}{1+2x} dx = \dfrac{a}{4}\int_0^1 \dfrac{4x^2 - 1 + 1}{1+2x} dx = \dfrac{a}{4}\int_0^1 \dfrac{(2x+1)(2x-1)+1}{1+2x} dx$

$= \dfrac{a}{4}\int_0^1 \left(2x - 1 + \dfrac{1}{1+2x}\right) dx = \dfrac{a}{4}\left[x^2 - x + \dfrac{1}{2}\log(1+2x)\right]_0^1$

$$= \frac{1}{2\log 3}\left(\frac{1}{2}\log 3\right) = \frac{1}{4}$$

$$V[X] = E[X^2] - (E[X])^2$$

$$= \frac{1}{4} - \left(\frac{1-\frac{1}{2}\log 3}{\log 3}\right)^2$$

(7) 指数分布

確率変数 X が $X \sim \mathrm{Exp}(\lambda)$ であるとき、$u = \dfrac{x}{\lambda}$ とおくと、$\lambda du = dx$ であるので、

$$E[X] \int_0^\infty x \frac{1}{\lambda} e^{-\frac{x}{\lambda}} dx \quad \int_0^\infty \lambda u e^{-u} du = \lambda \Gamma(2) = \lambda \quad \cdots\cdots (6.36)$$

$$E[X^2] = \int_0^\infty x^2 \frac{1}{\lambda} e^{-\frac{x}{\lambda}} dx = \int_0^\infty \lambda^2 u^2 e^{-u} du = \lambda^2 \Gamma(3) = 2\lambda^2$$

となり、平均は $\mu_X = \lambda$ であり、分散は、

$$V[X] = E[X^2] - \mu_X^2 = 2\lambda^2 - \lambda^2 = \lambda^2 \quad \cdots\cdots (6.37)$$

となる。

演習6.12 確率変数 X が $X \sim \mathrm{Exp}(\lambda)$ であるとき、$E[X^n]$ の値を計算せよ。

解

$$E[X^n] = \int_0^\infty x^n \frac{1}{\lambda} e^{-\frac{x}{\lambda}} dx = \lambda^n \int_0^\infty u^n e^{-u} du = \lambda^n \Gamma(n+1) = \lambda^n n!$$

(8) 正規分布

確率変数Xが$X \sim N(\mu, \sigma^2)$であるとき、この確率変数Xに対して(5.58)式で示した基準化を行うと、標準正規分布に従う確率変数Yが得られ、$Y \sim N(0,1)$となる。(6.2)式の平均の定義から、

$$E[Y] = \int_{-\infty}^{\infty} y \cdot f(y) dy = \int_{-\infty}^{0} y \cdot f(y) dy + \int_{0}^{\infty} y \cdot f(y) dy$$

が得られるが、標準正規分布の密度関数$f(y)$は、$y=0$で左右対称であるので、$\int_{-\infty}^{0} y \cdot f(y) dy < \infty$のとき、

$$\int_{0}^{\infty} y \cdot f(y) dy = -\int_{-\infty}^{0} y \cdot f(y) dy$$

であり、$E[Y]=0$となる。しかし、$\int_{-\infty}^{0} y \cdot f(y) dy = \infty$であれば、
$$E[Y] = \infty - \infty$$
となって、平均は存在しない。

したがって、確率変数Xの平均μ_Xは、
$$\mu_X = E[X] = E[\sigma Y + \mu] = \sigma E[Y] + \mu = \mu \quad \cdots\cdots (6.38)$$
であり、分散は、
$$V[X] = V[\sigma Y + \mu] = V[\sigma Y] = \sigma^2 V[Y] = \sigma^2 \quad \cdots\cdots (6.39)$$
となる。したがって、正規分布$N(\mu, \sigma^2)$のパラメータμは平均、パラメータσ^2は分散を表している。

> **演習6.13** 確率変数Xが$X \sim N(0,1)$であるとき、期待値$E[X]$、分散$V[X]$の値を計算せよ。

> **解**
>
> $$E[X] = \int_{-\infty}^{\infty} x \frac{1}{\sqrt{2\pi}} \exp\left(-\frac{x^2}{2}\right) dx = \frac{1}{\sqrt{2\pi}} \left[-\exp\left(-\frac{x^2}{2}\right) \right]_{-\infty}^{\infty} = 0$$
>
> $$E[X^2] = \int_{-\infty}^{\infty} x^2 \frac{1}{\sqrt{2\pi}} \exp\left(-\frac{x^2}{2}\right) dx$$
>
> ここで、$\frac{x^2}{2} = u$ とおくと、$xdx = du$ であるので、
>
> $$E[X^2] = \int_{-\infty}^{\infty} 2u \frac{1}{\sqrt{2\pi}} \exp(-u) \frac{1}{x} du = 2 \frac{1}{\sqrt{2\pi}} \int_{-\infty}^{\infty} u \exp(-u) \frac{1}{\sqrt{2u}} du$$
>
> $$= 2 \frac{1}{\sqrt{2\pi}} \frac{1}{\sqrt{2}} \int_{-\infty}^{\infty} \exp(-u) u^{\frac{1}{2}} du = \frac{1}{\sqrt{\pi}} \int_{-\infty}^{\infty} \exp(-u) u^{\frac{1}{2}} du$$
>
> $$= 2 \frac{1}{\sqrt{\pi}} \int_{0}^{\infty} \exp(-u) u^{\frac{1}{2}} du = \frac{2}{\sqrt{\pi}} \Gamma\left(\frac{3}{2}\right) = 1$$
>
> よって、
>
> $$V[X] = E[X^2] - (E[X])^2 = 1 - 0 = 1$$

演習6.14 確率変数 X が $X \sim \Gamma(p, a)$ であるとき、期待値 $E[X]$、分散 $V[X]$ の値を計算せよ。

> **解**
>
> $$E[X] = \int_0^\infty x \frac{1}{\Gamma(p)a^p} x^{p-1} e^{-\frac{x}{a}} dx$$
>
> $$= \int_0^\infty \frac{1}{\Gamma(p)a^p} x^p e^{-\frac{x}{a}} dx$$
>
> ここで、$u = \frac{x}{a}$ とおくと、$adu = dx$ であるので、

第6章 期待値と積率母関数

$$E[X] = \int_0^\infty \frac{1}{\Gamma(p)a^p} a^p u^p e^{-u} \, adu = \frac{a}{\Gamma(p)} \int_0^\infty u^p e^{-u} \, du = \frac{a\Gamma(p+1)}{\Gamma(p)} = ap$$

次に、

$$E[X^2] = \int_0^\infty x^2 \frac{1}{\Gamma(p)a^p} x^{p-1} e^{-\frac{x}{a}} \, dx = \int_0^\infty \frac{1}{\Gamma(p)a^p} x^{p+1} e^{-\frac{x}{a}} \, dx$$

$$= \int_0^\infty \frac{1}{\Gamma(p)a^p} a^{p+1} u^{p+1} e^{-u} \, adu = \frac{a^2}{\Gamma(p)} \int_0^\infty u^{p+1} e^{-u} \, du$$

$$= \frac{a^2 \Gamma(p+2)}{\Gamma(p)} = a^2 p(p+1)$$

であるので、分散$V[X]$は、

$$V[X] = E[X^2] - \left(E[X]\right)^2 = a^2 p(p+1) - (ap)^2 = a^2 p$$

となる。

演習6.15 確率変数Xが$X \sim \Gamma(p, a)$であるとき、$E[X^n]$の値を計算せよ。

解

$$E[X^n] = \int_0^\infty x^n \frac{1}{\Gamma(p)a^p} x^{p-1} e^{-\frac{x}{a}} \, dx = \int_0^\infty \frac{1}{\Gamma(p)a^p} x^{n+p-1} e^{-\frac{x}{a}} \, dx$$

ここで、$u = \dfrac{x}{a}$とおくと、$adu=dx$であるので、

$$= \int_0^\infty \frac{1}{\Gamma(p)a^p} a^{n+p-1} u^{n+p-1} e^{-u} \, adu = \frac{a^n}{\Gamma(p)} \int_0^\infty u^{n+p-1} e^{-u} \, du$$

$$= \frac{a^n \Gamma(n+p)}{\Gamma(p)}$$

となる。

演習6.16 確率変数Xが$X \sim B(a,b)$であるとき、期待値$E[X]$、分散$V[X]$の値を計算せよ。

解

$$E[X] = \int_0^\infty x \frac{x^{a-1}(1-x)^{b-1}}{B(a,b)} dx = \frac{B(a+1,b)}{B(a,b)}$$

$$= \frac{\Gamma(a+1)\Gamma(b)}{\Gamma(a+1+b)} \times \frac{\Gamma(a+b)}{\Gamma(a)\Gamma(b)} = \frac{\Gamma(a+1)}{\Gamma(a+1+b)} \times \frac{\Gamma(a+b)}{\Gamma(a)}$$

$$= \frac{a\Gamma(a)}{(a+b)\Gamma(a+b)} \times \frac{\Gamma(a+b)}{\Gamma(a)} = \frac{a}{(a+b)}$$

次に、

$$E[X^2] = \int_0^\infty x^2 \frac{x^{a-1}(1-x)^{b-1}}{B(a,b)} dx = \frac{B(a+2,b)}{B(a,b)} = \frac{\Gamma(a+2)\Gamma(b)}{\Gamma(a+2+b)} \times \frac{\Gamma(a+b)}{\Gamma(a)\Gamma(b)}$$

$$= \frac{(a+1)\Gamma(a+1)}{(a+b+1)\Gamma(a+b+1)} \times \frac{\Gamma(a+b)}{\Gamma(a)}$$

$$= \frac{(a+1)a\Gamma(a)}{(a+b+1)(a+b)\Gamma(a+b)} \times \frac{\Gamma(a+b)}{\Gamma(a)} = \frac{a(a+1)}{(a+b)(a+b+1)}$$

であるので、分散$V[X]$は、

$$V[X] = E[X^2] - \left(E[X]\right)^2 = \frac{a(a+1)}{(a+b)(a+b+1)} - \left(\frac{a}{(a+b)}\right)^2$$

$$= \frac{a(a+1)(a+b) - a^2(a+b+1)}{(a+b)^2(a+b+1)} = \frac{a^3 + a^2 + a^2 b + ab - a^3 - a^2 b - a^2}{(a+b)^2(a+b+1)}$$

$$= \frac{ab}{(a+b)^2(a+b+1)}$$

となる。

ここで、これらの分布の平均と分散を一覧にすると、図表6－1のようになる。

図表6－1　分布の平均と分散

分布	記号	平均	分散
ベルヌーイ分布	$B_e(p)$	p	$p(1-p)$
二項分布	$B(n,p)$	np	$np(1-p)$
ポアソン分布	$P_o(\lambda)$	λ	λ
幾何分布	$G_e(p)$	$(1-p)/p$	$(1-p)/p^2$
負の二項分布	$NB(n,p)$	$n(1-p)/p$	$n(1-p)/p^2$
一様分布	$U(a,b)$	$(a+b)/2$	$(b-a)^2/12$
指数分布	$\mathrm{Exp}(\lambda)$	λ	λ^2
正規分布	$N(\mu,\sigma^2)$	μ	σ^2

③ モーメント

確率変数Xに対し、$E[X^n]$を原点の周りのn**次の積率**（モーメント）と呼び、平均$E[X]=\mu_X$の周りのn次モーメント$m_X(n)$を離散形では、

$$m_X(n) = E[(X-\mu_X)^n]$$

$$= \sum_{i=1}^{\infty}(x_i-\mu_X)^n \cdot P(X=x_i) \quad\cdots\cdots (6.40)$$

で定義し、連続形では、

$$m_X(n) = \int_{-\infty}^{\infty}(x-\mu_X)^n \, dF(x) \quad\cdots\cdots (6.41)$$

で定義する。なお、$F(x)$は確率変数Xの分布関数である。ここで、$F(x)$が$[-\infty,\infty]$で連続かつ微分可能であるとし、確率密度関数を$f(x)$で表すと、n次のモーメントは、

$$m_X(n) = \int_{-\infty}^{\infty}(x-\mu_X)^n f(x)dx \quad\cdots\cdots (6.42)$$

となる。2次のモーメントは分散σ^2であり、この標準偏差σとn次のモーメントから以下の式で計算されるα_3, α_4の値は、それぞれ**歪度**（skewness）、**尖度**（kurtosis）と呼ばれる。

$$\alpha_3 = \frac{m_X(3)}{\sigma^3} \quad \cdots \quad (6.43)$$

$$\alpha_4 = \frac{m_X(4)}{\sigma^4} \quad \cdots \quad (6.44)$$

歪度α_3は分布のゆがみ具合を示し、右にゆがんでいるか、左右対称にあるか、左にゆがんでいるかを表す。α_3の値から、

・$\alpha_3>0$の場合、分布が右に尾をひいている（右にファットテール）。
・$\alpha_3<0$の場合、分布が左に尾をひいている（左にファットテール）。

ということができる。左右対称の場合は$\alpha_3=0$となる。たとえば、$\alpha_3<0$で、分布が左に尾を引いている（左にファットテール）といった場合は、$\alpha_3=0$の分布と比較し、平均値$\bar{X}$よりかなり小さな値が出る可能性が高い分布であることがわかる。リスク評価のうえでは、損失の出る方向のみをリスクとして考える。そのため、片側サイドのバラツキがどうなっているかが、重要になってくる。左に尾をひいている（左にファットテール）といった場合には、VaRで評価されるリスク量よりも、大きな損失が出る可能性があるので注意が必要である。

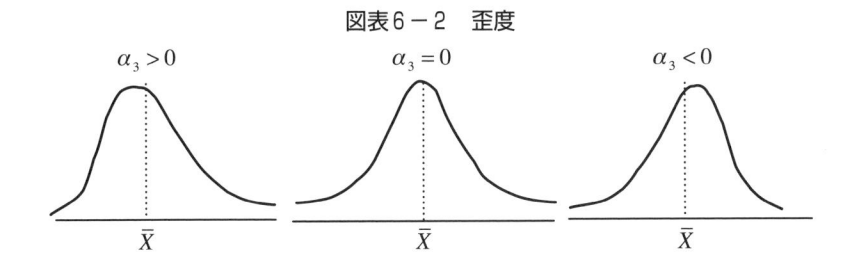

図表6-2 歪度

$\alpha_3 > 0$　　　$\alpha_3 = 0$　　　$\alpha_3 < 0$

なお、ExcelのSKEW関数で歪度k_3を計算することができるが、これは以下の式で計算される。

$$\alpha_3 = \frac{n}{(n-1)(n-2)} \sum_{i=1}^{n} \left(\frac{X_i - \bar{X}}{\sigma} \right)^3$$

尖度α_4とは、分布の尖り具合を示す統計値である。正規分布を基準とした場合に、正規分布より尖っているか、同じ形状か、正規分布より偏平かを比較することができる。α_4の値から、
・$\alpha_4>3$の場合、正規分布より尖っている。
・$\alpha_4<3$の場合、正規分布より扁平となっている。
ということができる。正規分布の場合は$\alpha_4=3$となるため、裾野が広がった場合は、平均値から離れたデータがあるということがわかる。

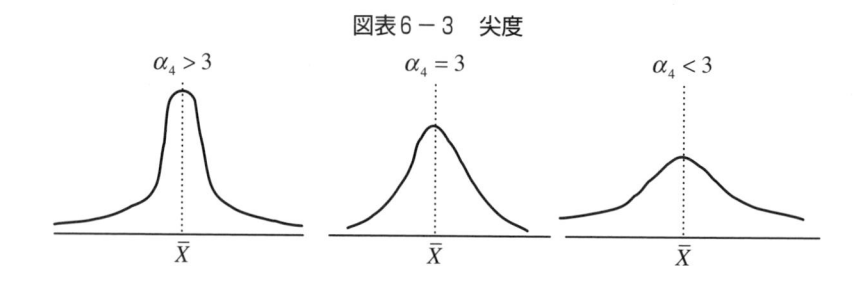

図表6-3 尖度

$\alpha_4 > 3$　　　　$\alpha_4 = 3$　　　　$\alpha_4 < 3$

ExcelではKURT関数で尖度α_4を計算することができるが、これは、以下の式で計算されている。また、この式を適用すると、正規分布の場合が$\alpha_4=0$となる。

$$\alpha_4 = \frac{n(n+1)}{(n-1)(n-2)(n-3)} \sum_{i=1}^{n} \left(\frac{X_i - \bar{X}}{\sigma} \right)^4 - 3 \frac{(n-1)^2}{(n-2)(n-3)}$$

原点の周りのn次モーメントを、$\hat{m}_X(n) = E[X^n]$で表すと、平均$E[X]=\mu_X$の周りのn次モーメント$m_X(n)$との間には、以下の関係が成り立つ。

$$m_X(0) = E[(X-\mu_X)^0] = 1$$
$$m_X(1) = E[(X-\mu_X)^1] = E[X] - \mu_X = \hat{m}_X(1) - \mu_X = 0$$
$$m_X(2) = E[(X-\mu_X)^2] = \hat{m}_X(2) - \mu_X^2$$
$$m_X(3) = E[(X-\mu_X)^3] = \hat{m}_X(3) - 3\hat{m}_X(2)\mu_X + 2\mu_X^3$$
$$m_X(4) = E[(X-\mu_X)^4] = \hat{m}_X(4) - 4\hat{m}_X(3)\mu_X + 6\hat{m}_X(2)\mu_X^2 - 3\mu_X^4$$
$$\vdots$$
$$m_X(n) = E[(X-\mu_X)^n] = \sum_{i=0}^{n} {}_nC_i \hat{m}_X(n-i)(-\mu_X)^i$$

$$\hat{m}_X(0) = E[X^0] = 1$$
$$\hat{m}_X(1) = E[X^1] = \mu_X$$
$$\hat{m}_X(2) = E[X^2] = m_X(2) + \mu_X^2$$
$$\hat{m}_X(3) = E[X^3] = m_X(3) + 3m_X(2)\mu_X + \mu_X^3$$
$$\hat{m}_X(4) = E[X^4] = m_X(4) + 4m_X(3)\mu_X + 6m_X(2)\mu_X^2 + \mu_X^4$$
$$\vdots$$
$$\hat{m}_X(n) = E[X^n] = \sum_{i=0}^{n} {}_nC_i m_X(n-i)\mu_X^i$$

4 積率母関数

連続な確率変数Xを変数変換した場合の確率分布について検討する。YがXの関数

$$Y = h(X) \tag{6.45}$$

で表され、関数$h(X)$は単調増加で微分可能な関数であるとする。また、関数$h(X)$には逆関数$h^{-1}(\cdot)$が存在し、

$$X = h^{-1}(Y) \tag{6.46}$$

で表されるものとする。確率変数X, Yの密度関数を、それぞれ$f(x), g(y)$とし、

第6章　期待値と積率母関数

$$y = h(x) \tag{6.47}$$
$$y + \Delta y = h(x + \Delta x) \tag{6.48}$$

であるとすると、$x < X \leq x+\Delta x$ となる確率と $y < Y \leq y+\Delta y$ となる確率は同一となる。密度関数 $f(x), g(y)$ と $\Delta x, \Delta y$ を用いて、確率が等しいということを表現すると、

$$f(x)\Delta x = g(y)\Delta y$$

となる。したがって、$\Delta x \to \infty, \Delta y \to \infty$

$$g(y) = f(x)\frac{\Delta x}{\Delta y} = f(x)\frac{dx}{dy} = f(h^{-1}(y))\frac{dh^{-1}}{dy} \tag{6.49}$$

が得られる。変数変換することによって、区間幅が変わっていることに注意が必要である。確率変数 X, Y の分布関数を、それぞれ $F(x), G(y)$ とすると、

$$\begin{aligned} G(y) &= P(Y \leq y) = P\big(h(X) \leq y\big) \\ &= P\big(h(X) \leq h(x)\big) = P(X \leq x) \\ &= F(x) = F\{h^{-1}(y)\} \end{aligned}$$

となる。

演習6.17 $X \sim N(\mu, \sigma^2)$ であるとき、$Y = e^X$ で定義される確率変数 Y の分布関数は（5.62）式で、密度関数は（5.63）式で示された。このことを証明せよ。

解 $x > 0$ に対して、分布関数は、

$$F(y) = P(Y \leq y) = P(e^X \leq y) = P(X \leq \log y)$$

となる。したがって、対数正規分布の分布関数は、

$$F(y) = \int_{-\infty}^{\log y} \frac{1}{\sqrt{2\pi}\sigma} \exp\left\{-\frac{(t-\mu)^2}{2\sigma^2}\right\} dt, \quad x > 0 \tag{6.50}$$

で与えられる。密度関数は分布関数を y に関して微分することで、

$$f(y) = \frac{d}{dy}F(y) = \frac{1}{\sqrt{2\pi}\sigma}\exp\left\{-\frac{(\log y - \mu)^2}{2\sigma^2}\right\} \cdot (\log y)'$$

$$= \frac{1}{\sqrt{2\pi}\sigma y}\exp\left\{-\frac{(\log y - \mu)^2}{2\sigma^2}\right\}, \quad x > 0 \quad \cdots\cdots (6.51)$$

となる。

積率はXの確率分布に関する情報として有用である。ここで、**積率母関数**（モーメント母関数）について定義する。

定義6.3　積率母関数

tを0を含むある区間内の実数であるとし、$g(X) = e^{tX}$として、

$$M_X(t) = E[e^{tX}] = \sum_{i=1}^{\infty} e^{tx_i}P(X = x_i) \quad \cdots\cdots (6.52)$$

が存在するならば、M_Xは確率変数Xの積率母関数である（離散型）。また、確率変数Xの密度関数を$f(x)$とすると、連続型の積率母関数$M_X(t)$は、

$$M_X(t) = E[e^{tX}] = \int_{-\infty}^{\infty} e^{tx} f(x) dx$$

で定義される。

ここで、(6.52) 式にあるe^{tx}のマクローリン展開について考える。tをx_iの微小変化分とすると、

$$e^{tx_i} = 1 + x_i t + \frac{x_i^2}{2!}t^2 + \cdots + \frac{x_i^n}{n!}t^n + o(t^n)$$

が得られる。この結果を (6.52) 式に適用すると、

第6章　期待値と積率母関数

$$M_X(t) = \sum_{i=1}^{\infty} \left(1 + x_i t + \frac{x_i^2}{2!}t^2 + \frac{x_i^3}{3!}t^3 + \cdots\right) P(X = x_i)$$

となるが、この式に（6.52）式で定義した積率を代入すると、

$$M(t) = \hat{m}_X(0) + \hat{m}_X(1)t + \hat{m}_X(2)\frac{t^2}{2!} + \hat{m}_X(3)\frac{t^3}{3!} + \cdots$$

が得られる。したがって、$t=0$ における積率母関数 $M_X(t)$ の微分は、

$$M_X(0) = \hat{m}_X(0), \quad M_X'(0) = \hat{m}_X(1), \quad M_X''(0) = \hat{m}_X(2), \cdots$$

となるので、

$$M_X^{(r)}(0) = \hat{m}_X(r)$$

という関係が成り立つ。確率変数 X の原点の周りの k 次の積率 $\hat{m}_X(k)$ を求めるためには、X の積率母関数 $M_X(t)$ の、$t=0$ における k 次の微分係数を計算すればよい。また、$M_X(t)$ をマクローリン展開した後、t^k の係数に $k!$ を掛けることによっても計算することができる。たとえば、$Y=aX+b$ であるとき（$a \neq 0$）、$M_X(t) = E[e^{tX}], M_Y(t) = E[e^{tY}]$ とすると、

$$M_Y(t) = \sum_{i=1}^{\infty} e^{ty_i} P[X = x_i] = \sum_{i=1}^{\infty} e^{t(ax_i+b)} P[X = x_i] = e^{bt} \sum_{i=1}^{\infty} e^{atx_i} P[X = x_i] = e^{bt} M_X(at)$$

という関係が成り立つ。

また、連続型の積率母関数 $M(t)$ の場合には、

$$M_X(t) = \int_{-\infty}^{\infty} \left(1 + xt + \frac{x^2}{2!}t^2 + \frac{x^3}{3!}t^3 + \cdots\right) \cdot f(x) dx$$

$$= \int_{-\infty}^{\infty} f(x)dx + t \int_{-\infty}^{\infty} x \cdot f(x)dx + \frac{t^2}{2!} \int_{-\infty}^{\infty} x^2 \cdot f(x)dx + \cdots$$

となる。したがって、

$$M_X'(0) = E[X]$$
$$M_X''(0) = E[X^2]$$

となる。

積率母関数には、以下のような性質がある。

(1) $M_X(0) = E[e^{0X}] = 1$

(2) $M_X'(t) = E\left[\dfrac{d}{dt}e^{tX}\right] = E[Xe^{tX}]$, $M_X'(0) = E[Xe^{0X}] = E[X]$

(3) $M_X''(t) = E\left[\dfrac{d^2}{dt^2}e^{tX}\right] = E[X^2 e^{tX}]$, $M_X''(0) = E[X^2 e^{0X}] = E[X^2]$

(4) $V(X) = E[X^2] - \{E[X]\}^2 = M_X''(0) - \{M_X'(0)\}^2$

(5) $E(X^n) = M_X^{(n)}(0)$

　　　（$M_X^{(n)}(0)$は、$M_X(0)$をn回微分したもの）

(6) Xの分布$=Y$の分布 $\Leftrightarrow$ $M_X(t) = M_Y(t)$

(7) XとYが独立なら、$M_{X+Y}(t) = E[e^{t(X+Y)}] = E[e^{tX}]E[e^{tY}] = M_X(t)M_Y(t)$

また、

$$g_X(t) = E[t^X] = \sum_{i=1}^{\infty} t^{x_i} P(X = x_i) \quad\cdots\cdots(6.53)$$

で定義される関数を**確率母関数**と呼ぶ。

確率母関数には、以下のような性質がある。

(1) $g_X(1) = E[1^X] = 1$

(2) $g_X'(t) = E\left[\dfrac{d}{dt}t^X\right] = E[Xt^{X-1}]$, $g_X'(1) = E[Xt^{1-1}] = E[X]$

(3) $g_X''(t) = E\left[\dfrac{d^2}{dt^2}t^X\right] = E[X(X-1)t^{X-2}]$, $g_X''(1) = E[X(X-1)]$

(4) $V(X) = E[X^2] - \{E[X]\}^2 = E[X(X-1)] + E[X] - \{E[X]\}^2$
$= g_X''(1) + g_X'(1) - \{g_X'(1)\}^2$

(5) Xの分布$=Y$の分布 $\Leftrightarrow$ $g_X(t) = g_Y(t)$

(6) XとYが独立なら、$g_{X+Y}(t) = E[t^{X+Y}] = E[t^X]E[t^Y] = g_X(t)g_Y(t)$

第6章 期待値と積率母関数

演習6.18 $X \sim U(a,b)$ であるとき、$E[e^{tX}]$ と $E[Xe^{tX}]$ の値を計算せよ。

解

$$E[e^{tX}] = \int_a^b e^{tx} f(x)dx = \int_a^b e^{tx} \frac{1}{b-a} dx = \frac{1}{b-a}\left[\frac{e^{tx}}{t}\right]_a^b = \frac{e^{bt} - e^{at}}{t(b-a)}$$

$$E[Xe^{tX}] = \int_a^b xe^{tx} f(x)dx = \frac{1}{b-a}\left\{\left[x\frac{e^{tx}}{t}\right]_a^b - \int_a^b \frac{e^{tx}}{t} dx\right\}$$

$$= \frac{1}{b-a}\left\{b\frac{e^{bt}}{t} - a\frac{e^{at}}{t} - \left[\frac{e^{tx}}{t^2}\right]_a^b\right\}$$

$$= \frac{1}{b-a}\left\{\frac{be^{bt} - ae^{at}}{t} - \frac{e^{bt} - e^{at}}{t^2}\right\}$$

演習6.19 $X \sim \mathrm{Exp}(\lambda)$ であるとき、$E[e^{tX}]$ の値を計算せよ。

解

$$E[e^{tX}] = \int_0^\infty e^{tx} \frac{1}{\lambda} e^{-\frac{x}{\lambda}} dx = \frac{1}{\lambda}\int_0^\infty e^{-\left(\frac{1}{\lambda}-t\right)x} dx = \frac{1}{\lambda}\left[-\frac{e^{-\left(\frac{1}{\lambda}-t\right)x}}{\frac{1}{\lambda}-t}\right]_0^\infty$$

$$= \frac{1}{\lambda} \times \frac{1}{\frac{1}{\lambda}-t} = \frac{1}{1-\lambda t}$$

演習6.20 確率変数 X が $X \sim \Gamma(p,a)$ であるとき、$E[e^{tX}]$ の値を計算せよ。

解

$$E[e^{tX}] = \int_0^\infty e^{tx} \frac{1}{\Gamma(p)a^p} x^{p-1} e^{-\frac{x}{a}} dx = \int_0^\infty \frac{1}{\Gamma(p)a^p} x^{p-1} e^{-\left(\frac{1}{a}-t\right)x} dx$$

$\frac{1}{a}-t>0$ であるとき、$\left(\frac{1}{a}-t\right)x = u$ とおくと、$\left(\frac{1}{a}-t\right)dx = du$ であるので、

$$E[e^{tX}] = \int_0^\infty \frac{1}{\Gamma(p)a^p} \left(\frac{a}{1-at}\right)^{p-1} u^{p-1} e^{-u} \left(\frac{a}{1-at}\right) du$$

$$= \int_0^\infty \frac{1}{\Gamma(p)} \frac{1}{(1-at)^p} u^{p-1} e^{-u} du$$

$$= \int_0^\infty \frac{1}{\Gamma(p)} \frac{1}{(1-at)^p} \Gamma(p) du$$

$$= \frac{1}{(1-at)^p}$$

となる。

なお、$\frac{1}{a}-t \leq 0$ であるときには発散する。

演習6.21 $X \sim N(0,1)$ であるとき、$M_X(t), E[X], V[X], E[X^3]$ を求めよ。さらに、$Y \sim N(\mu, \sigma^2)$ であるとき、$M_Y(t), E[Y], V[Y], E[Y^3]$ を求めよ。

解

$$M_X(t) = E[e^{tX}] = \int_{-\infty}^\infty e^{tx} \left(\frac{1}{\sqrt{2\pi}}\right) e^{-\frac{x^2}{2}} dx = \frac{1}{\sqrt{2\pi}} \int_{-\infty}^\infty e^{-\frac{x^2}{2}+tx} dx$$

$$= e^{\frac{t^2}{2}} \frac{1}{\sqrt{2\pi}} \int_{-\infty}^\infty e^{-\frac{(x-t)^2}{2}} dx = e^{\frac{t^2}{2}} \frac{1}{\sqrt{2\pi}} \int_{-\infty}^\infty e^{-\frac{x^2}{2}} dx$$

第6章　期待値と積率母関数

$$= e^{\frac{t^2}{2}} \frac{2}{\sqrt{2\pi}} \int_0^\infty e^{-u} u^{-\frac{1}{2}} \left(\frac{\sqrt{2}}{2}\right) du = e^{\frac{t^2}{2}} \frac{1}{\sqrt{\pi}} \Gamma\left(\frac{1}{2}\right) = e^{\frac{t^2}{2}}$$

$$M_X'(t) = t e^{\frac{t^2}{2}}$$

となるので、

$$E[X] = M_X'(0) = 0$$

次に、

$$M_X''(t) = e^{\frac{t^2}{2}} + t^2 e^{\frac{t^2}{2}}$$

$$E[X^2] = M_X''(0) = 1$$

となるので、

$$V[X] = E[X^2] - \{E[X]\}^2 = 1$$

となる。

$$f(t) = M_X(t)$$

とおくと、

$$f'(t) = M_X'(t) = t e^{\frac{t^2}{2}} = t f(t)$$

$$f''(t) = M_X''(t) = e^{\frac{t^2}{2}} + t^2 e^{\frac{t^2}{2}} = t f'(t) + f(t)$$

$$f'''(t) = M_X'''(t) = t f''(t) + 2 f'(t)$$

$$f^{(4)}(t) = M_X^{(4)}(t) = t f'''(t) + 3 f''(t)$$

$$\vdots$$

$$f^{(n)}(t) = M_X^{(n)}(t) = t f^{(n-1)}(t) + (n-1) f^{(n-2)}(t)$$

となる。よって、

$$E[X^3] = M_X^{(3)}(0) = 2 f'(0) = 0$$

が得られる。また、

$E[X^4] = M_X^{(4)}(0) = 3f''(0) = 3f(0) = 3$

となる。

$Y \sim N(\mu, \sigma^2)$であるので、Yは$\mu + \sigma X$と同様な分布に従う。したがって、

$$M_Y(t) = E[e^{t(\mu+\sigma X)}] = e^{\mu t}E[e^{t\sigma X}] = e^{\mu t}M_X(t\sigma) = e^{\mu t + \frac{\sigma^2 t^2}{2}}$$

$$M_Y'(t) = (\mu + \sigma^2 t)M_Y(t)$$

となるので、

$$E[Y] = M_Y'(0) = \mu$$

次に、

$$M_Y''(t) = \sigma^2 M_Y(t) + (\mu + \sigma^2 t)M_Y'(t)$$
$$E[Y^2] = M_Y''(0) = \mu^2 + \sigma^2$$

となるので、

$$V[Y] = E[Y^2] - \{E[Y]\}^2 = \sigma^2$$

となる。また、

$$M_Y^{(3)}(t) = \sigma^2 M_Y'(t) + \sigma^2 M_Y'(t) + (\mu + \sigma^2 t)M_Y''(t)$$

より、

$$E[Y^3] = \mu\sigma^2 + \mu\sigma^2 + \mu(\mu^2 + \sigma^2) = 3\mu\sigma^2 + \mu^3$$

演習6.22 $X \sim B(n, p)$であるとき、$g_X(t), M_X(t)$を求めよ。さらに、$Y \sim B(m, p)$でXとYが独立であるとき、$X+Y$の分布を求めよ。

解

$q = 1-p$とおくと、

$$g_X(t) = E[t^X] = \sum_{i=1}^{n} t^i {}_nC_i p^i(1-p)^{n-i} = \sum_{i=1}^{n} {}_nC_i (pt)^i(1-p)^{n-i} = \{pt + (1-p)\}^n$$

第6章　期待値と積率母関数

$$M_X(t) = E[e^{tX}] = g_X(e^t) = \{pe^t + (1-p)\}^n$$
$$g_{X+Y}(t) = E[t^{X+Y}] = E[t^X]E[t^Y]$$
$$= \{pt + (1-p)\}^n \{pt + (1-p)\}^m = \{pt + (1-p)\}^{n+m}$$

　これは、$X \sim B(n,p)$ であるときの $g_X(t)$ と同じかたちであり、$X+Y$ は $X+Y \sim B(n+m,p)$ で示される二項分布に従う。二項分布に従うそれぞれ独立の確率変数 X と Y の和は、やはり二項分布に従うという性質のことを**二項分布の再生性**と呼んでいる。

5　まとめ

　本章では、第5章で解説した確率分布の期待値と分散、積率母関数などについて解説した。どのような分布を仮定するかによって、期待値や分散などの特性値が異なってくるため、分布関数の適用にあたっては慎重に議論する必要がある。

第7章
周辺分布と中心極限定理

　この章では、同時分布、周辺分布などを定義し、ポートフォリオとしてのリスクなどを計量化するための考え方を示す。なお、主として2変量（次元）の確率変数について説明するが、3次元以上の場合も同様の方法で拡張可能である。

第7章 周辺分布と中心極限定理

1 同時分布と周辺分布

　二つの確率変数XとYがとりうる値の組合せと、その組合せが発生する確率を示したものを、確率変数XとYの**同時分布**と呼ぶ。図表7－1はこの関係を例示したものであり、確率変数Xは$\{1,2,3\}$、確率変数Yは$\{1,2,3,4\}$の値をとり、確率変数XとYの同時分布の確率を示している。なお、この表全体の確率の合計は1となる。

図表7－1　確率変数XとYの同時分布

(X,Y)	1	2	3	4
1	0.1	0	0.1	0
2	0.3	0	0.1	0.2
3	0	0.2	0	0

演習7.1 コインを2回投げ、1回目に表が出たら100円を受け取り、裏が出たら100円を支払うという確率変数をX、2回目に表が出たら100円を受け取り、裏が出たら100円を支払うという確率変数をYと表す。この確率変数XとYの同時分布を求めよ。

解

$$P(X=100, Y=100) = \frac{1}{4}$$

$$P(X=100, Y=-100) = \frac{1}{4}$$

$$P(X=-100, Y=100) = \frac{1}{4}$$

$$P(X=-100, Y=-100) = \frac{1}{4}$$

(X,Y)	100	−100
100	1/4	1/4
−100	1/4	1/4

根元事象ωに対し、2次元の実現値$\{X(\omega),Y(\omega)\}$が対応する場合について検討する。2次元の事象$\{\omega:a<X(\omega)\leq b, c<Y(\omega)\leq d\}$を、$\{a<X\leq b, c<Y\leq d\}$で表す。これは、「$X$が$a$よりも大きくて$b$以下であり、同時に$Y$が$c$より大きく$d$以下」という事象を表している。

2変量確率変数とは、2次元の写像(X,Y)に対して、事象$\{a<X\leq b, c<Y\leq d\}$に矛盾なく確率が割り当てられていることであり、この事象の確率を、

$$P(a<X\leq b, c<Y\leq d) \quad\cdots\cdots(7.1)$$

で表す。

定義7.1 確率$P(X\leq x, Y\leq y)$をxとyの関数と考えたとき、

$$F(x,y)=P(X\leq x, Y\leq y), \quad -\infty<x,y<\infty \quad\cdots\cdots(7.2)$$

を、(X,Y)の**同時分布関数**(**結合分布関数**)と呼ぶ。

この2変量の分布関数$F(x,y)$は、1変量の場合と同様に、xとyに関して広義の増加関数であるが、$a<b, c<d$であるとき、分布関数を用いると、

$$P(a<X\leq b, c<Y\leq d)=F(b,d)-F(a,d)-F(b,c)+F(a,c)\geq 0$$
$$P(a<X\leq b, Y=c)=F(b,c)+F(a,c-0)-F(a,c)-F(b,c-0)\geq 0$$
$$F(a,c-0)=\lim_{k\to +0}F(a,c-k)$$
$$P(X=a, Y=c)=F(a,c)+F(a-0,c-0)-F(a-0,c)-F(a,c-0)\geq 0$$

という関係がある。一般に、(X,Y)の分布関数Fには、以下の性質がある。

① $\lim_{\substack{x \to +\infty \\ y \to +\infty}} F(x,y) = 1, \quad \lim_{\substack{x \to -\infty \\ y \to -\infty}} F(x,y) = 0$

② $x_1 < x_2, y_1 < y_2$ とすれば

$F(x_1,y_1) \leq F(x_2,y_1) \leq F(x_2,y_2)$

$F(x_1,y_1) \leq F(x_1,y_2) \leq F(x_2,y_2)$

③ $\lim_{\substack{h \to +0 \\ k \to +0}} F(x+h, y+k) = F(x,y)$

$\lim_{h \to +0} F(x+h, y) = F(x,y)$

$\lim_{k \to +0} F(x, y+k) = F(x,y)$

④ $\lim_{y \to +\infty} F(x,y) = F_X(x) = P(X \leq x)$

$\lim_{x \to +\infty} F(x,y) = F_Y(y) = P(Y \leq y)$

なお、④における F_X は X に関する**周辺分布関数**、F_Y は Y に関する周辺分布関数と呼ばれる。

ここで、TOPIX株価指数 X と日経平均株価指数 Y について考える。

ある日、なんらかの根元事象 ω が発生すると、その時のTOPIX株価指数の実現値は $X(\omega)$、日経平均株価指数の実現値は $Y(\omega)$ で定められるとする。もし、事象 $\{a < X \leq b, c < Y \leq d\}$ の確率が矛盾なく仮定できるのであれば、(X,Y) は 2 変量の確率変数として議論可能となる。

この 2 変量の確率変数を離散的に考え、事象 $\{X = x_i, Y = y_j\}$ の**同時確率**を、

$$p_{ij} = P(X = x_i, Y = y_j) \quad \cdots\cdots\cdots (7.3)$$

で求める。なお、確率に矛盾がないというのは、

$p_{ij} \geq 0$

$\sum_i \sum_j p_{ij} = 1$

が成立していることをいう。

連続的な場合には、**同時密度関数**（**結合密度関数**）$f(x,y)$ を想定する。この意味は、十分小さな $h > 0$ と $k > 0$ に対し、

$$P(x < X \leq x+h, y < Y \leq y+k)$$

ということである。(X,Y)の同時分布関数は、同時密度関数$f(x,y)$を積分し、

$$F(x,y) = \int_{-\infty}^{x} \int_{-\infty}^{y} f(u,v) dv\, du \quad \cdots\cdots (7.4)$$

で与えられる。また、

$$\int_{-\infty}^{\infty} \int_{-\infty}^{\infty} f(x,y) dx\, dy = 1$$

となる。

ここで、定理6-4で示した期待値の一致性を2変量の確率変数に拡張する。

定理7-1 周辺分布と周辺密度関数

① (X,Y)が離散的な場合

$$E[h(X,Y)] = \sum_{i=1}^{\infty} \sum_{j=1}^{\infty} h(x_i, y_j) P(X=x_i, Y=y_j) \quad \cdots\cdots (7.5)$$

② (X,Y)が連続的な場合

$$E[h(X,Y)] = \int_{-\infty}^{\infty} \int_{-\infty}^{\infty} h(x,y) f(x,y) dx\, dy \quad \cdots\cdots (7.6)$$

2変量の確率変数が定義されるとき、この確率分布からXまたはYのみの確率分布を知ることができる。これをXの**周辺分布**、Yの周辺分布と呼び、離散的である場合にはそれぞれ次のように定義される。

$$P(X=x_i) = \sum_{j=1}^{\infty} P(X=x_i, Y=y_j) \quad \cdots\cdots (7.7)$$

$$P(Y=y_j) = \sum_{i=1}^{\infty} P(X=x_i, Y=y_j)$$

また、連続的である場合には、密度関数を用い、Xの周辺密度関数は、

$$f_X(x) = \int_{-\infty}^{\infty} f(x,y) dy \quad \cdots\cdots (7.8)$$

で、Yの周辺密度関数は

第7章　周辺分布と中心極限定理

$$f_Y(y) = \int_{-\infty}^{\infty} f(x,y)dx$$

で定義される。

この同時確率密度関数$f(x,y)$には、以下のような性質がある。

① $F_X(x) = \int_{-\infty}^{x} f_X(u)du, \ F_Y(y) = \int_{-\infty}^{y} f_Y(v)dv$ ……………(7.9)

② $\dfrac{\partial}{\partial x}F(x,y) = \int_{-\infty}^{y} f(x,v)dv, \ \dfrac{\partial}{\partial y}F(x,y) = \int_{-\infty}^{x} f(u,y)du$ ……(7.10)

$$\begin{aligned}\dfrac{\partial^2}{\partial x \partial y}F(x,y) &= \dfrac{\partial}{\partial x}\left[\lim_{\Delta y \to 0} \dfrac{F(x,y+\Delta y) - F(x,y)}{\Delta y}\right] \\ &= \lim_{\substack{\Delta y \to 0 \\ \Delta x \to 0}}\left[\dfrac{F(x+\Delta x, y+\Delta y) - F(x, y+\Delta y) - F(x+\Delta x, y) + F(x,y)}{\Delta x \Delta y}\right] \\ &= \lim_{\substack{\Delta y \to 0 \\ \Delta x \to 0}}\left[\dfrac{P(x < X \le x+\Delta x, y < Y \le y+\Delta y)}{\Delta x \Delta y}\right] \\ &= f(x,y) \quad \cdots\cdots(7.11)\end{aligned}$$

③ $\dfrac{\partial}{\partial x}F_X(x) = f_X(x), \ \dfrac{\partial}{\partial y}F_Y(y) = f_Y(y)$

また、(X,Y)の同時分布関数$F(x,y)$は、dx, dyを十分小さくすると、以下のように表すことができる。

$$\begin{aligned}P(a \le X \le a+dx, c \le Y \le c+dy) &= \int_{c}^{c+dy}\int_{a}^{a+dx} f(x,y)dxdy \\ &\approx f(a,c)dxdy \quad \cdots\cdots(7.12)\end{aligned}$$

演習7.2 離散的な確率変数(X,Y)の同時確率分布が図表7-1のように与えられているとき、Xの周辺分布とYの周辺分布を計算せよ。

> **解**　(7.7) 式より、
> $$P(X=1) = \sum_{j=1}^{4} P(X=1, Y=j) = 0.1+0+0.1+0 = 0.2$$
> $$P(X=2) = \sum_{j=1}^{4} P(X=2, Y=j) = 0.3+0+0.1+0.2 = 0.6$$
> $$P(X=3) = \sum_{j=1}^{4} P(X=3, Y=j) = 0+0.2+0+0 = 0.2$$
> $$P(Y=1) = \sum_{i=1}^{3} P(X=i, Y=1) = 0.1+0.3+0 = 0.4$$
> $$P(Y=2) = \sum_{i=1}^{3} P(X=i, Y=2) = 0+0+0.2 = 0.2$$
> $$P(Y=3) = \sum_{i=1}^{3} P(X=i, Y=3) = 0.1+0.1+0 = 0.2$$
> $$P(Y=4) = \sum_{i=1}^{3} P(X=i, Y=4) = 0+0.2+0 = 0.2$$
> となる。確率の合計が1であるので、これはX、あるいはYの確率分布として矛盾がない。

ここで、共分散と相関係数について定義する。

定義7.2　2変量確率変数(X,Y)に対し、
$$C[X,Y] = E[(X-E[X])(Y-E[Y])] = E[(X-\mu_X)(Y-\mu_Y)] \quad \cdots\cdots(7.13)$$
で定義される$C[X,Y]$をXとYの**共分散**（covariance）、
$$\rho_{XY} = \frac{C[X,Y]}{\sigma_X \sigma_Y} \quad \cdots\cdots(7.14)$$
で定義されるρ_{XY}をXとYの**相関係数**（correlation）と呼ぶ。

なお、XとYの共分散のことをσ_{XY}と表記する場合がある。XとXの共分散$C[X,X]$は、分散$V[X]$であり、σ_{XX}やσ_X^2などで表されることもある。$C[X,Y]>0$のとき、XとYには**正の相関**、$C[X,Y]<0$のときXとYには**負の相**

関があるといい、また、$C[X,Y]=0$のときにはXとYは**無相関**であるという。

共分散を分析で利用する際に注意すべき点は、XとYの単位によって値が大きく変わってしまうという点である。たとえば、単純に株価の共分散について検討する。

株式X、株式Y、株式Zの現在のそれぞれの平均株価が$E[X]$=10,000円、$E[Y]$=1,000円、$E[Z]$=100円だとすると、共分散$C[X,Y]$と$C[Y,Z]$とでは明らかにスケールが異なるため、これらの大小比較によって関係の強さを分析することはできない。異なる変数間の関係を比較検討するためには、たとえば、収益率を変数とすることでスケールを除去するか、相関係数を利用する必要がある。(7.13) 式を (7.14) 式に代入すると、

$$\rho_{XY} = \frac{C[X,Y]}{\sigma_X \sigma_Y} = \frac{E[(X-\mu_X)(Y-\mu_Y)]}{\sigma_X \sigma_Y} = E\left[\frac{X-\mu_X}{\sigma_X} \times \frac{Y-\mu_Y}{\sigma_Y}\right]$$

となる。右辺の $\frac{X-\mu_X}{\sigma_X}$ と $\frac{Y-\mu_Y}{\sigma_Y}$ は、(5.58) 式で示した基準化された値であるので、相関係数にはスケールをもたない概念となっていることがわかる。つまり、相関係数を用いれば、スケールの異なる変数間の関係を比較検討できることを意味している。なお、標準偏差の値は正であるので、共分散と相関係数の符号は一致する。

共分散と相関係数には、次の定理で示されるような基本的な性質がある。

定理7-2 共分散の基本的な性質

① $C[X,X] = V[X]$
② $C[X,Y] = C[Y,X]$
③ $C[X+Y,Z] = C[X,Z] + C[Y,Z]$
④ $V[X+Y] = V[X] + 2C[X,Y] + V[Y]$ ……………………(7.15)
⑤ XとYが独立ならば、$C[X,Y] = 0$, $V[X+Y] = V[X] + V[Y]$
⑥ $C[X,Y] = E[XY] - \mu_X \mu_Y$ ……………………(7.16)

⑦ 定数 a と b に対し
$C[X,a]=0, C[X+a,Y+b]=C[X,Y], C[aX,bY]=abC[X,Y]$

演習7.3 $C[X,Y]=E[XY]-\mu_X\mu_Y$ を証明せよ。

証明
$$\begin{aligned}C[X,Y] &= E[(X-\mu_X)(Y-\mu_Y)] \\ &= E[XY]-\mu_X E[Y]-\mu_Y E[X]+E[\mu_X\mu_Y] \\ &= E[XY]-2\mu_X\mu_Y+\mu_X\mu_Y \\ &= E[XY]-\mu_X\mu_Y\end{aligned}$$

演習7.4 $V[X+Y]=V[X]+2C[X,Y]+V[Y]$ を証明せよ。

証明
$$\begin{aligned}V[X+Y] &= E[\{(X+Y)-E(X+Y)\}^2] \\ &= E\left[\left(\{X-E(X)\}+\{Y-E(Y)\}\right)^2\right] \\ &= E\left[\{X-E(X)\}^2+2\{X-E(X)\}\{Y-E(Y)\}+\{Y-E(Y)\}^2\right] \\ &= E[\{X-E(X)\}^2]+2E[\{X-E(X)\}\{Y-E(Y)\}]+E[\{Y-E(Y)\}^2] \\ &= V[X]+2C[X,Y]+V[Y]\end{aligned}$$

定理7-3 相関係数の基本的な性質

① $-1 \leq \rho_{XY} \leq 1$
② 確率変数 X と Y に、$X=aY+b$ という関係がある場合には、$a>0$ ならば $\rho_{XY}=1$、$a<0$ ならば $\rho_{XY}=-1$ であり、逆も成り立つ。
③ a,b,c,d を定数とし、$ac>0$ であるとき、
$\rho[aX+b,cY+d]=\rho[X,Y]$

演習7.5 演習7.2で与えられた(X,Y)の相関係数を計算せよ。

解

演習7.2より、
$$\mu_X = 1\times0.2 + 2\times0.6 + 3\times0.2 = 2.0$$
$$\mu_Y = 1\times0.4 + 2\times0.2 + 3\times0.2 + 4\times0.2 = 2.2$$
であり、
$$E[XY] = 1\times1\times0.1 + 1\times3\times0.1 + 2\times1\times0.3 + 2\times3\times0.1 + 2\times4\times0.2$$
$$+ 3\times2\times0.2 = 4.4$$
となる。定理7－2の⑥より、
$$C[X,Y] = 4.4 - 2.0\times2.2 = 0$$
であるので、XとYは無相関となる。

(7.15) 式より、$C[X,Y]>0$のとき、つまりXとYに正の相関がある場合には、

$$V[X+Y] > V[X] + V[Y]$$

となり、$C[X,Y]<0$のとき、すなわちXとYに負の相関がある場合には、

$$V[X+Y] < V[X] + V[Y]$$

となる。したがって、定理6－2の期待値の線形性は、XとYに相関がある場合でも成立するが、分散の場合にはXとYが無相関の場合にのみ、

$$V[X+Y] = V[X] + V[Y]$$

が成立する。

なお、Excelでは、平均は=AVERAGE（配列）、分散は=VAR（配列）、標準偏差は=STDEV（配列）、共分散は=COVAR（配列1,配列2）、相関係数は=CORREL（配列1,配列2）で求めることができる。

2 条件付分布と条件付期待値

2変量確率変数(X,Y)が、離散的な場合の条件付確率について検討する。事象$\{Y=y_j\}$のもとでの、Xの条件付確率を$P(X=x_i|Y=y_j)$で表すと、定義5.5の条件付確率の式から、

$$P(X=x_i|Y=y_j) = \frac{P(X=x_i, Y=y_j)}{P(Y=y_j)} \quad \cdots\cdots(7.17)$$

が得られる。ただし、$P(Y=y_j)>0$である。(7.7)式で示した周辺分布の式を用いると、

$$\sum_{i=1}^{\infty} P(X=x_i|Y=y_j) = 1$$

となり、$P(X=x_i|Y=y_j)$はx_iに関して確率分布であることがわかる。

2変量確率変数(X,Y)が連続的である場合には、すべてのyに対して$P(Y=y)=0$であるので、(7.17)式のようなかたちでは条件付確率を定義することができない。そこで、$\{Y=y\}$という条件のもとでの**条件付密度関数**を考える。(X,Y)の同時密度関数を、$f(x,y)$、Yの周辺密度関数を$f_Y(y)$とすると、条件付密度関数$f(x|y)$は、

$$f(x|y) = \frac{f(x,y)}{f_Y(y)} \quad \cdots\cdots(7.18)$$

で定義される。ただし、$f_Y(y)>0$とする。(7.8)式と(7.18)式より、

$$\int_{-\infty}^{\infty} f(x|y)dx = \frac{\int_{-\infty}^{\infty} f(x,y)dx}{f_Y(y)} = \frac{f_Y(y)}{f_Y(y)} = 1$$

となるので、$f(x|y)$はxに関して密度関数である。

条件付分布が与えられれば、**条件付期待値**を、以下のように定義することができる。

定義7.3 条件付期待値

① 2変量確率変数(X,Y)が離散的な場合

第7章 周辺分布と中心極限定理

$\{Y=y_j\}$という条件のもとでの、Xの条件付期待値は、

$$E[h(X)|Y=y_j] = \sum_{i=1}^{\infty} h(x_i) P(X=x_i | Y=y_j) \quad \cdots\cdots (7.19)$$

で定義される。

② 2変量確率変数(X,Y)が連続的な場合

$\{Y=y\}$という条件のもとでの、Xの条件付期待値は、

$$E[h(X)|Y=y_j] = \int_{-\infty}^{\infty} h(x) f(x|y) dx \quad \cdots\cdots (7.20)$$

で定義される。

演習7.6 演習7.2の(X,Y)について、$P(Y=j|X=i)$の値を計算せよ。

$$P(Y=1|X=1) = \frac{P(Y=1, X=1)}{P(X=1)} = \frac{0.1}{0.2} = 0.5$$

$$P(Y=2|X=1) = \frac{P(Y=2, X=1)}{P(X=1)} = \frac{0}{0.2} = 0$$

$$P(Y=3|X=1) = \frac{P(Y=3, X=1)}{P(X=1)} = \frac{0.1}{0.2} = 0.5$$

$$P(Y=4|X=1) = \frac{P(Y=4, X=1)}{P(X=1)} = \frac{0}{0.2} = 0$$

$$P(Y=1|X=2) = \frac{P(Y=1, X=2)}{P(X=2)} = \frac{0.3}{0.6} = 0.5$$

$$P(Y=2|X=2) = \frac{P(Y=2, X=2)}{P(X=2)} = \frac{0}{0.6} = 0$$

$$P(Y=3|X=2) = \frac{P(Y=3, X=2)}{P(X=2)} = \frac{0.1}{0.6} \approx 0.167$$

$$P(Y=4|X=2) = \frac{P(Y=4, X=2)}{P(X=2)} = \frac{0.2}{0.6} \approx 0.333$$

$$P(Y=1|X=3) = \frac{P(Y=1, X=3)}{P(X=3)} = \frac{0}{0.2} = 0$$

$$P(Y=2|X=3) = \frac{P(Y=2, X=3)}{P(X=3)} = \frac{0.2}{0.2} = 1$$

$$P(Y=3 \mid X=3) = \frac{P(Y=3, X=3)}{P(X=3)} = \frac{0}{0.2} = 0$$
$$P(Y=4 \mid X=3) = \frac{P(Y=4, X=3)}{P(X=3)} = \frac{0}{0.2} = 0$$

演習7.7 XとYは互いに独立であり、$X \sim U(0,1), Y \sim U(0,1)$であるとする。このとき、$P\left(X > \dfrac{1}{3} \text{または} Y \geq \dfrac{1}{4}\right)$の値を計算せよ。

解

$$P\left(X > \frac{1}{3} \text{ または } Y \geq \frac{1}{4}\right) = P\left(X > \frac{1}{3}\right) + P\left(Y \geq \frac{1}{4}\right) - P\left(X > \frac{1}{3}, Y \geq \frac{1}{4}\right)$$

$$= \frac{2}{3} + \frac{3}{4} - \frac{2}{3} \cdot \frac{3}{4} = \frac{2}{3} + \frac{3}{4} - \frac{1}{2} = \frac{8+9-6}{12} = \frac{11}{12}$$

演習7.8 XとYは互いに独立であり、$X \sim U(0,1), Y \sim U(0,1)$であるとする。このとき、$E[(X+Y)Y]$の値を計算せよ。

解

$$E[(X+Y)Y] = E[XY + Y^2] = E[X]E[Y] + E[Y^2]$$
$$= \int_0^1 x \cdot 1 \, dx \times \int_0^1 y \cdot 1 \, dy + \int_0^1 y^2 \cdot 1 \, dy$$
$$= \left[\frac{1}{2}x^2\right]_0^1 \times \left[\frac{1}{2}y^2\right]_0^1 + \left[\frac{1}{3}y^3\right]_0^1$$
$$= \frac{1}{2} \times \frac{1}{2} + \frac{1}{3} = \frac{7}{12}$$

第7章 周辺分布と中心極限定理

演習7.9 XとYは互いに独立であり、$X \sim \mathrm{Exp}(\lambda_X)$, $Y \sim \mathrm{Exp}(\lambda_Y)$ であるとする。$a > 0$であるとき、$P(\min\{X,Y\} \leq a)$の値を計算せよ。

解
$$P(\min\{X,Y\} \leq a) = 1 - P(\min\{X,Y\} > a) = 1 - P(X > a, Y > a)$$
$$= 1 - P(X > a)P(Y > a) = 1 - e^{-\frac{a}{\lambda_X}} e^{-\frac{a}{\lambda_Y}}$$

演習7.10 XとYは互いに独立であり、$X \sim \mathrm{Exp}(\lambda_X)$, $Y \sim \mathrm{Exp}(\lambda_Y)$ であるとする。$E[aX+bY]$、$E[e^{aX+bY}]$の値を計算せよ。

解 (6.36) 式と演習6.19より
$$E[aX+bY] = aE[X] + bE[Y] = a\lambda_X + b\lambda_Y$$
$$E[e^{aX+bY}] = E[e^{aX}]E[e^{bY}] = \frac{1}{1-\lambda_X a} \times \frac{1}{1-\lambda_Y b}$$

演習7.11 関数
$$f(x,y) = \begin{cases} ax(x^2+y^2) & \text{if } x,y \in (0,1) \times (0,1) \\ 0 & \text{if その他} \end{cases}$$
が与えられている。このとき、
(1) 2次元確率変数(X,Y)の密度関数であるためには、aの値はいくつになるか。
(2) Xの周辺密度関数$f_X(x)$は、どのように求められるか。
(3) $P(X<Y)$の値はいくつになるか。
(4) $E[X]$を計算せよ。

解

(1) 全確率は1であるので、

$$\int_0^1\int_0^1 f(x,y)dxdy = \int_0^1 dx\int_0^1 ax(x^2+y^2)dy = a\int_0^1 x\left[x^2y+\frac{y^3}{3}\right]_{y=0}^{y=1}dx$$

$$= a\int_0^1 x\left(x^2+\frac{1}{3}\right)dx = a\left[\frac{x^4}{4}+\frac{x^2}{6}\right]_0^1 = a\left(\frac{1}{4}+\frac{1}{6}\right) = 1$$

$$\therefore a = \frac{12}{5}$$

(2) Xの周辺密度関数$f_X(x)$は、

$$f_X(x) = \int_0^1 f(x,y)dy = \int_0^1 \frac{12}{5}x(x^2+y^2)dy$$

$$= \frac{12}{5}x\left[x^2y+\frac{y^3}{3}\right]_0^1 = \frac{12}{5}x\left(x^2+\frac{1}{3}\right) = \frac{12}{5}\left(x^3+\frac{x}{3}\right)$$

となるので、

$$f_X(x) = \begin{cases} \dfrac{12}{5}\left(x^3+\dfrac{x}{3}\right) & \text{if } x,y\in(0,1)\times(0,1) \\ 0 & \text{if } \text{その他} \end{cases}$$

が得られる。

(3) $$P(X<Y) = \int_0^1\int_x^1 f(x,y)dxdy = \int_0^1 dx\int_x^1 \frac{12}{5}x(x^2+y^2)dy$$

$$= \frac{12}{5}\int_0^1 x\left[x^2y+\frac{y^3}{3}\right]_x^1 dx = \frac{12}{5}\int_0^1 x\left(x^2+\frac{1}{3}\right)\left(x^3+\frac{x^3}{3}\right)dx$$

$$= \frac{12}{5}\int_0^1 x^4\left(x^2+\frac{1}{3}\right)\left(\frac{4}{3}\right)dx = \frac{12}{5}\times\frac{4}{3}\left[\frac{x^7}{7}+\frac{1}{3}\cdot\frac{x^5}{5}\right]_0^1$$

$$= \frac{4\times 4}{5}\left(\frac{1}{7}+\frac{1}{15}\right) = \frac{4\times 4}{5}\left(\frac{15+7}{105}\right) = \frac{352}{525}$$

(4) $$E[X] = \int_0^1 xf_X(x)dx = \int_0^1 x\frac{12}{5}\left(x^3+\frac{x}{3}\right)dx = \frac{12}{5}\int_0^1\left(x^4+\frac{x^2}{3}\right)dx$$

$$= \frac{12}{5}\left[\frac{x^5}{5}+\frac{x^3}{9}\right]_0^1 = \frac{12}{5}\left(\frac{1}{5}+\frac{1}{9}\right) = \frac{12\times 14}{5\times 45} = \frac{4\times 14}{5\times 15} = \frac{56}{75}$$

演習7.12 関数

$$f(x,y) = \begin{cases} ae^{-x}e^{-y} & \text{if } x,y \in (0,1)\times(0,1) \\ 0 & \text{if その他} \end{cases}$$

が与えられている。このとき、
(1) 2次元確率変数(X,Y)の密度関数であるためには、aの値はいくつになるか。
(2) Xの周辺密度関数$f_X(x)$は、どのように求められるか。
(3) $P(X<Y)$の値はいくつになるか。
(4) $E[X]$を計算せよ。

解

(1) 全確率は1であるので、

$$\int_0^1\int_0^1 f(x,y)dx\,dy = \int_0^1 dx\int_0^1 ae^{-x}e^{-y}dy = a\int_0^1 e^{-x}\left[-e^{-y}\right]_0^1 dx$$
$$= a(-e^{-1}+1)\left[-e^{-x}\right]_0^1 = a(1-e^{-1})^2 = 1$$
$$\therefore a = (1-e^{-1})^{-2}$$

(2) Xの周辺密度関数$f_X(x)$は、

$$f_X(x) = \int_0^1 f(x,y)dy = \int_0^1 (1-e^{-1})^{-2}e^{-x}e^{-y}dy$$
$$= (1-e^{-1})^{-2}e^{-x}\left[-e^{-y}\right]_0^1$$
$$= (1-e^{-1})^{-1}e^{-x}$$

となるので、

$$f_X(x) = \begin{cases} (1-e^{-1})^{-1}e^{-x} & \text{if } 0<x<1 \\ 0 & \text{if その他} \end{cases}$$

が得られる。

(3) $P(X<Y) = \int_0^1 \int_x^1 f(x,y)dxdy = \int_0^1 dx \int_x^1 (1-e^{-1})^{-2} e^{-x} e^{-y} dy$

$= (1-e^{-1})^{-2} \int_0^1 e^{-x} \left[-e^{-y} \right]_x^1 dx = (1-e^{-1})^{-2} \int_0^1 e^{-x}(-e^{-1}+e^{-x})dx$

$= (1-e^{-1})^{-2} \int_0^1 (e^{-2x} - e^{-x-1})dx = (1-e^{-1})^{-2} \left[-\frac{1}{2}e^{-2x} + e^{-x-1} \right]_0^1$

$= (1-e^{-1})^{-2} \left(-\frac{1}{2}e^{-2} + e^{-2} + \frac{1}{2}e^{-0} - e^{-1} \right) = (1-e^{-1})^{-2} \left(\frac{1}{2}e^{-2} + \frac{1}{2} - e^{-1} \right)$

$= \frac{1}{2}(1-e^{-1})^{-2}(e^{-2} + 1 - 2e^{-1}) = \frac{1}{2}(1-e^{-1})^{-2}(1-e^{-1})^2$

$= \frac{1}{2}$

(4) $E[X] = \int_0^1 x f_X(x) dx = \int_0^1 x(1-e^{-1})^{-1} e^{-x} dx$

$= (1-e^{-1})^{-1} \int_0^1 x e^{-x} dx$

$= (1-e^{-1})^{-1} \left\{ \left[x(-e^{-x}) \right]_0^1 - \int_0^1 (-e^{-x})dx \right\}$

$= (1-e^{-1})^{-1} \left\{ -e^{-1} - \left[e^{-x} \right]_0^1 \right\}$

$= (1-e^{-1})^{-1} \left\{ -e^{-1} - e^{-1} + 1 \right\}$

$= (1-e^{-1})^{-1} (1 - 2e^{-1})$

3 2変量正規分布

　一般の確率分布を2変量に拡張することは自明ではない。しかし、正規分布の場合には自然なかたちで2変量に拡張可能である。2変量確率変数(X,Y)の、各々の変量の平均をμ_X, μ_Y、分散をσ_X^2, σ_Y^2、相関係数をρとおく。ただし、$|\rho|<1$であるとする。2変量確率変数(X,Y)が**2変量正規分布**に従って

いるとは、以下のように定義される。

定義7.4　2変量正規分布の定義

(X,Y)の同時密度関数が、

$$f(x,y) = \frac{1}{2\pi\sigma_X\sigma_Y\sqrt{1-\rho^2}} e^{-Q/2} \quad \cdots\cdots (7.21)$$

$$Q = \frac{1}{1-\rho^2}\left\{\frac{(x-\mu_X)^2}{\sigma_X^2} - 2\rho\frac{(x-\mu_X)(y-\mu_Y)}{\sigma_X\sigma_Y} + \frac{(y-\mu_Y)^2}{\sigma_Y^2}\right\} \quad \cdots (7.22)$$

で与えられる。2変量確率変数(X,Y)は2変量正規分布に従い、記号で、

$$(X,Y) \sim N_2(\mu_X, \mu_Y, \sigma_X^2, \sigma_Y^2, \rho)$$

と表す。

2変量標準正規分布は$N_2(0,0,1,1,\rho)$で表されるが、これは（7.21）式で表された2変量正規分布をXとYの各々について標準化すればよい。一般に、2変量標準正規分布の密度関数を、

$$\phi_2(x,y,\rho) = \frac{1}{2\pi\sqrt{1-\rho^2}}\exp\left\{-\frac{x^2-2\rho xy+y^2}{2(1-\rho^2)}\right\} \quad \cdots\cdots (7.23)$$

で、分布関数を、

$$\Phi_2(x,y,\rho) = \int_{-\infty}^{x}\int_{-\infty}^{y}\frac{1}{2\pi\sqrt{1-\rho^2}}\exp\left\{-\frac{u^2-2\rho uv+v^2}{2(1-\rho^2)}\right\}dv\,du \quad \cdots (7.24)$$

で表すことが多い。

ここで、2変量正規分布$N_2(\mu_X, \mu_Y, \sigma_X^2, \sigma_Y^2, \rho)$の、$X$と$Y$の周辺分布を計算する。（7.22）式より、

$$Q = \frac{1}{1-\rho^2}\left\{\frac{y-\mu_Y}{\sigma_Y} - \rho\frac{x-\mu_X}{\sigma_X}\right\}^2 + \frac{(x-\mu_X)^2}{\sigma_X^2}$$

であるので、Xの周辺密度関数$f_X(x)$は、

$$f_X(x) = \int_{-\infty}^{\infty} f(x,y)dy$$

$$= \frac{1}{\sqrt{2\pi}\sigma_X} \exp\left\{-\frac{(x-\mu_X)^2}{2\sigma_X^2}\right\} \times \int_{-\infty}^{\infty} \frac{1}{\sqrt{2\pi}\sigma_Y\sqrt{1-\rho^2}} \exp\left\{-\frac{(y-A)^2}{2\sigma_Y^2(1-\rho^2)}\right\} dy$$

$$A = \mu_Y + \frac{\rho\sigma_Y}{\sigma_X}(x-\mu_X)$$

となる。この式の積分の内部は、正規分布 $N(A, \sigma_Y^2(1-\rho^2))$ の密度関数であるので、$(-\infty, \infty)$ における積分の値は 1 となる。したがって、X の周辺密度関数 $f_X(x)$ は、

$$f_X(x) = \frac{1}{\sqrt{2\pi}\sigma_X} \exp\left\{-\frac{(x-\mu_X)^2}{2\sigma_X^2}\right\}$$

であり、$X \sim N(\mu_X, \sigma_X^2)$ となる。同様に、Y の周辺密度関数 $f_Y(y)$ は、

$$f_Y(y) = \frac{1}{\sqrt{2\pi}\sigma_Y} \exp\left\{-\frac{(y-\mu_Y)^2}{2\sigma_Y^2}\right\}$$

であり、$Y \sim N(\mu_Y, \sigma_Y^2)$ となる。

4 確率変数の独立性

2 変量の確率変数 (X, Y) の同時分布が与えられると、それから周辺分布を求めることができた。しかし、周辺分布から同時分布を求めることは、以下に定義する独立の場合以外には一般には不可能である。

定義7.5 独立の定義

確率変数 (X, Y) において、X と Y が**独立**であるとは、

① 離散的な確率変数の場合

$$P[X = x_i, Y = y_j] = P[X = x_i]P[Y = y_j] \quad \cdots\cdots (7.25)$$

が、すべての x_i と y_j について成立すること。

② 連続的な確率変数の場合

$$f(x, y) = f_X(x)f_Y(y) \quad \cdots\cdots (7.26)$$

が、すべてのxとyについて成立すること。ただし、$f(x,y)$は同時密度関数、$f_X(x)$と$f_Y(y)$は周辺密度関数である。

この定義は、確率変数(X,Y)の分布関数$F(x,y)$を用いると、
$$F(x,y) = F_X(x)F_Y(y)$$
と記述することができる。XとYとが独立のときには、
$$P[a < X \leq b, c < Y \leq d] = [F(b) - F(a)][F(d) - F(c)]$$
$$= P[a < X \leq b]P[c < Y \leq d]$$
となることを意味している。ここで、確率変数(X,Y)が連続型の2次元確率変数である場合について考える。先に述べた分布関数および密度関数の性質より、

$$\frac{\partial^2}{\partial x \partial y} F(x,y) = f(x,y)$$

$$\frac{\partial^2}{\partial x \partial y} F(x,y) = \frac{\partial}{\partial y}\left[\frac{\partial}{\partial x} F_X(x) F_Y(y)\right]$$

$$= \frac{\partial}{\partial y} F_Y(y) \left[\frac{\partial}{\partial x} F_X(x)\right]$$

$$= f_X(x) f_Y(y)$$

が成り立ち、これらから
$$f(x,y) = f_X(x) f_Y(y)$$
となる。また、確率変数(X,Y)が離散型の2次元確率変数である場合には、
$$P(X = x_i, Y = y_j) = \{F_X(x_i) - F_X(x_i - 0)\}\{F_Y(y_j) - F_Y(y_j - 0)\}$$
$$= P(X = x_i) P(Y = y_j)$$
となるので、
$$f(x_i, y_j) = f_X(x_i) f_Y(y_j)$$
が得られる。

(7.17)式でXとYが独立であれば、

$$P(X = x_i | Y = y_j) = \frac{P(X = x_i, Y = y_j)}{P(Y = y_j)}$$

$$= \frac{P(X = x_i)P(Y = y_j)}{P(Y = y_j)}$$

$$= P(X = x_i) \quad \cdots\cdots\cdots\cdots\cdots(7.27)$$

が成立し、Xの確率はYに関する条件には影響されない。したがって、この(7.27) 式を独立の定義とする場合もある。また、確率変数XとYが独立である場合、以下の定理が成り立つ。

定理7-4 確率変数の独立

① 確率変数XとYが独立ならば、

$$E[XY] = E[X]E[Y]$$

が成り立つ。

② 関数$g(x)$と$h(x)$に対して、確率変数XとYが独立であれば、$g(x)$と$h(x)$も独立である。

演習7.13 演習7.2のXとYは、無相関であった。このXとYが独立であるかどうかを確認せよ。

解 $X=1$、$Y=1$の状態について検討する。

$P(X = 1, Y = 1) = 0.1$

$P(X = 1) = 0.2$

$P(Y = 1) = 0.4$

であるので、

$P(X = x_i, Y = y_j) \neq P(X = x_i)P(Y = y_j)$

第7章　周辺分布と中心極限定理

となり、X と Y は独立ではない。

定理 7 − 2 の⑥と、定理 7 − 4 の①から、X と Y が独立であるとき、
$$C[XY] = E[XY] - \mu_X \mu_Y$$
$$= E[X]E[Y] - \mu_X \mu_Y$$
$$= 0$$
となり、X と Y は無相関となる。しかし、演習7.13に示すように、X と Y が無相関だとしても X と Y が独立であるとは限らない。しかし、正規分布の場合には無相関であれば独立であり、これが正規分布の重要な特徴の一つとなっている。

演習7.14 二つの確率変数 X と Y の同時分布が表のように与えられている。確率変数 X と Y が独立であるとき、$P(X=2,Y=50)$、$P(X=2,Y=100)$ の値を計算せよ。

(X,Y)	50	100
1	2/8	1/8
2	$P(X=2,Y=50)$	$P(X=2,Y=100)$

解
$$P(X=1) = P(X=1,Y=50) + P(X=1,Y=100) = \frac{2}{8} + \frac{1}{8} = \frac{3}{8}$$
である。確率変数 X と Y が独立であるので、
$$P(X=1,Y=50) = P(X=1)P(Y=50)$$
となる。この式に同時分布の値を入れると、
$$\frac{2}{8} = \frac{3}{8} \times P(Y=50)$$
であるので、

$$P(Y = 50) = \frac{2}{3}$$
$$P(X = 2, Y = 50) = P(Y = 50) - P(X = 1, Y = 50) = \frac{2}{3} - \frac{2}{8} = \frac{16-6}{24} = \frac{5}{12}$$
$$P(X = 2, Y = 100) = 1 - \frac{2}{8} - \frac{1}{8} - \frac{5}{12} = \frac{24-6-3-10}{24} = \frac{5}{24}$$

となる。

演習7.15 2変量の確率変数(X, Y)は、2変量正規分布に従うと仮定する。XとYが無相関であるとき、これらは独立であることを示せ。

解 (7.22)式で、$\rho = 0$とおくと、(X, Y)の同時密度関数は、

$$\begin{aligned}f(x, y) &= \frac{1}{2\pi\sigma_X\sigma_Y}\exp\left\{-\frac{(x-\mu_X)^2}{2\sigma_X^2} - \frac{(y-\mu_Y)^2}{2\sigma_Y^2}\right\} \\ &= \frac{1}{\sqrt{2\pi}\sigma_X}\exp\left\{-\frac{(x-\mu_X)^2}{2\sigma_X^2}\right\} \times \frac{1}{\sqrt{2\pi}\sigma_Y}\exp\left\{-\frac{(y-\mu_Y)^2}{2\sigma_Y^2}\right\} \\ &= f_X(x)f_Y(y)\end{aligned}$$

となり、XとYは独立であることがわかる。

多変量の確率変数の独立性は、2変量の場合の自然な拡張として定義できる。n個の離散的な確率変数$X_1, X_2, \cdots, X_n$が独立であるとは、

$$P[X_1 = x_1, X_2 = x_2, \cdots, X_n = x_n] = \prod_{i=1}^{n} P[X = x_i]$$

がすべての$X_1, X_2, \cdots, X_n$について成立することである。また、連続型である場合には、

$$P[X_1 = x_1, X_2 = x_2, \cdots, X_n = x_n] = \prod_{i=1}^{n} f_i(x)$$

が成立することである。

第7章　周辺分布と中心極限定理

⑤ 独立な確率変数の和の分布

XとYの実現値を非負の整数値とする。XとYが独立な確率変数であるとき、確率変数$X+Y$の従う確率分布について検討する。事象$\{X+Y=k\}$は、$k+1$個の排反な事象により、

$$\{X+Y=k\} = \{X=0, Y=k\} \cup \{X=1, Y=k-1\} \cup \cdots \cup \{X=k, Y=0\}$$

と分割される。したがって、XとYが離散型であるなら、

$$P(X+Y=k) = \sum_{i=0}^{k} P(X=i, Y=k-i)$$

となり、XとYが独立であれば、

$$P(X+Y=k) = \sum_{i=0}^{k} P(X=i)P(Y=k-i) \quad \cdots\cdots (7.28)$$

が成立する。また、XとYが連続型である場合には、確率変数$X+Y$の密度関数を$f_{X+Y}(x)$で表すと、

$$f_{X+Y}(x) = \int_{-\infty}^{\infty} f_X(x-y) f_Y(y) dy \quad \cdots\cdots (7.29)$$

となる。これらの (7.28) 式、(7.29) 式のことを、**たたみこみの公式**と呼ぶ。

(7.28) 式と (7.29) 式で示したたたみこみの公式は、一般的な確率変数の和の分布を示したものである。一方、正規分布、二項分布、負の二項分布、ポアソン分布、ガンマ分布については、独立な確率変数X, Yの和の分布は、元の分布と同一の分布形となる。これは、分布関数、密度関数が同一で、パラメータ値のみが変化することであり、このような場合を**分布は再生的**（reproductive）であるという。ここで、独立な確率変数X, Yの和を証明なしで示す。

(1) **正規分布**

$X \sim N(\mu_x, \sigma_x^2), Y \sim N(\mu_y, \sigma_y^2)$

$\Rightarrow Z = X+Y \sim N(\mu_x + \mu_y, \sigma_x^2 + \sigma_y^2)$

(2) 二項分布

$X \sim B(n_x, p), Y \sim B(n_y, p)$
$\Rightarrow Z = X + Y \sim B(n_x + n_y, p)$

(3) 負の二項分布

$X \sim NB(n_x, p), Y \sim NB(n_y, p)$
$\Rightarrow Z = X + Y \sim NB(n_x + n_y, p)$

(4) ポアソン分布

$X \sim P_o(\lambda_x), Y \sim P_o(\lambda_y)$
$\Rightarrow Z = X + Y \sim P_o(\lambda_x + \lambda_y)$

(5) ガンマ分布

$X \sim \Gamma(p_x, a), X \sim \Gamma(p_y, a)$
$\Rightarrow Z = X + Y \sim \Gamma(p_x + p_y, a)$

ここで、
$g(X, Y) = aX + bY$
とした場合の、いくつかの定理とその証明について示す。

定理7-5 $E[aX + bY] = aE[X] + bE[Y]$

証明 ここでは、X, Yが離散である場合について示すが、連続型の場合も同様に証明することができる。なお、x_i, y_jの同時密度関数を$f(x_i, y_j)$で表す。

第7章　周辺分布と中心極限定理

$$\begin{aligned}
E[aX+bY] &= \sum_i \sum_j (ax_i + by_j) f(x_i, y_j) \\
&= a\sum_i x_i \sum_j f(x_i, y_j) + b\sum_j y_j \sum_i f(x_i, y_j) \\
&= a\sum_i x_i f_X(x_i) + b\sum_j y_j f_Y(y_j) \\
&= aE[X] + bE[Y]
\end{aligned}$$

定理7-6 $V[aX+bY] = a^2 V[X] + b^2 V[Y] + 2ab \times C(X,Y)$
ただし、$C(X,Y)$はXとYの共分散である。

証明　$Z = aX + bY$とおくと、定理7-5より
$$\mu_Z = a\mu_X + b\mu_Y$$
となる。したがって、
$$Z - \mu_Z = a(X - \mu_X) + b(Y - \mu_Y)$$
となる。分散の定義より、
$$\begin{aligned}
V[Z] &= E[a(X-\mu_X) + b(Y-\mu_Y)]^2 \\
&= a^2 E[(X-\mu_X)^2] + b^2 E[(Y-\mu_Y)^2] + 2ab E[(X-\mu_X)(Y-\mu_Y)] \\
&= a^2 V[X] + b^2 V[Y] + 2ab C[X,Y]
\end{aligned}$$
が得られる。

定理7-7 X, Yが独立であるなら、
$$V[X \pm Y] = V[X] + V[Y]$$
が成立する。

証明　XとYが独立であれば、$C[X,Y]=0$であるので定理7-6よりこの式が成立する。

なお、これらの定義は確率変数の数がn個の場合に拡張できる。

定理7-8
$$E\left[\sum_i a_i X_i\right] = \sum_i a_i E[X_i]$$

定理7-9
$$V\left[\sum_i a_i X_i\right] = \sum_i a_i^2 V[X_i] + 2\sum_{i<j} a_i a_j C(X_i, X_j)$$

定理7-10 $X_1, X_2, \cdots, X_n$が独立ならば、
$$V\left[\sum_i a_i X_i\right] = \sum_i a_i^2 V[X_i]$$

定理7-11 $X_1, X_2, \cdots, X_n$をn個の独立な確率変数とする。このとき、$i = 1, 2, \cdots, n$ に対し、$E[X_i] = \mu, V[X_i] = \sigma^2$ であるなら、
$$\bar{X} = \frac{1}{n}(X_1 + X_2 + \cdots + X_n)$$
によって定められる確率変数$\bar{X}$は、
$$E[\bar{X}] = \mu, V[\bar{X}] = \frac{1}{n}\sigma^2$$
という関係が成り立つ。

証明 定理7-8で、$i=1, 2, \cdots, n$に対して$a_i = 1/n$とおくと、$E[\bar{X}] = \mu$が得られ、同様に定理7-9に対して$a_i = 1/n$とおくと、$V[\bar{X}] = \frac{1}{n}\sigma^2$となる。

6 確率変数の四則演算後の確率分布

二つの確率変数X, Yの同時密度関数を$f(x, y)$としたとき、確率変数X, Yの四則演算後の確率分布について検討する。

第7章　周辺分布と中心極限定理

(1) 和

$$A = X + Y$$

とし、Aの分布関数を$F_A(u) = P(X+Y \leq u)$で表す。分布関数は、

$$F_A(u) = P(X+Y \leq u) = \int_{-\infty}^{\infty} dx \int_{-\infty}^{u-x} f(x,y) dy \quad \cdots \quad (7.30)$$

で求められ、この式の両辺をuで微分した密度関数は、

$$f_A(u) = \int_{-\infty}^{\infty} f(x, u-x) dx \quad \cdots \quad (7.31)$$

となる。

(2) 差

$$B = X - Y$$

とし、Bの分布関数を$F_B(u) = P(X-Y \leq u)$で表す。分布関数は、

$$F_B(u) = P(X-Y \leq u) = \int_{-\infty}^{\infty} dx \int_{-\infty}^{x-u} f(x,y) dy \quad \cdots \quad (7.32)$$

で求められ、この式の両辺をuで微分した密度関数は、

$$f_B(u) = \int_{-\infty}^{\infty} f(x, x-u) dx \quad \cdots \quad (7.33)$$

となる。

(3) 積

$$C = XY$$

とし、Cの分布関数を$F_C(u) = P(XY \leq u)$で表す。分布関数は、

$$F_C(u) = P(XY \leq u) = \int_{-\infty}^{0} dx \int_{\frac{u}{x}}^{\infty} f(x,y) dy + \int_{0}^{\infty} dx \int_{-\infty}^{\frac{u}{x}} f(x,y) dy \quad \cdots \quad (7.34)$$

で求められ、この式の両辺をuで微分した密度関数は、

$$f_C(u) = \int_{-\infty}^{0} f\left(x, \frac{u}{x}\right)\left(-\frac{1}{x}\right) dx + \int_{0}^{\infty} f\left(x, \frac{u}{x}\right)\left(\frac{1}{x}\right) dx \quad \cdots \quad (7.35)$$

となる。

(4) **商**

$$D = \frac{Y}{X}$$

とし、Dの分布関数を$F_D(u) = P\left(\dfrac{Y}{X}\right)$で表す。分布関数は、

$$F_D(u) = P\left(\frac{Y}{X}\right) = \int_{-\infty}^{0} dx \int_{ux}^{\infty} f(x,y) dy + \int_{0}^{\infty} dx \int_{-\infty}^{ux} f(x,y) dy \quad \cdots\cdots (7.36)$$

で求められ、この式の両辺をuで微分した密度関数は、

$$f_D(u) = \int_{-\infty}^{0} f(x,ux)(-x) dx + \int_{0}^{\infty} f(x,ux) x\, dx \quad \cdots\cdots (7.37)$$

となる。

なお、二つの確率変数X, Yが独立の場合には、$f(x,y) = f_X(x) f_Y(y)$をこれらの式に代入すればよい。

演習7.16 XとYは互いに独立であり、$X \sim U(0,1), Y \sim U(0,1)$であるとする。このとき、$A = X+Y$の密度関数を計算せよ。

解 $P(0 < A < 2) = 1$は明らかである。

$0 < u \leq 1$のとき

$$F_A(u) = P(X+Y < u) = \left(\frac{1}{2}\right) u^2$$

$1 \leq u < 2$のとき

$$F_A(u) = P(X+Y < u) = 1 - \left(\frac{1}{2}\right)(2-u)^2$$

uで微分すると、

$$f_A(u) = \begin{cases} u & \text{if } 0 < u < 1 \\ 2-u & \text{if } 1 < u < 2 \\ 0 & \text{if その他} \end{cases}$$

が得られる。

演習7.17 XとYは互いに独立であり、$X \sim \mathrm{Exp}(\lambda), Y \sim \mathrm{Exp}(\lambda)$であるとする。このとき、$B = X + Y$の密度関数を計算せよ。

解 $u > 0$として、
$$f_B(u) = \int_0^u \left(\frac{1}{\lambda}\right) e^{-\frac{x}{\lambda}} \left(\frac{1}{\lambda}\right) e^{-\frac{u-x}{\lambda}} dx = \frac{u}{\lambda^2} e^{-\frac{u}{\lambda}}$$
となる。したがって、$B \sim \Gamma(2, \lambda)$の分布に従う。

7 期待値と分散の近似計算

確率変数Xの期待値μと分散σ^2が既知であるとき、
$$Y = g(X) \tag{7.38}$$
によって与えられる確率変数Yの期待値は、
$$E[Y] = \int_{-\infty}^{\infty} g(x) f(x) dx$$
であり、分散を$E[Y] = \mu_Y$とすると、
$$V[Y] = \int_{-\infty}^{\infty} (y - \mu_Y)^2 f(x) dx$$
で計算される。しかし、(7.38)式のgの関数のかたちが複雑なときには、期待値や分散を直接的に計算することがむずかしい場合がある。このようなときには、以下の近似計算法を用いると便利である。

ここで、gは$x = \mu$を含む区間で少なくとも2次の導関数が計算できるものと仮定する。gの$x = \mu$に関するテイラー展開は、

$$Y = g(\mu) + g'(\mu)(X-\mu) + \frac{g''(\mu)}{2}(X-\mu)^2 + o_2 \quad \cdots\cdots (7.39)$$

となる。スモールオーダーの項 o_2 を無視して両辺の期待値を考えると、

$$E[X-\mu] = E[X] - \mu$$

であり、以下の近似式が得られる。

$$E[Y] \approx g(\mu) + \frac{g''(\mu)}{2}\sigma^2 \quad \cdots\cdots (7.40)$$

また、分散の近似式は1次の導関数までのテイラー展開

$$Y = g(\mu) + g'(\mu)(X-\mu) + o_1 \quad \cdots\cdots (7.41)$$

を利用して、スモールオーダーの項 o_1 を無視して両辺の分散を考えると、

$$V[Y] \approx [g'(\mu)]^2 \sigma^2 \quad \cdots\cdots (7.42)$$

となる。

演習7.18 確率変数 X の期待値が $E[X]=\mu$、分散が $V[X]=\sigma^2$ で与えられているものとする。このとき、

$$Y = g(X) = aX^2 + bX + c$$

の期待値と分散を計算し、(7.40) 式、(7.42) 式で示した近似計算で求めたものと比較せよ。

解 まず、Y の期待値と分散について計算する。$V[X] = E[X^2] - \mu^2$ であるので、期待値 $E[Y]$ は、

$$E[Y] = E[aX^2 + bX + c]$$
$$= aE[X^2] + bE[X] + c$$
$$= a(\mu^2 + \sigma^2) + b\mu + c$$

となる。また分散 $V[Y]$ は、

$$V[Y] = E[Y^2] - (E[Y])^2$$
$$= E\left[\left(aX^2 + bX + c\right)^2\right] - \left[a(\mu^2 + \sigma^2) + b\mu + c\right]^2$$

で計算される。これに対し、(7.40) 式で計算される期待値の近似値を $\tilde{E}[Y]$ とすると、

$$g(\mu) = a\mu^2 + b\mu + c, \, g'(\mu) = 2a\mu + b, \, g''(\mu) = 2a$$

であるので、

$$\tilde{E}[Y] \approx (a\mu^2 + b\mu + c) + \frac{2a}{2}\sigma^2$$
$$= a(\mu^2 + \sigma^2) + b\mu + c$$

となる。また、(7.42) 式で計算される分散の近似値を $\tilde{V}[Y]$ とすると、

$$\tilde{V}[Y] \approx [2a\mu + b]^2 \sigma^2$$

が得られる。この例では、期待値は一致するものの、分散の値は異なっていることがわかる。

8 不偏推定と不偏分散

まず、ここではパラメータ推定に必要となる各種統計量について検討する。現実の問題では、真の分布 $F(\cdot)$ を知ることはできない場合が多く、その場合には現実のデータから真の分布 $F(\cdot)$ を推定することになる。n 個の現実のデータ $\{X_1, X_2, \cdots, X_n\}$ を、n 回の試行によって得られる分布 $F(\cdot)$ に従う確率変数列 $\{X_1, X_2, \cdots, X_n\}$ の実現値と考える。このとき、$\{X_1, X_2, \cdots, X_n\}$ を母集団分布からの**標本**といい、標本 $X_1, X_2, \cdots, X_n$ が互いに独立であるとき**無作為標本**と呼ぶ。また、この無作為標本を用いて、ある決まった手順（計算）によって求められる量のことを**統計量**という。

本集団の分布の平均、分散、パーセント点のように、母集団の分布によって得られる量 a に対し、n 個の現実のデータによって計測されるある統計量

$G(X_1, X_2, \cdots, X_n)$ が、
$$E\left[G(x_1, x_2, \cdots, x_n) \right] = \alpha \quad\quad\quad (7.43)$$
となるとき、$G(X_1, X_2, \cdots, X_n)$ のことを α の**不偏推定量**という。すなわち、不偏推定量は、現実のデータによって計測される統計量 $G(X_1, X_2, \cdots, X_n)$ の期待値が、母集団の統計量を表しているという考え方によるものである。

無作為標本の実現値、すなわち独立な n 回の試行によって得られる n 個の実現データを $\{X_1, X_2, \cdots, X_n\}$ とすると、$G(X_1, X_2, \cdots, X_n)$ は不偏推定量 $G(X_1, X_2, \cdots, X_n)$ の一つの実現値（推定値）である。これを独立に m 回試行して得られた m 個の推定値の平均をとると、大数の法則から、m を大きくすることにより真の値 α に収束する。

標本平均 $\bar{x}$ と標本分散 $\bar{\sigma}^2$ は、それぞれ
$$\bar{x} = \frac{1}{n}\sum_{i=1}^{n} x_i \quad\quad\quad (7.44)$$
$$\bar{\sigma}^2 = \frac{1}{n}\sum_{i=1}^{n}(x_i - \bar{x})^2 \quad\quad\quad (7.45)$$
で、不偏分散 $\hat{\sigma}^2$ は、
$$\hat{\sigma}^2 = \frac{1}{n-1}\sum_{i=1}^{n}(x_i - \bar{x})^2 \quad\quad\quad (7.46)$$
で求められる。なお、Excelでは標本平均 $\bar{x}$ を統計関数AVERAGEで、標本分散をVARで、不偏分散をVARPによって計算することができる。

同様に、x_i と y_i に対する標本共分散 $\bar{c}_{x,y}$ は、
$$\bar{c}_{x,y} = \frac{1}{n}\sum_{i=1}^{n}(x_i - \bar{x})(y_i - \bar{y}) \quad\quad\quad (7.47)$$
で、不偏共分散 $\hat{c}_{x,y}$ は、
$$\hat{c}_{x,y} = \frac{1}{n-1}\sum_{i=1}^{n}(x_i - \bar{x})(y_i - \bar{y}) \quad\quad\quad (7.48)$$
で求められる。なお、Excelでは不偏共分散 $\hat{c}_{i,j}$ を統計関数COVARによって計算することができる。

また、相関の推定量を、

第7章 周辺分布と中心極限定理

$$\hat{\rho}_{x,y} = \frac{\hat{c}_{x,y}}{\hat{\sigma}_x \hat{\sigma}_y} \quad \text{(7.49)}$$

とおく。

このようにして計算される標本平均$\bar{x}$と不偏分散$\hat{\sigma}^2$の値は、推定に用いるデータ、すなわち標本によって値が異なり確率変数となる。したがって、母平均をμ_x、母共分散を$c_{x,y}$とおくと、

$$E[\bar{x}] = \mu_x, E[\hat{c}_{x,y}] = c_{x,y}$$

となり、この関係から標本平均やと不偏分散のことを平均の不偏推定量、分散の不偏推定量と呼ぶ場合もある。

演習7.19 確率変数Xの無作為標本を$\{X_1, X_2, \cdots, X_n\}$とするとき、
$$\bar{X} = \frac{1}{n}\sum_{i=1}^{n} X_i \quad \text{(7.50)}$$
は、母平均の不偏推定値であることを示せ。

解
$$E[\bar{X}] = E\left[\frac{1}{n}\sum_{i=1}^{n} X_i\right] = \frac{1}{n}\sum_{i=1}^{n} E[X_i] = E[X]$$
であるので、$\bar{X}$は母平均の不偏推定値である。

演習7.20 確率変数Xの無作為標本を$\{X_1, X_2, \cdots, X_n\}$とするとき、
$$\hat{\sigma}^2 = \frac{1}{n-1}\sum_{i=1}^{n}(X_i - \bar{X})^2 \quad \text{(7.51)}$$
は、母分散σ^2の不偏推定値であることを示せ。

解 $E[X] = \mu$とおくと、

$$E[\hat{\sigma}^2] = \frac{1}{n-1}\sum_{i=1}^{n} E\left[(X_i - \bar{X})^2\right] = \frac{1}{n-1}\sum_{i=1}^{n} E\left[\left\{(X_i - \mu) - (\bar{X} - \mu)\right\}^2\right]$$

$$= \frac{1}{n-1}\sum_{i=1}^{n}\left\{E\left[(X_i - \mu)^2\right] - 2E\left[(X_i - \mu)(\bar{X} - \mu)\right] + E\left[(\bar{X} - \mu)^2\right]\right\}$$

となる。ここで、

$$E\left[(X_i - \mu)(\bar{X} - \mu)\right] = E\left[(X_i - \mu)\left(\frac{1}{n}\sum_{j=1}^{n}X_j - \mu\right)\right]$$

$$= E\left[\frac{1}{n}\sum_{j=1}^{n}(X_i - \mu)(X_j - \mu)\right] = \frac{1}{n}E\left[(X_i - \mu)^2\right]$$

であり、また、

$$E\left[(\bar{X} - \mu)^2\right] = E\left[\left(\frac{1}{n}\sum_{j=1}^{n}X_j - \mu\right)^2\right]$$

$$= \frac{1}{n^2}\sum_{i=1}^{n}\sum_{j=1}^{n}E\left[(X_i - \mu)(X_j - \mu)\right] = \frac{1}{n}E\left[(X_i - \mu)^2\right]$$

となる。したがって、

$$E[\hat{\sigma}^2] = \frac{1}{n-1}\sum_{i=1}^{n}\left\{E\left[(X_i - \mu)^2\right] - \frac{2}{n}E\left[(X_i - \mu)^2\right] + \frac{1}{n}E\left[(X_i - \mu)^2\right]\right\}$$

$$= \frac{1}{n-1}\sum_{i=1}^{n}\left\{\frac{n-1}{n}E\left[(X_i - \mu)^2\right]\right\} = E\left[(X - \mu)^2\right]$$

であるので、$\hat{\sigma}^2$ は母分散 σ^2 の不偏推定値である。しかし、σ の推定値 $\hat{\sigma}$ は不偏ではない。

演習7.21 確率変数 X の無作為標本を $\{X_1, X_2, \cdots, X_n\}$、確率変数 Y の無作為標本を $\{Y_1, Y_2, \cdots, Y_n\}$ とするとき、

$$\hat{c}_{x,y} = \frac{1}{n-1}\sum_{i=1}^{n}(X_i - \bar{X})(Y_i - \bar{Y}) \quad \cdots\cdots\cdots\cdots\cdots (7.52)$$

は、母数 $c_{x,y} \equiv C(X,Y)$ の不偏推定値であることを示せ。

第7章　周辺分布と中心極限定理

> **解**　$c_{X,Y} = E[XY] - E[X]E[Y]$ より
> $$E\left[\sum_{i=1}^{n} X_i Y_i\right] = n \cdot E[XY] = n(c_{X,Y} + \mu_X \mu_Y)$$
> であり、
> $$E[\bar{X} \cdot \bar{Y}] = E\left[\frac{X_1 + X_2 + \cdots + X_n}{n} \cdot \frac{Y_1 + Y_2 + \cdots + Y_n}{n}\right]$$
> $$= \frac{1}{n^2} E\left[\sum_{i=1}^{n} X_i Y_i + \sum_{i \neq j} X_i Y_j\right]$$
> $$= \frac{1}{n^2}\left[n \cdot E[XY] + (n^2 - n)E[X]E[Y]\right]$$
> $$= \frac{c_{X,Y}}{n} + \mu_X \mu_Y$$
> となる。したがって、
> $$E[\hat{c}_{x,y}] = \frac{1}{n-1}\left(E\left[\sum_{i=1}^{n} X_i Y_i\right] - n \cdot E[\bar{X} \cdot \bar{Y}]\right)$$
> $$= \frac{1}{n-1}\left\{n(c_{X,Y} + \mu_X \mu_Y) - n\left(\frac{c_{X,Y}}{n} + \mu_X \mu_Y\right)\right\}$$
> $$= c_{X,Y}$$
> となり、不偏推定値であることがわかる。

9　n 次元の確率分布

　ここで、2変量確率変数の確率分布の議論を一般化し、n個の確率変数を想定したn**変量確率変数**について検討する。この確率変数は、n次元の写像 $(X_1, X_2, \cdots, X_n)$ に対して、事象 $\{a_1 < X_1 \leq b_1, a_2 < X_2 \leq b_2, \cdots, a_n < X_n \leq b_n\}$ に矛盾なく確率が割り当てられていることであり、この事象の確率を、

$$P(a_1 < X_1 \leq b_1, a_2 < X_2 \leq b_2, \cdots, a_n < X_n \leq b_n) \quad \cdots\cdots(7.53)$$

で表す。

定義7.6 確率 $P(X_1 \leq x_1, X_2 \leq x_2, \cdots, X_n \leq x_n)$ を $X_1, X_2, \cdots, X_n$ の関数と考えたとき、

$$F(x_1, x_2, \cdots, x_n) = P(X_1 \leq x_1, X_2 \leq x_2, \cdots, X_n \leq x_n), \quad -\infty < x_i < \infty \quad \cdots\cdots(7.54)$$

を $(X_1, X_2, \cdots, X_n)$ の **n 次元同時分布関数**(結合分布関数)と呼び、

(連続型)

$$F(x_1, x_2, \cdots, x_n) = \int_{-\infty}^{x_1} \int_{-\infty}^{x_2} \cdots \int_{-\infty}^{x_n} f(u_1, u_2, \cdots, u_n) du_1 du_2 \cdots du_n \quad \cdots\cdots(7.55)$$

(離散型)

$$F(x_1, x_2, \cdots, x_n) = P(X_1 = x_1, X_2 = x_2, \cdots, X_n = x_n)$$
$$= \sum_{u_1 \leq x_1} \sum_{u_2 \leq x_2} \cdots \sum_{u_n \leq x_n} f(u_1, u_2, \cdots, u_n) \quad \cdots\cdots(7.56)$$

となる。

また、たとえば X_1 の周辺密度関数 $f_{X_1}(x_1)$ は、

$$f_{X_1}(x_1) = \int_{-\infty}^{\infty} \int_{-\infty}^{\infty} \cdots \int_{-\infty}^{\infty} f(x_1, x_2, \cdots, x_n) dx_n \cdots dx_2 \quad \cdots\cdots(7.57)$$

で計算され、n 個の確率変数 $X_1, X_2, \cdots, X_n$ が独立であるとき、それぞれの周辺密度関数を $f_{X_1}(x_1), f_{X_2}(x_2), \cdots, f_{X_n}(x_n)$ とすると、

$$f(x_1, x_2, \cdots, x_n) = f_{X_1}(x_1) f_{X_2}(x_2) \cdots f_{X_n}(x_n) = \prod_{i=1}^{n} f_{X_i}(x_i) \quad \cdots\cdots(7.58)$$

となる。また、連続型の確率変数 $X_1, X_2, \cdots, X_n$ の関数 $g(X_1, X_2, \cdots, X_n)$ の期待値は、

$$E[g(X_1, X_2, \cdots, X_n)]$$
$$= \int_{-\infty}^{\infty} \int_{-\infty}^{\infty} \cdots \int_{-\infty}^{\infty} g(x_1, x_2, \cdots, x_n) f(x_1, x_2, \cdots, x_n) dx_1 dx_2 \cdots dx_n \quad \cdots\cdots(7.59)$$

で求められる。

ここで、n 個の確率変数 $X_1, X_2, \cdots, X_n$ の和について考える。

第7章　周辺分布と中心極限定理

$Z = X_1 + X_2 + \cdots + X_n$ の期待値 $E[Z]$ は、

$$E[Z] = E[X_1 + X_2 + \cdots + X_n] = E[X_1] + E[X_2] + \cdots + E[X_n]$$
$$= \mu_1 + \mu_2 + \cdots + \mu_n = \sum_{i=1}^{n} \mu_i \quad \cdots \quad (7.60)$$

となる。また、分散は、

$$V[Z] = E\left[\{Z - E[Z]\}^2\right]$$
$$= E\left[\{(X_1 - \mu_1) + (X_2 - \mu_2) + \cdots + (X_n - \mu_n)\}^2\right]$$
$$= \sum_{i=1}^{n}(X_i - \mu_i)^2 + 2\sum_{i<j}(X_i - \mu_i)(X_j - \mu_j)$$
$$= \sum_{i=1}^{n}V[X_i] + 2\sum_{i<j}C[X_i, X_j]$$
$$= \sum_{i=1}^{n}\sigma_i^2 + 2\sum_{i<j}\sigma_{ij} \quad \cdots \quad (7.61)$$

で求められる。ただし、$\sum_{i<j}$ は、$i<j$ のすべての組合せを加算することを意味している。

さらに、n 個の確率変数 $X_1, X_2, \cdots, X_n$ の線形和について検討する。

$$Z = a_1 X_1 + a_2 X_2 + \cdots + a_n X_n = \sum_{i=1}^{n} a_i X_i \quad \cdots \quad (7.62)$$

とおくと、Z は株式 X_i に a_i 投資した、株式ポートフォリオの株価の総額を示している。この Z の期待値と分散は、

$$E[Z] = \sum_{i=1}^{n} a_i \mu_i = \mathbf{a}^T \boldsymbol{\mu} \quad \cdots \quad (7.63)$$

$$V[Z] = \sum_{i=1}^{n} a_i^2 \sigma_i^2 + 2\sum_{i<j} a_i a_j \sigma_{ij} = \mathbf{a}^T \boldsymbol{\Sigma} \mathbf{a} \quad \cdots \quad (7.64)$$

となる。ただし、

$$\mathbf{a} = \begin{pmatrix} a_1 \\ a_2 \\ \vdots \\ a_n \end{pmatrix}$$

$$\boldsymbol{\mu} = \begin{pmatrix} \mu_1 \\ \mu_2 \\ \vdots \\ \mu_n \end{pmatrix}$$

$$\sum = \begin{pmatrix} \sigma_1^2 & \sigma_{12} & \cdots & \sigma_{1n} \\ \sigma_{21} & \sigma_2^2 & \cdots & \sigma_{2n} \\ \vdots & \vdots & \ddots & \vdots \\ \sigma_{n1} & \sigma_{n2} & \cdots & \sigma_{nn}^2 \end{pmatrix}$$

であり、$\mathbf{a}^\mathrm{T}$は$\mathbf{a}$の転置行列を意味する。

ここで、n個の確率変数$X_1, X_2, \cdots, X_n$が多変量正規分布に従うときの同時密度関数を、以下のように定義する。

$$f(x) = \frac{1}{(2\pi)^{n/2} |\sum|^{1/2}} \exp\left\{ -\frac{1}{2} (\mathbf{x} - \boldsymbol{\mu})^\mathrm{T} \sum{}^{-1} (\mathbf{x} - \boldsymbol{\mu}) \right\} \quad \cdots\cdots (7.65)$$

ただし、$|\Sigma|$はΣの行列式を意味している。

10 大数の法則と中心極限定理

大数の法則は、**概収束**と**確率収束**のどちらを収束の条件にするかによって、**大数の強法則**と**大数の弱法則**に分かれる。

確率変数の列$X_1, X_2, \cdots$が与えられており、この列がある確率変数Xに近づいていくことを収束と呼ぶ。確率変数を厳密に定義すると、$\omega \in \Omega$の関数$X(\omega)$となるがここでは確率変数を単にXで表す。

第 7 章　周辺分布と中心極限定理

> **定理 7-12　概収束**

$$P\left(\omega : \lim_{n \to \infty} X_n(\omega) = X(\omega)\right) = 1 \quad\cdots\cdots (7.66)$$

が成り立つ場合、$\{X_n\}$ は X に概収束する、もしくは、ほとんど確実に (a.s. :almost surely) 収束するという。あるいは、確率 1 で収束するという。この概収束を、

$$\lim_{n \to \infty} X_n = X, \ a.s.$$

あるいは、

$$X_n \xrightarrow{a.s.} X$$

などと表す。

　いちばん強い収束の概念は、標本空間 Ω に含まれるすべての標本点で収束することであるが、それでは強すぎる前提となるため、起こらない、つまり確率 0 の事象については考えなくてもよいというのが概収束のイメージである。

> **定理 7-13　確率収束**

任意の $\varepsilon > 0$ に対して

$$\lim_{n \to \infty} P(|X_n - X| > \varepsilon) = 0 \quad\cdots\cdots (7.67)$$

が成り立つ場合、$\{X_n\}$ は X に確率収束するという。この確率収束を、

$$p\lim_{n \to \infty} X_n = X$$

あるいは、

$$X_n \xrightarrow{P} X$$

などと表す。

　確率変数の収束では、通常この確率収束を考える。この定義は、$\{X_n\}$ と X が任意の $\varepsilon > 0$ より大きく離れている確率は 0 になるときが収束であるととらえるという意味である。

これから述べる大数の法則は、大数の強法則を前提に、確率変数Xがi.i.d.である場合と、同一分布でない場合とに分けて説明するが、大数の弱法則を適用する際には、単純に収束を「概収束」から「確率収束」に置き換えればよい。

定理7−14 大数の法則1（独立で同一の分布の場合）

確率変数$X_1, X_2, \cdots, X_n$が独立で、期待値μが存在するものとする（分散は存在しなくてもよい）。確率変数Xの期待値$E[X]$が$E[X]<\infty$であれば、期待値μは$E[X]$に概収束する。

$$\mu \xrightarrow{a.s.} E[X]$$

あるいは、

$$P\left(\lim_{n\to\infty} \frac{X_1 + X_2 + \cdots + X_n}{n} = \mu \right) = 1 \quad \cdots\cdots(7.68)$$

で表す。

定理7−15 大数の法則2（同一分布でない場合）

確率変数$X_1, X_2, \cdots, X_n$が独立で、期待値μ_i、有限の分散σ_i^2をもつとする（各変数の分散は異なっていてもよい）。$E[\bar{X}] = \sum_{i=1}^{n} \mu_i \Big/ n, E[X] = \sum_{i=1}^{n} X_i \Big/ n$とおくと、$E[X] - E[\bar{X}]$は0に概収束する。

$$E[X] - E[\bar{X}] \xrightarrow{a.s.} 0 \quad \cdots\cdots(7.69)$$

大数の法則は、確率変数のどのような実現値の列に対しても、その平均値は$n\to\infty$であるときに平均に収束することを保証するものである。したがって、モンテカルロ・シミュレーションによる試行の平均値は、試行回数をふやすと確率1で確率変数の期待値に収束することを意味している。

次に、実務でもポートフォリオ評価などでよく用いられる、**中心極限定理**

について解説する。なお、中心極限定理は法則収束が前提となっている。

定理7-16 法則収束（分布収束）

X_n, X の分布関数を $F_n(x), F(X)$ とすると、任意の x に対して、
$$\lim_{n \to \infty} F_n(x) = F(X) \quad \cdots \quad (7.70)$$
が成り立つ場合、$\{X_n\}$ は X に**法則収束**（分布収束）するといい、
$$X_n \xrightarrow{D} X$$
などと表す。

定理7-17 平均収束

X_n, X の m 次のモーメントが存在するものとする。このとき、$m \geq 1$ に対して、
$$\lim_{n \to \infty} E[|X_n - X|^m] = 0 \quad \cdots \quad (7.71)$$
が成り立つとき、$\{X_n\}$ は X に m 次平均収束するという。特に、$m = 2$ のときのことを**平均収束**と呼ぶ。

こうした収束の定義には、以下のような関係がある。
(1) 概収束する場合、確率収束する。
(2) 平均収束する場合、確率収束する。
(3) 確率収束する場合、法則収束する。ただし、定数 a に収束する場合には、確率収束と法則収束は同一である。
(4) 概収束しても平均収束するとは限らない。また、平均収束しても概収束するとは限らない。

定理7-18 中心極限定理

$X_1, X_2, \cdots, X_n$ を i.i.d. な確率変数列とする。期待値 $E[X_i] = \mu$、分散 $V[X_i] = \sigma^2$ とし、これらの確率変数の和を Y で表すと、

$$Y = X_1 + X_2 + \cdots + X_n$$
$$E[Y] = E[X_1 + X_2 + \cdots + X_n] = E[X_1] + E[X_2] + \cdots + E[X_n] = n\mu$$
$$V[Y] = V[X_1 + X_2 + \cdots + X_n] = V[X_1] + V[X_2] + \cdots + V[X_n] = n\sigma^2$$

となる。このとき、
$$\lim_{n \to \infty} \left(\frac{X_1 + X_2 + \cdots + X_n - n\mu}{\sqrt{n}\sigma} \right) \sim N(0,1) \quad \cdots\cdots (7.72)$$
となる（法則収束）。

　中心極限定理は、i.i.d.な確率変数の和$X_1+X_2+\cdots+X_n$を基準化したものの極限は、標準正規分布に法則収束することを意味している。このとき、i.i.d.、つまり独立で同一な分布を仮定しているものの、確率変数Xは正規分布でなくてもよいことに注意する必要がある。

演習7.22
サイコロを150回振ったとき、1の目が30回以上出る確率を二項分布によって求めよ。また、中心極限定理を用いて近似計算した結果と比較せよ。

解　サイコロの1の目が出ることを成功、1以外の目が出ることを失敗ととらえると、サイコロ投げX_i（$i=1,2,\cdots,150$）はベルヌーイ試行であり、それぞれが独立であるので、i.i.d.である（$B_e(1/6)$）。サイコロ投げの結果として1の目が出る回数をYとおくと、
$$Y = X_1 + X_2 + \cdots + X_{150}$$
であり、このYは二項分布に従う（$Y \sim B(150,1/6)$）。したがって、1の目が30回以上出る確率は（5.30）式より、
$$P(Y \geq 30) = 1 - P(Y < 30) = 1 - \sum_{i=0}^{29} P(Y=i)$$

第 7 章　周辺分布と中心極限定理

$$= 1 - \sum_{i=0}^{29} {}_{150}C_i (1/6)^i (1-1/6)^{150-i} = 0.161722 \quad \cdots\cdots (7.73)$$

で計算可能である。

次に、中心極限定理を用いた近似計算について検討する。ベルヌーイ分布の平均 μ は（6.18）式から $\mu = p = 1/6$ であり、標準偏差 σ は（6.19）式より $\sigma = \sqrt{p(1-p)} = \sqrt{(1/6)(5/6)} = \sqrt{5/36}$ である。中心極限定理では、$n \to \infty$ の極限で成り立つ議論であるが、近似計算として $n \to 150$ でも成り立つと仮定すると、

$$\lim_{n \to 150} \frac{X_1 + X_2 + \cdots + X_{150} - 150 \times 1/6}{\sqrt{150} \times \sqrt{5/36}} \sim N(0,1)$$

となる。1の目が30回以上出る確率であるので、標準正規分布上の境界値は、

$$\frac{30 - 150 \times 1/6}{\sqrt{150} \times \sqrt{5/36}} = \frac{180 - 150}{\sqrt{150} \times \sqrt{5}} = \sqrt{\frac{900}{750}} = \sqrt{\frac{6}{5}}$$

となるので、

$$P(Y \geq 30) = 1 - P(Y < 30) = 1 - \Phi\left(\sqrt{\frac{6}{5}}\right) = 0.136661 \quad \cdots\cdots (7.74)$$

となる。（7.73）式で求めた二項分布の結果と、中心極限定理で近似計算した結果には比較的大きな誤差が観測されている。この原因は、$n \to \infty$ を $n \to 150$ で極限をとったこと、もう一つは離散分布である二項分布に連続分布の標準正規分布を当てはめたためである。このような場合には、**半整数値補正**、つまりこの例では30回という回数ではなく、29.5回という回数を中心極限定理に適用することで推定誤差を少なくすることができるということが知られている。半整数値補正を施すと、

$$\frac{30 - 0.5 - 150 \times 1/6}{\sqrt{150} \times \sqrt{5/36}} = \frac{180 - 3 - 150}{\sqrt{150} \times \sqrt{5}} = \sqrt{\frac{729}{750}} = \frac{27}{5\sqrt{30}}$$

となるので、

$$P(Y \geq 30) = 1 - \Phi\left(\frac{27}{5\sqrt{30}}\right) = 0.162091 \quad \cdots\cdots (7.75)$$

となる。(7.74) 式と比較すると、(7.75) 式で求めた結果のほうが近似精度が高いことが確認できる。

11 確率の不等式

実務では、確率の不等式を扱うことがあるが、ここでは代表的な三つの不等式について解説する。まず、**コーシー・シュワルツの不等式**と呼ばれる、実数値の不等式について解説する。

定理7-19 コーシー・シュワルツの不等式

二つの実数列 $X_1, X_2, \cdots, X_n$ と $Y_1, Y_2, \cdots, Y_n$ には、以下の不等式が成立する。

$$(X_1^2 + X_2^2 + \cdots + X_n^2)(Y_1^2 + Y_2^2 + \cdots + Y_n^2) \geq (X_1 Y_1 + X_2 Y_2 + \cdots + X_n Y_n) \quad \cdots (7.76)$$

なお、等式が成立するのは、$X \neq 0$ という条件のもとで、

$$\frac{Y_1}{X_1} = \frac{Y_2}{X_2} = \cdots = \frac{Y_n}{X_n} \quad \cdots\cdots (7.77)$$

のときである。

証明 $n=2$ のとき、方程式

$$(X_1 z - Y_1)^2 + (X_2 z - Y_2)^2 = 0 \quad \cdots\cdots (7.78)$$

を考える。z について展開すると、

$$(X_1^2 + X_2^2) z^2 - 2(X_1 Y_1 + X_2 Y_2) z + (Y_1^2 + Y_2^2) = 0 \quad \cdots\cdots (7.79)$$

となる。(7.78) 式の左辺は2次の方程式であるので、0以上の値であり、判別式は、

$$D = \{-2(X_1 Y_1 + X_2 Y_2)\}^2 - 4(X_1^2 + X_2^2)(Y_1^2 + Y_2^2) \leq 0$$

第7章 周辺分布と中心極限定理

とならなければならない。したがって、
$$(X_1Y_1 + X_2Y_2)^2 \leq (X_1^2 + X_2^2)(Y_1^2 + Y_2^2)$$
が得られる。

$n \geq 2$ のときにも同様に、方程式
$$(X_1z - Y_1)^2 + (X_2z - Y_2)^2 + \cdots + (X_nz - Y_n)^2 = 0 \quad \cdots\cdots\cdots\cdots (7.80)$$
を考えればよい。

演習7.23 正の実数列 $X_1, X_2, \cdots, X_n$ が $X_1+X_2+\cdots+X_n = 1$ を満たすとき、$\sqrt{X_1} + \sqrt{X_2} + \cdots + \sqrt{X_n}$ のとりうる値の最大値を求めよ。

解 コーシー・シュワルツの不等式より、
$$(1^2 + 1^2 + \cdots 1^2)\left(\sqrt{X_1}^2 + \sqrt{X_2}^2 + \cdots + \sqrt{X_n}^2\right) \geq \left(\sqrt{X_1} + \sqrt{X_2} + \cdots + \sqrt{X_n}\right)^2$$
$$n(X_1 + X_2 + \cdots + X_n) \geq \left(\sqrt{X_1} + \sqrt{X_2} + \cdots + \sqrt{X_n}\right)^2$$
$$\sqrt{n}\sqrt{X_1 + X_2 + \cdots + X_n} \geq \sqrt{X_1} + \sqrt{X_2} + \cdots + \sqrt{X_n}$$
$$\sqrt{n} \geq \sqrt{X_1} + \sqrt{X_2} + \cdots + \sqrt{X_n}$$
よって最大値は $\sqrt{n}$ となる。

コーシー・シュワルツの不等式を確率に適用すると、以下の定理が得られる。

定理7-20 コーシー・シュワルツの不等式の確率への適用

二つの確率変数 X, Y に対し、
$$\{E[XY]\}^2 \leq E[X^2]E[Y^2] \quad \cdots\cdots\cdots\cdots (7.81)$$
が成立する。なお、$X=tY$ となる定数 t が存在するときのみ、$\{E[XY]\}^2 = E[X^2]E[Y^2]$ となる。

演習7.24 定理7-19を用いて、
$$C[X,Y]^2 \leq V[X]V[Y]$$
であることを示せ。

解
$$C[X,Y]^2 = \left(E[\{X-E[X]\}\{Y-E[Y]\}]\right)^2$$
$$\leq E\left[\{X-E[X]\}^2\right]E\left[\{Y-E[Y]\}^2\right]$$

次に、イエンセンの不等式の定理を記載する。

定理7-21 イエンセンの不等式

$f(x)$ が上に凸な関数であるとき（$f''(x)<0$）、
$$E[f(X)] \leq f(E[x]) \qquad (7.82)$$
が成立する。

証明 関数 $f(x)$ は上に凸な関数であることがわかっているので、座標 $(E[X], f(E[X]))$ で関数 $f(x)$ に接線
$$y - f(E[X]) = f'(E[X])(x - E[X])$$
を引くと、接線は $y=f(x)$ より上に位置する。したがって、
$$f(x) \leq f'(E[X])(x - E[X]) + f(E[X])$$
が得られる。この式に $x=X$ を代入して期待値をとると、
$$E[f(X)] \leq E\left[f'(E[X])(x - E[X]) + f(E[X])\right]$$
$$= f'(E[X])E[X - E[X]] + f(E[X])$$
$$= f(E[X])$$
となり、(7.82) 式が得られる。

チェビシェフの不等式は、分散や標準偏差の意味を考えるうえで有用であ

第7章 周辺分布と中心極限定理

る。まず、**チェビシェフの不等式**を一般化した次の定理について証明する。

定理7−22 チェビシェフの不等式を一般化した定理

確率変数Xのとりうる値$x_1, x_2, \cdots$に対し、$g(x_i) \geq 0$であるとする。このとき、任意の正数cに関して、

$$P(g(X) \geq c) \leq \frac{E[g(X)]}{c} \quad \cdots\cdots (7.83)$$

が成り立つ。

証明 まず、確率変数Xが離散型である場合について検討する。

$A = \{x_i | g(x_i) \geq c\}, B = \{x_i | g(x_i) < c\}$とおくと、$X$のとりうる値は、必ず$A$または$B$のどちらか一方に属する。$A$に属する$x_i$の和を$\sum_A$、$B$に属する$x_i$の和を$\sum_B$で表すと、

$$\begin{aligned}
E[g(X)] &= \sum g(x_i) \cdot P(g(X) = x_i) \\
&= \sum_A g(x_i) \cdot P(g(X) = x_i) + \sum_B g(x_i) \cdot P(g(X) = x_i) \\
&\geq \sum_A g(x_i) \cdot P(g(X) = x_i) \\
&\geq c \sum_A P(g(X) = x_i) \\
&= c P(g(X) \geq c)
\end{aligned}$$

となる。$c > 0$であるので、定理7−10が得られる。

次に、確率変数Xが連続型であるとし、$A = \{x | g(x) \geq c\}, B = \{x | g(x) < c\}$とおくと、$X$のとりうる値は、必ず$A$または、$B$のどちらか一方に属する。

$$\begin{aligned}
E[g(X)] &= \int_{-\infty}^{\infty} g(x) f(x) dx \\
&= \int_A g(x) f(x) dx + \int_B g(x) f(x) dx \\
&\geq \int_A g(x) f(x) dx
\end{aligned}$$

$$\geq c \int_A f(x)dx$$
$$= cP\bigl(g(X) \geq c\bigr)$$

となり、同じ結果となる。

定理7−23 チェビシェフの不等式

$E[X] = \mu$, $V[X] = \sigma^2$ とし、μ, σ はどちらも有限の値をとるものとする。このとき、任意の正数 t に関して、

$$P(|X-\mu| \geq t\sigma) \leq \frac{1}{t^2} \quad\quad\quad (7.84)$$

が成り立つ。

証明 定理7−22において、$g(X) = (X-\mu)^2$, $c = t^2\sigma^2$ とおく。このとき、

$$E[g(X)] = E[(X-\mu)^2]$$
$$= \sigma^2$$

であるので、

$$P\bigl((X-\mu)^2 \geq t^2\sigma^2\bigr) \leq \frac{1}{t^2}$$

が得られる。$t>0$、$\sigma>0$ であるので、

$$(X-\mu)^2 \geq t^2\sigma^2 \Leftrightarrow |X-\mu| \geq t\sigma$$

となり、定理7−23が成立する。

(7.84) 式のチェビシェフの不等式を用いると、平均と標準偏差だけを使って分布の裾部分の確率が評価できる。これは、バリュー・アット・リスクなどを求めるときに利用される。

第7章　周辺分布と中心極限定理

例題7.1　バリュー・アット・リスク

バリュー・アット・リスク（VaR:Value at Risk）とは、あるリスク評価期間（リスク・ホライゾン）であるT期間後の評価損益として損失額$-a$を想定しておけば、それ以上の損失が発生する確率はαであるときのaとして定義される。たとえば、$a=1,000$千円、$\alpha=0.01$であるとき、「99%(=(1-α)%)水準のVaRは$1,000(=a)$」と表現される。つまり、1,000千円の損失を想定しておけば、それ以上の損失となる可能性は1％しかないという意味である。評価損益をXとすると、

$$P(X \leq -a) = \alpha \quad \cdots\cdots\cdots (7.85)$$

を満たすaが水準$(1-\alpha)$のVaRである。(7.85) 式の左辺は分布関数であるので、

$$F(-a) = P(X \leq -a) = \alpha$$

であり、分布関数の逆関数$F^{-1}(\cdot)$を利用すると、

$$a = -F^{-1}(\alpha) \quad \cdots\cdots\cdots (7.86)$$

で、VaRの値が計算できる。

VaRはなんらかの確率分布を前提とした議論である。しかし、確率分布を統計的に求めることは必ずしも容易ではない。それは、1％以下の確率でしか起こらないことを推定するために必要なデータは、1％以下の確率でしか発生しないからである。一方、平均や分散を推定するのは確率分布の推定に比べればはるかにやさしい。もし、確率分布を推定することがむずかしい場合には、平均と分散から（7.84）式で示したチェビシェフの不等式を使ってVaRを推定することができる。(7.84) 式において、$E[X]=\mu=0$であるとき、$t=1/\sqrt{\alpha}$とおけば、

$$P(X \leq -t\sigma) \leq P(|X| \geq t\sigma) \leq \frac{1}{t^2} = \alpha = P(X \leq -a)$$

となるので、

$$-t\sigma \leq -a$$

が得られる。したがって、

$$a \leq t\sigma = \frac{\sigma}{\sqrt{\alpha}} \quad\quad\quad\quad\quad\quad\quad\quad\quad\quad\quad\quad\quad\quad\quad\quad\quad\quad (7.87)$$

でVaRを評価すれば、保守的なVaRの値となる。

12 尤度と最尤法（maximum likelihood method）とは

　あるAという特性をもつサンプルのなかから、ある要因Xが含まれている確率を求めることを想定する。そのため、以下の手順でこの確率を推定した。まず、Aという特性をもつサンプルのなかから10個の個体を無作為に抽出し、その個体に要因Xが含まれているかどうかを測定したところ4個の個体が保有していた。もし、Aという特性のなかで要因Xをもっているものの割合pが0.1であれば、10個の個体のうち4個の個体がその要因を保有する確率Lを二項分布で計算すると、

$$_{10}C_4 \times 0.1^4 \times (1-0.1)^6 = 0.0112$$

となる。同様に、要因Xをもっているものの割合pが0.4であれば、

$$_{10}C_4 \times 0.4^4 \times (1-0.4)^6 = 0.2508$$

となり、割合pが0.45であれば、

$$_{10}C_4 \times 0.45^4 \times (1-0.45)^6 = 0.2384$$

となる。この確率が**尤度**であり、$L(p)$とも表現される。

　最尤法とは、実際に観測された事実を重視し、$L(p)$が最大となるようなpの値を採用するというものである。この例では、0.0112の確率でしか起らないこと(p=0.1)が起ったと考えるより、0.2508の確率で起ることが起った(p=0.4)と考えることのほうが自然であり、$L(p)$が最大となるp=0.4のときを、サンプルのなかに含まれる要因Xの確率とするというのが最尤法の考え方の基本である。

第7章　周辺分布と中心極限定理

　統計による推測の分野では、まず母集団を想定する。そして、その母集団からのランダム・サンプリングによって得られる有限個の標本の情報が得られるものとする。これらの標本には母集団の情報が含まれているので、標本から母集団の特性を明らかにしようというのが、統計的推論の基本的な考え方である。しかし、母集団から抽出された標本の数は有限個であり、この標本から母集団の性質を完全に知ることはできない。一般的に、母集団はなんらかの確率分布によって表現される。しかし、データから確率分布自体を推測することはむずかしいため、多くの場合は平均や分散といった分布の特性値を統計的推論の対象としている。

　一般に、母集団からのランダム・サンプリングによって得られるn個の独立な標本$X_1, X_2, \cdots, X_n$を確率変数とし、$(X_1, X_2, \cdots, X_n)$の関数のことを**統計量**（statistic）と呼んでいる。また、未知の母集団の未知母数を標本の関数である統計量によって推測するとき、その統計量のことを**推定量**（estimator）という。なお、この推定量に対し、実際に観測されたデータを用いて計算された統計量の値は、推定値（estimate）と呼ばれ区別される。

　多くの統計的推測の問題では、母集団の確率分布の種類まではわかっているものの、そのかたちを完全に知ることはできない。そこで、確率分布の母数が未知であると仮定する。標本$(X_1, X_2, \cdots, X_n)$から母数θを推定するとき、関数$\hat{\theta}(X_1, X_2, \cdots, X_n)$のことを母数$\theta$の**推定量**と呼んでいる。また、$n$個の標本$X_1, X_2, \cdots, X_n$の観測値として$X_1=x_1, X_2=x_2, \cdots, X_n=x_n$という値をとったとき、これらを母数$\theta$の推定量に代入した$\hat{\theta}(x_1, x_2, \cdots, x_n)$を推定値という。推定量$\hat{\theta}(X_1, X_2, \cdots, X_n)$は、確率変数であるが、推定値$\hat{\theta}(x_1, x_2, \cdots, x_n)$は数値であることに注意が必要である。

　最尤法（maximum likelihood method）は、統計的推定問題では広く用いられている。母集団の確率関数を$P(x|\theta)$とする。母集団からのランダム・サンプリングによって得られるn個の独立な標本を$X_1, X_2, \cdots, X_n$とする。このとき、標本$X_1, X_2, \cdots, X_n$の同時確率分布は、

$$P(x_1,\cdots,x_n|\theta) = \prod_{i=1}^{n} P(x_i|\theta) \quad \cdots\cdots (7.88)$$

で表すことができる。(7.88) 式の同時確率分布 $P(x_1,\cdots,x_n|\theta)$ を母数 θ の関数としてみると、

$$L(\theta|x_1,\cdots,x_n) = \prod_{i=1}^{n} P(x_i|\theta) \quad \cdots\cdots (7.89)$$

となるが、この $L(\theta|x_1,\cdots,x_n)$ のことを尤度 (likelihood) 関数と呼ぶ。なお、**尤度関数**を $L(\theta)$ と略記する場合もある。**最尤推定値**とは、この尤度関数を最大にするような θ の値によって定義される。$L(\theta)$ を最大にする θ を、

$$\hat{\theta} = \hat{\theta}(x_1,\cdots,x_n)$$

と書くことがある。また、変数 $X_1,\cdots,X_n$ を標本 $X_1, X_2,\cdots,X_n$ で置き換えた

$$\hat{\theta} = \hat{\theta}(X_1,\cdots,X_n)$$

を最尤推定量と呼ぶ。

図表7-2は尤度関数のイメージである。左側の関数は母数 θ_1 の確率関数 $P(x|\theta_1)$ であり、右側の関数は母数 θ_2 の確率関数 $P(x|\theta_2)$ である。図表7-2のように変数の値 $X_1,\cdots,X_n$ が観測されているものとすると、

$$L(\theta_1) = \prod_{i=1}^{5} P(x_i|\theta_1) > \prod_{i=1}^{5} P(x_i|\theta_2) = L(\theta_2) \quad \cdots\cdots (7.90)$$

となり、この尤度関数 $L(\theta)$ の値が最大となる θ を推定値として選択するのが最尤推定である。最尤推定では、対象となる母集団分布を関数として表現できること、尤度関数 $L(\theta)$ が最大となるパラメータ θ を求められるかということが重要である。母集団分布が連続型の分布で与えられており、その密度関数が $f(x|\theta)$ だとすると、同時密度関数は、

$$f(x_1,\cdots,x_n|\theta) = \prod_{i=1}^{n} f(x_i|\theta) \quad \cdots\cdots (7.91)$$

で与えられる。また、尤度関数 $L(\theta)$ は、

$$L(\theta) = \prod_{i=1}^{n} f(x_i|\theta) \quad \cdots\cdots (7.92)$$

で計算される。

第7章 周辺分布と中心極限定理

図表7－2 尤度関数のイメージ

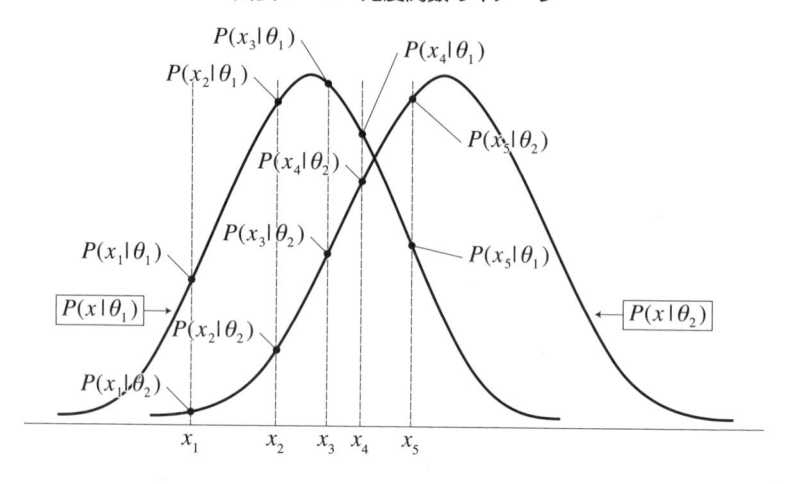

演習7.25 ベルヌーイ試行における確率pを未知母数とするとき、確率pを最尤推定によって求めよ。

解 ベルヌーイ試行の確率関数は、

$$P(x|p) = p^x(1-p)^{1-x}, x=0,1$$

で与えられる。互いに独立なベルヌーイ試行をn回繰り返す（観測する）とすれば、n個のデータ$x_1,\cdots,x_n$に基づく尤度関数は、

$$L(p|x_1,\cdots,x_n) = \prod_{i=1}^{n} P(x_i|p)$$

$$= \prod_{i=1}^{n} p^{x_i}(1-p)^{1-x_i}$$

$$= p^{\sum_{i=1}^{n} x_i}(1-p)^{n-\sum_{i=1}^{n} x_i} \quad\cdots\cdots(7.93)$$

で与えられる。尤度関数を対数変換したものを対数尤度関数と呼ぶ。(7.93)式を対数変換すると、

$$\ln L(\theta|x_1,\cdots,x_n) = \left(\sum_{i=1}^{n} x_i\right)\ln(p) + \left(n - \sum_{i=1}^{n} x_i\right)\ln(1-p) \quad\cdots\cdots(7.94)$$

となる。この対数尤度関数は上に凸の関数であるので、最大値を計算するには、対数尤度関数を母数pで微分して値が0となる方程式（尤度方程式）を解けばよい。(7.94) 式を微分して0となる母数pの推定値$\hat{p}$は、

$$\frac{\partial \ln L}{\partial p} = \left(\sum_{i=1}^{n} x_i\right)\frac{1}{p} + \left(n - \sum_{i=1}^{n} x_i\right)\frac{-1}{1-p} = 0 \quad\cdots\cdots(7.95)$$

$$\frac{1}{p}\sum_{i=1}^{n} x_i - \frac{n}{1-p} + \frac{1}{1-p}\sum_{i=1}^{n} x_i = 0$$

$$\frac{1-p}{p(1-p)}\sum_{i=1}^{n} x_i - \frac{pn}{p(1-p)} + \frac{p}{p(1-p)}\sum_{i=1}^{n} x_i = 0$$

$$\frac{1}{p(1-p)}\sum_{i=1}^{n} x_i = \frac{pn}{p(1-p)}$$

$$\sum_{i=1}^{n} x_i = pn$$

であるので、

$$\hat{p} = \frac{1}{n}\sum_{i=1}^{n} x_i \quad\cdots\cdots(7.96)$$

となる。また、データ$x_1,\cdots,x_n$を標本$X_1, X_2, \cdots, X_n$に置き換えると、確率pの最尤推定量は、

$$\hat{p} = \frac{1}{n}\sum_{i=1}^{n} X_i \quad\cdots\cdots(7.97)$$

で与えられる。

演習7.26 母集団が平均μ、分散σ^2の正規分布$N(\mu,\sigma^2)$に従っていると仮定する。この母集団から独立なランダム・サンプリングによって、n個の観測値$(x_1,\cdots,x_n)$が得られているものとする。このとき、平均と分散の最尤推定量を求めよ。

解 尤度関数は、

$$L(\mu, \sigma \mid x_1, \cdots, x_n) = \left(\frac{1}{\sqrt{2\pi}\sigma}\right)^n e^{-\frac{1}{2\sigma^2}\sum_{i=1}^{n}(x_i-\mu)^2}$$

$$= (2\pi\sigma^2)^{-\frac{n}{2}} e^{-\frac{1}{2\sigma^2}\sum_{i=1}^{n}(x_i-\mu)^2} \quad \cdots\cdots (7.98)$$

で与えられる。この式を対数変換すると、

$$\ln L(\mu, \sigma \mid x_1, \cdots, x_n) = -\frac{n}{2}\ln(2\pi\sigma^2) - \frac{1}{2\sigma^2}\sum_{i=1}^{n}(x_i-\mu)^2 \quad \cdots\cdots (7.99)$$

となる。これを母数 μ で微分して0とおくと、

$$\frac{\partial \ln L}{\partial \mu} = -\frac{1}{2\sigma^2}(-2)\sum_{i=1}^{n}(x_i-\mu) = \frac{1}{\sigma^2}\sum_{i=1}^{n}(x_i-\mu) = 0$$

となる。したがって、母平均の推定値 $\hat{\mu}$ は、

$$\frac{1}{\sigma^2}\sum_{i=1}^{n}(x_i-\hat{\mu}) = \frac{1}{\sigma^2}\sum_{i=1}^{n}x_i - \frac{1}{\sigma^2}n\hat{\mu} = 0$$

$$\hat{\mu} = \frac{1}{n}\sum_{i=1}^{n}x_i = \bar{x} \quad \cdots\cdots (7.100)$$

となり、母平均の推定値 $\hat{\mu}$ は n 個の観測値 $(x_1, \cdots, x_n)$ の平均と等しい。

次に、(7.99) 式に母平均の推定値 $\hat{\mu}$ を代入し、σ^2 で微分して0とおくと、

$$\frac{\partial \ln L}{\partial \sigma^2} = -\frac{n}{2}(2\pi)\frac{1}{2\pi\sigma^2} + \frac{2}{4\sigma^4}\sum_{i=1}^{n}(x_i-\hat{\mu})^2$$

$$= -\frac{n}{2\sigma^2} + \frac{1}{2\sigma^4}\sum_{i=1}^{n}(x_i-\hat{\mu})^2 = 0$$

となる。したがって、母分散の推定値 $\hat{\sigma}^2$ は、

$$\sum_{i=1}^{n}(x_i-\hat{\mu})^2 = n\hat{\sigma}^2$$

$$\hat{\sigma}^2 = \frac{1}{n}\sum_{i=1}^{n}(x_i-\hat{\mu})^2 \quad \cdots\cdots (7.101)$$

となり、母分散の推定値 $\hat{\sigma}^2$ は n 個の観測値 $(x_1, \cdots, x_n)$ の分散(不偏分散にはなっていない)と等しい。

> 最尤法を適用する際の注意点としては、
> (1) 複雑な尤度関数では、最尤推定量が明示的に表現されるとは限らない。
> (2) 尤度関数が滑らかなうえに凸の関数とは限らない
>
> ということがあげられる。このような状況下では、推定された最尤推定量に意味がない可能性もある。

13 最小二乗法と最尤推定法

(1) 最小二乗法

ここで、株価収益率(y_i)をなんらかのリスク・ファクター(x_i)で説明する単回帰モデル

$$y_i = \beta_0 + \beta_1 x_i + \varepsilon_i , \quad i = 1, 2, \cdots n \tag{7.102}$$

を想定する。株価収益率(y_i)の推定値$\hat{y}_i$を、

$$\hat{y}_i = b_0 + b_1 x_i \tag{7.103}$$

という一次式(**回帰直線**)で表すと、$b_j\ (j=0,1)$は、β_jの推定値である。

実際の株価収益率(y_i)(実測値)と推定値との差

残差ε_i=実測値y_i−推定値$\hat{y}_i$

を**残差**という。この残差の二乗和

$$Q = \sum_{i=1}^{n} \varepsilon_i^2 = \sum_{i=1}^{n} (y_i - \hat{y}_i)^2 = \sum_{i=1}^{n} (y_i - b_0 - b_1 x_i)^2 \tag{7.104}$$

が最小になるように、b_0とb_1を決定する方法が**最小二乗法**である。Qを最小とするようなb_0とb_1を求めるには、Qをb_0とb_1で偏微分してそれらを0とすることで計算できる。すなわち、

第7章　周辺分布と中心極限定理

$$\begin{cases} \dfrac{\partial Q}{\partial b_0} = -2\sum_{i=1}^{n}(y_i - b_0 - b_1 x_i) = 0 \\ \dfrac{\partial Q}{\partial b_1} = -2\sum_{i=1}^{n}(x_i y_i - b_0 x_i - b_1 x_i^2) = 0 \end{cases}$$

とおいてこれらを整理すると、

$$\begin{cases} \sum_{i=1}^{n} y_i = nb_0 + b_1\sum_{i=1}^{n} x_i \\ \sum_{i=1}^{n} x_i y_i = b_1\sum_{i=1}^{n} x_i^2 + b_0\sum_{i=1}^{n} x_i \end{cases}$$

となり、これらの式を解くと、

$$b_0 = \bar{y} - b_1 \bar{x} \quad , \quad b_1 = \frac{c_{xy}}{\sigma_x^2} \quad \cdots\cdots\cdots (7.105)$$

が得られる。ここでの

$$\bar{x} = \frac{1}{n}\sum_{i=1}^{n} x_i, \bar{y} = \frac{1}{n}\sum_{i=1}^{n} y_i$$

は、それぞれデータ(x_i)と(y_i)の平均

$$c_{xy} = \frac{1}{n-1}\sum_{i=1}^{n}(x_i - \bar{x})(y_i - \bar{y}) \quad \cdots\cdots\cdots (7.106)$$

は標本共分散

$$\sigma_x^2 = \frac{1}{n-1}\sum_{i=1}^{n}(x_i - \bar{x})^2 \quad \cdots\cdots\cdots (7.107)$$

は標本分散である。

　最小二乗法は、回帰直線の傾きb_0と切片b_1のパラメータ値を推定するものであるが、残差ε_iの確率分布には、以下のような仮定がおかれている。

　仮定１．不偏性　　$E\{\varepsilon_i\}=0$
　　　　　　残差ε_iの期待値は常に0
　仮定２．等分散性　$V\{\varepsilon_i\}=\sigma^2$
　　　　　　残差ε_iの分散は観測時点とは無関係
　仮定３．残差の系列無相関性　$E[\varepsilon_i \varepsilon_j]=0, i \neq j$

　　　　異なる時点の残差 ε_i は互いに無相関
仮定4．説明変数と残差の無相関性　　$E\left[\varepsilon_i(x_i - E\{x_i\})\right] = 0$
　　　　説明変数と残差は互いに独立
仮定5．正規性
　　　　残差 ε_i は正規分布に従う

仮定1〜仮定4までが満たされているとき、「標準的な回帰モデル」といわれ、仮定1〜仮定5までが満たされているときに「標準的な正規回帰モデル」と呼ばれる。

(2) 最尤推定法

次に、この回帰分析に最尤推定を適用する。残差 ε_i は、独立で同一の正規分布に従うと仮定する $\left(\varepsilon_i \sim N(0, \sigma^2)\right)$。(7.102) 式と (7.103) 式より

$$\varepsilon_i = y_i - \hat{y}_i = y_i - b_0 - b_1 x_i \quad \cdots\cdots (7.108)$$

となるので、$y_i - b_0 - b_1 x_i$ は正規分布 $N(0, \sigma^2)$ に従い、その密度関数は、

$$f(x_i, y_i, b_0, b_1, \sigma^2) = \frac{1}{\sqrt{2\pi}\sigma} \exp\left\{-\frac{(y_i - b_0 - b_1 x_i)^2}{2\sigma^2}\right\}$$

で与えられる。また、尤度関数 $L(b_0, b_1, \sigma^2)$ は、

$$L(b_0, b_1, \sigma^2) = \prod_{i=1}^{n} \frac{1}{\sqrt{2\pi}\sigma} \exp\left\{-\frac{(y_i - b_0 - b_1 x_i)^2}{2\sigma^2}\right\}$$

となり、対数尤度 $\ln\{L(b_0, b_1, \sigma^2)\}$ は、

$$\begin{aligned}
\ln L(b_0, b_1, \sigma^2) &= -n(\ln\sqrt{2\pi} + \ln\sigma) - \sum_{i=1}^{n} \frac{(y_i - b_0 - b_1 x_i)^2}{2\sigma^2} \\
&= -\frac{n}{2}\ln(2\pi\sigma^2) - \frac{1}{2\sigma^2}\sum_{i=1}^{n}\varepsilon^2 \quad \cdots\cdots (7.109)
\end{aligned}$$

で求められる。(7.109) 式の対数尤度 $\ln\{L(b_0, b_1, \sigma^2)\}$ を最大化するようにパラメータを決めるということは、(7.109) 式の第2項 $\sum_{i=1}^{n}\varepsilon^2$ を最小化することと等しい。したがって、(7.104) 式の残差二乗和の最小化問題と同等であ

り、単回帰モデルの場合には、最小二乗法と最尤推定法とではパラメータの推定値が等しくなる。ただし、これは残差ε_iが独立で同一の正規分布に従うと仮定したために起きた特殊なケースであり、最小二乗法と最尤推定法は、あくまでも異なった推定方法である。また、推定された分散のパラメータ$\hat{\sigma}_2$は、σ^2の不偏推定量とはなっていないことに注意する必要がある。なお、詳細は省略するが、重回帰モデルの場合も、最小二乗法と最尤推定法のパラメータの推定値は等しくなる。

14 まとめ

　この章では、同時分布、周辺分布、分散、共分散、相関係数などを定義した。リスク評価やポートフォリオ分析では、多変量の分析が必要となるのでこうした指標が重要となる。また、大数の法則、中心極限定理などについて概説した。これらの定理は、暗黙のうちに使われていることも多いが、やはり前提条件が存在している。たとえば、互いに独立で同一の分布（i.i.d.）という仮定は、実データを想定するとかなり強い前提となる。たとえば、株価収益率の分布にi.i.d.が仮定できる、すなわち「今日の株価収益率は昨日の株価収益率と無関係であり、どの時点で特定期間の株価収益率の分布をとっても同一である」といっても、その仮定で問題ないという人はいないであろう。モデルや理論には前提があり、それの前提条件を理解したうえでモデル構築が必要であることはいうまでもない。

第8章
確率過程の基礎

　金融商品の価格評価やリスク評価では、将来の確率変数の分布が重要となる。確率過程とは、ある確率法則によって時間変化する確率変数の集まりのことである。たとえば、株価に対してなんらかの確率過程が定義できれば、将来の株価推移のサンプルパスなどを記述することができる。
　この章では、確率過程の概念について検討する。

第8章　確率過程の基礎

$\mathcal{T}$を時間を表すパラメータの集合とし、連続時点ではある有限なTに対して$\mathcal{T}=[0,T]$、離散時点ではある$\Delta t>0$に対して$\mathcal{T}=\{0,\Delta t,2\Delta t,\cdots,T\Delta t\}$とする。**確率過程**とは、時間のパラメータをもった（ある確率法則に従った）確率変数の集まり$\{X(t),t\in\mathcal{T}\}$のことである。以下、本書では、混乱するおそれのない限り、確率過程$\{X(t),t\in\mathcal{T}\}$を、単に$\{X(t)\}$と書くことにする。

　確率過程をどのように定義するかという問題には複雑な議論が必要なので、本章では確率過程が定義できたとして話を進める。確率過程$\{X(t)\}$の**サンプルパス**とは、$\{X(t)\}$の実現値のことで、これは時間tの関数である。より正確には、一つの根元事象ωに対して1本のサンプルパス$\{X(\omega,t),t\in\mathcal{T}\}$が対応している。たとえば、株価の（過去の）実現値を、時間の経過とともにグラフに書いたものを想像すればよい。

　$\{X(t)\}$が確率過程であれば、任意のnに対して$(X(t_1),\cdots,X(t_n))$はn変量確率変数であるから、条件付確率

$$P\bigl(X(t_n)\le x\,|\,X(t_1)=x_1,\cdots,X(t_{n-1})=x_{n-1}\bigr) \quad,\quad t_1<\cdots<t_n$$

が原理的には計算できる。しかし、将来の事象$\{X(t_n)\le x\}$の確率を計算するために、すべての過去の結果$\{X(t_1)=x_1,\cdots,X(t_n)=X_n\}$に基づいて条件付確率を計算するのは事実上不可能なので、通常は確率変数$X(t)$の間になんらかの性質を仮定することが多い。

　また、確率微分方程式の解を一般に求めることはむずかしく、ここでは確率過程の概念について検討する。

1 ランダムウォーク

離散的な時間を考え、時点の集合を$\mathcal{T}=\{0,\Delta t,2\Delta t,\cdots,T\Delta t\}$とする。各$n$に対して、確率変数$X_n$を、

$$X_n = \begin{cases} 1, & 確率 p \\ -1, & 確率 1-p \end{cases} \quad\cdots\cdots(8.1)$$

で定義し、これらは独立であるとする。さらに$W_0=0$とし、$\{X_n\}$の部分和

$$W_n = \sum_{i=1}^{n} X_i \quad , \quad n=0,1,\cdots,T \quad\cdots\cdots(8.2)$$

を考える。ただし、$W(n\Delta t)$をW_nと記した。この確率過程$\{W_t\}$を**ランダムウォーク**という。$\{W_t\}$は、以下のようにして再帰的に計算される。

$$W_{t+1} = W_t + X_{t+1} \quad , \quad t=0,1,\cdots,T$$

なお、「5章の6 確率分布」で示したベルヌーイ分布は、確率変数Xが1か0という二つの値しかとらない場合であった。

演習8.1 コイン投げのサンプルパス

表の出る確率がpのコインを独立に10回投げて、表が出たら$X_t=1$、裏が出たら$X_t=-1$とする。一つの試行(根元事象)に対して、それらの実現値が、

t	1	2	3	4	5	6	7	8	9	10
x_tの実現値	+1	+1	-1	+1	+1	-1	+1	-1	-1	-1

であったときの、W_tのサンプルパス(実現値)を描くと、図表8-1のようになる。

第8章　確率過程の基礎

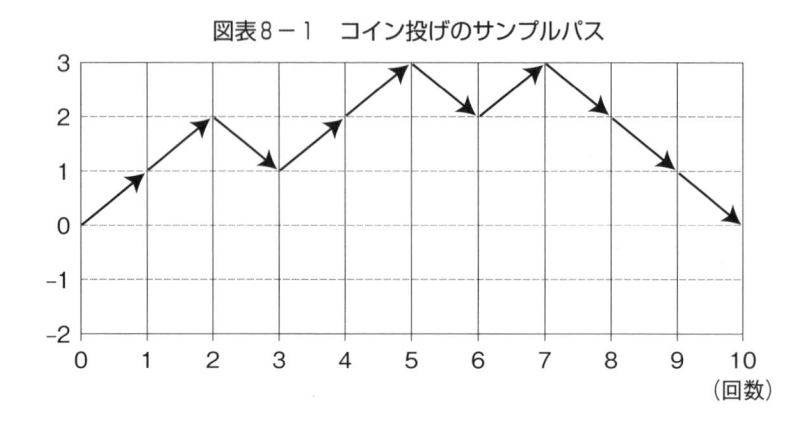

図表8-1　コイン投げのサンプルパス

ランダムウォークにおいて$X_t=1$を成功、$X_t=-1$を失敗と考えれば、T回の試行のうちk回成功すれば、

$$W_T = k - (T - k) = 2k - T \tag{8.3}$$

$$k = \frac{T - W_T}{2} \tag{8.4}$$

となる。逆に、$W_T = 2k - T$ ならば、これはT回の試行のうちk回成功したことを意味するので、W_Tは二項分布$B(T,p)$に従う。すなわち、

$$P(W_T = 2k - T) = {}_T C_k p^k (1-P)^{T-k} \quad , \quad k = 0, 1, \cdots, T \tag{8.5}$$

となる。

2 二項モデル

$S(t)$を時点tにおけるある株式の価格とする。例題5.3（244ページ参照）で考えたように、時点tでの株価がSのとき、次の時点$(t+\Delta t)$での株価は確率pで$S(t+\Delta t)=uS$となり、確率$(1-p)$で$S(t+\Delta t)=dS$となると仮定する。なお、Δtは時点tの時間間隔（変化幅）を示しており、今後の株価の変化は、それまでの株価の推移とは独立であるとする[1]。

二項モデルを、(8.3) 式のランダムウォーク$\{W_n\}$を使って表現するために、
$$S_n = Su^k d^{n-k}$$
$$= Su^{(n+W_n)/2} d^{(n-W_n)/2}, \quad n = 0,1,2,\cdots,T \quad \cdots\cdots (8.6)$$
とおく。ただし、$S=S(0), S_n=S(n\Delta t)$とおいた。$W_n=W_{n-1}+X_n$であるから、
$$S_n = S_{n-1} u^{(1+X_n)/2} d^{(1-X_n)/2} \quad \cdots\cdots (8.7)$$
が得られる。のとき上昇（成功）、$X_n=-1$のとき下落（失敗）と考えれば、モデル (8.6) は、二項モデルと整合的である。

3 ブラウン運動

ランダムウォークは二項分布に従うが、これは独立で同一な分布(i.i.d.)の和であり、定理7.18（362ページ参照）で示した中心極限定理より、正規分布に法則収束する。この項では、ランダムウォークの極限として**ブラウン運動**が導かれることを確認する。

このためには、時間間隔$\Delta t>0$ばかりでなく状態の間隔も同時に小さくする必要がある。ランダムウォーク$\{W_n\}$において、前項ではX_nの変位を± 1としたが、ここではX_nの変位を$\pm \Delta x$とし、Δxと時間の間隔Δtを（ある関係を保ちながら）同時に小さくする。すなわち、十分小さな$\Delta x>0$に対して、
$$P\{X_n = \Delta x\} = 1 - P\{X_n = -\Delta x\} = 0.5 \quad \cdots\cdots (8.8)$$
とし、X_nは独立とする。また、時間間隔Δtと状態間隔Δxが、
$$\Delta t = (\Delta x)^2 \quad \cdots\cdots (8.9)$$
という関係を常に保つとする。このとき、十分小さな$\Delta t>0$に対して得られるランダムウォークはブラウン運動$\{z(t)\}$を近似することが知られている。つまり、ブラウン運動はランダムウォークの極限として与えられる。

---

[1] パラメータu,d,pを時点tにも状態Sにも依存させることができるが、こうするとモデルが複雑になる。

$\Delta t \to 0$ のとき $\Delta x \to 0$ となるので、ブラウン運動$\{z(t)\}$は連続的なサンプルパスをもつ連続時間確率過程である。また、(8.8) 式と (8.9) 式から

$$E[X_n] = \Delta x \cdot P(X_n = \Delta x) - \Delta x \cdot P(X_n = -\Delta x)$$
$$= \Delta x \cdot 0.5 - \Delta x \cdot 0.5 = 0$$
$$V[X_n] = E\left[(X - E[X_n])^2\right]$$
$$= (\Delta x - E[X_n])^2 \cdot P(X_n = \Delta x) + (-\Delta x - E[X_n])^2 \cdot P(X_n = -\Delta x)$$
$$= (\Delta x)^2 \cdot 0.5 + (-\Delta x)^2 \cdot 0.5$$
$$= (\Delta x)^2 = \Delta t$$

したがって、ランダムウォークの平均と分散は、

$$E[W_N] = 0 \quad , \quad V[W_N] = N\Delta t = T$$

となる。$N \to \infty$ のとき、ランダムウォーク$\{W_N\}$はブラウン運動$\{Z(t)\}$に収束するので、ブラウン運動$z(T)$は平均0と分散Tをもつ正規分布$N(0,T)$に従うことがわかる。

さらに、ランダムウォークにおいて、

$$W_m - W_n = X_{n+1} + \cdots + X_m \quad , \quad m > n$$

はW_nと独立である。W_m-W_nは期間$(n,m]$における増分なので、ランダムウォークの増分も過去と独立になることを示している。この性質を**独立増分**と呼ぶが、ブラウン運動はランダムウォークの極限なので、ブラウン運動$\{z(t)\}$も独立増分をもつ。また、上で示したことから、この増分$z(t+s)-z(t)$は正規分布$N(0,s)$に従うことがわかる。

逆に、正規分布に従う独立増分をもち、サンプルパスが連続な連続時点確率過程はブラウン運動しかないことが知られている。したがって、この三つの性質を使ってブラウン運動を以下のように定義することができる。

定義8.1　ブラウン運動

連続時点確率過程$\{z(t)\}$がブラウン運動であるとは、

(1) 増分$z(t+s)-z(t)$は、時点tまでブラウン運動がどのように推移したか

ということとは独立である。

(2) 増分 $z(t+s)-z(t)$ は、正規分布 $N(0,s)$ に従う。

(3) $z(t)$ のサンプルパスは連続である。

また、便宜上、特に断らない限り $z(0)=0$ とおく。

ブラウン運動 $z(t)$ は正規分布 $N(0,t)$ に従うので、(5.60) 式より、

$$X(t) = X(0) + \mu t + \sigma z(t) \quad , \quad 0 \leq t \leq T \tag{8.10}$$

で定義される $X(t)-X(0)$ は、平均 μ_t と分散 $\sigma^2 t$ をもつ正規分布に従う。μ は単位時間当りの確定的な変化量を表すので**ドリフト**、σ は $\{z(t)\}$ のインパクトの強さを表すので**拡散係数**と呼ばれる。(8.10) 式で定義される確率過程 $\{X(t)\}$ を、一般にブラウン運動と呼び、$\{z(t)\}$ を、**標準ブラウン運動**と呼ぶ。

例題8.1　ブラウン運動

T を固定し $\Delta t = T/N$ とする。各期間におけるブラウン運動 $\{X(t)\}$ の増分 $\Delta X(t) \equiv X(t+\Delta t)-X(t)$ を計算すると、(8.10) 式から

$$\Delta X(t) = \mu \Delta t + \sigma \Delta z(t) \tag{8.11}$$

が得られる。ただし、$\Delta z(t) = z(t+\Delta t) - z(t)$ であり、この増分は独立で正規分布 $N(0,\Delta t)$ に従う。$X_n = X(n\Delta t)$ とすれば、(8.11) 式は、

$$X_{n+1} = X_n + \mu \Delta t + \sigma \Delta z(t) \quad , \quad n = 0, 1, \cdots, N-1$$

となる。標準正規分布 $N(0,1)$ に従う乱数 ε を用いて、$\Delta z(t) = \sqrt{\Delta t}\,\varepsilon$ を (8.11) 式に適用すれば、$\{X_n\}$ のサンプルパスを描くことができる。$X_n = X(n\Delta)$ であるから、$\{X_n\}$ はブラウン運動 $\{X(t)\}$ の離散時点を取り出したものである。一方、$\{W_n\}$ はランダムウォークであり、これは、$N \to \infty$ のときブラウン運動に収束する。

4 確率微分方程式

確率差分方程式（8.11）において、時間間隔$\Delta t>0$を無限小にすることを考える。無限小の記号dtを使えば、(8.11) 式は形式的に

$$dX(t) = \mu\,dt + \sigma\,dz(t) \quad\cdots\cdots(8.12)$$

と書ける。厳密には、ブラウン運動は微分不可能であるが、ここでは、(8.12) 式を確率差分方程式（8.11）の形式的な極限としてとらえることとする。(8.10) 式を**確率微分方程式**と呼ぶが、積分の定義より、(8.12) 式の両辺を形式的に積分すると、ドリフトμと拡散係数σは定数なので、

$$\int_0^T dX(t) = \int_0^T \{\mu\,dt + \sigma\,dz(t)\}$$

$$= \int_0^T \mu\cdot dt + \sigma\int_0^T \sigma\cdot dz(t) = \mu\int_0^T dt + \sigma\int_0^T dz(t) \quad\cdots\cdots(8.13)$$

が得られる。(8.10) 式の両辺の積分計算をすると、

$$[X(t)]_0^T = \mu\cdot[t]_0^T + \sigma\cdot[z(t)]_0^T$$

$$X(T) - X(0) = \mu\cdot(T-0) + \sigma\cdot\{z(T) - z(0)\}$$

$$X(T) = X(0) + \mu T + \sigma z(T)$$

となり、確率微分方程式（8.12）の解はブラウン運動であることがわかる。

より一般に、確率微分方程式ではドリフトと拡散係数を状態と時間に依存させることができ、

$$dX(t) = \mu\bigl(X(t),t\bigr)dt + \sigma\bigl(X(t),t\bigr)dz(t) \quad\cdots\cdots(8.14)$$

というかたちで書くことができる。この確率微分方程式を形式的に積分すると、

$$X(T) = X(0) + \int_0^T \mu\bigl(X(t),t\bigr)dt + \int_0^T \sigma\bigl(X(t),t\bigr)dz(t)$$

となるが、被積分関数に未知の確率過程$\{X(t)\}$が含まれているので、この方法では確率過程$\{X(t)\}$を一般には特定することはできない。

現時点tで (8.14) 式について検討する。$X(t)$はすでに観測されているの

で、ドリフト$\mu(X(t),t)$と拡散係数$\sigma(X(t),t)$の値は既知である。一方、$dz(t)=z(t+dt)-z(t)$であり、$z(t)$はすでに観測されているが、$z(t+dt)$は将来の値（確率変数）であり、ブラウン運動の定義から、増分$dz(t)$は正規分布$N(0,dt)$に従う。以上の情報が与えられたときに、(8.14) 式で定義される増分（確率変数）$dX(t)$は平均が$\mu(X(t),t)dt$、分散が$\sigma^2(X(t),t)dt$の正規分布に従うことがわかる。

(8.12) 式を順番に書くと、

$$X(dt)-X(0)=\mu dt+\sigma\bigl(z(dt)-z(0)\bigr)$$

$$X(2dt)-X(dt)=\mu dt+\sigma\bigl(z(2dt)-z(dt)\bigr)$$

$$X(3dt)-X(2dt)=\mu dt+\sigma\bigl(z(3dt)-z(2dt)\bigr)$$

$$\vdots$$

であり、各$[X((k+1)dt)-X(kdt)]$は正規分布$N(\mu dt, \sigma^2 dt)$に従う。ドリフトμと拡散係数σは定数なので、これらは独立な確率変数であり、したがって、これらの和

$$\sum_{k=0}^{N-1}\bigl[X\bigl(k+1\bigr)dt\bigr)-X(k\,dt)\bigr]=X(Ndt)-X(0)$$

は正規分布に従う。実際、確率微分方程式（8.12）の解はブラウン運動であり、ブラウン運動は正規分布に従っている。

例題8.2　確率微分方程式

実務で使われる確率微分方程式には、さまざまなかたちのものがある。

① ガウジアン・タイプ

$$dX(t)=\mu dt+\sigma dz(t) \quad\cdots\cdots(8.15)$$

② 幾何ブラウン・ブラウン運動タイプ

$$dX(t)=\mu\cdot X(t)dt+\sigma\cdot X(t)\,dz(t) \quad\cdots\cdots(8.16)$$

③ バシチェック（Vasicek）タイプ

$$dX(t) = a\bigl(m - X(t)\bigr)dt + \sigma\, dz(t) \quad\cdots\cdots(8.17)$$

④ CIR（Cox-Ingersoll-Ross model）タイプ

$$dX(t) = a\bigl(m - X(t)\bigr)dt + \sigma\sqrt{X(t)}\, dz(t) \quad\cdots\cdots(8.18)$$

これらを離散型（増分）で表すと、それぞれ

① ガウジアン・タイプ

$$\Delta X(t) = \mu\, \Delta t + \sigma\, \Delta z(t) \quad\cdots\cdots(8.19)$$

② 幾何ブラウン・ブラウン運動タイプ

$$\Delta X(t) = \mu \cdot X(t)\Delta t + \sigma \cdot X(t)\, \Delta z(t) \quad\cdots\cdots(8.20)$$

$$\frac{\Delta X(t)}{X(t)} = \mu\, \Delta t + \sigma\, \Delta z(t) \quad\cdots\cdots(8.21)$$

③ バシチェック（Vasicek）タイプ

$$\Delta X(t) = a\bigl(m - X(t)\bigr)\Delta t + \sigma\, \Delta z(t) \quad\cdots\cdots(8.22)$$

④ CIR（Cox-Ingersoll-Ross model）タイプ

$$\Delta X(t) = a\bigl(m - X(t)\bigr)\Delta t + \sigma\sqrt{X(t)}\, \Delta z(t) \quad\cdots\cdots(8.23)$$

のようになる。ここで、①のガウジアン・タイプについて直感的に解釈すると、時点tにおける確率変数Xの増分$\Delta X(t)$は、時間Δtに係数μで比例し、その周りでブラウン運動のσ倍でバラツクということを意味する。

図表8－2　ガウジアン・タイプの確率微分方程式

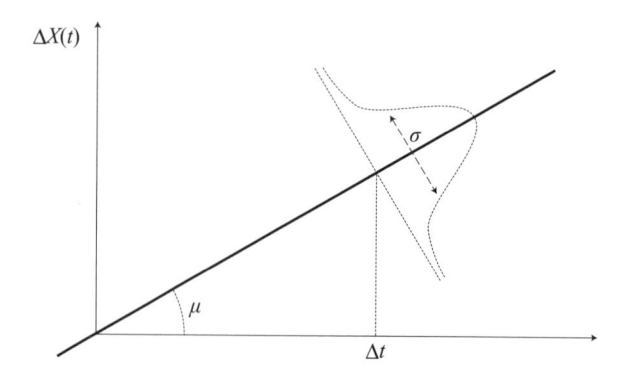

また、係数μが正の値であれば、Δtが大きくなると（長期の増分を想定すると）確率変数Xの水準が非常に大きくなり、逆に、係数μが負の値であれば、Δtが大きくなると確率変数Xの水準が負に大きくなる可能性があることがわかる。ガウジアン・タイプの確率微分方程式は、確率変数Xが正規分布になることが知られているが、時間が大きく変化（期間の長いものを想定）した場合に、確率変数Xの水準が大きく変わり、負の値になる可能性があるということに気をつける必要がある。したがって、金利、為替、失業率などのある水準間のなかで変化するものや、倒産確率、生存確率などの確率を説明するモデルに適用する場合には、適合可能性について十分留意する必要がある。

　②の幾何ブラウン・ブラウン運動タイプの確率微分方程式は、ブラック・ショールズ・モデルでも利用されている。この確率微分方程式を(8.21)式でみてみると、変化率$\Delta X(t)/X(t)$が①のガウジアン・タイプの確率微分方程式のかたちとなっており、変化率$\Delta X(t)/X(t)$が正規分布するということがわかる。

　③のバシチェック（Vasicek）タイプの式には、長期的な平均水準mと、回帰スピードaというパラメータが含まれている（$a>0$）。

図表8－3　バシチェック（Vasicek）タイプの確率微分方程式

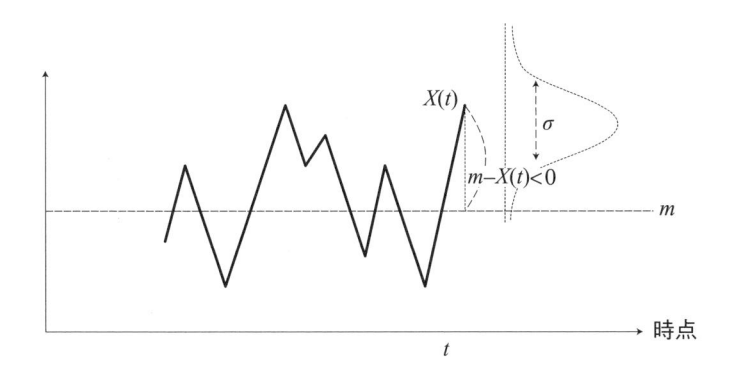

この確率微分方程式は、時点tにおける確率変数$X(t)$の水準が長期的な平均水準mよりも大きな値である場合には変化幅$\{m-X(t)\}$が負の方向に、逆に確率変数$X(t)$の水準が長期的な平均水準mよりも小さな値である場合には変化幅$\{m-X(t)\}$が正の方向に作用し、結果として長期的な平均水準mの周りで確率変数$X(t)$が変化するという関係を表現していることがわかる。また、回帰スピードaの値が大きいほど長期的な平均水準mに戻ろうとする力が多く働くことがわかる。このような、長期的な平均水準mの周りで確率変数$X(t)$が変化するという関係を**平均回帰性**と呼んでいる。

　金利、為替、失業率、倒産確率などは、ある水準の周りで変化するとしたほうが実務の間隔にマッチするため、バシチェック（Vasicek）タイプの確率微分方程式のほうが利用しやすい。

　一方、金利、為替、失業率、倒産確率などは負の値をとらない確率変数であるが、長期的な平均水準mと拡散係数σの水準いかんによっては、バシチェック（Vasicek）タイプで表現した$X(t)$の値が負となる可能性もある。一方、④のCIR（Cox-Ingersoll-Ross model）タイプの確率微分方程式では、拡散係数が状態$\sqrt{X(t)}$に依存している。このため、$X(t)$が0に近づくと拡散係数$\sigma\sqrt{X(t)}$も0に近づき、瞬間的な変位の平均値は正であるため、ほとんど確実に$X(t)$は増加の方向に向かう。したがって、確率変数$X(t)$に平均回帰性があり、値が負にならないような確率変数をモデル化する場合には、CIR（Cox-Ingersoll-Ross model）タイプの確率微分方程式の適用可能性が高くなる。

5 マルコフ過程

　(8.2) 式で示したランダムウォークは、独立な確率変数X_iの和によって定義された。この確率変数$X(t)$が独立で同一な分布（i.i.d.）であるなら、確率

変数の和を基準化したものは標準正規分布に法則収束するという中心極限定理（定理7-18）を使うことができる。一方、現実的な実務の問題では、確率変数$X(t)$が独立であるという仮定は強すぎることが多い。むしろ、確率変数X_iの挙動は過去の履歴に依存して決まるとしたほうが、考えやすい。一方、過去の履歴をどこまでさかのぼればよいのかという問題があり、期間が長くなればなるほど複雑となり、現実的ではなくなる可能性がある。そこで、独立性を少し弱めた**マルコフ性**を仮定する。マルコフ性をもつ確率過程を**マルコフ過程**、状態が整数値しかとらないマルコフ過程を**マルコフ連鎖**と呼ぶ。

ここで、状態と時間がともに離散的な確率過程$\{X_n\}$を使ってマルコフ性を説明する。これは、状態が離散的である場合には、確率過程$\{X_n\}$がちょうどkとなるような確率を定義できるからである。もちろん、連続的である場合でも、マルコフ性を仮定することができる。一般の確率過程では、$X(t+1)$の従う確率分布は時点tまでの履歴$\{X(0)=i(0),\cdots,X(t-1)=i(t-1),X(t)=i(t)\}$に依存して決まるが、これを時点$t$での$X(t)$の値にしか依存しないと仮定する。すなわち、

$$P\{X(t+1)=k \mid X(0)=i(0),\cdots,X(t-1)=i(t-1),X(t)=i(t)\}$$
$$= P\{X(t+1)=k \mid X(t)=i(t)\}$$
$$= P\{X(t+1)=k \mid X(t)=j\} \quad \cdots\cdots (8.24)$$

となるとき、確率過程$\{X_n\}$はマルコフ性をもつという。ただし、$i(t)=j$とした。一方、**独立**とは、

$$P\{X(t+1)=k \mid X(0)=i(0),\cdots,X(t-1)=i(t-1),X(t)=i(t)\}$$
$$= P\{X(t+1)=k\} \quad \cdots\cdots (8.25)$$

ということであり、時点$t+1$での確率過程$\{X_n\}$の水準は、それまでの履歴に依存しないということを意味している。図表8-4はマルコフ性の履歴の関連性を示したものであるが、マルコフ性とは$X(t)$と$X(t+1)$が（8.24）式で関

第8章　確率過程の基礎

係づけられ、$X(t+1)$と$X(t+2)$も（8.24）式で結ばれておりていることを意味している。これらの二つの関係を楕円で囲むという作業を繰り返してできあがったのが図表8－4である。状態の履歴の関連性が、鎖（チェーン）のように示されるのでマルコフ連鎖と呼ばれている。マルコフ連鎖では、過去－現在－未来は鎖を通してつながっている。それに対し、独立性とは鎖のない状態であり、この場合には、過去－現在－未来には何の関係もない。

図表8－4　マルコフ連鎖の意味

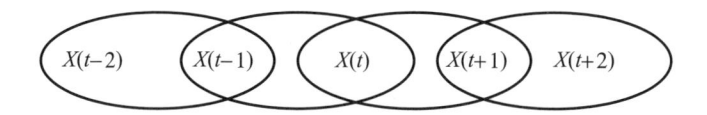

$X(t-2)$　$X(t-1)$　$X(t)$　$X(t+1)$　$X(t+2)$

マルコフ性（8.24）から、次の重要な性質を示すことができる。

定理8－1　マルコフ性（8.24）と次の二つは同値である。

（MP1）マルコフ過程の将来の確率的挙動は現時点の値だけに依存して決まり、それまでの履歴には無関係である。

（MP2）マルコフ過程では、現在のことがわかれば、未来と過去は独立である。

3章の5で「格付推移確率と吸収マルコフ連鎖」について解説したが、格付推移確率は時点tでの格付の状態を条件とし、時点$t+1$ではどのような格付の状態となるかを示したものであるので、マルコフ過程であることがわかる。

例題3.8（118ページ参照）で示した格付機関が公表している格付推移確率行列は、1年を単位時間としているケースが多い。しかし、実務ではリスク

評価期間が1週間などということもあり、このような場合には公表されている格付推移確率行列を直接利用することができない。そこで、より短い期間を単位とする格付推移確率を推定する必要がある。そのためには、1年を単位とする格付推移確率行列を$\mathbf{P}$、$1/n$年を単位とする格付推移確率行列を$\mathbf{P}_{1/n}$とし、以下の関係が成立する$\mathbf{P}_{1/n}$を推定すればよい。

$$\left(\mathbf{P}_{1/n}\right)^n = \mathbf{P}$$

$$\mathbf{P}_{1/n} = \mathbf{P}^{1/n} \quad\quad\quad\quad\quad\quad\quad\quad\quad\quad\quad\quad\quad\quad\quad\quad\quad\quad\quad\quad\quad (8.26)$$

行列を$1/n$上で分解するには、スペクトル分解という手法を用いればよいが、格付推移確率行列にこの手法を適用しても一般には解を得ることがむずかしい。これは、格付推移確率行列では、格付が2段階以上変化する値が極端に少ない三重対角行列のかたちをしており、これに対してスペクトル分解を適用しても、分解されて得られた格付推移確率行列$\mathbf{P}_{1/n}$は、一般には(3.75)式で示した確率行列の定義を満たすことができないためである。

例題8.3　期間1週間の格付推移確率の推定

$\{X(t)\}$を斉時的な吸収マルコフ連鎖とし、短い区間Δt（たとえば、1週間）での格付推移確率の要素を$\tilde{p}_{ij}$で表す（**ベースライン格付推移確率**と呼ぶことにする）。つまり、

$$\mathbf{P}_0 = \begin{pmatrix} \tilde{p}_{11} & \tilde{p}_{12} & \cdots & \tilde{p}_{1,k} & \tilde{p}_{1,k+1} \\ \tilde{p}_{21} & \tilde{p}_{22} & \cdots & \tilde{p}_{2,k} & \tilde{p}_{2,k+1} \\ \vdots & \vdots & \ddots & \vdots & \vdots \\ \tilde{p}_{k1} & \tilde{p}_{k2} & \cdots & \tilde{p}_{k,k} & \tilde{p}_{k,k+1} \\ 0 & 0 & \cdots & 0 & 1 \end{pmatrix} \quad\quad\quad\quad (8.27)$$

Δtを1週間としたベースライン格付推移確率は斉時的であり、1年間にわたって適用可能であると仮定する。図表3－3（73ページ参照）に示された年間の格付推移確率行列$\mathbf{P}$が、

$$\mathbf{P} = (\mathbf{P}_0)^{52} \quad \text{(8.28)}$$

で計算可能であるとする。このとき、$(\mathbf{P}_0)^{52}$の要素をp_{ij}^*、公表されている1年間の格付推移確率をp_{ij}とすれば、たとえば、以下の非線形計画問題を解くことでベースライン格付推移確率を推定することができる。

$$\mathbf{P}^* = (\mathbf{P}_0)^{52} = \begin{pmatrix} p_{11}^* & p_{12}^* & \cdots & p_{1,k}^* & p_{1,k+1}^* \\ p_{21}^* & p_{22}^* & \cdots & p_{2,m}^* & p_{2,k+1}^* \\ \vdots & \vdots & \ddots & \vdots & \vdots \\ p_{k1}^* & p_{k2}^* & \cdots & p_{k,k}^* & p_{k,k+1}^* \\ 0 & 0 & \cdots & 0 & 1 \end{pmatrix}$$

$$\begin{cases} \text{最小化} & \displaystyle\sum_{j=1}^{k}\sum_{m=1}^{k+1} \frac{(p_{j,m} - p_{j,m}^*)^2}{p_{j,m} + p_{j,m}^*} \quad \text{(8.29)} \\ \text{制約条件} & \tilde{p}_{ij} = 0 \quad \text{if} \quad p_{ij} = 0 \\ & \tilde{p}_{ij} \geq p_{ij} \quad \text{if} \quad i = j \\ & \tilde{p}_{i,k+1} \leq \tilde{p}_{i+1,k+1} \end{cases}$$

ここで、$p_{ij}=0$のとき、$\tilde{p}_{ij}=0$であるという制約条件は、1年間でも推移しない格付には、1週間の間では推移しないことを意味したものである。また、$i=j$のとき$\tilde{p}_{ij} \geq p_{ij}$であるという制約条件は、同一格付($i=j$)となる確率は期間が短いほど高くなるという実務的な観点を制約条件に取り込んだものである。また、$\tilde{p}_{i,k+1} \leq \tilde{p}_{i+1,k+1}$という制約条件は、格付が低いほどデフォルトする確率が高くなるという状況を表現したものである($k+1$はデフォルトを意味している)。

最適化によってパラメータを推定する場合にはモデルの定式化が重要であり、それによって結果も異なる。また、目的式が非線形である場合には最適解が一意とならない場合が多い。つまり、計算するときの初期値によって解が異なる場合があるので十分な注意が必要である。実務的には初

期値を変化させたり、制約条件をコントロールすることで、解の安定性とよりよい解を試行錯誤で探すことになる。

6 まとめ

　この章では、確率過程の基礎的な部分を解説した。金融商品の評価モデルでは、将来の確率変数の分布が重要となる。そのために、さまざまな確率微分方程式が用いられているが、これらはその確率分布を表現していることにほかならない。詳細については専門書を参照されたい。

第9章
モンテカルロ・シミュレーション

　モンテカルロ・シミュレーションとは、問題の定式化が複雑すぎて解析解を得ることができないような場合でも、コンピュータ上で将来時点 T での分布を擬似的につくりだし、金融商品のプライシングやリスク評価を可能とするものである。
　この章では、モンテカルロ・シミュレーションに必要となる乱数の生成と、実際の金融商品への適用方法などについて検討する。

第9章 モンテカルロ・シミュレーション

　金融商品の価格評価、リスク評価の局面では、それらの説明要因となる確率変数の将来の確率分布が必要となる。たとえば、ブラック・ショールズ（Black-Scholes）・モデルでは、株価$S(t)$が（8.16）式に示した幾何ブラウン運動に従うと仮定し、リスク中立確率のもとで、

$$dS(t) = rS(t)dt + \sigma S(t)dz(t) \quad\quad\quad\quad\quad\quad\quad\quad\quad\quad\quad\quad\quad\quad (9.1)$$

　　r：無リスク金利
　　σ：ボラティリティ
　　$z(t)$：ブラウン運動

という確率微分方程式で株価変動をモデル化している。この式は、将来時点Tでの株価がブラウン運動$z(T)$の挙動によって説明されることを意味し、ブラウン運動$z(T)$の分布は平均0と分散Tをもつ正規分布$N(0,T)$に従った。

　モンテカルロ・シミュレーションとは、問題の定式化が複雑すぎて解析解を得ることができないような場合でも、コンピュータ上で将来時点Tでの分布を疑似的につくりだし、金融商品のプライシングやリスク評価を可能とするものである。また、モンテカルロ・シミュレーションには、（9.1）式のように平均と分散などのパラメータによって分布のかたちを特定化するパラメトリックなモンテカルロ・シミュレーションのほか、特定の分布ではなく過去の分布をそのまま用いるノンパラメトリックなヒストリカル・シミュレーションなどが、目的に応じて使い分けられている。この章では、モンテカルロ・シミュレーションに必要となる乱数の生成と、実際の金融商品への適用方法などについて検討する。コンピュータの負荷を除けば、解析解を求める作業よりもモンテカルロ・シミュレーションを適用した場合のほうが実務的な負荷が軽減されることも少なくない。しかし、たとえばパラメトリックなモンテカルロ・シミュレーションでは、分布のかたちを決めるパラメータの水準によって結果が大きく異なる。モンテカルロ・シミュレーションのツールはあくまでも道具であり、パラメータをどのように決めるのかという別の問題に十分注意する必要がある。

1 乱数の生成

　ある確率分布に従う確率変数の実現値を乱数、その独立に生成された系列を**乱数列**と呼ぶ。正規分布、対数正規分布、一様分布などについては5章の6で定義した。この節では、特定の分布に従う乱数の作成方法について検討する。

(1) 一様乱数

　確率変数Xが一様分布$U(a,b)$に従う乱数のことを**一様乱数**と呼び、コンピュータ上で生成される乱数は、一般的には**標準一様乱数**（$X \sim U(0,1)$）である。なお、ExcelにはRANDという関数名で、標準一様分布$U(0,1)$に従う**疑似乱数**を発生させるルーチンが組み込まれている[1]。

　$U_1, U_2, \cdots$を標準一様分布$U(0,1)$に従う独立な確率変数列とし、$u_1, u_2, \cdots$をその実現値、すなわち、一様乱数の系列とする。$p_i (i=1,\cdots,n)$を確率分布、すなわち、

$$p_i > 0 \ , \ \sum_{i=1}^{n} p_i = 1$$

を満たす実数列とし、さらに$U_k \sim U(0,1)$に対して、

$$X_k = \begin{cases} y_1, & 0 < u_k \leq p_1 \text{のとき} \\ y_i, & p_1 + \cdots + p_{i-1} < u_k \leq p_1 + \cdots + p_i \text{のとき} \\ y_n, & p_1 + \cdots + p_{n-1} < u_k \leq 1 \text{のとき} \end{cases} \quad \cdots\cdots (9.2)$$

とおくと、X_kは確率分布

$$P\{X_k = y_i\} = p_i \ , \quad i = 1, 2, \cdots, n \quad \cdots\cdots (9.3)$$

---

[1] 疑似乱数と表現されるのは、ここで生成される乱数は、なんらかの生成アルゴリズムから算出されるものであり、本来の乱数とは意味が異なるためである。したがって、生成アルゴリズムによって乱数のよしあしが決まることになる。悪い乱数とは、短周期性、すなわち、たくさんの乱数を生成していくと同じ乱数が出てくることや、均等分布（密度関数が一定）にならないということがあげられる。

をもつ離散的な確率変数となる。これは、

$$P\{X_k = y_i\} = P\{p_1 + \cdots + p_{i-1} < u_k \leq p_1 + \cdots + p_i\}$$
$$= P\{u_k \leq p_1 + \cdots + p_i\} - P\{u_k \leq p_1 + \cdots + p_{i-1}\}$$

であるが、U_kは標準一様分布に従っているので、

$$P\{U_k \leq x\} = x \quad , \quad 0 \leq x \leq 1$$

となり、

$$P\{X_k = y_i\} = (p_1 + \cdots + p_i) - (p_1 + \cdots + p_{i-1}) = p_i \quad \cdots\cdots (9.4)$$

が成立するためである。したがって、標準一様乱数u_kに対して

$$x_k = \begin{cases} y_1, \ 0 < u_k \leq p_1 \text{のとき} \\ y_i, \ p_1 + \cdots + p_{i-1} < u_k \leq p_1 + \cdots + p_i \text{のとき} \\ y_n, \ p_1 + \cdots + p_{n-1} < u_k \leq 1 \text{のとき} \end{cases}$$

とおけば、(9.2) で与えられた離散分布に従う乱数系列$\{x_n\}$が得られる（可算無限個の場合も同様である）。イメージ図を図表9－1に描いた。

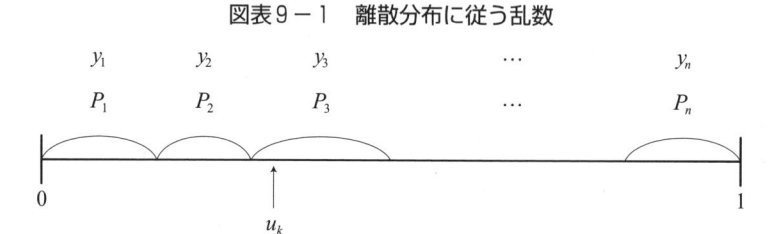

図表9－1　離散分布に従う乱数

演習9.1　サイコロ投げの乱数

標準一様乱数u_kを用いてサイコロ投げを表現する。サイコロの目は1〜6であるので、$p = 1/6$として (9.2) 式を適用し、標準一様乱数u_kの値によってサイコロの目x_kに1〜6の数値を当てはめればよい。

$$x_k = \begin{cases} 1, & 0 < u_k < 1/6 \text{ のとき} \\ 2, & 1/6 < u_k \leq 2/6 \text{ のとき} \\ 3, & 2/6 < u_k \leq 3/6 \text{ のとき} \\ 4, & 3/6 < u_k \leq 4/6 \text{ のとき} \\ 5, & 4/6 < u_k \leq 5/6 \text{ のとき} \\ 6, & 5/6 < u_k \leq 6/6 \text{ のとき} \end{cases}$$

また、サイコロの目は1〜6の整数値であることから、

$$x_k = \lfloor u_k \times 6 \rfloor + 1$$

$\lfloor \cdot \rfloor$：小数点以下切捨て

で計算したx_kは、サイコロの目を表現することができる。

次に、区間$[a,b]$上に定義された連続分布について検討する。その密度関数を$f(x)$とし、分布関数を、

$$F(x) = \int_a^x f(y) dy, \quad a \leq x \leq b$$

とする。分布関数$F(x)$が（狭義）増加関数であるとき、逆関数$F^{-1}(x)$が定義可能となる。

$U_n \sim U(0,1)$に対して、

$$X_n = F^{-1}(U_n)$$

とおく。X_nの分布関数を求めてみると、

$$P\{X_n \leq x\} = P\{F^{-1}(U_n) \leq x\} = P\{U_n \leq F(x)\}$$

である。$U_n \sim U(0,1)$の分布関数は$P\{U_n \leq x\} = x$なので、

$$P\{X_n \leq x\} = F(x)$$

が得られる。したがって、一様乱数u_nに対して、

$$x_n = F^{-1}(u_n)$$

とおけば、確率密度関数$f(x)$に従う乱数の系列$\{x_n\}$を得ることができる。この方法を**逆関数法**という[2]。イメージ図を図表9−2に描いた。

第9章　モンテカルロ・シミュレーション

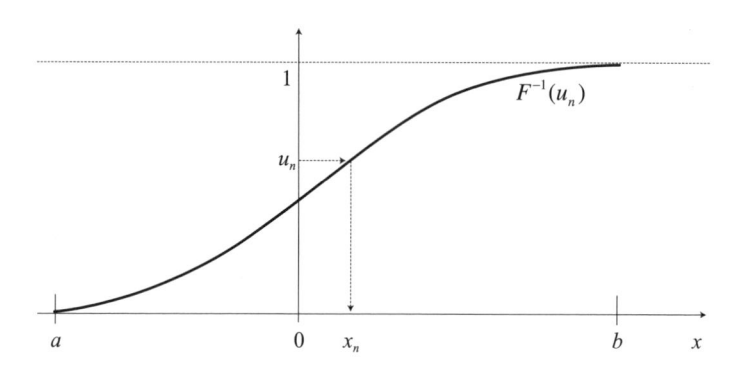

図表9－2　連続分布に従う乱数

演習9.2　指数分布

密度関数

$$f(x) = \lambda e^{-\lambda x} \quad , \quad x \geq 0 \tag{9.5}$$

に従う乱数系列を逆関数法で求めてみる。指数分布の分布関数は、

$$F(x) = \int_0^x \lambda e^{-\lambda y}\, dy = 1 - e^{-\lambda x} \quad , \quad x \geq 0 \tag{9.6}$$

であるから、その逆関数を求めるために、

$$y = F(x) = 1 - e^{-\lambda x} \tag{9.7}$$

とおく。xとyを入れ換えて、

$$x = 1 - e^{-\lambda y} \tag{9.8}$$

とおき、これをyについて解くと、逆関数

$$F^{-1}(x) = -\frac{1}{\lambda}\log(1-x) \quad , \quad 0 < x < 1 \tag{9.9}$$

が得られる。したがって、一様乱数u_nに対して、指数乱数x_nは、(9.9) 式より

2　逆関数法は、分布関数の逆関数が解析的に求められる場合には簡単な方法であるが、そうでない場合には直接適用できない。

$$x_n = -\frac{1}{\lambda}\log(1-u_n) \quad \text{(9.10)}$$

で計算される。

(2) **正規乱数**

正規分布 $N(\mu, \sigma^2)$ に従う乱数のことを**正規乱数**と呼ぶ。正規乱数を生成するためには、標準一様乱数 u_n からボックス・ミュラー法、逆関数法などによって標準正規乱数 R_n を生成し、それを（5.60）式によって変換することで平均 μ、分散 σ^2 の正規分布 $\tilde{R}_n$ に従う乱数列をつくるのが一般的である。

ボックス・ミュラー法では、二つの一様乱数 u_1, u_2 を、以下の式に適用することで、標準正規分布に従う二つの独立な標準正規乱数 R_1, R_2 を計算する。

$$\begin{cases} R_1 = \sqrt{-2\log u_1}\cos(2\pi u_2) \\ R_2 = \sqrt{-2\log u_1}\sin(2\pi u_2) \end{cases} \quad \text{(9.11)}$$

また、逆関数法では、分布関数の逆関数に一様乱数を代入し、その確率分布に従う乱数を生成すればよい。しかし、標準正規分布の逆関数を明示的な関数式として表現することができない。そこで、標準正規分布の近似計算式として、Beasley and Springer（1977）による近似計算式などが用いられる。

$$x(u) = u \cdot \frac{\sum_{j=0}^{3} a_j u^{2j}}{\sum_{k=1}^{4} b_k u^{2k}} \quad \text{(9.12)}$$

ただし、$u \equiv u_n - 0.5$ で u_n は標準一様乱数、また各係数は、以下で与えられる。

$a_0 = 2.50662823884$

$a_1 = -18.61500062529$

$a_2 = 41.39119773534$

$a_3 = -25.44106049637$

$b_1 = -8.47351093090$

$b_2 = 23.08336743743$

第9章　モンテカルロ・シミュレーション

$b_3 = -21.06224101826$

$b_4 = 3.13082909833$

なお、ExcelにはNORMSINVという標準正規分布関数の逆関数の値を返す変数が用意されている。この関数に、標準一様乱数u_nを代入すると、標準正規乱数R_nを生成することができる。

(3) **多変量正規乱数**

ポートフォリオのリスク評価などにおいては、収益率分布に多変量正規分布が仮定されることが多い。これは正規分布の場合、多変量への拡張が自然なかたちで可能なことに起因したものである。一方、複数の変量から成り立つ分布の場合には、変数間の相関を考慮する必要がある。

いま、n個の確率変数からなる確率ベクトルを、$\mathbf{X}=(X_1, X_2, \cdots, X_n)$で表す。各々の確率変数$X_i$の平均を$\mu_i = E[X_i]$、分散を$\sigma_i^2 = \sigma_{ii} = V[X_i]$、共分散を$\sigma_{ij} = C[X_i, X_j]$とする。また、これらの平均のベクトルを$\boldsymbol{\mu} = (\mu_1, \mu_2, \cdots, \mu_n)^T$、分散と共分散を$\Sigma = (\sigma_{ij})$で表すと、$\boldsymbol{\mu}$は$n$次元列ベクトル、$\Sigma$は$n$次元対称行列となる。ただし、$\sigma_{ii} = \sigma_i^2$とする。このとき、多変量正規分布は、以下のように定義される。

定義9.1 n変量正規分布

確率ベクトル$\mathbf{X}$の同時密度関数が、

$$f(\mathbf{x}) = \frac{1}{(2\pi)^{n/2}\sqrt{|\Sigma|}} \exp\left\{-\frac{(\mathbf{x}-\boldsymbol{\mu})^T \Sigma^{-1} (\mathbf{x}-\boldsymbol{\mu})}{2}\right\}, \quad \cdots\cdots (9.13)$$

$$\mathbf{x} = (x_1, x_2, \cdots, x_n)^T$$

で与えられるとき、$\mathbf{X}$はパラメータ$(\boldsymbol{\mu}, \Sigma)$の$n$変量正規分布に従うといい、$X \sim N_n(\boldsymbol{\mu}, \Sigma)$と表す。ここで、$|\Sigma|$は$\Sigma$の行列式を、$\Sigma^{-1}$は$\Sigma$の逆行列を表す。

例題9.1　ポートフォリオの収益率

r_iを証券iの（期間Tの）収益率を表す確率変数とし、この証券への投資比率がw_iのポートフォリオを考える。このポートフォリオの収益率r_Pは、

$$r_P = \sum_{i=1}^{n} w_i r_i = \mathbf{w}^\mathrm{T}\mathbf{r}, \quad \mathbf{w}=(w_1,w_2,\cdots,w_n)^\mathrm{T}, \quad \mathbf{r}=(r_1,r_2,\cdots,r_n) \quad \cdots\cdots(9.14)$$

で与えられる。ここで、$\mathbf{r}$はn変量正規分布$N_n(\boldsymbol{\mu},\boldsymbol{\Sigma})$に従っているとすると、ポートフォリオの収益率は、平均$\mu_P=\mathbf{w}^\mathrm{T}\boldsymbol{\mu}$、分散$\sigma_P^2=\mathbf{w}^\mathrm{T}\boldsymbol{\Sigma}\mathbf{w}$の正規分布に従う。

ここで、ポートフォリオのVaRについて検討する。現時点tで現在保有している資産の現在価値をQ_0、T時点後におけるポートフォリオ価値をQ_Tとする。ある水準α％を設け、資産の変動額Q_T-Q_0が、ある基準$-a$よりさらに下回る確率がちょうど$(100-\alpha)$％となるとき、このaをVaRと定義した。数式を用いると、

$$P(Q_T - Q_0 \leq -a) = 1 - \frac{\alpha}{100} \quad \cdots\cdots(9.15)$$

を満たす値aがVaRである。収益率の定義から、

$$Q_T - Q_0 = Q_0 r_P \quad \cdots\cdots(9.16)$$

であるので、(9.15)式は、

$$P(Q_0 r_P \leq -a) = 1 - \frac{\alpha}{100}$$

$$P\left(r_P \leq -\frac{a}{Q_0}\right) = 1 - \frac{\alpha}{100} \quad \cdots\cdots(9.17)$$

となる。ここで、(5.60)式の標準化を適用すると、

$$Y = \frac{r_P - \mu_P}{\sigma_P} \sim N(0,1) \quad \cdots\cdots(9.18)$$

が成立し、Yは標準正規分布$N(0,1)$に従う。(9.17)式を標準化のかたちになるように変形すると、

第9章 モンテカルロ・シミュレーション

$$P\left(\frac{r_P - \mu_P}{\sigma_P} \leq \frac{-a/Q_0 - \mu_P}{\sigma_P}\right) = 1 - \frac{\alpha}{100} \quad \cdots\cdots(9.19)$$

$$P\left(Y \leq -\frac{a/Q_0 + \mu_P}{\sigma_P}\right) = 1 - \frac{\alpha}{100} \quad \cdots\cdots(9.20)$$

が得られる。Yは標準正規分布$N(0,1)$に従うので、Yで換算したVaRをa_Yとおくと、

$$a_Y = \frac{a/Q_0 + \mu_P}{\sigma_P}$$

$$a_Y \cdot \sigma_P - \mu_P = a/Q_0$$

$$a = Q_0(a_Y \cdot \sigma_P - \mu_P) \quad \cdots\cdots(9.21)$$

となる。標準正規分布$N(0,1)$では、下から1％の水準は-2.33であるので、水準99％VaRとなるa_Yは2.33である。したがって、たとえば$\mu_P = 0.2\%$, $\sigma_P = 2.5\%$とすれば、(9.21) 式にこれらを代入することで、水準99％のVaRを、

$$a = Q_0(2.33 \times 0.025 - 0.002) = 0.05625 \times Q_0 \quad \cdots\cdots(9.22)$$

で計算することができる。

n種類の証券からなるポートフォリオのそれぞれの証券価格を$X_1, X_2, \cdots, X_n$とし、それぞれ$a_1, a_2, \cdots, a_n$単位ずつ保有することで得られるポートフォリオの価値Q_0は、

$$Q_0 = a_1 X_1 + a_2 X_2 + \cdots + a_n X_n = \sum_{i=1}^{n} a_i X_i \quad \cdots\cdots(9.23)$$

で計算できる。証券iへの収益率を、それぞれ$r_i = \frac{\Delta X_i}{X_i}$とおくと、ポートフォリオの収益率$r_P$は、

$$r_P = \frac{\sum_{i=1}^{n} a_i \Delta X_i}{Q_0} = \sum_{i=1}^{n} \frac{a_i X_i}{Q_0} r_i = \sum_{i=1}^{n} w_i r_i \quad \cdots\cdots(9.24)$$

$$w_i = \frac{a_i X_i}{Q_0}$$

となる。ただし、w_iは証券iへの投資比率を意味している。

まず、最初に二つの証券1,2からなるポートフォリオの収益率の平均と分散について検討する。二つの証券1,2の収益率をr_1,r_2とし、それらの平均と標準偏差をそれぞれμ_1,μ_2、σ_1,σ_2、またr_1とr_2の相関を$\rho_{1,2}$とする。このとき、

$$E[w_1r_1+w_2r_2]=w_1E[r_1]+w_2E[r_2]=w_1\mu_1+w_2\mu_2 \quad \cdots (9.25)$$

$$\begin{aligned}V[w_1r_1+w_2r_2]&=E\left[(w_1r_1+w_2r_2-w_1\mu_1-w_2\mu_2)^2\right]\\&=E\left[(w_1r_1-w_1\mu_1)^2\right]+E\left[(w_2r_2-w_2\mu_2)^2\right]\\&\quad+2E\left[(w_1r_1-w_1\mu_1)(w_2r_2-w_2\mu_2)\right]\\&=V[w_1r_1]+V[w_2r_2]+2C[w_1r_1,w_2r_2]\end{aligned} \quad \cdots (9.26)$$

が得られる。また、相関係数$\rho_{1,2}$は、

$$\rho_{1,2}=\frac{C[r_1,r_2]}{\sqrt{V[r_1]V[r_2]}} \quad \cdots (9.27)$$

で与えられるので、$w_1r_1+w_2r_2$の標準偏差は、

$$w_1r_1+w_2r_2\text{の標準偏差}=\sqrt{(w_1\sigma_1)^2+(w_2\sigma_2)^2+2w_1w_2\sigma_1\sigma_2\rho_{1,2}} \quad \cdots (9.28)$$

となる。

これを、同様に多変数の場合に拡張する。n種類の証券価格を$X_1,X_2,\cdots,X_n$とし、それぞれの収益率を$r_1,r_2,\cdots,r_n$、その平均を$\mu_1,\mu_2,\cdots,\mu_n$、**分散共分散行列**を、

$$\Sigma=\begin{pmatrix}\sigma_{1,1}&\sigma_{1,2}&\cdots&\sigma_{1,n}\\\sigma_{2,1}&\sigma_{2,2}&\cdots&\sigma_{2,n}\\\vdots&\vdots&\cdots&\vdots\\\sigma_{n,1}&\sigma_{n,2}&\cdots&\sigma_{n,n}\end{pmatrix}=\begin{pmatrix}V[r_1]&C[r_1,r_2]&\cdots&C[r_1,r_n]\\C[r_2,r_1]&V[r_2]&\cdots&C[r_2,r_n]\\\vdots&\vdots&\cdots&\vdots\\C[r_n,r_1]&C[r_n,r_2]&\cdots&V[r_n]\end{pmatrix} \quad \cdots (9.29)$$

とおく。ポートフォリオ収益率の期待値$E[r_p]$は、

$$E[r_p]=\sum_{i=1}^{n}w_i\mu_i \quad \cdots (9.30)$$

で与えられ、分散は、

$$V[r_p]=\sum_{i=}^{n}\sum_{j=}^{n}w_iw_j\sigma_{i,j}$$

$$= (w_1, w_2, \cdots, w_n) \begin{pmatrix} \sigma_{1,1} & \sigma_{1,2} & \cdots & \sigma_{1,n} \\ \sigma_{2,1} & \sigma_{2,2} & \cdots & \sigma_{2,n} \\ \vdots & \vdots & \cdots & \vdots \\ \sigma_{n,1} & \sigma_{n,2} & \cdots & \sigma_{n,n} \end{pmatrix} \begin{pmatrix} w_1 \\ w_2 \\ \vdots \\ w_n \end{pmatrix} \quad \cdots\cdots(9.31)$$

で計算される。

ここで、分散共分散行列と**相関行列**の関係について述べる。

r_iの標準偏差を、$\sigma_i = \sqrt{V[r_i]}$、r_i, r_jの相関を、$\rho_{i,j} = \dfrac{C[r_i, r_j]}{\sqrt{V[r_i]V[r_j]}}$ とおくと、

$$\Sigma = \begin{pmatrix} \sigma_1 & 0 & \cdots & 0 \\ 0 & \sigma_2 & \cdots & 0 \\ \vdots & \vdots & \ddots & \vdots \\ 0 & 0 & \cdots & \sigma_n \end{pmatrix} \begin{pmatrix} 1 & \rho_{1,2} & \cdots & \rho_{1,n} \\ \rho_{2,1} & 1 & \cdots & \rho_{2,n} \\ \vdots & \vdots & \ddots & \vdots \\ \rho_{n,1} & \rho_{n,2} & \cdots & 1 \end{pmatrix} \begin{pmatrix} \sigma_1 & 0 & \cdots & 0 \\ 0 & \sigma_2 & \cdots & 0 \\ \vdots & \vdots & \ddots & \vdots \\ 0 & 0 & \cdots & \sigma_n \end{pmatrix} \quad \cdots\cdots(9.32)$$

と分解できる。この (9.32) 式の

$$\begin{pmatrix} 1 & \rho_{1,2} & \cdots & \rho_{1,n} \\ \rho_{2,1} & 1 & \cdots & \rho_{2,n} \\ \vdots & \vdots & \ddots & \vdots \\ \rho_{n,1} & \rho_{n,2} & \cdots & 1 \end{pmatrix}$$

を相関行列という。(9.32) 式で示された収益率r_pの分散$V[r_p]$を、この相関行列で表すと、

$$V[r_p] = \sum_{i=1}^{n} \sum_{j=1}^{n} w_i w_j \sigma_i \sigma_j \rho_{i,j}$$

$$= (w_1 \sigma_1, w_2 \sigma_2, \cdots, w_n \sigma_n) \begin{pmatrix} 1 & \rho_{1,2} & \cdots & \rho_{1,n} \\ \rho_{2,1} & 1 & \cdots & \rho_{2,n} \\ \vdots & \vdots & \ddots & \vdots \\ \rho_{n,1} & \rho_{n,2} & \cdots & 1 \end{pmatrix} \begin{pmatrix} w_1 \sigma_1 \\ w_2 \sigma_2 \\ \vdots \\ w_n \sigma_n \end{pmatrix} \quad \cdots\cdots(9.33)$$

が得られる。

ポートフォリオ$Q_0(>0)$を構成するn種類の証券価格を$X_1, X_2, \cdots, X_n$とし、

各X_iの保有期間における収益率$r_i = \dfrac{\Delta X_i}{X_i}$が、それぞれ平均$\mu_i$標準偏差$\sigma_i$の正規分布に従うとする。さらに、$r_i, r_j$の相関を$\rho_{i,j}$とする。現時点での各資産への投資額を$V_i$(=保有枚数×$X_i$)とし、$Q_0$の収益率$r_p = \dfrac{\Delta P}{Q_0}$は正規分布に従うものとすると、$Q_0$の水準99%のVaRは、

$$-\left\{ Q_0\left(1+E[r_p]-2.33\sqrt{V[r_p]}\right)-Q_0 \right\}$$

$$= -Q_0 \cdot E[r_p] + 2.33\sqrt{Q_0^2 \cdot V[r_p]}$$

$$= -\sum_{i=1}^{n} V_i \mu_i + 2.33 \sqrt{(V_1\sigma_1, V_2\sigma_2, \cdots, V_n\sigma_n) \begin{pmatrix} 1 & \rho_{1,2} & \cdots & \rho_{1,n} \\ \rho_{2,1} & 1 & \cdots & \rho_{2,n} \\ \vdots & \vdots & \ddots & \vdots \\ \rho_{n,1} & \rho_{n,2} & \cdots & 1 \end{pmatrix} \begin{pmatrix} V_1\sigma_1 \\ V_2\sigma_2 \\ \vdots \\ V_n\sigma_n \end{pmatrix}} \quad \cdots\cdots(9.34)$$

で計算される。ポートフォリオQ_0がリスクファクター$X_1, X_2, \cdots, X_n$の実現値$x_1, x_2, \cdots, x_n$の関数として、$Q_0 = v(x_1, x_2, \cdots, x_n)$と書けるとする。$Q_0$の変化額$\Delta Q_0$は、各リスクファクター$X_i$が、それぞれ$\dfrac{\partial}{\partial x_i}v(x_1, x_2, \cdots x_n)$単位ずつからなるポートフォリオの変化額で近似できる。したがって、Q_0の水準99%のVaRは、上の式に$V_i = x_i \dfrac{\partial}{\partial x_i}v(x_1, x_2, \cdots x_n)$を代入することで得られる。

分散共分散行列$\Sigma = (\sigma_{i,j})$は**半正定値**、すなわち、すべての$(w_1, w_2, \cdots, w_n)$に対し、

$$\sum_{i=1}^{n}\sum_{j=1}^{n} w_i w_j \sigma_{i,j}$$

$$= (w_1, w_2, \cdots, w_n) \begin{pmatrix} \sigma_{1,1} & \sigma_{1,2} & \cdots & \sigma_{1,n} \\ \sigma_{2,1} & \sigma_{2,2} & \cdots & \sigma_{2,n} \\ \vdots & \vdots & \cdots & \vdots \\ \sigma_{n,1} & \sigma_{n,2} & \cdots & \sigma_{n,n} \end{pmatrix} \begin{pmatrix} w_1 \\ w_2 \\ \vdots \\ w_n \end{pmatrix} \geq 0 \quad \cdots\cdots(9.35)$$

を満たす。すべての$(w_1, w_2, \cdots, w_n)$に対し$\sum_{i=1}^{n}\sum_{j=1}^{n} w_i w_j \sigma_{i,j} > 0$を満たすとき**正定値**という。

第9章 モンテカルロ・シミュレーション

分散共分散行列が半正定値であって正定値でないということは、分散を0とするポートフォリオの組合せが存在する、つまり、リスクファクターが冗長であることを意味している。

例題9.2　二証券ポートフォリオのVaR

二つの証券A, Bにそれぞれ1億円、2億円を投資しているポートフォリオがあるとする。それぞれの証券の保有期間1日の収益率$r_i = \dfrac{\Delta X_i}{X_i}$が、それぞれ平均0の正規分布に従い、分散共分散行列を$\Sigma = \begin{pmatrix} 0.01 & 0.004 \\ 0.004 & 0.04 \end{pmatrix}$とする。このとき、このとき、保有期間1日の水準99%のVaRは、

$$99\%\text{VaR} = 2.33\sqrt{(100000000, 200000000)\begin{pmatrix} 0.01 & 0.004 \\ 0.004 & 0.04 \end{pmatrix}\begin{pmatrix} 100000000 \\ 200000000 \end{pmatrix}}$$
$$\approx 100487581$$

となる。

例題9.3　為替取引のVaR

以下の二つの為替取引からなるポートフォリオのVaRを、円を基準に算出したい。

① ドル買い円売り　　　15百万米ドル
② マルク売り円買い　　20百万独マルク

なお、このポートフォリオのリスクファクターは、ドル／円為替スポット・レートと、マルク／円為替スポット・レートであり、それらの為替レートの1年換算の収益率をベースとする分散共分散行列は、

	ドル／円	マルク／円
ドル／円	0.040	0.018
マルク／円	0.018	0.090

で与えられている。また、現在の市場レートは、
① ドル／円　　　スポット・レートが120.00円
② マルク／円　　スポット・レートが80.00円
であり、VaRは保有期間1日、水準99%で計測するものとする。

分散共分散行列より、ドル、マルクの収益率の標準偏差（年率）は、それぞれ $\sqrt{0.04}=0.2$、$\sqrt{0.09}=0.3$ である。ポートフォリオの売り買いの向きによって損失の方向が異なり、リスク・ファクターごとの v_i は、

① 米ドル v_1：　　$15,000,000 \times 120.00 \times 0.2 \times \sqrt{1/250} \times 2.33 = 53,050,370$
② 独マルク v_2：　$-20,000,000 \times 80.00 \times 0.3 \times \sqrt{1/250} \times 2.33 = -70,733,827$

で求められる。また、相関行列は、

$$\begin{pmatrix} 1 & 0.3 \\ 0.3 & 1 \end{pmatrix}$$

であるので、

$$\text{VaR} = \sqrt{(53,050,370, -70,733,827)\begin{pmatrix} 1 & 0.3 \\ 0.3 & 1 \end{pmatrix}\begin{pmatrix} 53,050,370 \\ -70,733,827 \end{pmatrix}}$$

$$= 74,606,586$$

となる。

第9章 モンテカルロ・シミュレーション

例題9.4　2変量正規分布乱数

配当のない米国株式を1単位購入し、この投資を円ベースで評価する場合について考える。この例では、株価Sドル、スポットの為替レートF円／ドルという二つの確率変数があるので、円ベースでこの投資を評価するモンテカルロ・シミュレーションを行う場合には、2種類の乱数系列が必要である。投資金額をY円とすると、

$$Y = S \times F$$

となるが、Sの変動とFの変動の間に相関がある場合には相関を加味した乱数が必要となり、2変量のモンテカルロ法で対応しなければならない。

Sの離散期間Δtでの変動ΔSと、Fの離散期間Δtでの変動ΔFが2変量正規分布に従うと仮定する。$\Delta S/S$の分散をσ_S^2、平均をμ_Sとし、$\Delta F/F$の分散をσ_F^2、平均をμ_Fとしたうえで、$\Delta S/S$と$\Delta F/F$の相関係数をρとおく。このとき、二つの独立な標準正規乱数R_1, R_2から、以下の式によって$\Delta S/S$と$\Delta F/F$を生成することができる。

$$\Delta S/S = \mu_S + \sigma_S R_1 \quad\quad (9.36)$$

$$\Delta F/F = \mu_F + \sigma_F \left\{ \rho R_1 + \sqrt{1-\rho^2} R_2 \right\} \quad\quad (9.37)$$

ここで、**コレスキー分解**について証明なしに解説する。共分散行列$\Sigma = (\sigma_{ij})$は正定値（すなわち、正則）とする。このとき、下三角行列

$$\mathbf{C} = \begin{pmatrix} c_{11} & 0 & 0 & \cdots & 0 \\ c_{21} & c_{22} & 0 & \cdots & 0 \\ c_{31} & c_{32} & c_{33} & \cdots & 0 \\ \vdots & \vdots & \vdots & \ddots & \vdots \\ c_{n1} & c_{n2} & c_{n3} & \cdots & c_{nn} \end{pmatrix}$$

により、$\mathbf{\Sigma}$は、

$$\Sigma = CC^T \tag{9.38}$$

と分解できる。ただし、

$$c_{11} = \sqrt{\sigma_{11}}$$

$$c_{i1} = \frac{\sigma_{i1}}{\sqrt{\sigma_{11}}} \quad , \quad i = 2, \cdots, n$$

$$c_{jj} = \sqrt{\sigma_{jj} - \sum_{k=1}^{j-1} c_{jk}^2} \quad , \quad j = 2, \cdots, n$$

$$c_{ij} = \frac{1}{c_{jj}} \left(\sigma_{ij} - \sum_{k=1}^{j-1} c_{ik} c_{jk} \right) \quad , \quad j < i \quad , \quad i = 2, \cdots, n$$

ここで、(9.38) 式から、

$$|\Sigma| = |C||C^T|$$

であるが、行列式の性質より $|C^T| = |C|$、したがって、$|C|^2 = |\Sigma| \neq 0$ となり、C は正則（すなわち、$(c_{ii} \neq 0)$）である。

> **定理9-1** コレスキー分解 (9.38) において C が正則であり、$X \sim N_n(0, I)$ とする。このとき $Y = CX + \mu$ で定義される確率ベクトルは n 変量正規分布 $N_n(\mu, \Sigma)$ に従う。逆に、$Y \sim N_n(\mu, \Sigma)$ に対して、$X = C^{-1}(Y - \mu)$ は n 次元標準正規分布 $N_n(0, I)$ に従う。

定理9-1によれば、共分散行列 Σ が $\Sigma = CC^T$ とコレスキー分解されている場合、n 変量正規分布に従う乱数列は、以下の手順によって生成することができる。

手順1：n 個の独立な標準正規分布に従う乱数 R_i を発生させ、$X = (R_1, R_2, \cdots, R_n)^T$ とおく。

手順2：$Y = (y_1, y_2, \cdots, y_n)^T$ を、

$$Y = CX + \mu \tag{9.39}$$

とおく。ただし、μは平均ベクトルとする。

手順3：手順1と手順2の処理を繰り返すことにより、必要数の乱数ベクトルを生成する。

2　オプションの評価

　金融工学では、株価などの原資産の価格変動を確率微分方程式によって記述する。たとえば、ブラック・ショールズのモデルでは、株価$S(t)$が幾何ブラウン運動に従うと仮定し、リスク中立確率のもとで、無リスク金利とボラティリティの値を一定として、配当のない株式オプションのプレミアムを解析解[3]で求めている。

　(9.1) 式の幾何ブラウン運動を想定し、$Y(t)=\ln S(t)$が従う確率微分方程式を導く。

$$f(x,t) = \log x \quad \text{...} (9.40)$$

と定めると、

$$f_t(x,t) = 0 \quad , \quad f_x(x,t) = \frac{1}{x} \quad , \quad f_{xx}(x,t) = -\frac{1}{x^2}$$

が得られる。(9.1) 式と (4.63) 式（198ページ参照）との比較において、μがrS、σがσSに対応していることに注意し、(4.65) 式（199ページ参照）の伊藤の公式を適用すると、

$$d \log S(t) = \left(f_t(S(t),t) + rS(t) f_x(S(t),t) + \frac{(\sigma S(t))^2}{2} f_{xx}(S(t),t) \right) dt + f_x(S(t),t) \sigma S(t) dz$$

$$= \left(0 + rS(t) \frac{1}{S(t)} - \frac{\{\sigma S(t)\}^2}{2} \cdot \frac{1}{S(t)^2} \right) dt + \frac{1}{S(t)} \sigma S(t) dz$$

---

[3] 解析解とは、パラメータが与えられれば結果が計算できるということであり、派生証券の評価において期待値計算が不要な式のかたちになっているということである。

$$= \left(r - \frac{\sigma^2}{2}\right)dt + \sigma\, dz \quad , \quad t \geq 0 \quad \text{(9.41)}$$

が得られる。パラメータr, σが定数であるために、$Y(t)$はドリフト$(r - \sigma^2/2)$と拡散係数σをもつブラウン運動になる。(9.41) 式の両辺を積分すると、

$$\log S(t) - \log S(0) = \left(r - \frac{\sigma^2}{2}\right)t + \sigma z(t)$$

$$S(t) = S(0)\exp\left[(r - \sigma^2/2)T + \sigma z(t)\right] \quad \text{(9.42)}$$

が得られる。したがって、$S(T)$は平均$(r - \sigma^2/2)T$と分散$\sigma^2 T$をもつ正規分布に従い、ブラック・ショールズのモデル (9.1) における株価は次式で与えられることがわかった。

$$S(T) = S(0)\exp\left[(r - \sigma^2/2)T + \sigma \varepsilon \sqrt{T}\right] \quad \text{(9.43)}$$

ただし、εは標準正規分布に従う確率変数である。

リスク中立化法によれば、ペイオフ関数$h(S)$をもつ満期Tのヨーロピアンタイプのデリバティブ価格は次式で与えられる。

$$c(S, T) = \tilde{E}_0\left[\frac{h(S(T))}{B(T)}\right] \quad \text{(9.44)}$$

ただし、$S(0) = S$、$\tilde{E}_0[\cdot]$は時点0における情報を基にしたリスク中立確率に関する条件付期待値である。

$$B(t) = \exp\left\{\int_0^t r(u)\, du\right\}$$

で、$r(t)$は時点tにおける無リスクなスポット・レートを表している。ブラック・ショールズのモデルでは無リスクなスポット・レートは一定と仮定しているので、

$$B(T) = \exp\left\{\int_0^T r\, du\right\} = e^{rT}$$

となるから、たとえば、行使価格がKのコール・オプションの価格は、

$$c(S, T) = e^{-rT}\tilde{E}_0\left[\max\{S(T) - K, 0\}\right] \quad \text{(9.45)}$$

第9章　モンテカルロ・シミュレーション

を評価すればよいことになる。$S(T)$は対数正規分布（9.41）に従うことがわかっているので、(9.43) 式を計算することで解析解を導出することができる。

(9.43) 式のεに標準正規乱数R_iを代入すると、1個の時点Tの株価$S_i(T)$が、

$$S_i(T) = S(0)\exp\left[(r-\sigma^2/2)T + \sigma R_i\sqrt{T}\right] \quad\quad\quad\quad (9.46)$$

によって計算される。この試行をn回繰り返し、その平均をとったものが (9.45) 式の近似式となり、コール・オプションの価格$c(S,T)$を、以下の式で計算することができる。

$$\begin{aligned}c(S,T) &= e^{-rT}\tilde{E}_0\left[\max\{S(T)-K,0\}\right] \\ &\approx e^{-rT}\frac{\sum_{i=1}^{n}\max\{S_i(T)-K,0\}}{n}\end{aligned} \quad\quad (9.47)$$

ヨーロピアン・コール・オプションの評価では、金利r、ボラティリティσは満期までの期間中一定であるというブラック・ショールズのモデルの仮定に従えば、モンテカルロ・シミュレーションによって (9.46) 式で評価可能である。しかし、金利やボラティリティが時点によって変化する場合には、ブラック・ショールズのモデルの解析解は存在しない。その場合には、金利$r(t)$やボラティリティ$\sigma(t)$になんらかの確率微分方程式を仮定し、それらを組み合わせたペイオフの分布をモンテカルロ・シミュレーションで求める必要がある。

例題9.5　デリバティブ価格の評価

株価が (9.1) 式に従うとして、ペイオフ関数$h(S(T))=(S(T)-K)^2$をもつデリバティブ[4]をモンテカルロ・シミュレーションで評価する。この場合には、満期Tにおける株価を (9.46) 式で生成し、このデリバティブ価

4　このようなデリバティブをパワー・オプションと呼ぶ。

格の推定値を、

$$c(S,T) = e^{-rT}\tilde{E}_0\left[(S(T)-K)^2\right]$$

$$\approx e^{-rT}\frac{\sum_{i=1}^{n}(S_i(T)-K)^2}{n} \quad\quad\quad\quad\quad\quad\quad\quad\quad\quad (9.48)$$

で求めればよい。

例題9.6　二つの株価でペイオフが決まるデリバティブの評価

2種類の株価の高いほうの株価と行使価格との差がペイオフとなる、ヨーロピアン・コール・オプションの価格について検討する。それぞれの株価 $S^{(1)}(t)$、$S^{(2)}(t)$ が（9.1）式に従うとし、それらの相関係数を ρ とおく。（9.46）式に、（9.36）式と（9.37）式の関係を考慮して、時点 T での i 番目のモンテカルロ・シミュレーション上のそれぞれの株価 $S^{(1)}(T)$、$S^{(2)}(T)$ を、以下のように求める。

$$S_i^{(1)}(T) = S^{(1)}(0)\exp\left[(r-\sigma_1^2/2)T + \sigma_1 R_i^{(1)}\sqrt{T}\right] \quad\quad (9.49)$$

$$S_i^{(2)}(T) = S^{(2)}(0)\exp\left[(r-\sigma_2^2/2)T + \sigma_2\left\{\rho R_i^{(1)} + \sqrt{1-\rho^2}R_i^{(2)}\right\}\sqrt{T}\right] \quad (9.50)$$

ただし、株価 $S^{(1)}(t)$ のボラティリティを σ_1、株価 $S^{(2)}(t)$ のボラティリティを σ_2、2種類の標準正規乱数を $R_i^{(1)}, R_i^{(2)}$ とした。ここで、株価の高いほうの価格で行使できるコール・オプションを考える。行使価格を K、満期を T とすると、このヨーロピアン・オプションの価格は、

$$c_M(K,T) = e^{-rT}\tilde{E}_0\left[\max\{\max\{S_i^{(1)}(T), S_i^{(2)}(T)\} - K, 0\}\right]$$

$$\approx e^{-rT}\frac{\sum_{i=1}^{n}\max\{\max\{S_i^{(1)}(T), S_i^{(2)}(T)\} - K, 0\}}{n} \quad\quad (9.51)$$

第9章　モンテカルロ・シミュレーション

(9.1) 式では、株価 $S(t)$ を連続時点の確率微分方程式で表した。一方、コンピュータ上でモンテカルロ・シミュレーションを行うためには、これを以下のような離散時点のモデルに変更する必要がある。

$$\Delta S(t) = rS(t)\Delta t + \sigma S(t)\varepsilon\sqrt{\Delta t} \quad\cdots\cdots(9.52)$$

これは、確率微分方程式を確率差分方程式、つまり、現時点を 0、満期時点を T とし、期間 T を N 等分、つまり期間の幅を $\Delta t = T/N$ としたものである。
ただし、

$dt \approx \Delta t = T/N$

$dS(t) \approx \Delta S(t) = S(t + \Delta t) - S(t)$

$dz(t) \approx \varepsilon\sqrt{\Delta t}$, $\varepsilon \sim N(0,1)$

とした。(9.52) 式から、次式を得ることができる。

$S(t+1) = S(t) + \Delta S(t)$
$\qquad = S(t) + rS(t)\Delta t + \sigma S(t)\varepsilon\sqrt{\Delta t}$
$\qquad = S(t)\left\{1 + r\Delta t + \sigma\varepsilon\sqrt{\Delta t}\right\} \quad\cdots\cdots(9.53)$

ここで、株価 $S(t)$ の i 番目の推移（i 番目のサンプル・パス）をシミュレーションで求めるために、離散時点 t_j に適用する標準正規乱数を $R_i(t_j)$ とし（$j = 0, 1, \cdots, N-1$）、順次 (9.53) 式に適用する。

$S_i(1) = S(0)\left\{1 + r\Delta t + \sigma R_i(t_0)\sqrt{\Delta t}\right\}$

$S_i(2) = S_i(1)\left\{1 + r\Delta t + \sigma R_i(t_1)\sqrt{\Delta t}\right\}$

$\qquad\vdots$

$S_i(N) = S_i(N-1)\left\{1 + r\Delta t + \sigma R_i(t_{N-1})\sqrt{\Delta t}\right\} \quad\cdots\cdots(9.54)$

ただし、$t_j = j\Delta t$、$S_i(t_j) = S_i(j\Delta t) \approx S_i(t)$ とおいた。

(9.54) 式は、時点 $t_j = j\Delta t$ での株価 $S_i(t_j)$ がわかっていれば、その次の時点での株価 $S_i(t_{j+1})$ は、無リスク金利 r、ボラティリティ σ、標準正規乱数 $R_i(t_j)$ の値によって決定されることを意味している。このように、将来に向かって各時点の株価を順次計算していく方法を**前進解**を求めるといい、この手順で得られ

た一つのパスが、1回のモンテカルロ・シミュレーションに対応する。

オプションにはさまざまなかたちのものがあるが、基本的には、これらのパスによって条件にマッチしたペイオフを計算することになる。モンテカルロ・シミュレーションでは、パスごとにこうした条件に適合しているかどうかを判断し、それぞれのペイオフを計算すればよい。

例題9.7　経路依存型デリバティブの評価

① ルックバック型の最大値オプション

スタートしてから満期 T までの間に、株価が最大となった値を基準とするオプションであり、t日目の株価終値を $S(t)$ とすると $\max_{0 \leq t \leq T}[S(t)]$ が計算の対象となる。このコール・オプションの満期時点 T でのペイオフ $c_T^{(i)}$ は、

$$c_T^{(i)} = \max\left[\max_{1 \leq t \leq T}[s_i(t)] - K, 0\right], \quad t = 1, 2, \cdots, T \quad \cdots\cdots(9.55)$$

で求められる。

② ルックバック型のアベレージ・オプション

スタートしてから満期 T までの間の日々の株価終値 $S(t)$ の平均値 $\frac{1}{T+1}\sum_{t=0}^{T} S(t)$ を対象とするオプションであり、このコール・オプションの満期時点 T でのペイオフ $c_T^{(i)}$ は、

$$c_T^{(i)} = \max\left[\left[\frac{1}{T+1}\sum_{t=0}^{T} s_i(t)\right] - K, 0\right] \quad \cdots\cdots(9.56)$$

で算出される。

③ ルックバック型のデイ・カウント・オプション

スタートしてから満期 T までの間に、日々の株価終値 $S(t)$ が基準株価 $\hat{S}$ 以上の値となった日数が a 日以上ある場合、それらの日々の株価終値の平均値を対象とするオプションであり[5]、このコール・オプションの満期時

第9章　モンテカルロ・シミュレーション

点Tでのペイオフ$c_T^{(i)}$は、

$$c_T^{(i)} = \max\left[\left[\frac{\sum_{t=1}^{T} s_i(t)\cdot 1_{\{s_i(t)\geq \hat{S}\}}}{b}\right]\cdot 1_{\{b\geq a\}} - K, 0\right] \quad\cdots\cdots(9.57)$$

$$b = \sum_{t=1}^{T} 1_{\{s_i(t)\geq \hat{S}\}}$$

$$1_{\{x\}} = \begin{cases} 1, & x\text{が真であるとき} \\ 0, & x\text{が偽であるとき} \end{cases}$$

で計算される。

　デリバティブ評価の基本は、将来のキャッシュフローの現在価値の期待値をリスク中立確率のもとで計算することであった。モンテカルロ・シミュレーションでは、各パスのペイオフの平均値を計算することが期待値を計算することに対応する。したがって、上記のいずれの場合でも、オプションの価値Cは、

$$C = \tilde{E}_0\left[e^{-rT}C_T\right] \approx e^{-rT}\frac{1}{n}\sum_{i=1}^{n}c_T^{(i)} \quad\cdots\cdots(9.58)$$

で求めることができる。

　モンテカルロ・シミュレーションによる価格評価の基本は、原証券の現在価格から将来の価格を次々に計算し、発生したそれぞれのパスについて価格評価を行い、その平均値をとることで金融商品の価格やリスクを算出しようというものである。これは前進法と呼ばれるもので、満期日のみに権利行使が可能なヨーロピアン・オプションの評価に対しては有効な手法である。しかし、満期日以前に権利行使が可能なアメリカン・オプションの評価はむずかしい。それは、満期日以前のある時点において権利を行使

5　日数がa日以上あるというのが行使条件であり、行使内容についてはさまざまなバリエーションがある。

すべきかどうかは、その時点で直ちに権利を行使したときに得られる「行使価値（本源的価値）」と、権利を行使しなかった場合に満期時点までの間に得られる利得の期待値である「保有価値」を比較しなければならないからである。

したがって、アメリカン・オプションの評価では、ある時点の原証券価格が知られていると仮定したうえで、その後の原証券の価格推移が与えられることが必要となる。これを通常のモンテカルロ・シミュレーションで求めようとすると、アメリカン・オプションの行使が可能な特定時点t_1での原証券の価格$S(t_1)$を与えたうえで、それ以降の原証券の価格のパスを非常に多く発生させる必要があることを示しており、なんらかの工夫が求められる。

③ サンプル・パスの必要数

モンテカルロ・シミュレーションは、大数の法則が前提となるため、シミュレーションの回数が多いほど計算精度は向上する。それでは期待ペイオフC_nの推定誤差を$100\beta\%$以内に抑えるために必要となるシミュレーション回数について検討する。一般に、モンテカルロ・シミュレーションでは、独立で同一の分布（i.i.d.）に従う確率変数の列$\{X_n\}$に対して、

$$C_n = \frac{1}{n}\sum_{i=1}^{n} h(X_i) \quad\quad (9.59)$$

でオプション価格を推定する。ここで、$m = E[h(X_i)]$, $\sigma^2 = V[h(X_i)]$とおけば、

$$E[C_n] = m, \quad V[C_n] = \frac{\sigma^2}{n} \quad\quad (9.60)$$

が得られる。したがって、中心極限定理を適用すれば、十分大きなnに対して、

$$S_n = \frac{C_n - m}{\sigma/\sqrt{n}} \sim N(0,1) \quad\quad (9.61)$$

第9章 モンテカルロ・シミュレーション

が成立する。

ここで、100α％以上の精度で誤差率$|C_n - m|/m$を100β％以内に抑えるには、サンプル・パスの系列がいくつ必要になるかについて検討する。

$$P\left\{\frac{|C_n - m|}{m} \leq \beta\right\} \geq \alpha \tag{9.62}$$

に、(9.61) 式を代入すると、

$$P\left\{|S_n| \times \frac{\sigma}{m\sqrt{n}} \leq \beta\right\} \geq \alpha$$

$$P\left\{|S_n| \leq \frac{\beta m\sqrt{n}}{\sigma}\right\} \geq \alpha \tag{9.63}$$

が得られる。たとえば、$\alpha=0.99$の精度を想定すると、(9.63) 式に相当する

$$P\{|S_n| \leq a\} = 0.99$$

は、標準正規分布において$-a \leq S_n \leq a$となる確率を意味する。標準正規分布は左右対称の分布であるので、

$$P\{|S_n| \leq a\} = 1 - P\{S_n \leq -a\} - P\{S_n \geq a\}$$
$$= 1 - 2 \times P\{S_n \leq -a\} = 0.99$$

$$P\{S_n \leq -a\} = 0.005$$

となるが、これを満たすaは$a=2.57583$となる[6]。ここで、誤差率を$\beta=0.001$とすると、(9.63) 式より、

$$a = \frac{\beta m \sqrt{n}}{\sigma} \tag{9.64}$$

となるので、

$$2.57583 = \frac{0.001 m \sqrt{n}}{\sigma}$$

---

[6] $P\{S_n \leq -a\}=0.005$を満たすaをExcelで計算するには、=NORMSINV(0.005)と入力すればよい。

$$n = \left(\frac{2575.83\sigma}{m}\right)^2 \quad \text{..}(9.65)$$

が得られる。つまり、(9.65)式が必要なサンプル・パスの個数nとなる。

4 ヒストリカル・シミュレーション

　モンテカルロ・シミュレーションでは、なんらかの確率微分方程式を仮定することで、将来時点のペイオフの分布をコンピュータ上で再現するものであった。したがって、なんらかの分布を仮定する必要がある。また、確率微分方程式のパラメータについては、過去データ、もしくは現在の市場価格から推定することになる。どのような確率微分方程式を適用するのかということと、そのパラメータが決まると、たとえば、(9.46)式のR_iに標準正規乱数を適用することによって将来の株価の分布を求めることができた。

$$S_i(T) = S(0)\exp\left[(r - \sigma^2/2)T + \sigma R_i \sqrt{T}\right]$$

　幾何ブラウン運動では、収益率$\Delta S(t)/S(t)$が正規分布するということが前提となるが、実際の過去データをみてみると正規分布とはいえない状況が多々ある。そこで、過去と同じことが将来も起こると仮定することで、過去の分布をそのまま利用するのがヒストリカル・シミュレーションの基本的な考え方である。たとえば、ある株式の過去データ$\hat{S}(t)$がm個与えられているものと仮定する。このデータから株価成長率$u_S(t)$を、

$$u_S(t) = \frac{S(t)}{S(t-1)}$$

で計算すると、$m-1$個の系列ができあがる。現時点での株価を$S(0)$とし、株価成長率$u_S(t)$は過去の系列から独立しているものと仮定する。ヒストリカル・シミュレーションでは、過去の株価成長率$u_S(t)$の系列から任意に推定期間分のデータを抽出し、それを順に利用することで、株価のサンプル・パス

第9章　モンテカルロ・シミュレーション

を生成する。取り出した過去の12個の株価成長率が$u_s(3), u_s(25), u_s(12), u_s(65),$ $u_s(104), u_s(72), u_s(8), u_s(96), u_s(29), u_s(41), u_s(63), u_s(55)$である場合、将来の株価サンプル・パスを、

$$S(1) = S(0) \cdot u_s(3)$$
$$S(2) = S(1) \cdot u_s(25)$$
$$S(3) = S(2) \cdot u_s(12)$$
$$\vdots$$
$$S(12) = S(11) \cdot u_s(55)$$

で計算する。

5 まとめ

　モンテカルロ・シミュレーションは、解析解が求められない金融商品の評価などで、コンピュータの負荷を考えなければ比較的容易に評価ツールを作成することができる。一方、モンテカルロ・シミュレーションはあくまでも道具であり、確率変数をどのように記述するのか、パラメータをどのように与えるのかによって結果が大きく異なる。また、アメリカン・オプションの評価では、さまざまな手法が研究されているが留意する点も多い。

　解析解であれば、モデルの特徴が数式から把握することもでき、感応度なども計算しやすい。安易にモンテカルロ・シミュレーションに頼るのではなく、まず解析解を考えるというスタンスが重要である。

第10章
倒産確率と存続確率

　信用リスクとは、融資した資金とその利息の返済が、契約どおりに実行されない、あるいは延滞に陥るといった状態から生じる損失リスクを指している。また、株式や社債を保有している場合には、発行企業の業績が悪化して株価や社債価格が下落することや、発行企業が倒産して株式や社債の価値が無効になる状態も広義の信用リスクととらえられる。

　この章では、信用リスクの特徴やリスク計測の方法、デフォルト確率、存続確率などの評価方法について検討する。

第10章　倒産確率と存続確率

1　信用リスクと市場リスクの違い

　企業や個人が債務を履行できなくなる状態に陥ることを**デフォルト**と呼び、ある企業がデフォルトした場合に、その企業の債権を保有する企業や個人が、債権を回収することができなくなる直接的な損失のことを（直接的）**信用リスク**、あるいは**デフォルト・リスク**と呼ぶ。また、企業ではなんらかのかたちで株式や債券などの金融資産を保有しているのが一般的である。それらの発行企業が実際にデフォルトしなくても、企業業績や資金繰りが悪化すれば株式や債券の価格の下落や流動性の低下をもたらし、結果的に損失を被る可能性もある。これが間接的信用リスクと呼ばれるものである。

　ある企業の信用リスクとは、その企業の総合力を表している。その意味では、その企業の財務諸表を調べることで、信用リスクを測定することができると考えられる。また、株価や債券価格は、その発行企業についての信用リスクを織り込んだかたちで市場価格が形成されているととらえるのが自然である。たとえば、社債と国債の利回りを比較すると、国債はデフォルトの可能性がきわめて低いと考えられるため、社債の利回りがより高くなるのが普通であり、この利回りの差のことを**イールド・スプレッド**といっている。信用リスクは債務の返済能力に関連するリスクであり、社債市場のイールド・スプレッドは、この信用リスクに流動性リスクなどが組み合わさって形成されたものと考えることができる。

　したがって、一般的にはイールド・スプレッドが小さいほどその社債の発行体である企業の債務返済能力は高いことが見込まれ、それらの市場価格から市場の想定している発行企業の信用リスクを推定することも可能である。さらに、外部格付機関が企業に付与する格付も、信用リスクの評価値として重要な意味をもっている。いずれにしても、イールド・スプレッドや格付に基づいて信用リスクを計量化するためには、なんらかの数理的なモデルが必要となる。

信用リスクを把握するには、三つの材料が必要である。第一に、デフォルトが発生する可能性を示す**デフォルト確率**（PD：Probability of Default）。第二に、デフォルトが発生した場合に債権額から回収できる額の割合を示す**回収率**（RR：Recovery Rate）。第三に、複数の融資先が同時にデフォルトする（連鎖倒産）確率（JPD：Joint Probability of Default）もしくは**同時デフォルト確率**から計算される**デフォルト相関**である。回収率については、1から回収率を差し引いた**デフォルト時損失率**（LGD：Loss Given Defalut）を使うことも多い。これらの三つの材料を使って計算した信用リスクや損失額の分布を眺めると、市場リスクの分析で使われる株や債券の収益率分布や時価総額の分布とは異なる形状をしているのがわかる。一般に、損失額分布は右に大きくゆがんだ形状となっており、これはデフォルト確率が小さくても、デフォルトが発生した場合には巨額の損害を被る可能性があることを示している。

2　信用リスクモデルを構築するには

　信用リスクのモデルを構築する方法には、さまざまなアプローチがある。これらのアプローチの概要を説明しよう。

(1)　**市場価格からのアプローチ**

　社債などのように、信用リスクのある金融資産が市場で取引されていれば、その市場価格を評価モデルに当てはめることで、市場価格と整合的な信用リスクのパラメータ値を推定することができる。また、企業の財務諸表や企業や属性データ（格付など）から、信用リスクをなんらかの方法で計量化するという方法もある。

第10章　倒産確率と存続確率

(2) 構造型アプローチと誘導型アプローチ

a　構造型アプローチ（Structural Form）

　企業の信用リスクを示すなんらかの指標値が、ある閾値を超えた場合にデフォルトが発生するととらえるのが構造型アプローチである。たとえば、ある時点で保有する全資産を売却して企業を清算しようとしても、企業資産の市場価値（資産時価）が負債価値以下となっている場合には、全負債を返済することができない。これが**債務超過**であり、この状態に陥ったときにデフォルトが発生すると仮定する。この事象は、企業資産を原資産とし、負債価値を行使価値とするコール・オプションととらえることができ、デフォルト確率はこのオプションが**アウト・オブ・ザ・マネー**になる確率として表現できる。

b　誘導型アプローチ（Reduced Form）

　企業の財務状況などとは無関係に、デフォルト確率や信用リスクを示すパラメータを外生的に与えて、信用リスクのある資産の価格を求め、信用リスクを計測する。観測される事象はデフォルトが起きたか起きないかのどちらかであり、デフォルトの可能性の高低に関する情報はもっていても、デフォルトの発生を説明する要因を直接的に観測できるわけではない。

(3) デフォルト・モードと非デフォルト・モード

　リスク評価期間内に債務者のデフォルトが生じる場合にのみ損失が発生すると定義する考え方を、デフォルト・モード方式という。これに対し、デフォルト以前の債務者の信用度（格付）低下も考慮した評価方法をMTM（Mark to Market Mode）方式と呼ぶ。MTM方式のモデルでは、たとえば債券格付のように、AAAからDまで最良格付からデフォルトまでの多段階の格付を行い、特定の債券が他の債券と比較して相対的にどのような信用リスクの状態にあるかを明らかにしている。信用リスクの状態は、延滞期間の長さや、信用リスク規制の資産査定条項にみられるように、あらかじめ決めら

れた条件により、「正常先」「要注意先（要管理先およびその他要注意先）」「破綻懸念先」「破綻先」などと分類することもある。

③ デフォルト確率と存続（生存）確率

　企業にとっては、保有している債権の発行企業が、ある期間内にデフォルトしてしまう可能性が問題となる。そこで、たとえば**バリュー・アット・リスク**（VaR）の場合には２週間、**ポテンシャル・エクスポージャー**（PE）の場合には３カ月というように、リスク管理の目的に応じたターゲット期間が設定される。このターゲット期間のことを**リスク・ホライゾン**と呼んでおり、通常の信用リスクを評価ではリスク・ホライゾンにおける、デフォルト確率をなんらかのかたちで計量化することになる。

　デフォルト確率を定義していく前に、時点と時間間隔（経過期間）の定義を明確にしておく。ある企業は時点０で設立され、現在時点をt、その企業のデフォルト時点をτとする。この企業が、設立されてから現在時点までの時間間隔はtで与えられる。時点tからデフォルトするまでの時間間隔を$R(R≥0)$とすると、企業の設立からデフォルトするまでの期間に相当するデフォルト時点τは、

$$\tau = t + R \tag{10.1}$$

で表される。なお、時間間隔Rのことを**余命**と呼ぶ。この企業の**寿命**をLで表すと、Lは設立からデフォルトまでの時間間隔であり、デフォルト時点τで説明される（$L=\tau$）。こうした時点と時間間隔の関係を図表10－1に示した。

第10章　倒産確率と存続確率

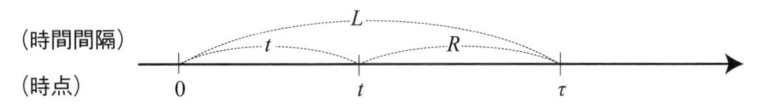

図表10-1　デフォルト時点と余命

(時間間隔)
(時点)　0　　　　t　　　　τ

　信用リスクを評価するためにはデフォルト時点τの確率分布が必要となるが、τ=t+Rであり、時点tはわかっているので時間間隔である余命Rの確率分布がわかればよいことになる。余命Rは、現時点tから企業がデフォルトするまでの期間を表しているので、余命Rの確率分布とは、たとえば余命が1カ月である確率というように時間間隔と確率を対応づけるものである。
　余命Rが、x以下になる確率$P(R \leq x)$について考えてみよう。現時点tではこの企業は存続しているので、寿命Lは時間間隔tよりも長いはずである。時点tでは、この情報($L>t$)が得られているので、余命Rがx以下となる確率は$P(R \leq x | L > t)$という条件付確率で定義されることになる（(5.10)式、230ページ参照)。
　時点tでの情報としては、この時点tで企業は存続しているので寿命Lは時間間隔tよりも長い($L>t$)ということが知れている。定義5.5より、この情報のもとでのRの従う分布関数は、

$P(R \leq x | L > t) = P(L \leq t + x | L > t)$

$$= \frac{P(L \leq t + x \cap L > t)}{P(L > t)}$$

$$= \frac{P(L \leq t + x) - P(L \leq t)}{P(L > t)}, \quad x \geq 0 \quad \cdots\cdots(10.2)$$

で表される。ここでは、$L \leq t+x$と$L>t$が同時に起こる確率$P(L \leq t+x \cap L>t)$は、確率$P(L \leq t+x)$から、確率$P(L \leq t)$を引いたものとして計算されることに注意する。$P(L \leq t+x)$は、時点$t+x$よりも寿命Lが短い、すなわち、時点$t+x$までにはすでにデフォルトしている確率を表している。同様に、$P(L \leq t)$は現在

時点tまでにすでにデフォルトしている確率を表しているので、$P(L≤t+x)-P(L≤t)$は現在時点tから時点$t+x$の間にデフォルトする確率を意味している。デフォルト時点をτで表したので、$P(R≤x|L>t)$は$P(t<\tau≤t+x|\tau>t)$と同じ意味となる。

時点tでは、それまでのこの企業などに関する**情報**を履歴として得ることができ、$L>t$がその情報であった。そこで、時点tで得られる情報のすべてを$\mathcal{F}_t$で表すと、Rの従う分布関数は$P(R≤x|\mathcal{F}_t)$で表すことができる。以下では、$\mathcal{F}_t$という表記を簡略化して、

$$P(R≤x|\mathcal{F}_t)=P_t(R≤x), \quad x≥0 \quad\quad\quad (10.3)$$

で書くことにする。

$P_t(R≤x)$は時間間隔xよりも余命Rが短い、すなわち現時点tから時間間隔xが経過した時点$t+x$ではすでにデフォルトしている確率を表している。このように、ある時点までにすでにデフォルトしている確率のことを、**累積デフォルト確率**と呼ぶ。また、$P_t(R>x)$は時間間隔xよりも余命Rが長く、時点$t+x$ではまだデフォルトしていない確率を表すので、**生存確率**と呼んでいる。累積デフォルト確率と生存確率の間には、

$$P_t(R>x)=1-P_t(R≤x) \quad\quad\quad (10.4)$$

という関係が成り立つ。これは、確率の定義から直感的にも明らかであろう。

④ ハザード率とハザード関数

企業のデフォルトの状態を、たとえば1カ月という離散的な期間で計測している場合、時点tからデフォルトが発生するまでの余命Rが、ちょうどnカ月であるという条件付確率を、

$$f_t(n)=P_t(R=n), \quad n=1,2,\cdots \quad\quad\quad (10.5)$$

で与える。$f_t(n)$ は、デフォルト時点が n カ月後である確率を示しており、時点 t から n カ月後までの間にデフォルトする確率（累積デフォルト確率）$F_t(n)$ は、

$$F_t(n) = \sum_{i=1}^{n} f_t(i) = P_t(R \leq n) \quad , \quad n = 1, 2, \cdots \quad \text{(10.6)}$$

で表される。ただし、$F_t(0)=0$ である。

また、n カ月後の時点でこの企業が存続している生存確率 $S_t(n)$ は、

$$S_t(n) = 1 - P_t(R \leq n) = 1 - \sum_{i=1}^{n} f_t(i) = \sum_{i=n+1}^{\infty} f_t(i) = P_t(R > n) \quad , \quad n = 1, 2, \cdots \quad \text{(10.7)}$$

となる。ただし、$S_t(0)=1$ である。

(10.6) 式と (10.7) 式より、n 時点後の累積デフォルト確率 $F_t(n)$ と生存確率 $S_t(n)$ には、

$$F_t(n) + S_t(n) = 1 \quad , \quad n = 1, 2, \cdots \quad \text{(10.8)}$$

という関係が成り立つ。

このような離散的な確率変数 R の**ハザード率** $h_t(n)$ は、

$$h_t(n) = P_t(R = n \mid R \geq n) \quad , \quad n = 1, 2, \cdots \quad \text{(10.9)}$$

で定義される。これは、余命 R が n カ月以上という条件のもとで余命がちょうど n カ月となる確率であり、言い換えると、n カ月後の直前まで存続していた企業が瞬間的にデフォルト（**イベント**が発生）する割合である。ただし、$P_t(R \geq n) > 0$ とする。条件付確率の式 (5.10) より、

$$h_t(n) = P_t(R = n \mid R \geq n) = \frac{P_t(R = n \cap R \geq n)}{P_t(R \geq n)}$$

$$= \frac{P_t(R = n)}{P_t(R \geq n)} = \frac{f_t(n)}{S_t(n-1)} \quad , \quad n = 1, 2, \cdots \quad \text{(10.10)}$$

となる。一方、**デフォルト率** $g(t)$ は、ハザード率において $n=1$、つまり時点 t まで生存していた企業が、次の時点でデフォルトする確率として定義され、

$$g(t) = h_t(1) = f_t(1) \quad \text{(10.11)}$$

で計算される。

ここで、生存確率 $S_t(n)$ とハザード率 $h_t(n)$ の関係について調べてみる。余命

Rは時点1,2,3…という整数値で観測されるので、
$$S_t(n-1) = 1 - P_t(R \leq n-1) = 1 - P_t(R < n) = P_t(R \geq n)$$
となる。また、(10.7) 式より、
$$S_t(n-1) - S_t(n) = \sum_{i=n}^{\infty} f_t(i) - \sum_{i=n+1}^{\infty} f_t(i) = f_t(n) \quad\cdots\cdots(10.12)$$
であるので、(10.10) 式より、
$$1 - h_t(n) = 1 - \frac{f_t(n)}{S_t(n-1)} = \frac{S_t(n-1) - f_t(n)}{S_t(n-1)} = \frac{S_t(n)}{S_t(n-1)}$$
が得られる。したがって、
$$\frac{S_t(n)}{S_t(0)} = \frac{S_t(1)}{S_t(0)} \times \frac{S_t(2)}{S_t(1)} \times \cdots \times \frac{S_t(n)}{S_t(n-1)} = \prod_{i=1}^{n}(1 - h_t(i)) \quad, \quad n = 1, 2, \cdots$$
となり、$S_t(0) = 1$であるので、
$$S_t(n) = \prod_{i=1}^{n}(1 - h_t(i)) \quad, \quad n = 1, 2, \cdots \quad\cdots\cdots(10.13)$$
が求められる。

(10.11) 式のデフォルト率の定義に、(10.10) 式を適用すると、
$$g(t+n) = h_{t+n}(1) = \frac{P_{t+n}(R=1)}{P_{t+n}(R \geq 1)} = \frac{P(L = t+n+1)}{P(L \geq t+n+1)}$$
となる。条件付確率の定義より、
$$P(L \geq t+n+1) = P(L \geq t+1) \cdot P(L \geq t+n+1 | L \geq t+1)$$
$$= P(L \geq t+1) \cdot P_t(R \geq n+1)$$
であり、また、
$$P(L = t+n+1) = P(L \geq t+1) \cdot P(L = t+n+1 | L \geq t+1)$$
$$= P(L \geq t+1) \cdot P_t(R = n+1)$$
であるので、$t+n$時点まで生存していて、次の時点$t+n+1$でデフォルトする確率$g(t+n)$は、
$$g(t+n) = \frac{P_t(R = n+1)}{P_t(R \geq n+1)} = h_t(n+1) \quad\cdots\cdots(10.14)$$
となる。(10.13) 式に (10.14) 式を代入すると、

第10章 倒産確率と存続確率

$$S_t(n) = \prod_{i=t}^{t+n-1}(1-g(i)) \quad , \quad n=1,2,\cdots \quad \cdots\cdots(10.15)$$

が得られる。

次に、余命Rが連続的な確率変数で表される場合を想定する。時点tにおける余命Rの**密度関数**を$f_t(x)$とすると、累積デフォルト確率$F_t(x)$は**分布関数**として計算され、

$$F_t(x) = P_t(R \le x) = \int_0^x f_t(u)du \quad , \quad x \ge 0 \quad \cdots\cdots(10.16)$$

となる。また、生存確率$S_t(x)$は、

$$S_t(x) = P_t(R \ge x) = 1 - P_t(R \le x) = 1 - \int_0^x f_t(u)du = \int_x^\infty f_t(u)du \quad , \quad x \ge 0 \quad \cdots(10.17)$$

となる。

定義10.1　ハザード率

生存確率$S_t(x)$が正の値をとり、かつ連続微分可能であるとき、ハザード率は、

$$h_t(x) = -\frac{d}{dx}\ln S_t(x) \quad \cdots\cdots(10.18)$$

で定義される。

ハザード率は、時間間隔xで存在していた企業が瞬間的にデフォルト（イベントが発生）する割合であり、$P_t(R \ge x) > 0$であるとき

$$\begin{aligned}
h_t(x) &= \lim_{\Delta x \to 0} \frac{P_t(R < x + \Delta x \mid R \ge x)}{\Delta x} \quad , \quad x \ge 0 \\
&= \lim_{\Delta x \to 0} \frac{S_t(x) - S_t(x + \Delta x)}{\Delta x \cdot S_t(x)} \\
&= -\frac{dS_t(x)}{dx} \cdot \frac{1}{S_t(x)} \\
&= -\frac{d}{dx}\ln S_t(x)
\end{aligned}$$

で計算される。なお、Δxは時間間隔xの微小な変化幅を意味し、$\lim_{\Delta x \to 0}$は時間間隔

xの微小変化幅Δxを限りなく0に近づけたときに($\Delta x \to 0$)、$\dfrac{P_t(R < x + \Delta x \mid R \geq x)}{\Delta x}$ がどのような値に近づくかという極限を意味している。

ハザード率$h_t(x)$をxの関数としてみたものを**ハザード関数**、生存確率$S_t(x)$をxの関数としてみたものを**生存関数**、もしくは**生存時間関数**と呼ぶ。また、連続的な場合のデフォルト率$g(t)$を、

$$g(t) = h_t(0) = f_t(0) \quad \cdots\cdots (10.19)$$

で定義する。このとき、デフォルト率とハザード率には、以下のような関係が成り立つ。

$$g(t+x) = h_{t+x}(0) = \lim_{\Delta x \to 0} \frac{P_{t+x}(R \leq x)}{\Delta x} = \lim_{\Delta x \to 0} \frac{P_t(x < R \leq x + \Delta x)}{\Delta x P_t\{R > x\}} = h_t(x) \quad \cdots (10.20)$$

ここで、

$$H(x) = \int_0^x h(u)\,du \quad \cdots\cdots (10.21)$$

を区間$[0, t]$における**累積ハザード関数**、

$$G(t, T) = \int_t^T g(u)\,du \quad \cdots\cdots (10.22)$$

を区間$[t, T]$における**累積デフォルト関数**と呼ぶ。(10.18) 式より、

$$\int_0^x h_t(u)\,du = -[\log S_t(u)]_0^x = -\log S_t(x) + \log S_t(0) = -\log S_t(x)$$

であるので、生存関数は、

$$S_t(x) = \exp\left\{-\int_0^x h_t(u)\,du\right\} = \exp\{-G(t, t+x)\}, \quad x \geq 0 \quad \cdots\cdots (10.23)$$

となる。また、条件付確率の公式から余命Rの密度関数は、

$$f_t(x) = h_t(x) \cdot S_t(x)$$
$$= h_t(x) \cdot \exp\{-G(t, t+x)\} \quad \cdots\cdots (10.24)$$

で与えられる。

連続的な場合の確率を考えるうえで注意が必要なのは、密度関数$f(x)$やハザード関数$h(x)$自体は確率を表しておらず、それらを特定の区間で積分した値が確率としての意味をもつということである。また、連続的な場合には

$P_t(R=x)=0$ であり、R が特定の値 x となる確率は 0 となるので、$P_t(R≥x)$ と $P_t(R>x)$ は同じ値となる。

これまで述べてきた確率変数の呼称と定義について、一覧にしたものが図表10－2である。

図表10－2　確率変数の呼称と定義

形式	定義	呼称	関数としての呼称	関数
離散形	$P_t(R=n)$		確率関数	$f_t(n)$
	$P_t(R≤n)$	累積デフォルト確率	分布関数	$F_t(n)$
	$P_t(R>n)$	生存確率	生存関数	$S_t(n)$
	$P_t(R=n\|R≥n)$	ハザード率	ハザード関数	$h_t(n)$
	$h_t(1)$	デフォルト率		$g(t)$
連続形	$dP_t(R≤x)/dx$		密度関数	$f_t(x)$
	$P_t(R≤x)$	累積デフォルト確率	分布関数	$F_t(x)$
	$P_t(R≥x)$	生存確率	生存関数	$S_t(x)$
	$f_t(x)/S_t(x)$	ハザード率	ハザード関数	$h_t(x)$
	$h_t(0)$	デフォルト率	デフォルト関数	$g(t)$
	$\int_0^t h(u)du$	累積ハザード率	累積ハザード関数	$H(t)$
	$\int_t^T g(u)du$	累積デフォルト率	累積デフォルト関数	$G(t,T)$

5　債券価格と信用リスク

企業が発行する社債には、発行企業の倒産、もしくは信用力の低下といった信用リスクと、流動性リスクが内包されている。イールド・スプレッドとは、倒産の可能性のある企業の発行する債券（社債）の利回り（イールド）と、倒産の可能性がないと考えられる国債の利回りの差のことであり、流動性リスクを無視すると、イールド・スプレッドが小さいということは、その

社債の信用リスクは小さく見積もられているとみなすことができる。逆に、イールド・スプレッドが大きければ、その社債の発行企業の信用リスクは大きいと考えられる。

この節では、イールド・スプレッドから市場が想定している社債発行企業の信用リスクの期間構造を測定する方法、Duffie and Singletonによる信用リスクを加味した社債評価モデルなどについて解説する。

また、信用リスクのある資産価格がどのように決定されるかを述べ、流動性があり合理的に価格が形成されている**完備市場**を前提としたモデルと、市場が未成熟な場合（**非完備市場**）を想定したモデルの違いについて検討する。

(1) 信用リスクのある割引債の価格

(1.12) 式では、無リスクな割引債の時点tでの価格$B_0(t,T)$を示した。ここでは、将来キャッシュフローの受取りに不確実性がある割引債、つまり信用リスクのある割引債について検討する。満期Tで受け取ることのできるキャッシュフロー$C(T)$に不確実性（リスク）がある割引債の、現時点tでの完備市場における価格を$B(t,T)$とする。このとき、リスクがある割引債の時点tでの価格$B(t,T)$は、

$$B(t,T) = \frac{\tilde{E}_t[C(T)]}{(1+r(t,T))^{T-t}} \quad (10.25)$$

で表すことができると仮定する。これは、現時点tでの市場価格$B(t,T)$は、将来のキャッシュフロー$C(T)$の期待値の現在価値に等しいということを示している。なお、(10.25) 式の$\tilde{E}_t[\cdot]$は、時点tで得られる情報によって算出した、**リスク中立確率**を基にした期待値を意味している。**リスク中立**とは、期待値が同じものを等価（価値が同じ）とする考え方である。リスク中立確率を基に計算した期待値の現在価値は、市場価格と一致する。言い換えると、市場価格を説明する確率がリスク中立確率であり、過去実績から計算される**客観確率**とは異なる概念である。ただし、リスク中立確率とは、投資家

第10章　倒産確率と存続確率

がリスクを考慮せずに期待値のみに関心をもつという意味でリスク中立な確率だといっているのではなく、投資家のリスク回避傾向が織り込まれている確率ととらえる必要がある。つまり、**リスク回避的**な投資家であれば、リスク中立なデフォルト確率$P_F(1)$にリスク回避傾向を織り込み、過去のデータから観測される客観デフォルト確率$P_d(1)$などよりも値を高く推定するものと考えられる。

　はじめに、リスク中立デフォルト確率が得られる完備市場を前提とした1期間評価モデルを検討し、その後、N期間評価モデルへと発展させる。

(2)　期間評価モデルによる割引債の評価

　ここで、デフォルト・リスクがある割引債の評価について検討する。たとえば、残存期間1年の割引債を保有しているものとし、1年後にデフォルトするかしないかという二つの離散的な状態のキャッシュフローのみを仮定した**デフォルト・モード方式**と呼ばれる単純な**誘導モデル**を想定する。誘導モデルとは、市場で取引されている割引債などの価格情報から市場が想定しているデフォルト確率の構造を推定するという考え方に立ったモデルである。ここでは、以下のように仮定を設定する。

① この割引債に対し、1年後にデフォルトするかしないかという二つの状態を考える（すなわち、デフォルト・モード方式）モデルとする。

② 1年目の予定キャッシュフロー$C(1)$は元本Hに等しく（$C(1)=H$）、この割引債がデフォルトしなければ、1年後に予定キャッシュフローHを受け取ることができる。一方、この割引債が1年以内にデフォルトしたならば、満期である1年後に$\delta(1)H$だけ受け取ることができると仮定する。すなわち、$\delta(1)$は1年後までにこの割引債がデフォルトしたときの回収率（$0 \leq \delta(1) \leq 1$）を意味する。なお、LGD（loss given default）といわれるデフォルト時損失率$L(1)$は、$L(1)=1-\delta(1)$で計算される。ただし、回収率$\delta(1)$に不確実性はないものとする。

③ この割引債が1年以内にデフォルトする確率を$P_d(1)$、デフルトしない確率を$1-P_d(1)$で表す。

この割引債の1年後のキャッシュフローとデフォルト確率の関係を図表10−3に示した。現在時点を$t=0$とし、このキャッシュフローを期待値で評価すると、

$$E_0[C(1)] = \underbrace{H\{1-P_d(1)\}}_{\text{デフォルトしない}} + \underbrace{\delta(1)HP_d(1)}_{\text{デフォルト}} \quad\cdots\cdots(10.26)$$

となる。現在時点0で計測する、リスクがある割引債の1年後の期待キャッシュフロー$E_0[C(1)]$は、割引債がデフォルトしなかったとき（非デフォルト）のキャッシュフローHと、デフォルトしたときのキャッシュフロー$\delta(1)H$を、それぞれの発生確率$\{1-P_d(1)\}$, $P_d(1)$で加重平均することによって求められる。なお、$E_0[\cdot]$は、時点0で得られる情報を基に算出した期待値である。なお、ここでのデフォルト確率$P_d(1)$は、過去データによって算出された客観確率であるとする。

図表10−3 デフォルトした場合とデフォルトしない場合のキャッシュフロー

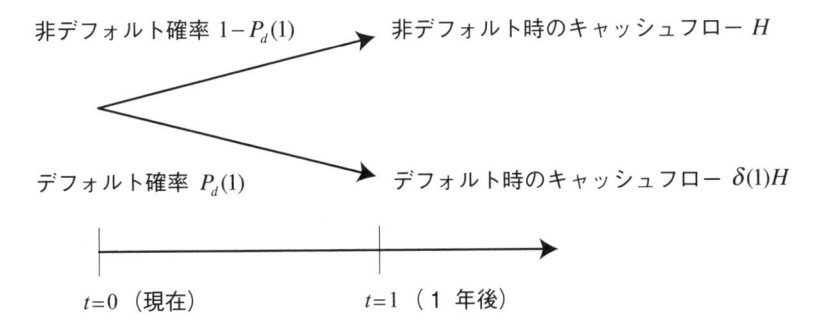

非デフォルト確率 $1-P_d(1)$ → 非デフォルト時のキャッシュフロー H

デフォルト確率 $P_d(1)$ → デフォルト時のキャッシュフロー $\delta(1)H$

$t=0$（現在） $t=1$（1年後）

残存期間1年のリスクのある割引キャッシュフロー価格を$B(0,1)$、1年物の無リスク金利（1年物スポット金利）を$r(0,1)$とする。このとき、リスクの

第10章　倒産確率と存続確率

ある割引債の現在価格は、(10.26) 式の期待キャッシュフロー$E_0[C(1)]$を、1年物無リスク金利$r(0,1)$で現在価値に割り引くことにより求められると仮定すると、以下の式が得られる。ただし、これらの関係に等式が成り立つためには、割引債価格$B(0,1)$を説明するリスク中立確率$P_F(1)$のもとでの期待値$\tilde{E}_0[\cdot]$を導入する必要がある。つまり、(10.26) 式で用いた客観確率$P_d(1)$のかわりに、リスク中立確率$P_F(1)$を用い、リスク中立確率のもとでの期待値$\tilde{E}_0[\cdot]$で評価する。一般には、(10.28) 式は、等式とはならない。

$$B(0,1) = \frac{\tilde{E}_0[C(1)]}{\{1+r(0.1)\}^1}$$

$$= \frac{H\{1-P_F(1)\} + \delta(1)HP_F(1)}{1+r(0,1)}$$

$$= \frac{H[1-P_F(1)\{1-\delta(1)\}]}{1+r(0,1)}$$

$$= \frac{H[1-L(1)P_F(1)]}{1+r(0,1)} \tag{10.27}$$

$$B(0,1) \neq \frac{E_0[C(1)]}{\{1+r(0.1)\}^1}$$

$$= \frac{H\{1-P_d(1)\} + \delta(1)HP_d(1)}{1+r(0,1)}$$

$$= \frac{H[1-L(1)P_d(1)]}{1+r(0,1)} \tag{10.28}$$

(10.27) 式は、期待キャッシュフロー $\tilde{E}_0[C(1)]$ が、確実なキャッシュフローHからデフォルト時に回収できない期待キャッシュフローを差し引いたものとして計算でき、その現在価値が時点0における割引債価格$B(0,1)$であることが示されている。ここで、(10.27) 式の右辺の分子にある期待キャッシュフロー $\tilde{E}_0[C(1)]$ に注目すると、

$$\tilde{E}_0[C(1)] = H[1-L(1)P_F(1)]$$

$$= \alpha_F(1)H \tag{10.29}$$

$$\alpha_F(1) \equiv 1 - L(1)P_F(1) \tag{10.30}$$

で表すことができる（$\alpha_F(1) \equiv 1 - P_F(1)L(1)$は、$\alpha_F(1)$を$1 - P_F(1)L(1)$で定義するという意味である）。$\alpha_F(1)$はリスク中立な**確実性等価係数**と呼ばれるものであり、これで（10.27）式を表すと、

$$B(0,1) = \frac{\alpha_F(1)H}{1 + r(0,1)}$$
$$= \alpha_F(1) B_0(0,1) \quad \cdots\cdots\cdots\cdots (10.31)$$

が得られる。なお、$B_0(t,T)$は無リスク割引債の時点tでの価格である。(10.31) 式は、信用リスクのある1年物の割引債価格$B(0,1)$は、信用リスクのない1年物割引債の価格$B_0(0,1)$に確実性等価係数$\alpha_F(1)$を掛け合わせて計算できることを示している。したがって、確実性等価係数$\alpha_F(1)$は、信用リスクのある割引債の価格が、信用リスクのない割引債に対して、どの程度割り引かれて売買されているかを示す指標と解釈できる。

リスク中立デフォルト確率$P_F(1)$と回収率$\delta(1)$とデフォルト時損失率$L(1)$は、それぞれ$0 \leq P_F(1) \leq 1$, $0 \leq \delta(1) = 1 - L(1) \leq 1$を満たすから、確実性等価係数$\alpha_F(1)$も$0 \leq \alpha_F(1) \leq 1$の値をとる。したがって、信用リスクのある1年物の割引債と信用リスクのない割引債が市場で取引されており、市場価格が開示されているのであれば、1年目の確実性等価係数$\alpha_F(1)$は、（10.31）式より、

$$\alpha_F(1) = \frac{B(0,1)}{B_0(0,1)} \quad \cdots\cdots\cdots\cdots (10.32)$$

で推定することができる。

(10.27) 式は、リスク中立なデフォルト確率$P_F(1)$を用いて、残存期間1年のリスクのある割引債の時点0における価格$B(0,1)$を定義した。このリスク中立なデフォルト確率$P_F(1)$には投資家のリスク選好が織り込まれているが、1年物の客観確率$P_d(1)$にはこれが織り込まれていない。投資家のリスク選好を調整するために、(10.28) 式の分母の割引率に、**信用リスク・プレミアム**、もしくは**信用リスク・スプレッド**$s(0,1)$を上乗せした**リスク調整ずみ割引率**（RADR：Risk Adjusted Discount Rate）を用いると、以下の式が得られる。

第10章　倒産確率と存続確率

$$B(0,1) = \frac{E_0[C(1)]}{\{1+r(0.1)\}^1\{1+s(0.1)\}^1}$$

$$= \frac{H\{1-P_d(1)\} + \delta(1)HP_d(1)}{\{1+r(0,1)\}\{1+s(0,1)\}}$$

$$= \frac{H[1-\{1-\delta(1)\}P_d(1)]}{\{1+r(0,1)\}\{1+s(0,1)\}}$$

$$= \frac{H[1-L(1)P_d(1)]}{\{1+r(0,1)\}\{1+s(0,1)\}}$$

$$= \frac{\alpha_d(1)H}{\{1+r(0,1)\}\{1+s(0,1)\}}$$

$$= \left[\frac{\alpha_d(1)}{1+s(0,1)}\right] \cdot \left[\frac{H}{1+r(0,1)}\right]$$

$$\equiv \beta_d(1) \cdot B_0(0,1) \quad \cdots\cdots\cdots\cdots\cdots\cdots\cdots\cdots\cdots\cdots\cdots (10.33)$$

$$\alpha_d(1) \equiv \{1-L(1)P_d(1)\} \quad \cdots\cdots\cdots\cdots\cdots\cdots\cdots\cdots\cdots (10.34)$$

$$\beta_d(1) \equiv \left[\frac{\alpha_d(1)}{1+s(0,1)}\right] \quad \cdots\cdots\cdots\cdots\cdots\cdots\cdots\cdots\cdots (10.35)$$

（10.33）式は、残存期間1年の信用リスクのある割引債価格$B(0,1)$は、リスク調整前の客観デフォルト確率$P_d(1)$を用いて計算した期待キャッシュフローを、リスク調整ずみ割引率$\{1+r(0,1)\}\{1+s(0,1)\}$を用いて、現在価値に引き直すことを示している。ただし、$\beta_d(1)$は客観デフォルト確率を用いたときの1年物の確実性等価係数を表しており、（10.33）式の最後の行は、リスク中立的な確実性等価係数による評価式（10.31）式と同じかたちである。したがって、客観デフォルト確率を用いた確実性等価係数$\beta_d(1)$が、1年物割引債価格$B(0,1)$と$B_0(0,1)$から推定されるのであれば、$\beta_d(1)$はリスク中立的な確実等価係数$\alpha_L(1)$に等しいといえる。

（10.27）式と（10.33）式より、

$$\frac{H[1-L(1)P_F(1)]}{1+r(0,1)} = \frac{H[1-L(1)P_d(1)]}{\{1+r(0,1)\}\{1+s(0,1)\}}$$

$$s(0,1) = \frac{1-L(1)P_d(1)}{1-L(1)P_F(1)} - 1 \quad \cdots\cdots\cdots\cdots\cdots\cdots\cdots\cdots (10.36)$$

という関係が得られる。

例題10.1　リスクのある割引債の価値

元本100円、残存期間1年の割引債がある。この割引債のリスク中立デフォルト確率$P_F(1)$が5％、デフォルト時の回収率$\delta(1)$が80％、1年物の無リスク金利（スポット金利）が2％であるとする。このとき、以下の値を計算せよ。ただし、デフォルト時の回収は満期でなされるものとし、デフォルトした場合の回収額は$\delta(1)H$で計算されるものとする。なお、Hは元本100円を意味する。

(1) 無リスク割引債の現在価格$B_0(0,1)$

(2) デフォルト・リスクを想定したときの満期での期待キャッシュフロー $\tilde{E}_0[C(1)]$

(3) 確実性等価係数$\alpha_F(1)$

(4) リスクのある割引債の現在価格$B(0,1)$

解

(1) 与えられた条件を（1.12）式に代入する。
$$B_0(0,1) = \frac{100}{(1+0.02)^1} \approx 98.04$$

(2) （10.26）式の確率$P_d(1)$を、リスク中立デフォルト確率$P_F(1)$で置き換えて期待キャッシュフロー $\tilde{E}_0[C(1)]$ を計算。
$$\tilde{E}_0[C(1)] = H\{1-P_F(1)\} + \delta(1)HP_F(1)$$
$$= 100\{1-0.05\} + 100 \times 0.8 \times 0.05 = 99$$

(3) （10.29）式より、確実性等価係数$\alpha_F(1)$を求める。
$$\alpha_F(1) = \frac{\tilde{E}_0[C(1)]}{H} = \frac{99}{100} = 0.99$$

(4) (10.31) 式より、リスクのある割引債の現在価格 $B(0,1)$ を計算する。

$$B(0,1) = \frac{\alpha_F(1)H}{1+r(0,1)} = \frac{0.99 \times 100}{1+0.02} \approx 97.06$$

例題10.2　リスク中立デフォルト確率の計算

元本100円、残存期間1年の信用リスクのある割引債 $B(0,1)$ の価格が95円、同様の無リスク割引債の価格 $B_0(0,1)$ が97円であるとする。このとき、1年物の確実性等価係数 $\alpha_F(1)$ と、リスク中立デフォルト確率 $P_F(1)$ を計算せよ。なお、回収率は $\delta(1)=0.8$ で与えられているものとする。

解　(10.32) 式から、確実性等価係数 $\alpha_F(1)$ は、

$$\alpha_F(1) = \frac{B(0,1)}{B_0(0,1)} = \frac{95}{97} \approx 0.9794$$

で計算される。このことは、信用リスクのあるこの1年物の割引債は、信用リスクのない割引債の約98％の価格で売られていることを意味する。また、確実性等価係数 $\alpha_F(1)$ の定義式 $\alpha_F(1)=1-L(1)P_F(1)$ より、リスク中立デフォルト確率 $P_F(1)$ は、

$$P_F(1) = \frac{1-\alpha_F(1)}{L(1)} = \frac{1-\alpha_F(1)}{1-\delta(1)} \approx \frac{1-0.9794}{0.2} \approx 0.103$$

で求められる。

例題10.3　信用リスク・スプレッドの計算

元本100円、残存期間1年の信用リスクのある割引債 $B(0,1)$ の価格が95円、同様の無リスク割引債の価格 $B_0(0,1)$ が97円であるとする。また、

1年物の客観デフォルト確率$P_d(1)$の値が0.08であり、回収率が$\delta(1)=0.8$であるとする。客観デフォルト確率のもとでの確実性等価係数$\beta_d(1)$と、信用リスク・スプレッド$s(0,1)$の値を計算せよ。

> **解**　(10.34) 式から、
> $$\alpha_d(1) \equiv \{1-L(1)P_d(1)\} = \{1-0.02 \times 0.08\} = 0.984$$
> が得られる。また、(10.33) 式から、客観デフォルト確率のもとでの確実性等価係数$\beta_d(1)$は、
> $$\beta_d(1) = \frac{B(0,1)}{B_0(0,1)} = \frac{95}{97} \approx 0.9794$$
> となる。これらを (10.35) 式に代入すると、信用リスク・スプレッド$s(0,1)$は、
> $$0.9794 = \left[\frac{0.984}{1+s(0,1)}\right]$$
> $$\therefore s(0,1) = \left(\frac{0.984}{0.9794} - 1\right) \times 100 \approx 0.4716(\%)$$
> で計算される。

(3) 2期間（2年物）モデルによる割引債の評価

　ここで、満期が2年の割引債を想定し、デフォルトの認識が各期の終了時点でのみなされるものと仮定する。現時点0から1年目の間のリスク中立なデフォルト確率を$P_F(1)$、1年目から2年目の間のリスク中立なデフォル確率を$P_F(2)$とおく。満期2年の割引債には、1年目の予定キャッシュフロー$C(1)$は存在しない。また、2年目の予定キャッシュフロー$C(2)$は元本Hに等しい。1年後までにこの割引債がデフォルトしたときには、元本Hに回収率$\delta(1)$を掛け合わせた$\delta(1)H$が時点1で回収され、1年目から2年目の間にデフォルトしたときには$\delta(2)H$が時点2で回収されるものとする。また、そ

れぞれの期間のデフォルト時損失率を$L(1), L(2)$で表す。信用リスクがある残存期間2年の割引債のキャッシュフローを考えるときには、2年目のキャッシュフローは1年目にデフォルトが発生していたかどうかを考慮して決まることに注意しなければならない。もし、1年目にこの割引債がデフォルトしたならば、それ以降のキャッシュフローは発生しない。つまり、2年目にこの割引債がデフォルトするかしないかは、この割引債が1年目にデフォルトしていないことを前提としている。これらのキャッシュフローとデフォルト確率の関係を図表10－4に示した。

図表10－4　デフォルトした場合とデフォルトしない場合のキャッシュフロー

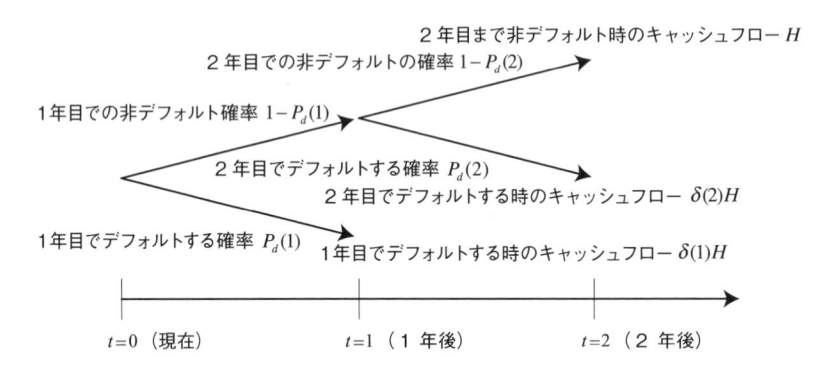

```
                                    2年目まで非デフォルト時のキャッシュフロー H
                2年目での非デフォルトの確率 1－P_d(2)
1年目での非デフォルト確率 1－P_d(1)
                2年目でデフォルトする確率 P_d(2)
                                    2年目でデフォルトする時のキャッシュフロー δ(2)H
1年目でデフォルトする確率 P_d(1)
                1年目でデフォルトする時のキャッシュフロー δ(1)H

t=0（現在）      t=1（1年後）          t=2（2年後）
```

時点Tで非デフォルトの状態である確率$R_s(T)$と、時点Tまでの累積デフォルト確率（時点Tまでのどこかでデフォルトしている確率）$R_d(T)$には以下の関係がある。

$$R_s(T) = \{1-P_F(1)\} \times \{1-P_F(2)\} \times \cdots \times \{1-P_F(T)\}$$

$$= \prod_{t=1}^{T} \{1-P_F(t)\} \quad \cdots\cdots(10.37)$$

$$R_d(T) = 1 - R_s(T) \quad \cdots\cdots(10.38)$$

なお、(10.37) 式の$\prod_{t=1}^{T}\{1-P_F(t)\}$は、$t$の値を1から$T$まで変化させて求めた、

各$\{1-P_F(t)\}$の値を掛け合わせることを意味する。

残存期間2年のリスクのある割引債の時点0における価格を$B(0,2)$、1年物と2年物の無リスク金利（1年物スポット金利）をそれぞれ$r(0,1), r(0,2)$とする。割引債価格$B(0,2)$がリスク中立確率$P_F(1), P_F(2)$のもとでの期待値$\tilde{E}_0[\cdot]$の現在価値で表されるとすると、以下の式が成り立つ。

$$\begin{aligned} B(0,2) &= \frac{\delta(1)HP_F(1)}{\{1+r(0,1)\}^1} + \frac{H\{1-P_F(1)\}\{1-P_F(2)\}+\delta(2)H\{1-P_F(1)\}P_F(2)}{\{1+r(0,2)\}^2} \\ &= \frac{\delta(1)HP_F(1)}{\{1+r(0,1)\}^1} + \frac{H\{1-P_F(1)\}[1-P_F(2)\{1-\delta(2)\}]}{\{1+r(0,2)\}^2} \end{aligned} \quad (10.39)$$

ここで、フォワード金利$f(t, T^*, T)$を導入し、

$$\delta(1)H = \frac{\delta(2)H}{\{1+f(0,1,2)\}^1} \quad \cdots (10.40)$$

という関係を仮定する。これは、デフォルトが満期である時点2に発生した場合の回収可能な金額を$\delta(2)H$とすると、1期目にデフォルトとなった場合には満期時点での回収可能金額$\delta(2)H$を時点1から時点2までの金利相当分だけ割り引いた金額が、時点1で回収可能であるという意味である。ここで、(10.40) 式の右辺について検討する。

$\frac{H}{\{1+f(0,1,2)\}^1}$は、満期である時点2の元本キャッシュフロー$H$を時点1における現在価値として評価したものである。このことは、1期目にデフォルトとなった場合には、時点1における割引債の現在価値に対して、回収率$\delta(2)$を掛け合わせたものが回収可能額と定義されているということを意味する。(10.39) 式に (10.40) 式を代入し、さらに (10.38) 式の累積デフォルト確率$R_d(2)$を適用すると、

$$\begin{aligned} B(0,2) &= \frac{\delta(2)HP_F(1)}{\{1+r(0,1)\}^1\{1+f(0,1,2)\}^1} + \frac{H\{1-P_F(1)\}\{1-P_F(2)\}+\delta(2)H\{1-P_F(1)\}P_F(2)}{\{1+r(0,2)\}^2} \\ &= \frac{\delta(2)HP_F(1)+H\{1-P_F(1)\}\{1-P_F(2)\}+\delta(2)H\{1-P_F(1)\}P_F(2)}{\{1+r(0,2)\}^2} \\ &= \frac{H\{1-P_F(1)\}\{1-P_F(2)\}+\delta(2)H[P_F(1)+\{1-P_F(1)\}P_F(2)]}{\{1+r(0,2)\}^2} \end{aligned}$$

$$= \frac{H\{1-P_F(1)\}\{1-P_F(2)\}+\delta(2)H[1-\{1-P_F(1)\}\{1-P_F(2)\}]}{\{1+r(0,2)\}^2}$$

$$= \frac{H\{1-R_d(2)\}+\{1-L(2)\}HR_d(2)}{\{1+r(0,2)\}^2}$$

$$= \frac{H\{1-L(2)R_d(2)\}}{\{1+r(0,2)\}^2}$$

$$= \frac{\alpha_F(2)H}{\{1+r(0,2)\}^2}$$

$$= \alpha_F(2)B_0(0,2) \quad \cdots\cdots (10.41)$$

$$\alpha_F(2) \equiv \{1-L(2)R_d(2)\} \quad \cdots\cdots (10.42)$$

$$B_0(0,2) = \frac{H}{\{1+r(0,2)\}^2} \quad \cdots\cdots (10.43)$$

$$\alpha_F(2) = \frac{B(0,2)}{B_0(0,2)} \quad \cdots\cdots (10.44)$$

となる。

(10.38) 式に $T=1$ を仮定すると、

$$R_d(1) = 1 - R_s(1) = P_F(1)$$

であるので、(10.30) 式と (10.42) 式は同じかたちをしている。

(10.41) 式は、リスク中立なデフォルト確率 $P_F(1), P_F(2)$ を用いて、残存期間 2 年のリスクのある割引債の時点 0 における割引債価格 $B(0,2)$ を定義した。ここで、(10.33) 式と同様に、客観確率 $P_d(1), P_d(2)$ とリスク調整ずみ割引率 $s(0,2)$ を用いて割引債価格 $B(0,2)$ を定義し直す。

$$B(0,2) = \frac{\delta(2)HP_d(1)}{\{1+r(0,1)\}^1\{1+s(0,1)\}^1\{1+f(0,1,2)\}^1\{1+s(1,2)\}^1}$$
$$+ \frac{H\{1-P_d(1)\}\{1-P_d(2)\}+\delta(2)H\{1-P_d(1)\}P_d(2)}{\{1+r(0,2)\}^2\{1+s(0,2)\}^2}$$

$$= \frac{\delta(2)HP_d(1)+H\{1-P_d(1)\}\{1-P_d(2)\}+\delta(2)H\{1-P_d(1)\}P_d(2)}{\{1+r(0,2)\}^2\{1+s(0,2)\}^2}$$

$$= \frac{H\{1-P_d(1)\}\{1-P_d(2)\}+\delta(2)H[P_d(1)+\{1-P_d(1)\}P_d(2)]}{\{1+r(0,2)\}^2\{1+s(0,2)\}^2}$$

$$= \frac{H\{1-P_d(1)\}\{1-P_d(2)\} + \delta(2)H[1-\{1-P_d(1)\}\{1-P_d(2)\}]}{\{1+r(0,2)\}^2\{1+s(0,2)\}^2}$$

$$= \frac{H\{1-\hat{R}_d(2)\} + \{1-L(2)\}H\hat{R}_d(2)}{\{1+r(0,2)\}^2\{1+s(0,2)\}^2}$$

$$= \frac{H\{1-L(2)\hat{R}_d(2)\}}{\{1+r(0,2)\}^2\{1+s(0,2)\}^2}$$

$$= \frac{\alpha_d(2)H}{\{1+r(0,2)\}^2\{1+s(0,2)\}^2}$$

$$= \frac{\alpha_d(2)}{\{1+s(0,2)\}^2} B_0(0,2)$$

$$= \beta_d(2) \cdot B_0(0,2) \quad \cdots (10.45)$$

$$\alpha_d(2) \equiv \{1-L(2)\hat{R}_d(2)\} \quad \cdots (10.46)$$

$$\beta_d(2) \equiv \left[\frac{\alpha_d(2)}{\{1+s(0,2)\}^2}\right] \quad \cdots (10.47)$$

ただし、時点Tで非デフォルトの状態である客観確率$\hat{R}_s(t)$と、時点Tまでの累積デフォルト客観確率（時点Tまでのどこかでデフォルトしている確率）$\hat{R}_d(T)$には、以下の関係があるものとし、

$$\hat{R}_s(T) = \{1-P_d(1)\} \times \{1-P_d(2)\} \times \cdots \times \{1-P_d(T)\}$$

$$= \prod_{t=1}^{T}\{1-P_d(t)\} \quad \cdots (10.48)$$

$$\hat{R}_d(T) = 1 - \hat{R}_s(T) \quad \cdots (10.49)$$

リスク調整ずみ割引率$s(0,2)$には、

$$\{1+s(t,T)\}^{T-t} = \{1+s(t,T^*)\}^{T^*-t}\{1+s(T^*,T)\}^{T-T^*} \quad \cdots (10.50)$$

が成立するものとした。

第10章　倒産確率と存続確率

例題10.4　リスク中立デフォルト確率の計算

元本100円、残存期間1年の信用リスクのある割引債$B(0,1)$の価格が95円、残存期間2年の信用リスクのある割引債$B(0,2)$の価格が93円である。同様に、残存期間1年の無リスク割引債の価格$B_0(0,1)$が97円、残存期間2年の無リスク割引債の価格$B_0(0,2)$が96円であるとする。このとき、リスク中立デフォルト確率$P_F(2)$を計算せよ。なお、回収率は$\delta(1)=0.8$で与えられているものとする。

解　(10.44) 式から、確実性等価係数$\alpha_F(2)$は、

$$\alpha_F(2) = \frac{B(0,2)}{B_0(0,2)} = \frac{93}{96} \approx 0.9688$$

で計算される。このことは、信用リスクのある2年物の割引債は、信用リスクのない割引債の約97％の価格で売られていることを意味する。また、(10.42) 式に示した確実性等価係数$\alpha_F(2)$の定義式より、リスク中立累積デフォルト確率$R_d(2)$は、

$$R_d(2) = \frac{1-\alpha_F(2)}{L(2)} \approx \frac{1-0.9688}{0.2} \approx 0.1563$$

で求められる。(10.37) 式、(10.38) 式から

$$R_d(2) = 1 - \{1-P_F(1)\}\{1-P_F(2)\}$$

$$P_F(2) = 1 - \frac{1-R_d(2)}{1-P_F(1)} = 1 - \frac{1-0.1563}{1-0.1031} = 0.0593$$

となり、リスク中立デフォルト確率$P_F(2)$は0.0593となる。

例題10.5　リスクのある割引債の価格

元本100円、残存期間2年のリスクのある割引債がある。この割引債の1年目の客観デフォルト確率$P_d(1)$が0.05、2年目の客観デフォルト確率

$P_d(2)$ が 0.10 であるとする。2 年目のデフォルト時の回収率 $\delta(2)$ が 0.8、2 年物の無リスクのスポット金利が 5 %、2 年物のリスク・スプレッド $s(0,2)$ が 3 % であるとする。このとき、残存期間 2 年の割引債社債の確実性等価係数 $\beta_d(2)$ と、残存期間 2 年のリスクのある割引債の価格 $B(0,2)$ を計算せよ。

解

(10.48) 式より、
$$\hat{R}_s = \prod_{t=1}^{2}\{1 - P_d(t)\} = (1-0.05)(1-0.10) = 0.855$$

(10.49) 式より、
$$\hat{R}_d(T) = 1 - \hat{R}_s(T) = 1 - 0.855 = 0.1450$$

となる。(10.46) 式、(10.47) 式は、それぞれ

$$\alpha_d(2) \equiv \{1 - L(2)\hat{R}_d(2)\} = \{1 - 0.2 \times 0.1450\} = 0.9710$$

$$\beta_d(2) \equiv \left[\frac{\alpha_d(2)}{\{1+s(0,2)\}^2}\right] = \frac{0.9710}{(1+0.03)^2} = 0.9153$$

となり、

$$B_0(0,2) = \frac{H}{\{1+r(0,1)\}^2} = \frac{100}{\{1+0.05\}^2} = 90.7029$$

であるので、

$$B(0,2) = 0.9153 \times 90.7028 = 83.0168$$

が得られる。

(4) T期間（T年物）モデルによる割引債の評価

これまでの議論を、満期が T 年の割引債に拡張する。デフォルトの認識は各期の終了時点時点 $t_i(T=t_n)$ でのみなされるものと仮定し、時点 t_{i-1} から時点 t_i の間のリスク中立なデフォルト確率を $P_r(t_i)$ とおく。この割引債の満期 T での予定キャッシュフロー $C(T)$ は、元本 H に等しい。

第10章　倒産確率と存続確率

ここで、
$$\delta(t_i) = \frac{\delta(T)}{\{1+f(0,t_i,T)\}^{T-t_i}} \quad (10.51)$$

という関係を仮定する。これは、満期であるT期目にデフォルトが発生した場合の回収可能な金額が$\delta(T)H$であった場合、t_i期目にデフォルトとなった場合の回収可能金額は、その金額を金利相当分だけ割り引いた金額となるという意味である。また、満期T年でのデフォルト時損失率を$L(T)$で表す。この仮定は、t_i期目にデフォルトとなりその時点で回収可能となった金額$\delta(t_i)H$を、その時点t_iから満期Tまでの無リスク金利$f(0,t_i,T)$で運用すれば満期Tでの金額は、

$$\delta(t_i)H\{1+f(0,t_i,T)\}^{T-t_i} = \delta(T)H$$

となる。したがって、満期Tでの回収可能額$\delta(T)H$と等しく、非現実的な仮定ではない。

残存期間T年のリスクのある割引債の時点0における価格を$B(0,T)$、T年物の無リスク金利（T年物スポット金利）を$r(0,T)$とする。割引債価格$B(0,T)$がリスク中立確率$P_F(T)$のもとでの期待値$\tilde{E}_0[\cdot]$の現在価値で表されるとすると、以下の式が成り立つ。

$$B(0,T) = \frac{H\{1-L(T)R_d(T)\}}{\{1+r(0,T)\}^T}$$
$$= \frac{\alpha_F(T)H}{\{1+r(0,T)\}^T}$$
$$= \alpha_F(T)B_0(0,T) \quad (10.52)$$
$$\alpha_F(T) \equiv \{1-L(T)R_d(T)\} \quad (10.53)$$
$$B_0(0,T) = \frac{H}{\{1+r(0,T)\}^T} \quad (10.54)$$
$$\alpha_F(T) = \frac{B(0,T)}{B_0(0,T)} \quad (10.55)$$

次に、客観確率$P_d(t)$とリスク調整ずみ割引率$s(0,T)$を用いて割引債価格$B(0,T)$を定義すると、

$$B(0,T) = \frac{H\{1-L(T)\hat{R}_d(T)\}}{\{1+r(0,T)\}^T\{1+s(0,T)\}^T}$$

$$= \frac{\alpha_d(T)H}{\{1+r(0,T)\}^T\{1+s(0,T)\}^T}$$

$$= \frac{\alpha_d(T)}{\{1+s(0,T)\}^T} B_0(0,T)$$

$$= \beta_d(T) \cdot B_0(0,T) \quad \cdots\cdots (10.56)$$

$$\alpha_d(T) \equiv \{1-L(T)\hat{R}_d(T)\} \quad \cdots\cdots (10.57)$$

$$\beta_d(T) \equiv \left[\frac{\alpha_d(T)}{\{1+s(0,T)\}^T}\right] \quad \cdots\cdots (10.58)$$

が得られる。

例題10.6 利付債の価格

残存期間2年の利付債を保有しており、この利付債の予定キャッシュフローは、1年後に$C(1)=5$円、2年後に$C(2)=105$円であるものとする。また、時点0から時点1までの間のリスク中立なデフォルト確率$P_F(1)$は0.05、時点1から時点2までの間のリスク中立なデフォルト確率$P_F(2)$は0.10と計算されているものと仮定する。さらに、2年目にデフォルトした場合の回収率$\delta(2)$は80%であり、1年目のデフォルト時の回収率$\delta(1)$は（10.40）式で計算できると仮定する。なお、無リスクのスポット金利が1年物2％、2年物3％で与えられているものとする。このとき、残存期間2年の利付債の価格はいくらとなるか。

解 無リスクのスポット金利が1年物2％、2年物3％で与えられているので、1～2年のフォワード金利は（1.15）式より、

第10章　倒産確率と存続確率

$$\{1+f(0,1,2)\}^{2-1^*} = \frac{\{1+r(0,2)\}^{2-0}}{\{1+r(0,1)\}^{1-0}}$$

$$f(0,1,2) = \frac{\{1+0.03\}^2}{\{1+0.02\}} - 1 = 0.0401$$

となる。また、(10.40) より1年目のデフォルト時の回収率 $\delta(1)$ は、

$$\delta(1) = \frac{\delta(2)}{\{1+f(0,1,2)\}^1} = \frac{0.5}{\{1+0.0401\}} = 0.48$$

である。ここで、1年後の予定キャッシュフロー $C(1)=5$ を、1年物割引債の元本と仮定すると、確実性等価係数 $\alpha_F(1)$ は、(10.30) 式より

$$\alpha_F(1) \equiv 1 - L(1)P_F(1) = 1 - 0.05 \times (1-0.48) = 0.9740$$

となる。(1.12) 式より、1年物の無リスク割引債の価格 $B_0(0,1)$ は、

$$B_0(0,1) = \frac{H}{1+r(0,1)} = \frac{5}{1+0.02} = 4.9020$$

である。1年後の予定キャッシュフローの評価価格 $B(0,1)$ は、(10.31) 式より

$$B(0,1) = \alpha_F(1)B_0(0,1) = 0.9740 \times 4.9020 = 4.7747$$

で計算される。

次に、2年後の予定キャッシュフロー $C(2)=105$ を、2年物割引債の元本と仮定すると、確実性等価係数 $\alpha_F(2)$ は、(10.42) 式より

$$\alpha_F(2) \equiv \{1 - L(1)R_d\} = 1 - (1-0.05) \times \{1-(1-0.05) \times (1-0.10)\}$$
$$= 1 - 0.05 \times 0.145 = 0.9275$$

となる。(10.43) 式より、2年物の無リスク割引債の価格 $B_0(0,2)$ は、

$$B_0(0,2) = \frac{H}{\{1+r(0,2)\}^2} = \frac{105}{(1+0.03)^2} = 4.9020$$

である。2年後の予定キャッシュフローの評価価格 $B(0,2)$ は、(10.41) 式より

$$B(0,2) = \alpha_F(2)B_0(0,2) = 0.9275 \times 98.9726 = 91.7971$$

で計算される。

> 残存期間がT年で、1年目のキャッシュフローが$C(1)$、2年目のキャッシュフローが$C(2)$であるとき、信用リスクのある利付債価格$P(0,2)$は、
> $$P(0,2) = B(0,1) + B(0,2) = \alpha_F(1) \cdot B_0(0,1) + \alpha_F(2) \cdot B_0(0,2)$$
> $$= 4.7747 + 91.7971 = 96.5717$$
> となる。

6 イールド・スプレッド

無リスク割引債の価格$Z_0(t,T)$から算出されるイールドの値は、(2.37)式に示された。同様の議論を、信用リスクのある企業が発行した割引債に適用する。時点tにおける、ある企業jの発行する満期Tの割引債の市場価格を$Z_j(t,T)$とする。この割引債のイールド$Y_j(t,T)$は、

$$Y_j(t,T) = -\frac{\ln Z_j(t,T)}{T-t}, \quad 0 \leq t \leq T \quad \cdots\cdots (10.59)$$

と表される。このイールド$Y_j(t,T)$は、無リスク割引債のイールド$Y_0(t,T)$よりも高くなると考えられる。それは、企業jには倒産するリスクがあり、割引債の元本の支払が保証されていないからである。これが信用リスクのプレミアムであり、それ以外にも流動性リスクや資金需要の有無などによるプレミアム（上乗せ分）などが反映していると考えられる。一方、流動性リスクなどを分離して計測するということはむずかしいため、ここでは信用リスクのなかに流動性リスクなどが含まれているものとしてとらえ、信用リスクが大きい（信用力が低い）企業ほど、イールドが高く（低く）なると想定する。

次に、この企業jのイールド$Y_j(t,T)$と、無リスク割引債のイールド$Y_0(t,T)$の差（利回り格差）を、**イールド・スプレッド**$y_j(t,T)$と定義する。

$$y_j(t,T) \equiv Y_j(t,T) - Y_0(t,T)$$
$$= -\frac{\ln Z_j(t,T)}{T-t} + \frac{\ln Z_0(t,T)}{T-t}$$

$$= -\frac{\ln Z_j(t,T) - \ln Z_0(t,T)}{T-t}$$

$$= -\frac{\ln \dfrac{Z_j(t,T)}{Z_0(t,T)}}{T-t} \dotfill (10.60)$$

 一般に、格付の高い企業のイールド・スプレッドは満期Tが長くなるほど広がり、逆に格付の低い企業のイールド・スプレッドは満期が長くなるほど狭まる傾向にあるといわれている。これは、格付には上限があることから、格付の高い企業は時間の経過とともに格付が悪くなる方向への推移が多くなり、結果としてデフォルトの可能性が増大するためである。逆に、格付には下限があることから、格付の低い企業は時間の経過とともに格付がよくなる方向への推移が多くなり、結果としてデフォルトの可能性が減少するということと密接に関係している。

7 金融商品の価格付け

 ここで、**マルチンゲール**(Martingale)について定義する。$\{X_T, T \geq 0\}$を、有限な確率変数が集まった確率変数列(離散時間確率過程)とする。X_Tが有限であることを、数学的には$E|X_T|<\infty$で表す。また、$\{W_t, 0 \leq t \leq T\}$は、$\{X_t, 0 \leq t \leq T\}$の履歴を含む、なんらかの確率変数列であるとする。ここで、時点0から時点tまでのこれらの確率変数列の集まりを$\mathcal{F}_t=(W_0,W_1,\cdots,W_t)$、$\mathbf{X}_t=(X_0,X_1,\cdots,X_t)$で記述する。この$\mathcal{F}_t$は、時点0から時点$t$までに得られる情報であり、フィルトレーションと呼ばれる。もし、$\mathcal{F}_t$の情報源が$\mathbf{X}_t$のみであれば、$\mathcal{F}_t=\mathbf{X}_t$となる。また、$\mathcal{F}_t$と$\mathbf{X}_t$には、$\mathcal{F}_t$が与えられると$\mathbf{X}_t$は決定されるという関係がある。

定義10.2 マルチンゲール（Martingale）の定義

$\{X_T, T \geq 1\}$が、$\mathcal{F}_t$に対してマルチンゲールであるとは、

$$E\{X_T | \mathcal{F}_t\} = X_t \quad \cdots\cdots (10.61)$$

が成立することである。

マルチンゲールが成立するとは、時点tまでの情報$\mathcal{F}_t$をもとにした、確率変数X_tの将来時点Tでの条件付期待値$E\{X_T|\mathcal{F}_t\}$は、時点tにおける確率変数X_tの値に等しいということを意味している。

時点tで1単位円を不確実性がない無リスクのスポット・レート$\hat{r}(t)$に投資し、時点Tまで連続複利で運用したときの、時点Tでの総資産額$v(t,T)$は（4.80）式（214ページ参照）で求められた。したがって、無リスク割引債の価格$Z_0(t,T)$は、

$$Z_0(t,T) = \exp\left\{-\int_t^T \hat{r}(s)ds\right\} \quad \cdots\cdots (10.62)$$

で求められる。しかし、一般には金利変動には不確実性が存在する。そこで、マルチンゲールを仮定し、無リスク割引債の価格$Z_0(t,T)$は、リスク中立$\tilde{P}$確率のもとで、時点tまでの情報が得られたという条件付期待値$\tilde{E}_t$を用いて表現できると仮定する。

$$Z_0(t,T) = \tilde{E}\left[e^{-\int_t^T \hat{r}(s)ds} \bigg| \mathcal{F}_t\right] = \tilde{E}_t\left[e^{-\int_t^T \hat{r}(s)ds}\right] \quad \cdots\cdots (10.63)$$

金融商品の価格は、現在および将来にわたってその資産がもたらすすべてのペイオフをスポット・レートによって現在価値に割り引き、それらの和についてリスク中立確率に関して（条件付）期待値をとったものとして計算される、というのが金融工学における基本的な考え方であり、ここではその枠組みにそって、デフォルトの可能性のある金融商品の評価について検討する。

ここで、満期Tまでにデフォルトしなかった場合には、満期時点TでXだけ受け取れるが、デフォルトが満期T以前に生じた場合には、デフォルト時

点τにおいて$L(\tau)$だけ得ることができる金融商品について考える。満期Tまでにデフォルトしているかどうかについては、

$$1_{\{\tau \leq T\}} = \begin{cases} 1 & \tau \leq T \\ 0 & \tau > T \end{cases} \quad \quad (10.64)$$

という定義関数を用いると、満期までにデフォルトしたとき($\tau \leq T$)には1、デフォルトしなかったとき($\tau > T$)には0という値が与えられる。定義関数$1_{\{\tau \leq T\}}$は、1の添え字部分$\{\cdot\}$が条件を示しており、この条件が成立しているときに1、成立していないときに0の値を返す変数である。また、定義関数の性質から、

$$1_{\{\tau \leq T\}} = 1 - 1_{\{\tau > T\}} \quad \quad (10.65)$$

が成立する。

時点tにおけるこの商品の価格S_tは、

$$S_t = \tilde{E}_t \left[e^{-\int_t^\tau \hat{r}(s)ds} L(\tau) \cdot 1_{\{\tau \leq T\}} + e^{-\int_t^T \hat{r}(s)ds} X \cdot 1_{\{\tau > T\}} \middle| \tau \geq t \right] \quad (10.66)$$

で与えられる。ここで$\tilde{E}_t$は時点tまでの履歴が与えられたときのリスク中立確率に関する条件付期待値を表し、条件$\{\tau \geq t\}$は時点tまでにデフォルトが発生していないことを意味している。

特に、満期Tまでにデフォルトしなかった場合には満期時点Tで元本1を、現在時点tから満期Tまでの間にある時点τ($t \leq \tau \leq T$)でデフォルトした場合には、元本1に回収率$\delta(\tau)$を掛け合わせたものがデフォルト時点τで回収できるという割引債を考える。(10.66)式を変形すると、このリスクのある割引債の時点tにおける価格$Z(t,T)$は、

$$Z(t,T) = \tilde{E}_t \left[e^{-\int_t^\tau \hat{r}(s)ds} \cdot \delta(\tau) \cdot 1_{\{\tau \leq T\}} + e^{-\int_t^T \hat{r}(s)ds} \cdot 1 \cdot 1_{\{\tau > T\}} \middle| \tau \geq t \right] \quad (10.67)$$

で与えられる。(10.67)式には確率変数として、スポット・レート$\hat{r}(s)$と、デフォルト時点τが含まれている。さらに、第1項のスポット・レート$\hat{r}(s)$についての積分区間が、確率変数であるデフォルト時点τとなっており、積

分計算ができない。そこで、モデルの構造を簡易化することを目的として、(10.67)式に以下の仮定をおく。

仮定1．リスク中立確率に関して、デフォルトの発生(τ)とスポット・レート$\hat{r}(s)$は独立である。

仮定2．回収率は、どの時点でデフォルトしても一定である($\delta(t)=\delta$)。

仮定3．デフォルトした場合の回収額($=1\cdot\delta$)は、デフォルト時点τではなく、満期時点Tで受け取ることができる。もしくは、デフォルト時点τで受け取れるのは、満期時点Tでデフォルトした場合に受けることのできる回収率$\delta(T)$を、デフォルト時点τから満期時点Tまでの金利で割り引いた

$$\delta(\tau) = e^{-\int_\tau^T \hat{r}(s)ds} \delta(T) \quad \cdots\cdots(10.68)$$

で計算できる。

　経済学的にデフォルトという状態を考えると、デフォルト確率が増大すると景気が悪くなり、景気を刺激するために市場金利が低下する（公定歩合による公開市場操作）というのが一般的な関係である。したがって、本来はデフォルト確率（それに対応したデフォルト時点τ）と金利であるスポット・レート$\hat{r}(s)$には負の相関があると想定される。しかし、相関がある二つの確率変数を含む期待値の計算は簡単ではない。また、昨今の長期にわたる低金利時代では、デフォルト時点τとスポット・レート$\hat{r}(s)$に明確な負の相関を観測することもむずかしい。したがって、仮定1はモデルを単純化するために重要な役割をもつが、非現実的なものではない。回収率の実績値は非常にばらついており、推定もむずかしい。したがって、回収率にデフォルト時点ごとの構造を入れることはむずかしいので、仮定2の仮定にもさほど違和感はないであろう。次に、仮定3について検討する。(10.68)式は、元本1の割引債がデフォルトした場合のデフォルト時点τでの回収可能額が$\delta(\tau)$であり、これをデフォルト時点τから満期時点Tまで無リスク金利で運用したと

第10章　倒産確率と存続確率

すると、満期時点Tでのキャッシュフローは、

$$\delta(\tau)e^{\int_\tau^T \hat{r}(s)ds} = \delta(T)e^{-\int_t^T \hat{r}(s)ds}e^{\int_\tau^T \hat{r}(s)ds} = \delta(T) \quad\quad (10.69)$$

となる。したがって、この仮定も非現実的なものではない。

仮定1～3を用いて、(10.67) 式を展開する。

$$Z(t,T) = \tilde{E}_t\left[e^{-\int_t^T \hat{r}(s)ds} 1\cdot\delta\cdot 1_{\{\tau\leq T\}} + e^{-\int_t^T \hat{r}(s)ds} 1\cdot 1_{\{\tau>T\}} \middle| \tau \geq t \right]$$
$$\uparrow 仮定3 \quad \uparrow 仮定2$$

$$= \tilde{E}_t\left[e^{-\int_t^T \hat{r}(s)ds} \right] \cdot \tilde{E}_t\left[\delta\cdot 1_{\{\tau\leq T\}} + 1\cdot 1_{\{\tau>T\}} \middle| \tau\geq t \right]$$
$$\uparrow 仮定1より、独立であれば期待値が分解可能$$

$$= Z_0(t,T)\cdot \tilde{E}_t\left[\delta\left(1-1_{\{\tau>T\}}\right) + 1_{\{\tau>T\}} \middle| \tau\geq t \right]$$
$$\uparrow (10.63)式 \quad\quad \uparrow (10.65)式$$

$$= Z_0(t,T)\cdot\left\{ \delta + (1-\delta)\tilde{E}_t\left[1_{\{\tau>T\}} \middle| \tau\geq t \right] \right\}$$

$$= Z_0(t,T)\left[\delta + (1-\delta)\tilde{P}_t(\tau>T) \right] \quad\quad (10.70)$$

となる。なお、$\tilde{P}_t$ は時点tにおける条件付リスク中立確率である。

定義関数$1_{\{\tau>T\}}$は、条件である$\{\tau>T\}$が成立すれば1、成立しなければ0の値を返す変数であるので、$\tilde{E}_t\left[1_{\{\tau>T\}}\middle|\tau\geq t\right]$ は、時点tで存続しているという条件のもとで$\{\tau>T\}$が成立する割合、つまり満期時点Tで存続している割合（確率）を示す。したがって、

$$\tilde{E}_t\left[1_{\{\tau>T\}}\middle|\tau\geq t\right] = \tilde{P}_t(\tau>T) \quad\quad (10.71)$$

という関係がある。

(10.60) 式で示したイールド・スプレッド$y_j(t,T)$の式に、(10.70) 式を代入すると、

$$y_j(t,T) = -\frac{\ln\dfrac{Z_j(t,T)}{Z_0(t,T)}}{T-t}$$

$$= -\frac{\ln \dfrac{Z_0(t,T)\left[\delta+(1-\delta)\tilde{P}_t(\tau>T)\right]}{Z_0(t,T)}}{T-t}$$

$$= -\frac{\ln[\delta+(1-\delta)\tilde{P}_t(\tau>T)]}{T-t} \quad\cdots\cdots(10.72)$$

が得られる。この式から

$$e^{-y_j(t,T)(T-t)} = \delta+(1-\delta)\tilde{P}_t(\tau>T) \quad\cdots\cdots(10.73)$$

$$\therefore \tilde{P}_t(\tau>T) = \frac{e^{-y_j(t,T)(T-t)}-\delta}{1-\delta} \quad\cdots\cdots(10.74)$$

$$\tilde{P}_t(\tau\leq T) = 1-\frac{e^{-y_j(t,T)(T-t)}-\delta}{1-\delta} = \frac{1-e^{-y_j(t,T)(T-t)}}{1-\delta} \quad\cdots\cdots(10.75)$$

が求められる。

8 構造モデルとオプション・アプローチ

　構造モデル（Structuralアプローチ）は、もともとMertonが、債務の返済時点において、資産が負債を下回っている状況、すなわち債務超過に陥った状態をデフォルトと規定したのが始まりといわれている。一方、資産の現在価値を評価するには、含み資産、のれん代などの、貸借対照表に表れていない項目などの計量化が必要であり、決して簡単なことではない。

　構造モデルでは、なんらかのかたちで「企業価値」を確率モデルで表現し、その将来価値が事前に定められた「境界値」を下回った時点をデフォルト時点とする考え方である。

　この節では、構造モデルの基本となるオプション・アプローチについて解説する。

第10章　倒産確率と存続確率

(1) コール・オプションとしての株式

　株主の責任は出資分に限られた、有限責任であり、株式価値の最低限度は0円である。企業が通常に事業を行っている状態であれば、貸借対照表（B/S）の資産価値から負債価値を差し引いた残余資産が、株主が保有する**自己資本価値（純資産価値）**となる。

　株主の有限責任とは、将来この企業の経営が悪化して（信用リスクが増加）、資産価値の劣化と負債増加によって債務超過状態になった場合でも、自己資本価値C_Tは、マイナスにはならず0となることを意味している。図表10-5は、貸借対照表（B/S）の資産価値と負債価値の関係を示したものであり、将来時点Tで資産価値V_Tが負債価値K_Tを下回った場合が、**債務超過状態**と定義する。

図表10-5　自己資本価値の変化（通常状態 ⇒ 債務超過した場合）

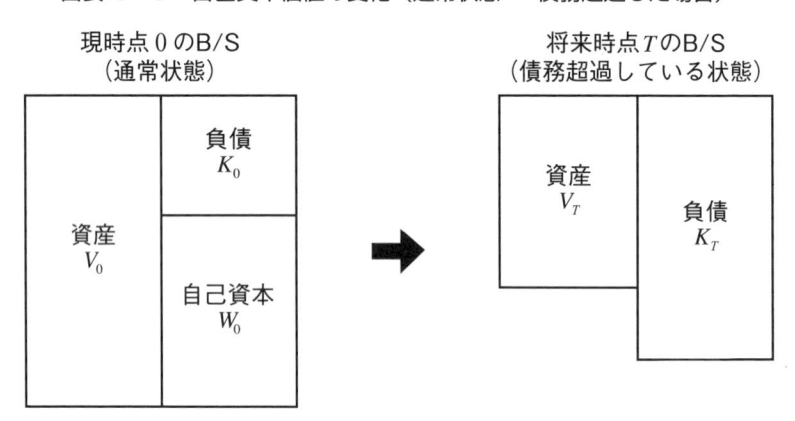

現時点0のB/S（通常状態）

| 資産 V_0 | 負債 K_0 |
| | 自己資本 W_0 |

将来時点TのB/S（債務超過している状態）

| 資産 V_T | 負債 K_T |

　将来時点Tにおける自己資本価値をW_T、将来時点の資産価値をV_T、負債価値をK_Tとするとき、株主の自己資本価値W_Tは、

$$W_T = \text{Max}[V_T - K_T, 0] \quad \quad (10.76)$$

で表現される。つまり、将来時点Tにおける自己資本価値W_Tは、原資産を資

産価値V_T、負債価値K_Tを行使価格とするヨーロピアン・コール・オプションの満期Tにおける損益（ペイオフ）ととらえることができる。

ここで、Black-Scholesモデルが成立するためのさまざまな条件が満たされると仮定したならば、自己資本の現在価値W_0は、以下の式で表現できる。

$$\begin{aligned}W_0 &= \exp(-r_f T)W_T \\ &= \tilde{E}_0\left[\exp(-r_f T)\max[V_T - K_T, 0]\right] \\ &= V_0 \cdot N(d_1) - K_T \cdot \exp(-r_f T) \cdot N(d_2)\end{aligned} \quad (10.77)$$

ただし、V_0は資産の現在時点の価値、r_fは将来時点Tまでの期間に適用される一定の無リスク金利、$N(\cdot)$は標準正規分布の分布関数である。また、d_1とd_2は、次のように定義し、σ_Vは資産価値V_Tの成長率の標準偏差である。なお、$\tilde{E}_0[\cdot]$は、時点0での情報をもとに、リスク中立確率で計測した条件付期待値を意味する。

$$d_1 \equiv \frac{\ln(V_0/K_T) + (r_f + \sigma_V^2/2)T}{\sigma_V\sqrt{T}}, \quad d_2 = d_1 - \sigma_V\sqrt{T} \quad (10.78)$$

図表10-6　企業資産を原資産とするコール・オプションとしての株式

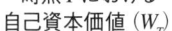

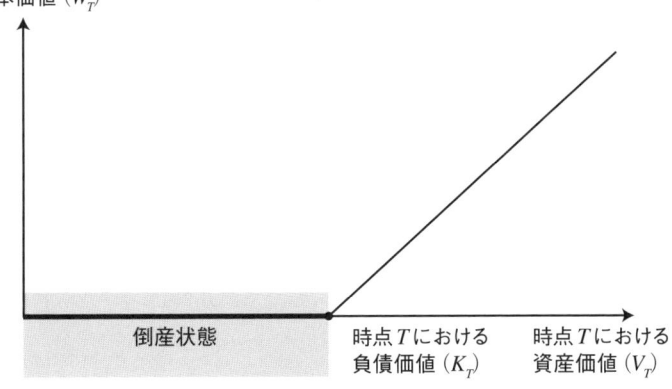

(2) リスク中立的なデフォルト確率

Black-Scholesモデルの導出過程からわかるように、（10.77）式の右辺第2項の$N(d_2)$は、時点Tにおける資産価値V_Tが行使価格である負債価値K_Tを超える確率$P_0(V_T \geq K_T)$を表している。ただし、この確率は時点0での情報をもとにした条件付確率である。将来時点T期に債務超過となる確率（資産価値が負債価値以下になる確率）をデフォルト確率と考えると、将来時点T期でデフォルトしている確率$P_F(T)$は1から債務超過にならない確率$P_F(V_T \geq K_T)$を差し引いた値といえるから、満期時点Tでのデフォルト確率$P_F(T)$は、

$$P_F(T) = P_0(V_T < K_T) = 1 - P_0(V_T \geq K_T) = 1 - N(d_2) = N(-d_2) \quad \cdots\cdots (10.79)$$

で計算することができる。

このように、企業がT期間後までにデフォルトする確率$P_F(T)$を求めるためには、（10.78）式から$N(d_2)$を計算すればよい。d_2を計算するには、現在時点0の資産価値V_0、資産成長率のボラティリティσ_V、満期時点T、満期Tでの負債価値K_T、無リスク金利r_fといった五つのパラメータが必要となる。

例題10.7　オプション・アプローチによるデフォルト確率

企業Aの現在の資産価値V_0は200億円、1年後の予想負債価値K_1が120億円、資産の成長率のボラティリティσ_Vが20%とする。満期Tが1年、無リスク金利r_fが5%であるとき、リスク中立なデフォルト確率$P_F(T)$を計算せよ。

解　（10.78）式よりd_1とd_2を計算する。

$$d_1 \equiv \frac{\ln(V_0/K_T) + (r_f + \sigma_V^2/2)T}{\sigma_V \sqrt{T}} = \frac{\ln(200/120) + \{0.05 + (0.2)^2/2\} \times 1}{0.2\sqrt{1}}$$

$$\approx 2.904$$

$$d_2 = d_1 - \sigma_V\sqrt{T} = 2.904 - 0.2\sqrt{1} = 2.704$$
$$P_F(1) = P_0(V_1 < K_1) = 1 - P_0(V_1 \geq K_1) = 1 - N(d_2) = N(-d_2)$$
$$= 1 - N(2.704) = N(-2.704) = 0.003424$$

したがって、リスク中立なデフォルト確率は0.3%である。

(3) 実際のデフォルト確率の推定

　デフォルト確率の推定に必要な五つのパラメータのうち、満期時点Tと無リスク金利r_fの値は簡単に与えることができる。一方、現在時点の資産価値V_0と資産成長率のボラティリティσ_Vは直接観測することができないため、これらの二つの未知数の値を求めるのに、(10.77)式のオプション公式と、以下に示す(10.80)式の二つの方程式を考える。(10.80)式は、株式のボラティリティσ_Wと、企業資産のボラティリティσ_Vの関係を示している。

$$\sigma_V = \left(\frac{W_0}{V_0 N(d_1)}\right)\sigma_W \tag{10.80}$$

(10.80)式は、

$$W_0 \sigma_W = N(d_1) V_0 \sigma_V = \Delta_W V_0 \sigma_V \tag{10.81}$$
$$\Delta_W = N(d_1)$$

で表すこともできる。ただし、Δ_Wは、株式を原資産とするヨーロピアン・コール・オプションの、Black-Scholesモデルによる**デルタ**である。

　(10.77)式と(10.80)式の二つの方程式を用いて、現在時点の資産価値V_0、および資産成長率のボラティリティσ_Vを推定する。具体的な手順は、以下のとおりである。

① 変数に値を与える
　・満期Tを、たとえば1年とし、1年物の無リスク金利r_fの値を決める。
　・T年後の負債価値K_Tは簿価と同水準と考え、企業のバランスシートから計算する。ただし、1年後にすべての長期負債の満期が到来するわけで

第10章　倒産確率と存続確率

はないので、たとえば、
$$K_T = \max\{H_S + H_L \times 0.5 , H_T \times 0.7\} \quad\quad (10.82)$$
　H_S：短期負債
　H_L：長期負債
　H_T：総負債額
という計算式で、負債価値K_Tが計算できると仮定する。

・現在時点の自己資本価値（株式時価総額）W_0を、対象企業の現在時点の株価S_0、発行ずみ株式数Nとすると、
$$W_0 = S_0 \times N$$
で求める。

・株式投資収益率のボラティリティσ_Wに対し、ヒストリカル・ボラティリティか、インプライド・ボラティリティを与える。

② 収束計算の初期値を決める

（10.77）式、（10.80）式の二つの方程式は、それぞれ未知数V_0、σ_Vの非線形関数であるから、シミュレーションか最適化を用いて解を得ることになる。そのための暫定的な初期値の与え方はいろいろ考えられるが、次のような方法が用いられることもある。

・資産価値の初期値は、V_0=負債価値K_0+株式時価総額W_0
・資産ボラティリティσ_Vの初期値は、株式のボラティリティσ_Wとする

③ 収束計算

（10.77）式、（10.80）式に対して収束計算を行い、資産価値V_0と資産ボラティリティσ_Vの推定値を求める。

④ 中立的なデフォルト確率$P_F(T)$の推定

満期T、無リスク金利r_f、満期時点Tの負債価値K_T、および③で推定した資産の現在価値V_0と資産ボラティリティσ_Vの値を、（10.78）式のd_1, d_2に代入する。さらに、この結果を（10.79）式に代入し、T年後にデフォルトするリスク中立的な確率$P_F(T)$を推定する。

(4) デフォルト距離（DD : Distance to Default）

デフォルト距離Dとは、相対的なデフォルトの評価値であり、以下のような値として定義される。

$$D = \frac{\tilde{E}_0[\ln V_T - \ln K_T]}{\sigma_V \sqrt{T}} = \frac{\tilde{E}_0[\ln V_T] - \ln K_T}{\sigma_V \sqrt{T}} = \frac{\ln\left(V_0 e^{(r_f - \sigma_V^2/2)T}\right) - \ln K_T}{\sigma_V \sqrt{T}}$$

$$= \frac{\ln\left(\dfrac{V_0}{K_T}\right) + \left(r_f - \sigma_V^2/2\right)T}{\sigma_V \sqrt{T}} = d_2 \quad\cdots\cdots\cdots\cdots (10.83)$$

なお、(10.83)式の分子は、満期時点Tでの対数変換した資産価値V_Tの期待値と、同じく対数変換した負債額K_Tの差（これを**デフォルト・ポイント**とも呼ぶ）であり、直感的にはこの差が大きいほどデフォルトする可能性は小さいことになる。逆に、この差が小さければ、満期の資産価値が負債価値を下回り、債務超過状態になってデフォルトする可能性が高くなると考えられる。一方、この差はスケールをもった議論であり、なんらかの方法で資産価値V_Tのスケールを調整する必要がある。そこで(10.83)式では、分子を資産ボラティリティσ_Vで割ることにより、スケールを統一したかたちで、デフォルト距離Dを定義している。つまり、デフォルト距離Dは、債務超過状態に至るまでの余裕度$\tilde{E}_0[\ln V_T - \ln K_T]$が資産変動度合い$\sigma_V$の何倍にあたるのかを示している。なお、$\sqrt{T}$はルート$T$ルールが適用された結果である。

例題10.8　デフォルト距離

企業Aの現在の資産価値V_0は200億円、1年後の予想負債価値K_1が120億円、資産の成長率のボラティリティσ_Vが20%とする。満期Tが1年、無リスク金利r_fが5%であるときのデフォルト距離$\tilde{D}$を求めよ。

第10章　倒産確率と存続確率

> **解**　(10.83)式にこれらの値を代入すると、
>
> $$D = \frac{\ln\left(\frac{V_0}{K_T}\right) + \left(r_f - \sigma_V^2/2\right)T}{\sigma_V \sqrt{T}}$$
>
> $$= \frac{\ln\left(\frac{200}{120}\right) + \left(0.05 - 0.2^2/2\right)1}{0.2\sqrt{1}} = \frac{0.540826}{0.2} = 2.704128$$
>
> 分子の0.540826は絶対的なデフォルト距離であり、これを資産価値の標準偏差で割った値2.704128が相対的なデフォルト距離である。つまり、デフォルトに至るまでには、資産ボラティリティ当り約2.7倍の余裕があることを意味している。

⑨ 回収率とデフォルト時損失率

回収率（RR：Recovery Rate）とは、ある企業がデフォルトしたときの**貸付残高**（EAD：Exposure at Default）に対して、デフォルト時点でどのくらいの回収が可能であるかを示す値である。一方、**デフォルト時損失率**（LGD：Loss Given Default）は、1から回収率を引いた値である。すなわち、回収率$\delta(t)$とデフォルト時損失率$L(t)$の間には、

$$\delta(t) = 1 - L(t) \quad \cdots\cdots\cdots\cdots\cdots\cdots\cdots\cdots\cdots\cdots\cdots\cdots\cdots\cdots\cdots (10.84)$$

という関係がある。つまり、回収率$\delta(t)$は高いほど、デフォルト時損失率$L(t)$は低いほど望ましいという意味になる。仮に、デフォルト確率が100％である企業でも、回収率が100％であるならば、与信残高のすべてが回収できることになるから、信用リスクはゼロである。すなわち、信用リスクを管理するうえでは、回収率の水準、回収率が資産ごと、与信先ごとに違っている理由を把握しておくことが大切である。なお、回収率には、以下のような定

義が用いられている場合があるので、分析にあたっては前提条件を押さえることが重要である。

① Jarrow and Turnbullなどが用いている回収率の定義

デフォルト時点をτとし、その時点での満期Tの無リスクな割引債の価格を$Z_0(\tau,T)$、デフォルトした場合の回収可能額を$L(\tau,T)$としたうえで、回収率δ_τ^{JT}を、

$$\delta_\tau^{JT} = \frac{L(\tau,T)}{Z_0(\tau,T)} \quad\quad\quad\quad (10.85)$$

で定義する。（10.62）式より

$$Z_0(\tau,T) = \exp\left(-\int_\tau^T \hat{r}(s)ds\right)$$

であり、これを（10.85）式に代入すると、

$$L(\tau,T) = \delta_\tau^{JT} \exp\left(-\int_\tau^T \hat{r}(s)ds\right)$$

となる。この式は、δ_τ^{JT}を満期Tにおける元本1に対する回収率として考えると、満期Tで回収可能なδ_τ^{JT}をデフォルト時点τから満期Tまでの期間の無リスク金利で割り引いたものが、デフォルト時点τでの回収可能額$L(\tau+T)$であるということを意味している。

② Duffie-Singletonなどが用いている回収率の定義

デフォルト直前の時点を$(\tau-)$で表し、その時点での満期Tの債権価値を$v(\tau-,T)$、デフォルト直後の債券価値を$v(\tau,T)$とする。回収率δ_τ^{DS}を、

$$\delta_\tau^{DS} = \frac{v(\tau,T)}{v(\tau-,T)} \quad\quad\quad\quad (10.86)$$

で定義する。この回収率は、債権価値が信用リスクを織り込んで次第に低下していくような関係を表すのに適している。一方で、デフォルト直前$(\tau-)$の債権価値$v(\tau-,T)$を計測することは、現実としてはむずかしい。

10 誘導モデル

信用リスクを評価するためには、
① デフォルト時点τを説明する確率モデル
② 回収率δと回収時点
③ 金利の期間構造モデル

の三つが必要となってくる。③の金利の期間構造モデルについては、デフォルトと金利は独立であるという前提のもとで、Hull-WhiteモデルやVasicekモデルなどの金利モデルが利用されることが多い。

構造モデルでは、デフォルトが企業の内性的な構造から与えられるものと仮定した。この節では、デフォルト確率（時点）そのものを外性的に与える**誘導モデル**（Reduced-formモデル，Hazard-Basedモデル，Intensity-basedモデルなどと呼ばれる）について検討する。

なお、リスク評価の期間内にデフォルトが発生した場合にのみ、損失が発生すると定義するDefault Modeモデルと、信用リスク低下の状態を考慮するために格付など利用するMark to Marketモデルに分類する方法もある。

誘導モデルの例としては、Duffie and Singletonモデル［参考文献の25参照］やJarrow, Lando and Turnbullモデル［参考文献の26参照］などがある。このタイプのモデルでは、デフォルト時点の分布と深い関係のあるハザード率と呼ばれる指標に注目する。**ハザード率**は、イールド・スプレッドと深い関係があることから、実務的には比較的取り扱いやすいモデルとされている。

もう一つは、先に検討した格付推移確率行列によって格付の変化から間接的にデフォルトを表現する方法である。この方法は、デフォルト確率が格付推移確率によって表現されることから直感的にイメージしやすいこと、また公表されているMoody'sなどによる実データに基づいた格付推移確率を参考値として利用できること、などの理由により実務ではよく用いられている。

(1) Duffie and Singletonモデルの概要

　誘導モデルは、デフォルト時点τの分布を外的に、すなわち対象となる企業の財務状況などとは無関係に与えてしまうという立場である。特に、「ハザード率」などと呼ばれる、「強度」に相当する指標によって説明されることから、Intensity-Basedアプローチなどとも呼ばれている。

　この場合、観測される事象はデフォルトが起きたか起きないかの二つだけであり、デフォルトの可能性の高低に関する情報は得ていても、直接デフォルトの発生を示唆する要因を観測できるわけではない。その意味では、デフォルトは、突発的に起こるというモデルの設定となっている。

　Duffie and Singletonモデルは、信用リスクのある割引債の価格$Z(t,T)$を、以下の式で計算する。なお、Duffie-Singletonモデルのような関係式が成り立つためには、いろいろな条件が満足されなければならないことに常に留意しなければならない［参考文献の20参照］。

$$Z(t,T) = \tilde{E}\left[e^{-\int_t^T R(s)ds} 1 \middle| \mathcal{F}_t \right] \quad\quad (10.87)$$

　　$R(s)$：信用リスク調整後の短期金利

$$R(s) = \hat{r}(s) + (1-\delta)h(s) \quad\quad (10.88)$$

　　$\hat{r}(s)$：無リスクのスポット・レート

　　δ：回収率

　　$h(s)$：ハザード率

　ハザード率$h(t)$は、ある技術的な仮定のもとで、時点tの直前まで存続していた企業が、時点tでデフォルトする確率を表したものとみなすことができ、(5.47) 式、もしくは、

$$h(t) = \frac{-\frac{\partial}{\partial s}P(\tau \geq s)|_{s=t}}{P(\tau \geq t)} \quad\quad (10.89)$$

$$= \lim_{u \downarrow 0} \frac{1}{u} P(t \leq \tau < t+u \,|\, \tau \geq t)$$

第10章　倒産確率と存続確率

で定義される。極限の$u\downarrow 0$は、uを大きいほうから0に近づけるという意味であり、値が不連続なもの（ジャンプがあるもの）では、近づける向きによって値が異なる可能性がある（図表10-7）。(10.89) 式の分母は時点tでの生存率$P(\tau \geq t)$であり、分子は生存率の瞬間的な減少幅、つまり瞬間的なデフォルト確率を意味している。

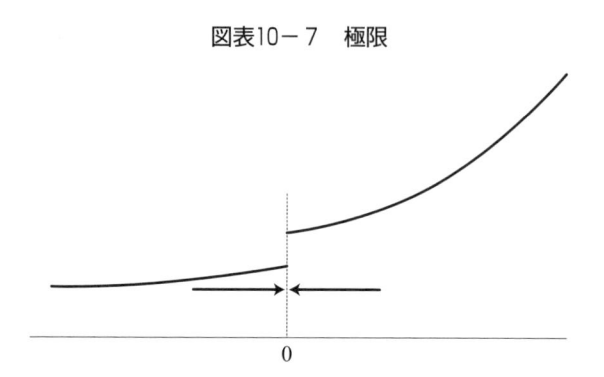

図表10-7　極限

このモデルには、デフォルト確率を表すハザード率$h(t)$と、無リスクのスポット・レート$\hat{r}(t)$に関する二つの確率変数（プロセス）がある。実務上の簡便性から、$h(t)$と$r(t)$が独立、すなわちデフォルト率の変化はイールド・カーブの変化の影響を受けないと仮定する。この仮定のもとで、(10.87) 式に (10.63) 式を代入して、

$$Z(t,T) = \tilde{E}\left[e^{-\int_t^T \{\hat{r}(s)+(1-\delta)h(s)\}ds} 1 \middle| \mathcal{F}_t \right] = \tilde{E}\left[e^{-\int_t^T \hat{r}(s)ds} 1 \middle| \mathcal{F}_t \right] \tilde{E}\left[e^{-\int_t^T (1-\delta)h(s)ds} 1 \middle| \mathcal{F}_t \right]$$

$$= Z_0(t,T) \cdot \tilde{E}\left[e^{-\int_t^T (1-\delta)h(s)ds} 1 \middle| \mathcal{F}_t \right] \quad \cdots\cdots (10.90)$$

と表すことができる。このときイールド・スプレッド$y(t,T)$は (10.60) 式より

$$y(t,T) = -\frac{1}{T-t} \ln \frac{Z(t,T)}{Z_0(t,T)}$$

$$= -\frac{1}{T-t} \ln \tilde{E}\left[e^{-\int_t^T (1-\delta)h(s)ds} 1 \bigg| \mathcal{F}_t \right]$$

で与えられ、これは、

$$e^{-y(t,T)(T-t)} = \tilde{E}\left[e^{-\int_t^T (1-\delta)h(s)ds} 1 \bigg| \mathcal{F}_t \right] \quad \cdots\cdots (10.91)$$

を意味するので、

$$Z(t,T) = Z_0(t,T) \cdot e^{-y(t,T)(T-t)} \quad \cdots\cdots (10.92)$$

が得られる。

（10.92）式は、イールド・スプレッドの期間構造を説明していると考えることができる。

このことは、信用リスクは回収率 δ とハザード・プロセス $h(t)$ の二つによって説明できることを意味し、割引債の市場価格をニューメレール（基準材）とすることで、信用リスクを内包している商品の評価が可能になるということを示している。

(2) 指数ハザード・タイプのハザード・プロセス

時点 t で企業が存続する割合を $S(t)$ とすると、

$$S(t) = P\{\tau \geq t\}$$

であり、（10.89）式は、

$$h(t) = \frac{-\dfrac{dS(t)}{dt}}{S(t)}$$

となるので、

$$\frac{dS(t)}{dt} = -h(t)S(t) \quad \cdots\cdots (10.93)$$

となる。

ここで、デフォルト率の従う過程として、ハザード率（デフォルト率）が存続（生存）割合 $S(t)$ に対し一定 ($h(t)=h_0$) のモデルを考えると、（10.93）式は、

第10章　倒産確率と存続確率

$$\frac{dS(t)}{S(t)} = -h_0 \cdot dt \tag{10.94}$$

となる。この式の両辺を積分し、さらに指数変換すると、

$$\ln S(t) = -h_0 t$$

$$S(t) = \exp(-h_0 t) \tag{10.95}$$

が得られる。したがって、ハザード率が一定($h(t)=h_0$)とした場合のデフォルト時間τの分布は、

$$P_{h_0}\{\tau \geq t\} = P_{h_0}\{\tau > t\} = \exp(-h_0 t) \tag{10.96}$$

となる。なお、ここでは連続時間でモデルを表現しているので、$P_{h_0}\{\tau \geq t\} = P_{h_0}\{\tau \geq t\}$となる。

(10.95)式は、**指数ハザード・タイプ**のモデルといわれるものであり、非常に簡単なモデルではあるが存続割合$S(t)$の値が負にならないという利点がある。また、経済状態などが一定である場合、デフォルトする企業数は、存続企業数に比例、すなわち存続企業数に一定の割合でデフォルトが発生するという考え方は、きわめて自然である。時点0における対象企業数をN、時間間隔$x(x>0)$における生存率を$S(x)$で表すと、時間xでの存続企業数は$NS(x)$となる。なお、$S(0)=1$である。デフォルトする企業は、存続企業数に対し時間に依存しない定数λの割合で発生するものとし、デフォルト率を$dS(x)/dx$でデフォルト確率を表現する基本的なフレームワークとなっている。一方、ハザードのプロセスに相関を入れることはできない。

(10.90)式に、$h(t)=h_0$を代入すると、

$$Z(t,T) = Z_0(t,T) \cdot \tilde{E}\left[e^{-\int_t^T (1-\delta)h_0 ds} 1 \middle| \mathcal{F}_t\right]$$

$$= Z_0(t,T) \exp\left(-(1-\delta)h_0(T-t)\right) \tag{10.97}$$

が得られる。また、(10.91)式より

$$e^{-y(t,T)(T-t)} = \exp\left(-(1-\delta)h_0(T-t)\right)$$

であるので、スプレッド$y(t,T)$は、

$$y(t,T) = (1-\delta)h_0 \quad \cdots\cdots (10.98)$$

となる。

　生存関数が（10.96）式で与えられる指数分布を想定すると、企業の寿命Lは、

$$P\{L \leq x\} = 1 - S(x) = 1 - e^{-h_0 x} \quad , \quad x > 0$$

という指数分布で表すことができる。(5.10)式の条件付確率の定義より

$$P\{R \leq x | L > t\} = \frac{\{1-e^{-h_0(t+x)}\}-\{1-e^{-h_0 t}\}}{e^{-h_0 t}} = \frac{e^{-h_0 t} - e^{-h_0(t+x)}}{e^{-h_0 t}} = 1 - e^{-h_0 x} \quad \cdots (10.99)$$

が得られるが、これらの結果から $P\{R \leq x | L > t\} = P\{L \leq x\}$ という関係が得られる。この式は、余命Rの従う確率分布は時点tまでにデフォルトしていないという条件$\{L>t\}$に依存しないことを意味している。このような現象を指数分布の**無記憶性**（偶発故障型, memory-less過程）と呼んでいる。

(3) ワイブル分布

　ワイブル分布では、生存関数$S(x)$を以下の関数で表す。

$$S(x) = \exp(-\lambda x^\gamma) \quad , \quad \lambda, \gamma > 0 \quad \cdots\cdots (10.100)$$

　この式では、ハザード関数が時間xのべき関数として表されるが、べき次数γを形状パラメーターと呼ぶ。ワイブル分布を用いることのメリットは、γの値によってハザード関数の形状をアレンジできることであり、たとえば$\gamma=1$のときには偶発故障型と呼ばれる指数分布に帰着し、$\gamma>1$のときは摩耗故障型と呼ばれる単調非減少に、$\gamma<1$のときは初期故障型と呼ばれる単調非増加の関数で表される。ワイブル分布は、時間の尺度をxからx^γに変えた指数分布と考えられ、ハザード関数は、

$$h(x) = \gamma\lambda \cdot x^{\gamma-1} \quad , \quad x > 0 \quad \cdots\cdots (10.101)$$

となる。

第10章　倒産確率と存続確率

11 ハザード・プロセス

ヨーロピアン・オプションの評価モデルとしてBlack-Sholesモデルが知られているが、このモデルでは株価の従う確率プロセスを、

$$dS(t) = \mu(t)S(t)dt + \sigma S(t)dw_t, \quad S(0) = S_0 \quad \cdots\cdots (10.102)$$

という幾何ブラウン運動を表す確率微分方程式によって表現した。ここでは、ハザード率$h(t)$を確率微分方程式で表現する方法の結果のみを表す［参考文献の20参照］。

(1) Gaussianタイプのハザード・プロセス

ここで、ハザード率が、

$$dh(t) = \mu(t)dt + \sigma dw_t, \quad h(0) = h_0 \quad \cdots\cdots (10.103)$$

- w_t：標準ブラウン運動
- $\mu(t)$：時間変化するドリフト
- σ：標準偏差

に従うGaussianタイプのモデルを適用する。ここで$\mu(t)=\sigma=0$なら、$h(t)=h_0$となり、指数ハザード・プロセスとなる。

> **定理10-1** ハザード・プロセスに、Gaussianタイプを仮定した場合のデフォルト時間τの分布（生存確率）は、
>
> $$\begin{aligned}P_h(\tau > t) &= E_{h_0}\left[\exp\left(-\int_0^t h(s)ds\right)\right] \\ &= \exp\left(-h_0 t - \int_0^t (t-s)\mu(s)ds + \frac{1}{6}\sigma^2 t^3\right)\end{aligned} \quad \cdots (10.104)$$
>
> で与えられる。

(10.104) 式の最終項について考える。このモデルの指数部分には、σと期間tに依存する正の関数が含まれており（σは2乗、期間tは3乗で影響を与え

る）、本来、単調減少関数であるべきデフォルト時間τの分布（存続（生存）確率）が増大する（＝デフォルト確率が負の値になる）可能性があることがわかる。こうした問題を解決するためには、ハザード・プロセスにVasicekタイプ（完全に非負とすることはできない）、CIRタイプなどを用いたモデルが必要となる。

> **定理10−2** ハザード・プロセスに、Gaussianタイプを仮定した場合の、クレジット・スプレッドは、以下の式で与えられる。
>
> $$\begin{aligned} e^{-y(t,T)(T-t)} &= E\left[e^{-\int_t^T (1-\delta)h(s)ds} \middle| \mathcal{F}_t \right] \\ &= \exp\left(-\left(h(t)(T-t) + \int_t^T (T-s)\mu(s)ds \right)(1-\delta) \right. \\ &\quad \left. + \frac{1}{6}(1-\delta)^2 \sigma^2 (T-t)^3 \right) \end{aligned}$$ ……(10.105)

(2) Vasicekタイプのハザード・プロセス

ここで、ハザード率に平均回帰性をもたせるために、Vasicekタイプのハザード・プロセスを適用する［参考文献の20参照］。

$$dh(t) = c(m - h(t))dt + \sigma dw_t, \quad h(0) = h_0 \quad \cdots\cdots (10.106)$$

c：平均への回帰スピード
m：平均的なハザード率
w_t：標準ブラウン運動
σ：標準偏差

特に、$c=\sigma=0$の場合は、$h(t)=h_0$となり、$P[\tau > t] = e^{-h_0 t}$となる。

第10章　倒産確率と存続確率

> **定理10-3** Vasicekタイプのハザード・プロセスを仮定した場合のデフォルト時間τの分布は、
> $$\begin{aligned}P_{h_0}(\tau > t) &= E_{h_0}\left[\exp\left(-\int_0^t h(s)ds\right)\right] \\ &= \exp\left[\frac{1}{c}\left(e^{-ct}-1\right)\left(h_0 - m - \frac{\sigma^2}{4c^2}(e^{-ct}-3)\right) \right.\\ &\quad \left. -t\left(m - \frac{\sigma^2}{2c^2}\right)\right]\end{aligned}$$ ……(10.107)
> で与えられる。

> **定理10-4** 時点tでの満期Tの債券のクレジット・スプレッド$y(t,T)$は、
> $$\begin{aligned}e^{-y(t,T)(T-t)} &= E\left[e^{-\int_t^T (1-\delta)h(s)ds}\middle| F_t\right] \\ &= \exp\left[\frac{1}{c}\left(e^{-c(T-t)}-1\right)\left((1-\delta)(h(t)-m) - \frac{\sigma^2}{4c^2}(1-\delta)^2(e^{-c(T-t)}-3)\right) \right.\\ &\quad \left. -(T-t)\left((1-\delta)m - \frac{\sigma^2}{2c^2}(1-\delta)^2\right)\right]\end{aligned}$$ ……(10.108)
> で与えられる。

ハザード・プロセスを複雑化すれば、ハザード率が負になるという問題を排除できるが、一方でハザード・プロセスに必要なパラメータが増加し、今度はパラメータの推定精度が問題となるのでモデルを利用するにはバランスが必要となる。

12　同時デフォルト確率とデフォルト相関

複数の企業や個人への融資、あるいは複数銘柄の債券に投資をしているような場合には、これら複数の与信取引先間で、一定期間内に同時にデフォル

トが発生する可能性がある。このように、複数の与信取引先間で2社以上のデフォルトが同時に発生する可能性の大きさを同時デフォルト確率という。また、二つの与信先、投資先間のデフォルトの関連性の大きさはデフォルト相関と呼ぶ。

デフォルト確率の相関は、信用リスクの評価に大きな影響を与えるが、この定義には、イベント相関と、デフォルト時刻相関という二つの考え方がある。

実際には、過去にデフォルトしたサンプルは少なく、それらをもとにデフォルト確率の相関の値を直接推定することもむずかしい。そこで、デフォルト確率相関の値に、株価相関などのアセット相関の値を代理変数として適用する場合が多い。これは、Mertonモデルなどの構造モデルによってデフォルト確率を推定する場合、企業価値を株式時価総額を経由して求めるという前提によるものである。

一方、デフォルト確率相関とアセット相関では異なる概念であるため、アセット相関の値をそのままデフォルト確率相関の値として利用することはできない。そこで、構造モデルを前提に、アセット相関とイベント相関を結びつけるという方法も用いられる。

デフォルト確率の相関の考え方として、以下の二つの方法が用いられる。

① discrete default correlation（イベント相関）

$$\hat{\rho}_{ij} = \frac{p_{ij} - p_i p_j}{\sqrt{p_i(1-p_i)}\sqrt{p_j(1-p_j)}} \quad \cdots\cdots (10.109)$$

ただし、p_iは参照資産（企業）iがデフォルトする確率、p_{ij}は参照資産（企業）iとjが同時にデフォルトする確率である。

② survival time correlation（デフォルト時刻相関）

$$\rho_{ij} = \frac{Cov(\tau_i, \tau_j)}{\sigma(\tau_i)\sigma(\tau_j)} \quad \cdots\cdots (10.110)$$

ただし、τ_iは参照資産（企業）iがデフォルトするまでの時間を表す。

ここで、(10.109)式によるイベント相関について検討する。XとYの共分

散を $C[X,Y]$、X と Y のそれぞれの標準偏差を σ_X, σ_Y とおくと、相関係数 $\rho_{X,Y}$ は、

$$\rho_{X,Y} \equiv \frac{C(X,Y)}{\sigma_X \sigma_Y} = \frac{E[X \cdot Y] - E[X] \cdot E[Y]}{\sigma_X \sigma_Y} \quad \cdots\cdots (10.111)$$

で定義される。

　企業A、企業Bのデフォルト状態を表す確率変数を X, Y とし、確率変数 X, Y はそれぞれベルヌーイ分布に従うと仮定する（$X \sim Be(p_X), Y \sim Be(p_Y)$）。ベルヌーイ分布とは、確率変数 X は1か0のどちらかの値しかとらず、1の出る確率が p、0の出る確率が $1-p$ となる分布である。ここでは、デフォルトを1、非デフォルトを0で表すことにする。

	X, Y	確率
デフォルト	1	p_X, p_Y
非デフォルト	0	$1-p_X, 1-p_Y$

　確率変数 X の期待値は、

$$E[X] = P(X=1) \cdot 1 + P(X=0) \cdot 0$$
$$= p_X \cdot 1 + (1-p_X) \cdot 0 = p_X$$

となり、同様に確率変数 Y の期待値は、

$$E[Y] = P(Y=1) \cdot 1 + P(Y=0) \cdot 0$$
$$= p_Y \cdot 1 + (1-p_Y) \cdot 0 = p_Y$$

となる。次に、確率変数 X と確率変数 Y の同時分布の期待値は、

$$E[X \cdot Y] = P(X=1, Y=1) \cdot (1 \cdot 1) + P(X=1, Y=0) \cdot (1 \cdot 0) + P(X=0, Y=1) \cdot (0 \cdot 1)$$
$$+ P(X=0, Y=0) \cdot (0 \cdot 0)$$
$$= p_{X,Y}$$

となる。なお、$p_{X,Y}$ は、企業Aと企業Bが同時にデフォルトする確率を表す。また、p_X, p_Y は、企業Aと企業Bのそれぞれのデフォルト確率であり、周辺確率（分布）を意味する。

　確率変数 X と確率変数 Y の共分散 $C[X, Y]$ は、

$$C[X, Y] = E[X \cdot Y] - E[X] \cdot E[Y]$$
$$= p_{X,Y} - p_X \cdot p_Y$$

であり、確率変数Xと確率変数Yのそれぞれの分散は、

$$V[X] = E\left[(X-E[X])^2\right]$$
$$= E\left[(X-p_X)^2\right]$$
$$= p_X(1-p_X)^2 + (1-p_X)(0-p_X)^2$$
$$= p_X(1-p_X)^2 + (1-p_X)p_X^2$$
$$= p_X(1-p_X)\{(1-p_X)+p_X\}$$
$$= p_X(1-p_X)$$

$$V[Y] = E\left[(Y-E[Y])^2\right]$$
$$= E\left[(Y-p_Y)^2\right]$$
$$= p_Y(1-p_Y)^2 + (1-p_Y)(0-p_Y)^2$$
$$= p_Y(1-p_Y)^2 + (1-p_Y)p_Y^2$$
$$= p_Y(1-p_Y)\{(1-p_Y)+p_Y\}$$
$$= p_Y(1-p_Y)$$

となる。これらを（10.111）式に代入すると、

$$\rho_{X,Y} = \frac{p_{X,Y} - p_X \cdot p_Y}{\sqrt{p_X(1-p_X)} \cdot \sqrt{p_Y(1-p_Y)}} \quad (10.112)$$

となり、（10.109）式と同様の結果が得られる。（10.109）式のデフォルト相関$\rho_{i,j}$には、

① $\rho_{i,j}=p_i\cdot p_j$のとき、デフォルト相関$\rho_{i,j}$の値は0となる。

② $\rho_{i,j}<p_i\cdot p_j$のとき、デフォルト相関$\rho_{i,j}$の値は負の値となる。また、$\rho_{i,j}>p_i\cdot p_j$のとき、デフォルト相関$\rho_{i,j}$の値は正の値となる。

③ 同時デフォルト確率$\rho_{i,j}$が0であれば、デフォルト相関$\rho_{i,j}$は負の値になる。

④ 同時相関$\rho_{i,i}, \rho_{j,j}$は常に1となる。

という特徴がある。

(1) 資産価値生成モデル

構造モデルでは、企業iの資産価値V_iがある閾値K_iを下回ったとき、この企業はデフォルトすると仮定する。

ここで、資産価値の1ファクターモデルについて検討する。まず、企業iの資産の市場価値V_iが、すべての企業にとって共通なファクターXと、Xでは説明できない企業特有の個別ファクターα_iを用いて、

$$V_i = \beta_i X + \alpha_i \quad\cdots\cdots (10.113)$$

と表されるものとする。ここでは、企業の資産価値V_iが、ある閾値K_iを同時に超えることをデフォルト相関ととらえる。個別ファクターα_iが $\alpha_i = \sqrt{1-\beta_i^2}\,\varepsilon_i$ で与えられるとすると、

$$V_i = \beta_i X + \alpha_i = \beta_i X + \sqrt{1-\beta_i^2}\,\varepsilon_i \quad\cdots\cdots (10.114)$$

が得られる。

なお、共通ファクターXは、平均0、分散1の標準正規分布に従うものとし、個別ファクターε_iは共通ファクターXとは独立の標準正規分布に従うものとする（$\varepsilon_i \sim N(0,1)$）。個別ファクター$\varepsilon_i$は、特定の企業についての個別要因であるため、異なる二つの企業間では独立である（$E[\varepsilon_i \cdot \varepsilon_j]=0$）。また、個別ファクター$\varepsilon_i$が標準正規分布に従うので、$\alpha_i$は標準偏差$\sqrt{1-\beta_i^2}$の正規分布に従う（$\alpha_i \sim N(0,1-\beta_i^2)$）。つまり、$\sqrt{1-\beta_i^2}$は個別ファクター$\varepsilon_i$のボラティリティに相当する。

株価におけるベータは、個々の株価が市場ポートフォリオに対してどのくらい連動して動くのかを示す。これと同様に、(10.113)式は、資産価値V_iが、共通ファクターXと個別ファクターα_iによって決まることを表している。

一般に、景気変動や業態別の動向を表すなんらかの経済指標など、全債務者のデフォルトに共通に影響を与えるリスク・ファクターXを**システマティック・リスク・ファクター**、企業iの共通ファクターXへの依存度を表す係数β_iを**ファクター・ローディング**と呼ぶ。景気上昇によって共通ファクターであるシステマティック・リスクXが大きくなれば、企業iの資産価値V_iは増加

し、デフォルト確率は小さくなる。

一方、企業特有の個別ファクターの変動リスクは、分散投資をしても回避できず、資産価値は個別リスクの影響を強く受ける。つまり、個別リスクこそが、ポートフォリオのリスク・コントロールをむずかしくする理由といえる。

(2) 資産相関（アセット相関）

まず、二つの会社を任意に選ぶとしよう。この2社が同時にデフォルトするのは、各会社の負債価値が同時に、その会社の資産価値を上回るときである。

(10.114) 式より、

$$\begin{aligned}
E[V_i] &= E\left[\beta_i X + \sqrt{1-\beta_i^2}\,\varepsilon_i\right] \\
&= E[\beta_i X] + E\left[\sqrt{1-\beta_i^2}\,\varepsilon_i\right] \\
&= \beta_i E[X] + \sqrt{1-\beta_i^2}\,E[\varepsilon_i] \\
&= \beta_i \cdot 0 + \sqrt{1-\beta_i^2} \cdot 0 \\
&= 0 \quad\cdots\cdots (10.115)
\end{aligned}$$

$$\begin{aligned}
V[V_i] &= V\left[\beta_i X + \sqrt{1-\beta_i^2}\,\varepsilon_i\right] \\
&= V[\beta_i X] + V\left[\sqrt{1-\beta_i^2}\,\varepsilon_i\right] + 2C\left[\beta_i X, \sqrt{1-\beta_i^2}\,\varepsilon_i\right] \\
&= \beta_i^2 V[X] + (1-\beta_i^2)V[\varepsilon_i] + 2\beta_i\sqrt{1-\beta_i^2} \cdot C[X,\varepsilon_i] \\
&= \beta_i^2 \cdot 1 + (1-\beta_i^2) \cdot 1 + 2\beta_i\sqrt{1-\beta_i^2} \cdot 0 \\
&= 1 \quad\cdots\cdots (10.116)
\end{aligned}$$

が得られる。このことは、資産価値V_iは、標準正規分布に従う（$V_i \sim N(0,1)$）ことを意味する。

また、企業iと企業jのそれぞれの資産の共分散は、

第10章　倒産確率と存続確率

$$C[V_i, V_j] = C\left[\beta_i X + \sqrt{1-\beta_i^2}\varepsilon_i, \beta_j X + \sqrt{1-\beta_j^2}\varepsilon_j\right]$$

$$= C\left[\beta_i X, \beta_j X\right]$$

$$= \beta_i \beta_j C[X, X]$$

$$= \beta_i \beta_j \quad \cdots\cdots\cdots\cdots\cdots\cdots\cdots\cdots\cdots\cdots\cdots\cdots\cdots (10.117)$$

となる。さらに相関係数 $\rho_{i,j}$ は、

$$\rho_{i,j} = \frac{C[V_i, V_j]}{\sqrt{V[V_i]}\sqrt{V[V_j]}}$$

$$= \frac{\beta_i \beta_j}{\sqrt{1}\sqrt{1}}$$

$$= \beta_i \beta_j \quad \cdots\cdots\cdots\cdots\cdots\cdots\cdots\cdots\cdots\cdots\cdots\cdots\cdots (10.118)$$

で計算できる。このことは、相関係数 $\rho_{i,j}$ は、共通ファクター X に対する感応度 β_i, β_j の積で表現できることを意味する。

　現実に企業の資産価値 V_i が負になることはデフォルト企業でもなかなか起こりえないが、ここでの資産価値 V_i は基準化後のものとしてとらえられていることに注意する。企業資産が、平均ゼロ、標準偏差 1 の標準正規分布に従うと仮定することによって、基準化した資産価値の分布がわかれば、資産相関は（10.118）式のような資産価値を評価するモデルで求められ、デフォルト相関との関係を明らかにすることが可能となる。

(3) 資産相関（アセット相関）とデフォルト相関の関係

　構造モデルの枠組みでは、企業のデフォルトを資産価値 V_i が負債価値 K_i を下回るときに生じると定義する。すなわち、デフォルト確率は、負債価値 K_i が資産価値 V_i を上回る確率 $P_i = P(V_i < K_i)$ で表される。資産価値 V_i が標準正規分布に従うと仮定すると、デフォルト確率 P_i は、

$$P_i = P(V_i < K_i) = \Phi_1(K_i), \quad \Phi_1(K_i)\text{は標準正規分布関数} \cdots\cdots (10.119)$$

で表される。したがって、負債価値 K_i は（10.119）式の逆関数 $\Phi^{-1}(P_i)$ から得

られる。

$$K_i = \Phi_1^{-1}(P_i) \quad \cdots\cdots\cdots\cdots\cdots\cdots\cdots\cdots\cdots\cdots (10.120)$$

一方、企業がデフォルトするかしないか（債務超過するかしないか）は、ベルヌーイ分布を用いて、確率変数$y=1$のときがデフォルトする、$y=0$のときはデフォルトしないととらえることができる。このとき、デフォルト確率P_iは、

$$P_i = P(y_i = 1) = P(V_i < K_i) = \Phi_1(K_i)$$

と表すことができる。

この考え方を同時デフォルト確率の計算に応用すると、

$$\begin{aligned}P_{ij} &= P(y_i = 1, y_j = 1) \\ &= P(V_i < K_i, V_j < K_j) \\ &= \Phi_2(K_i, K_j, \rho_{i,j}) \\ &= \Phi_2(\Phi_1^{-1}(P_i), \Phi_1^{-1}(P_j), \rho_{i,j}) \quad \cdots\cdots (10.121)\end{aligned}$$

となる。

1行目の式は、二つの企業i,jが同時にデフォルトする確率は、ベルヌーイ分布に従う二つの確率変数y_i, y_jが同時に1である確率として表されることを示している。2行目の式は、同時デフォルト確率は二つの企業が同時に債務超過になる確率として表現できることを示している。3行目の式は、二つの企業i,jの資産価値x_i, x_jが資産相関ρ_{ij}をもつ標準正規分布に従うと仮定した場合のデフォルト相関を表している。4行目の式は3行目の式に(10.120)式を代入したものである。

つまり、$P_{ij} = \Phi_2(\Phi_1^{-1}(P_i), \Phi_1^{-1}(P_j), \rho_{ij})$という関係を用いると、同時デフォルト確率$P_{ij}$と二つの会社のデフォルト確率$P_i, P_j$から資産相関$\rho_{i,j}$が求められる。ただし、(10.121)式は、$\rho_{ij}$とデフォルト確率$P_i, P_j$との非線形関数であるから、資産相関$\rho_{i,j}$はシミュレーションによって計算する必要がある。以下に一連の計算処理をまとめた。

① 二つの企業i, jのデフォルト確率P_i, P_jを所与とする

② 同時デフォルト確率$P_{i,j}$を所与とする
③ $K_i = \Phi_1^{-1}(P_i)$ と $K_j = \Phi_1^{-1}(P_j)$ から、負債の閾値を計算する
④ $P_{i,j} = \Phi_2(\Phi_1^{-1}(P_i), \Phi_1^{-1}(P_j), \rho_{i,j}^x)$ と、ニュートン・ラプソン法やExcelのゴールシークなどの数値計算手法を用いて、資産相関$\rho_{i,j}$を求める
⑤ (10.118)式から、企業i,jのファクター・ローディングβ_i, β_jを推定する
⑥ β_i, β_jを使って、ポートフォリオの信用リスクおよび信用リスクに基づく必要自己資本や準備金を計算する

資産相関$\rho_{i,j}$が上記のステップによって計算できれば、(10.114)式を用いて1ファクターモデルによる感応度分析が可能となる。

ただし、$\Phi_2(\cdot)$は、2変量標準正規分布（$N_2(0,0,1,1,\rho_{X,Y})$）の分布関数であり、

$$\Phi_2(x,y,\rho) = \int_{-\infty}^{x} \int_{-\infty}^{y} \frac{1}{2\pi\sqrt{1-\rho^2}} \exp\left\{-\frac{u^2 - 2\rho uv + v^2}{2(1-\rho^2)}\right\} dv\,du \quad\cdots\cdots (10.122)$$

であるので、(10.121)式は、

$$P_{i,j} = \int_{-\infty}^{K_i} \int_{-\infty}^{K_j} \frac{1}{2\pi\sqrt{1-\rho_{i,j}^2}} \exp\left\{-\frac{u^2 - 2\rho_{i,j} uv + v^2}{2(1-\rho_{i,j}^2)}\right\} dv\,du \quad\cdots\cdots (10.123)$$

となる。

また、(10.123)式から、同時デフォルト確率$P_{i,j}$が与えられると、資産相関$\rho_{i,j}$の値を推定することができる。

13 One-Factor Gaussian Copulaモデルによる同時デフォルト確率の推定

N個の参照資産i,($i=1,2,\cdots,N$)で構成されているプールを想定する。また、相関係数ρ_{ij}を(10.110)式で定義したデフォルト時刻相関を利用する。

$$\rho_{ij} = \frac{Cov(\tau_i,\tau_j)}{\sigma(\tau_i)\sigma(\tau_j)}, \quad -1 \leq \rho_{ij} \leq 1 \tag{10.124}$$

なお、時刻をtで表し、現在時刻を$t=0$とし、τ_iは参照資産iがデフォルトするまでの時間を表す。(τ_i,τ_j)の同時分布関数を$F(x_i,x_j)$で表すと、同時デフォルト確率は、

$$p_{ij} = F(x_i,x_j), \quad p_i = F(x_i,\infty), \quad p_j = F(\infty,x_i) \tag{10.125}$$

で求められる。

ここで、参照資産iのデフォルト確率が指数ハザードモデルに従うと仮定し、ハザード率$h_i(t)$を、

$$h_i(t) = \lambda_i \tag{10.126}$$

で定義する。累積デフォルト確率$S_i(t)$は、

$$S_i(t) = 1 - e^{-\lambda_i t} \tag{10.127}$$

で計算でき、τ_iの周辺分布関数を意味する。

ここで、**One-Factor Gaussian Copula**モデルの適用を考える。

$$s_i(t) = \Phi^{-1}(1 - e^{-\lambda_i t}) \tag{10.128}$$

とおく。なお、$\Phi^{-1}(\cdot)$は標準正規分布$\Phi(\cdot)$の逆関数である。このとき、

$$P(\tau_1 \leq t, \tau_2 \leq t, \tau_3 \leq t, \cdots, \tau_N \leq t) = P(K_1 \leq s_1, K_2 \leq s_2, K_3 \leq s_3, \cdots, K_N \leq s_N)$$

$$K_i = \sqrt{\rho}Z + \sqrt{1-\rho}Z_i \quad (Z と Z_j は互いに独立) \tag{10.129}$$

とおくと、条件付(周辺)デフォルト確率$p_t^{i|Z}$は、

$$p_t^{i|Z} = P(\tau_i \leq t | Z)$$

$$= \Phi\left(\frac{s_i(t) - \sqrt{\rho}Z}{\sqrt{1-\rho}}\right) \tag{10.130}$$

第10章　倒産確率と存続確率

となり、N個の参照資産が同時デフォルト確率 $P(\tau_1 \le t, \tau_2 \le t, \tau_3 \le t, \cdots, \tau_N \le t)$ は、

$$P(\tau_1 \le t, \tau_2 \le t, \tau_3 \le t, \cdots, \tau_N \le t) = \int_{-\infty}^{\infty} \prod_{i=1}^{N} p_t^{ilz} \phi(z) dz \quad (10.131)$$

でもとめることができる。

ここで、モデルを簡略化するために、これらの参照資産iの元本G_i、デフォルト確率p_iはすべて同一とし、参照資産iと参照資産jの相関係数 ρ_{ij} もすべて同一であると仮定する。

$$G_i = G, \; p_i = p, \; \rho_{ij} = \rho \quad (i=1,2,\cdots,N; \; j=1,2,\cdots,N) \quad (10.132)$$

N個の参照資産のうち、最初のn個が同時デフォルトし、それ以外はデフォルトしない確率P_nは（10.131）式より、

$$P_n = \int_{-\infty}^{\infty} \prod_{i=1}^{n} p_t^{ilz} \prod_{i=n+1}^{N} (1 - p_t^{ilz}) \varphi(z) dz \quad (10.133)$$

で計算される。また、N個の参照資産のうち、n個を選び出す組合せは、${}_N C_n$ であるので、N個の参照資産のうち、n個が同時デフォルトする確率 $\hat{P}_{N,n}$ は

$$\hat{P}_{N,n} = {}_N C_n \cdot P_n \quad (10.134)$$

で計算することができる。

14 まとめ

　この章では、デフォルト確率、存続確率、ハザード率などの定義を明らかにしたうえで、信用リスクのある資産の価値（価格）を、デフォルト確率、回収率を用いて計算する方法について解説した。リスク中立デフォルト確率を用いる場合、このデフォルト確率には投資家のリスク選考や同時デフォルト発生の可能性を織り込まれているから、リスク選考や同時デフォルト発生の可能性を意識的に考慮する必要はない。しかし、リスク中立デフォルト確率が得られないような資産の価値を評価する場合には、実デフォルト確率を用いて将来キャッシュフローを割り引くのに、その割引率として無リスク金

利（スポット・レート）のほかに、投資家のリスク選考や同時デフォルト発生の可能性を織り込んだ信用リスク・プレミアムを上乗せした割引率を用いる必要がある。

また、回収率を決めてやれば、市場で観測されているイールド・スプレッドから、市場が想定している生存確率 $\tilde{P}_t(\tau > T)$、もしくはデフォルト確率 $\tilde{P}_t(\tau \leq T)$ を逆算できることを示した。

構造モデルは、「企業価値」からデフォルト確率の構造を推定するものであるが、「企業価値」を追っていくことでデフォルトの発生がその直前にはある程度予測できてしまうという可予測（predictable）のモデルになっていることに注意する必要がある。これに対し、誘導モデルは、市場が評価した信用リスクをデータから推定するものであり、企業の発行する社債のイールド・スプレッドや、格付評価機関が公表する格付推移確率行列を利用するものである。

デフォルト相関は、複数の企業が同時にデフォルトする可能性を示す指標である。したがって、デフォルト相関が高ければ、企業が保有するポートフォリオが高い信用リスクにさらされていることを意味する。この指標は、個別資産や貸出をポートフォリオに組み入れた場合の分散効果を示す指標と解釈することもできる。

あとがき

　経営分析、リスク評価とそのコントロールという局面では、企業数理の知識が不可欠となる。企業数理といってもその範囲の定義は不明確であるが、本書では経営に係る実務家にぜひ知っておいてもらいたい数学の範囲を企業数理として取り上げた。
　微分といえばさまざまな公式をイメージするが、たとえば為替が１円変わったときに、企業収益が受ける影響度を感応度として表したものととらえれば、微分が実務のさまざまな局面で利用されることが想定できる。
　また、プロジェクト投資には多くのリスクがある。将来の収益については不確実性が伴うので、２種類のプロジェクトを単純に比較することができない。そのためには、期待値という共通のスケールで両者を比較検討する。
　あるいは、収益の将来分布を表現することで信頼水準という基準でリスク量を把握するということが求められる。
　経営判断をする際には、現実に即した客観的な数値が必要となるが、その数値をつくるのがモデルであり、企業数理である。しかし、企業数理はあくまでも道具にしかすぎない。木造一戸建ての家屋を建てるとき、大工は多くの道具を利用する。もちろん、道具のよしあしはあるが、大工にとって重要なのは道具を使いこなす技術である。さらに、施工主のニーズ、法的に定められた強度の確保といった設計技術も重要となる。モデルとは、この大工の役割に似ている。経営ニーズを考え、法的制約、ビジネス性を検討したうえで、最もよい提案を具体的な数値として示していくのがモデルである。よい提案をしていくためには、道具である企業数理の特性をしっかり把握していることが求められる。
　実務では、数式を解くというよりも、数式の意味を正しく理解できればよいという立場の人も多い。本書は、後者の数式の意味を正しく理解したい人

を意識したものである。ビジネス機会を的確にとらえ、よりよい経営判断をしていくためにも、企業数理が積極的に活用されることを望む。

平成26年2月

著　者

著者紹介

青沼　君明（あおぬま・きみあき）
1977年　ソニー株式会社入社
1990年　三菱銀行（現、三菱東京UFJ銀行）入行（現在に至る）
　　　　融資企画部　CPMグループ　チーフ・クオンツ
（兼務）大阪大学大学院 基礎工学研究科　招聘教授
　　　　一橋大学大学院 経済学研究科　客員教授
東京大学大学院 数理科学研究科　博士課程修了（数理科学博士）

著　書

『金融リスクの計量化〈下〉クレジット・リスク』（共著、金融財政事情研究会）
『金利モデルの計量化』（共著、朝倉書店）
『クレジット・リスク・モデル』（共著、金融財政事情研究会）
『Excelで学ぶファイナンス(3) 債券・金利・為替』（共著、金融財政事情研究会）
『Excel&VBAで学ぶファイナンスの数理』（共著、金融財政事情研究会）
『Excelで学ぶバーゼルⅡと信用リスク評価手法』（共著、金融財政事情研究会）
『Excel&VBAで学ぶVaR』（共著、金融財政事情研究会）
『Excel&VBAで学ぶ 金融統計の基礎』（共著、金融財政事情研究会）
『Excel&VBAで学ぶ 信用リスクの基礎』（共著、金融財政事情研究会）
『Excelで学ぶ 確率統計の基礎』（共著、金融財政事情研究会）
『Excelで学ぶ 金融数学の基礎』（共著、金融財政事情研究会）
『Excelで学ぶ フォワード・ルッキングの基礎』（共著、金融財政事情研究会）
ほか、学術論文多数

訳　著

『デリバティブ入門』（共訳、金融財政事情研究会）
『フィナンシャルエンジニアリング〈第7版〉』（共訳、金融財政事情研究会）
ほか

参考文献

[1] 青沼・市川（2008）、"Excelで学ぶバーゼルⅡと信用リスク評価手法"、金融財政事情研究会
[2] 青沼・市川（2009）、"Excelで学ぶ金融統計の基礎"、金融財政事情研究会
[3] 青沼・市川（2012）、"Excelで学ぶフォワード・ルッキングの基礎"、金融財政事情研究会
[4] 青沼・岩城（2002）、"Excelで学ぶファイナンス 債券・金利・為替"、金融財政事情研究会
[5] 青沼・木島、"定期預金のプリペイメント・リスク評価モデル"、日本応用数理学会論文誌、第8巻、第1号、pp.45〜66、1998
[6] 青沼・田辺、"イールド・スプレッドの期間構造の推定モデル"、ジャフィー・ジャーナル、2001
[7] 青沼・中山、"Fading Out Swapの評価モデル"、日本応用数理学会論文誌、第14巻、第2号、pp.151〜164、2004
[8] 青沼・中山・村内、"プリペイメント・リスクを内包した金利スワップの評価モデル"、日本応用数理学会論文誌、第13巻、第4号、pp.471〜483、2003
[9] 青沼・村内（2008）、Excel&VBAで学ぶVaR、金融財政事情研究会
[10] 青沼・村内（2010）、Excel&VBAで学ぶ信用リスクの基礎、金融財政事情研究会
[11] 青沼・村内（2011）、"Excelで学ぶ確率統計の基礎"、金融財政事情研究会
[12] 青沼・村内（2012）、"Excelで学ぶ金融数学の基礎"、金融財政事情研究会
[13] 青沼・村内、"リバース・モーゲージの評価モデル"、日本応用数理学会論文誌、第10巻、第3号、pp.187〜198、2000
[14] 青沼・村内、"定期預金担保型融資の評価モデル"、日本応用数理学会論文誌、第12巻、第2号、pp.103〜120、2002
[15] 木島編（1998）、"クレジット・リスク"、金融財政事情研究会
[16] 木島編（1998）、"バリュー・アット・リスク"、金融財政事情研究会
[17] 木島（1994a）、"ファイナンス工学入門"、第Ⅰ部：ランダムウォークとブラウン運動、日科技連
[18] 木島（1994b）、"ファイナンス工学入門"、第Ⅱ部：派生証券の価格付け理論、日科技連
[19] 木島・青沼（2003）、"Excel&VBAで学ぶファイナンスの数理"、金融財政事情研究会

- [20] 楠岡・青沼・中川（2001）、"クレジット・リスク・モデル"、金融財政事情研究会
- [21] 森平・青沼（2000）、"金利モデルの計量化"、朝倉書店
- [22] 山下（2000）、"市場リスクの計量化とVaR"、朝倉書店
- [23] Beasley, J.D and S.G. Springer, "The percentage points of the normal distribution," *Applied Statistics,* No.26, 118-121, 1977.
- [24] Black, F. and Cox, J.C., "Valuing corporate securities : Some effect of bond indenture provisions," *Journal of Finance,* 31, 351-367, 1973.
- [25] Duffie, D., Singleton, K., "Modeling Term Structures of Defaultable Bonds", *Working paper,* Stanford University, 1994.
- [26] Jarrow, R.A., Lando, D. and Turnbull, S.M., "A Markov model for the term structure to credit risk," *Journal of Finance,* 50, 53-86, 1997.
- [27] Kijima, M.（2002）、Stochastic Processes with Applications to Finance, Chapman & Hall.
- [28] Kijima, M. and K. Komoribayashi, "`A Markov chain model for valuing credit risk derivatives," Journal of Derivatives, Vol. 6, 97-108, 1998.
- [29] Kusuoka, S., *A remark on default risk models*, Advances in Mathematical Economics, volume 1, pp. 69-82 Springer-Verlag, 1999.
- [30] Merton, R., "On the pricing of corporate debt : The risk structure of interest rate," *Journal of Finance,* 29, 449-470, 1974.
- [31] Moro, B., "The Full Monte," *Risk,* Vol.8, No.2, February, 1995.
- [32] *RiskMetrics* (1997), Monitor First Quarter 1997, J.P.Morgan and Reuters.
- [33] *RiskMetrics* Technical Document (1997), Morgan Guaranty Trust Co.

事項索引

数字・記号
1次変換 ... 147
1次モーメント原理 ... 281
1ファクターモデル ... 488
1変数関数 ... 59
2次のテイラー展開 ... 198
2次偏導関数 ... 188
2乗和 ... 294
2変数関数 ... 59, 187
2変量確率変数 ... 323
2変量正規分布 ... 337
2変量正規分布乱数 ... 414
$\sqrt{t}$ルール ... 32

A〜Z
a.s. ... 360
CIRタイプ ... 390
DCF法 ... 9, 49
DD ... 469
DDM ... 52
Default Modeモデル ... 472
Duffie and Singleton ... 439
Duffie and Singletonモデル ... 472
EAD ... 470
Gaussianタイプ ... 478
Hull-Whiteモデル ... 472
i.i.d. ... 252, 362
independent identically distributed ... 252
Intensity-Basedアプローチ ... 473
Jarrow, Lando and Turnbullモデル ... 472
JPD ... 429
LGD ... 429, 440, 470
Merton ... 463
MTM方式 ... 430
n次元同時分布関数 ... 357
n乗根 ... 11
n変量確率変数 ... 356
One-Factor Gaussian Copulaモデル ... 489
PD ... 429
PE ... 431
ROI ... 54
RR ... 429, 470
VaR ... 150, 153, 370, 412, 431
Vasicekタイプ ... 479
Vasicekモデル ... 472

あ
アウト・オブ・ザ・マネー ... 430
アセット相関 ... 485, 486
アベレージ・オプション ... 421
アメリカン・オプション ... 422
イールド ... 46, 49, 457
イールド・カーブ ... 49
イールド・スプレッド ... 428, 438, 457, 474
イエンセンの不等式 ... 367
依存 ... 82
一意 ... 66, 83

一次結合	81	確率	225
一次従属	81	確率過程	113, 382
一次独立	81, 83	確率行列	116, 395
一様分布	263, 300	確率差分方程式	388
一様乱数	401, 404	確率収束	359, 360
伊藤の公式	198	確率素分	260
イベント	434	確率微分方程式	388, 400
イベント相関	481	確率プロセス	113
インターセクション	220	確率分布	240, 242, 400
インプライド・ボラティリティ	184	確率変数	30, 239
上三角行列	133	確率密度関数	259
凹関数	170	貸付残高	470
オプション・アプローチ	463	加重平均	281
オプション・プレミアム	61	可積分	203
オメガ	196	片側サイド	309
		かつ	220
か		株主の自己資本価値	464
回帰スピード	391	加法法則	224
回帰直線	377	為替レート	412
開区間	162	関数	5, 16, 55
概収束	359, 360	関数関係	55
回収率	429, 440, 470	感応度分析	488
階乗	176, 235	完備市場	6, 439
階数	86, 89, 92, 152	ガンマ	192
解析解	400	ガンマ関数	273
階段行列	88	ガンマ分布	273, 274, 345
カイ二乗分布	273	元利合計	36, 45
ガウジアン・タイプ	389	幾何ブラウン運動	400, 416, 478
ガウスの消去法	86	幾何ブラウン・ブラウン運動タイプ	389
拡散係数	387, 388	幾何分布	255, 298
確実性等価係数	443, 444	期間	179
拡大係数行列	91	期間収益率	32
格付推移確率	72	奇関数	204
格付推移確率行列	112, 118, 395		

企業価値	463	行ベクトル	76
基準化	270	行列	73
基準材	6, 475	行列式	121, 136
疑似乱数	401	行列のサイズ	75
基数	2	行列の実数倍	94
期待収益率	52	行列の積	95
期待値	280	極限	42, 156
期待値の一致性	284	極限値	42
期待値の積	285	極大	48
期待値の線形性	282	近似計算式	405
期待値の存在条件	281	近似計算法	350
期待値の単調性	285	偶関数	204
奇置換	131	空集合	218
逆関数	25, 65, 403	偶置換	131
逆関数法	403, 405	偶発故障型	477
逆行列	138	クーポン債	56
逆行列の公式	141	クーポン・レート	56
逆数	4	組合せ	237
客観確率	120, 439, 441, 450	グラフ	55
キャップ	220	クラメルの公式	121, 130
吸収状態	118	経過期間	431
吸収マルコフ連鎖	112, 118	係数行列	91
級数	45	結合分布関数	323, 357
級数の和	45	結合法則	80, 94
級数の和の公式	41	結合方法交換性	101
行	74	結合密度関数	324
境界値	463	元	218
狭義減少関数	161, 171	現在価値	5
狭義増加関数	161, 171	減少関数	161, 172
狭義単調減少関数	64, 171	交換法則	80, 94, 100, 108
狭義単調増加関数	63, 171	広義の単調増加	241
行基本変形	88	公差	36
強度	473	行使価格	61, 417, 465
共分散	105, 327, 328	行使価値	423

事項索引 499

合成関数	168
合成関数の微分	200
合成微分の公式	168
構造型アプローチ	430
構造モデル	463
恒等式	182
公比	37
コーシー・シュワルツの不等式	365
ゴードン・モデル	54
コール・オプション	417, 430
コール・オプション価格	182
ゴールシーク	187
コール・プレミアム	61
固有値	148, 152
固有ベクトル	148
固有方程式	148
コレスキー分解	414
根元事象	218, 323, 383
コンベクシティ	177

さ

差	78
再帰的	383
サイコロ投げ	402
最終利回り	57
最小化問題	379
最小値関数	183
最小二乗法	377
再生性	272, 298
再生的	344
最大個数	92
最大値オプション	421
最大値関数	183
裁定機会	6
財務諸表	429
債務超過	430
債務超過状態	464
最尤推定	374
最尤推定値	373
最尤推定法	379
最尤法	371, 372
差事象	221
差分	159
サラス展開	130
残差	377
残差二乗和	379
残差の二乗和	377
サンプルパス	382
残余確率	271
残余財産分配	49
残余資産	464
シータ	193
時間間隔	384, 431
閾値	430
シグマ	38
次元	76
試行	218
事後確率	233
自己資本価値	464, 468
資産価値	464
資産価値生成モデル	484
資産時価	430
資産相関	485, 486
事象	218
市場価値	430
指数	2
指数関数	16, 18, 62
指数ハザード・タイプ	475

指数表記	2	純資産価値	464
指数不等式	20	順列	235
指数分布	264, 303, 404	条件付確率	114, 115, 229, 382, 432
指数法則	2	条件付期待値	331
指数方程式	19	条件付密度関数	331
指数乱数	404	情報	114, 234, 432, 433
システマティック・リスク・ファクター	484	乗法公式	230, 231
事前確率	233	常用対数	30, 63
自然数	2, 293	真数	21
自然数の和	39	真数条件	27
自然対数	29, 63	振動	42
自然対数の底	29	シンプソンの公式	212
下三角行列	133	信用リスク	58, 428
失業率	54	信用リスク・スプレッド	443
実現値	240	信用リスク・プレミアム	443
実数	3, 79	推移確率	115
実績確率	120	推定量	372
資本還元率	50	数値積分	211
資本コスト	50	数値微分	160
写像	55, 238	数列	36
収益還元法	50	数列の和	38
修正コンベクシティ	177	スカラー	79
修正デュレーション	177	スターリングの公式	236
収束	42, 45, 66	スプレッド	58
従属	82	スペクトル分解	149, 395
収束計算	185, 468	スポット・イールド	49
従属変数	55	スポット金利	5, 7
自由度 n のカイ二乗分布	274	スポット・レート	213, 417, 460
周辺分布	282, 325, 339	スモールオーダー	176, 351
周辺分布関数	324	正規分布	269, 304, 342, 344, 386
周辺密度関数	283	正規分布の左右対称性	183
寿命	431	正規乱数	405
瞬間的	434	清算キャッシュフロー	49
		斉時性	15

斉時的	395
斉時的なマルコフ連鎖	116
整数	2
正則	132, 138, 140
正則行列	143
生存確率	14, 433, 434
生存関数	437
生存時間関数	437
正定値	150, 411
正の相関	327
成分	74
正方行列	75, 121
積事象	220
積分	202
積分可能	203
積率	308
積率母関数	313
接線の傾き	160
絶対値	288
零行列	75
ゼロクーポン債	4
全確率の公式	232
線形従属	81
線形独立	81, 83, 92
線形変換	147
線形和	81, 82
全事象	218
前進解	420
尖度	309
全微分	199
全微分可能	199
増加関数	161, 171
相関	406
相関行列	410

相関係数	327, 329, 409
相対価格	215
増分	159
総和	38
素数	3
損益	465

た

対角行列	75
対角成分	75
対角要素	75
対角和	75
対偶	281
台形公式	211
対顧	58
対称行列	148
対数	21
対数関数	25, 62
対数収益率	30
対数正規分布	273, 418
大数の強法則	359
対数の公式	21
大数の弱法則	359
大数の法則	361, 423
対数不等式	28
対数方程式	27
対数尤度	379
対数尤度関数	374
互いに独立	230
互いに排反	222
多項式	62
たたみこみの公式	344
多段階成長モデル	54
多変数関数	61, 187

多変量正規乱数	406
単位行列	75
単位ベクトル	86
短期金利	213
単純複利	48
単調関数	63, 64, 172
単調減少関数	17, 64, 172
単調増加関数	17, 63, 171
単利運用	36
値域	55, 63
チェビシェフの不等式	367
置換	131
置換積分の公式	206
中心極限定理	361, 362, 385, 423
超幾何分布	258
長期的な平均水準	391
調達金利	50
直積集合	235
直交	107, 112
底	2
デイ・カウント・オプション	421
定義域	55, 63, 159, 170, 239
定義関数	460
定数関数	161
定積分	202, 203
底の交換公式	22
テイラー展開	176, 185, 350
デフォルト	54, 428
デフォルト確率	14, 429
デフォルト距離	469
デフォルト時刻相関	481
デフォルト時損失率	429, 448, 470
デフォルト相関	429, 486
デフォルト・ポイント	469
デフォルト・モード方式	430, 440
デフォルト・リスク	428
デフォルト率	434
デュレーション	177, 179
デリバティブ	418
デリバティブ価格	417
デルタ	192, 467
転置行列	76
等価	5
導関数	159
導関数の公式	166
統計量	352, 372
等差数列	36
倒産	54
同時確率	282, 324
投資収益率	54
同質	112
同時デフォルト確率	429
投資比率	408
同時分布	282, 322, 339, 342
同時分布関数	323
同時密度関数	324
投資利回り	47
同値	21
等比数列	37
等比数列の和	40
特異	132
特性	148
特性値	287
独立	83, 113, 225, 339, 393
独立増分	386
独立変数	55
凸関数	170
ドモルガンの法則	223

ドリフト ……………………… 387, 388
トレース ………………………………… 75

な
内積 ……………………………………… 107
内部留保率 ………………………………… 54
二階条件 ………………………………… 172
二項係数 ………………………………… 237
二項定理 ………………………………… 237
二項分布 ……………………… 243, 297, 345
二項分布の再生性 ……………………… 320
二項モデル ……………… 244〜246, 385
ニュートン・ラプソン法 …… 184〜186, 488
ニューメレール ………………… 6, 215, 475
ネイピア数 ………………………………… 29
ノイズ …………………………………… 198
ノルム ………………………………… 108, 110
のれん代 ………………………………… 463
ノンパラメトリック ……………………… 400
ノンパラメトリック推定 ………………… 277

は
配当割引モデル …………………………… 52
排反 ……………………………… 222, 225
ハザード関数 …………………… 266, 437
ハザード率 ……………… 434, 436, 472, 473
バシチェックタイプ …………………… 389
発散 ………………………………………… 42
初成功分布 ……………………………… 256
パラメータ ………………………… 55, 61, 400
パリティ式 ……………………………… 182
バリュー・アット・リスク …………… 369, 370, 431

張る空間 …………………………………… 86
半整数値補正 …………………………… 364
半正定値 ………………………………… 411
非完備市場 ……………………………… 439
ヒストリカル・シミュレーション ……………………………… 400, 425
非線形関数 ……………………………… 487
非線形計画問題 ………………………… 396
非対角要素 ………………………………… 75
左極限 ……………………………………… 66
左微分可能 ……………………………… 159
非負定値 ………………………………… 150
微分 ……………………………… 156, 159
微分可能 ………………………………… 156
微分可能性 ……………………………… 156
微分係数 ………………………………… 156
微分不可能 ……………………………… 388
微分法の公式 …………………………… 167
標準一様分布 …………………………… 263
標準一様乱数 …………………………… 401
標準化 …………………………………… 270
標準正規分布 …………………………… 363
標準正規分布関数 ………………………… 61
標準的な回帰モデル …………………… 379
標準的な正規回帰モデル ……………… 379
標準ブラウン運動 ……………………… 387
標準偏差 ………………… 287, 288, 409
標本 ……………………………………… 352
標本空間 ………………………… 218, 240
表面金利 ………………………………… 56
ファクター・ローディング …………… 484
ファットテール ………………………… 309
フィルトレーション …………… 114, 234
フォワード金利 …………………… 7, 449

負債価値	465, 468
複製ポートフォリオ	183
複素数	151
含み資産	463
複利計算	2
負債価値	430
プット・オプション価格	182
プット・コール・パリティ	182
プット・プレミアム	61
不定積分	204
負の相関	327
負の二項分布	257, 300, 345
部分積分の公式	206
部分和	45
不偏推定値	356
不偏推定量	353
プライシング	400
ブラウン運動	385～388
ブラック・ショールズ・モデル	61, 400
プロジェクト	49
分割	223
分散	105, 287
分散共分散行列	103, 106, 409, 412
分散の線形性	289
分配法則	108, 223, 232
分布	240
分布関数	241, 403, 436
分布収束	362
ペイオフ	421, 465
ペイオフ関数	417, 418
平均	281
平均回帰性	392
平均回収期間	179
平均収束	362
平均値の定理	162
平均ベクトル	416
平均偏差	288
閉区間	162
ベイズの定理	232
ベースライン格付推移確率	395
ベータ関数	275
ベータ分布	275, 276
ベガ	194
べき	2
べき乗	2
べき数	2
ベクトル空間	80
ベルヌーイ試行	244, 251, 252, 255, 374
ベルヌーイ分布	243, 297, 383, 487
変化幅	384
半整数値補正	364
偏導関数	187
変動量	156
偏微分	187
偏微分可能	187
偏微分係数	188
変量正規分布	406
ポアソン近似	247
ポアソンの少数の法則	247
ポアソン分布	246, 298, 345
法則収束	362
補集合	221
ボックス・ミュラー法	405
ポテンシャル・エクスポージャー	431
ほとんど確実に	360

ほとんど同様な結果	235
保有価値	423
ボラティリティ	61
本源的価値	423

ま

マクローリン展開	180, 313
マルコフ過程	393
マルコフ性	115, 393
マルコフ・プロセス	115
マルコフ連鎖	115, 393, 394
マルチンゲール	458
右極限	67
右微分可能	159
右連続	241
密度関数	259, 403, 436
無記憶性	477
無記録性	265
無限階微分可能	172
無限級数	45
無限小	47
無限大	42
無限等比数列	46
無作為標本	352
無相関	328
無理数	3
無リスク割引債	4
モーメント	308
モーメント母関数	313
モンテカルロ・シミュレーション	400, 418

や

約数	3

ユークリッド幾何学	80
ユークリッド距離	80
ユークリッド空間	80, 85
有限責任	464
尤度	371
誘導型アプローチ	430
誘導モデル	440, 472, 473
尤度関数	373
有理数	3
余因子	136
余因子展開	137
要求利回り	58
要素	74, 116
ヨーロピアン・オプション	61
ヨーロピアン・コール・オプション	465
余事象	221
余事象の確率	225
余命	431

ら

ライプニッツの公式	202
ランク	86, 89
乱数列	401
ランダムウォーク	383
ランダム・サンプリング	375
離散的	242
離散的な確率プロセス	113
離散的な確率変数	242
リスク回避的	440
リスク考慮後割引率	50
リスク指標	192
リスク選好	443
リスク中立	439, 443

リスク中立確率	120, 439, 442	連続時間確率過程	386
リスク中立化法	417	連続時点	46
リスク調整ずみ割引率	443, 450	連続的な確率プロセス	113
リスク評価	400	連続微分可能	172
リスク・プレミアム	50	連続複利	46, 48
リスク・ホライゾン	431	連立一次方程式	145
利付債	56	ロー	195
利回り	31	ロジット関数	56
累乗	2	ロピタルの定理	174
累乗根	11		
累乗根の公式	12	**わ**	
累積デフォルト確率	15, 433, 434, 448	和	78
累積デフォルト関数	437	歪度	309
累積ハザード関数	437	ワイブル分布	267
ルックバック型	421	和事象	219
列	74	割引関数	5
列ベクトル	75	割引キャッシュフロー法	9
連鎖倒産	429	割引債	4
連続	156		

事項索引 **507**

企業数理のすべて
―プランニングからリスクマネジメントへの応用―

平成26年3月28日　第1刷発行

　　　　　　　　著　　者　青沼君明
　　　　　　　　発　行　者　加藤一浩
　　　　　　　　印　刷　所　図書印刷株式会社

〒160-8520　東京都新宿区南元町19
発行所・販売　株式会社 きんざい
　編集部　TEL 03(3355)1770　FAX 03(3355)1776
　販売受付　TEL 03(3358)2891　FAX 03(3358)0037
　URL http://www.kinzai.jp/

・本書の内容の一部あるいは全部を無断で複写・複製・転訳載すること、および磁気または光記録媒体、コンピュータネットワーク上等へ入力することは、法律で認められた場合を除き、著作者および出版社の権利の侵害となります。
・落丁・乱丁本はお取替えいたします。定価はカバーに表示してあります。

ISBN978-4-322-12400-2